领导学基础

（第二版）

李成言　主　编

李海燕　副主编

国家开放大学出版社·北京

图书在版编目（CIP）数据

领导学基础／李成言主编 . —2 版 . —北京：中
央广播电视大学出版社，2016.7（2021.5 重印）
ISBN 978 - 7 - 304 - 07908 - 6

Ⅰ. ①领… Ⅱ. ①李… Ⅲ. ①领导学—开放教育—教
材 Ⅳ. ①C933

中国版本图书馆 CIP 数据核字（2016）第 162842 号

领导学基础（第二版）

LINGDAOXUE JICHU

李成言　主　编
李海燕　副主编

出版·发行：国家开放大学出版社（原中央广播电视大学出版社）

电话：营销中心 010 - 68180820　　　　总编室 010 - 68182524

网址：http://www.crtvup.com.cn

地址：北京市海淀区西四环中路 45 号　**邮编：**100039

经销：新华书店北京发行所

策划编辑：宋　莹　　　　　　**版式设计：**赵　洋
责任编辑：庄　颖　　　　　　**责任校对：**赵　洋
责任印制：赵连生

印刷：三河市骏杰印刷有限公司　　**印数：**240001 ~ 271000
版本：2016 年 7 月第 2 版　　　2021 年 5 月第 14 次印刷
开本：787 mm × 1092 mm　1/16　**插页：**8 页　**印张：**17　**字数：**381 千字

书号：ISBN 978 - 7 - 304 - 07908 - 6
定价：36.00 元

前 言 ‖ Preface

对领导问题的研究，无论在西方还是在我国，历史都很悠久。20 世纪中期前后，随着管理学科的发展、成熟，学者们日益关注"领导"这一现象，并用现代科学的方法进行研究，使其逐渐地科学化、体系化，成为一门既在理论上收获了大量成果，又有效地指导了领导实践的学科。尽管这门学科尚未达到成熟的境界，但不能否认的是，学者们目前提出的许多理论和观点在提升领导行为的有效性、营造良好的组织氛围、增强组织的竞争力等方面已经发挥了积极的作用。

《领导学基础》第一版于 2003 年付梓。出版之后，得到了同行专家的支持和广大学员的认可。第一版充分总结、吸收了前人以及同行的已有成果，系统地阐述和介绍了有关领导学的基本原理和经典性的基础理论，为学生提供了成熟、完整、准确的专业知识系统，并帮助他们在此基础上奠定了坚实规范的专业理论基础。此外，该书还致力于领导学科的前沿发展动态的介绍与深入研究，以引导学生进行理论与实际相结合的深入探讨。由于该书观点鲜明，论述透彻，并结合了我国领导实践中存在的许多重点、难点问题，因此具有很强的理论价值和实践指导价值。

自该书第一版出版已经过去了 13 年之久，尽管目前仍有很强的可读性，但我们认为，随着时代的迅速发展和领导科学研究的持续深入，对该书进行重新审视和梳理非常必要。特别是我国目前处于一个社会急剧变化的时代，全球化进程的加速，知识经济时代的到来，网络世界对现实社会生活方式的极大改变，都不断地对领导活动的发展提出新的要求。

再版的《领导学基础》力图适应这种变化，一方面，继续保有第一版内容翔实、系统的理论介绍与分析；另一方面，也根据领导科学的发展以及现实环境的变化调整了其中的部分内容。例如，删去了世界贸易组织和电子政务的有关内容，增加了网络领导、舆情管理以及智库建设等有关内容，旨在向读者介绍领导科学发展过程中的有关前沿问题。

我们旨在把《领导学基础》编著成一本人人都可以从中获得启发的读本。因为领导学的教育并非只是领导者的义务。从广义的角度讲，每个人都是领导者，每个人都与各种各样的领导活动息息相关。因此，我们更愿意把领导学的教育当作个体综合素质教育的一个有机组成部分，通过课程的学习更好地认识和分析社会生活中存在的各种现象、各种关系，并更好地认识自己，管理自己的行为，提高自身的适应性。

本书共分十二章，各章节编写情况如下（以章节为序）：前言，李海燕；第一章，李成言、李海燕；第二章，卢莎；第三章，李巍铭；第四章，李海燕；第五章，赵菊强；第六章，李海燕、闫立佳；第七章，闫立佳；第八章，卢莎；第九章，王慧军；第十章，赵菊强；第十一章，王慧军；第十二章，李巍铭。主编和副主编负责全书的统稿工作。

在本书再版的过程中，我们得到了中央党校党建部刘玉瑛教授，中国人民大学反腐败与廉政政策研究中心主任毛昭晖副教授，北京大学政府管理学院赵诚根教授、周志忍教授、肖鸣政教授（以姓氏笔画为序排列）的指导和支持，在此一并致谢。

编 者

2016 年 3 月

目　录　‖ Contents

第一章　领导学的基本原理与发展历程 ·························· 1

　第一节　领导学的基本原理 ······························· 1

　第二节　领导学的基本内容及发展历程 ··················· 7

　第三节　领导理论的发展与演变 ························· 11

第二章　领导环境与文化 ······························· 23

　第一节　领导环境与领导生态 ··························· 23

　第二节　领导环境的适应与发展 ························· 28

　第三节　文化与领导文化 ······························· 32

第三章　领导权力与监督制衡 ······················· 42

　第一节　领导权力的基本原理 ··························· 42

　第二节　领导权力的动态运行 ··························· 50

　第三节　领导权力的监督与制衡 ························· 56

第四章　领导体制与改革发展 ······················· 67

　第一节　领导体制的基本原理 ··························· 67

　第二节　领导体制的历史与现实分析 ··················· 74

　第三节　我国领导体制的改革与发展 ··················· 78

第五章　领导素质与群体结构 ······················· 87

　第一节　领导素质 ····································· 87

　第二节　领导素质的测评与提升 ························· 93

　第三节　领导群体结构 ································· 96

第六章　领导性格与魅力领导 ······················ 108

　第一节　领导性格的理论分析 ·························· 108

　第二节　性格与有效领导行为 ·························· 113

　第三节　魅力领导与领导形象管理 ······················ 121

第七章　领导决策与现代智库 ···················· 131

第一节　领导决策的基本原理 ···················· 131

第二节　领导决策的程序与方法 ·················· 137

第三节　现代领导决策的新视点——危机决策 ········ 141

第四节　现代智库的作用及发展 ·················· 147

第八章　领导思维与实践创新 ···················· 157

第一节　思维的基本原理 ························ 157

第二节　领导行为与领导思维 ···················· 160

第三节　领导战略与思维创新 ···················· 165

第九章　领导关系与非正式组织 ·················· 178

第一节　领导关系的基本原理 ···················· 178

第二节　领导关系与非正式组织 ·················· 182

第三节　领导关系的运动形态 ···················· 185

第四节　领导角色 ···························· 193

第十章　领导选材与用人 ························ 202

第一节　领导选材与用人的理论基础 ·············· 202

第二节　领导选材的原则与方法 ·················· 207

第三节　领导用人 ···························· 209

第十一章　领导效能与执行力 ···················· 219

第一节　领导效能概说 ························ 219

第二节　领导效能测评 ························ 225

第三节　领导执行力 ·························· 234

第十二章　网络领导与舆情管理 ·················· 242

第一节　网络时代概述 ························ 242

第二节　舆情与舆情管理 ······················ 249

参考文献 ································ 262

第一章　领导学的基本原理与发展历程

📑 **教学目的与要求**

通过本章的学习，了解领导学产生的历史背景以及发展的大致脉络；基本掌握领导学的研究意义及学科特色；重点掌握领导的含义、属性和基本特点，领导与管理的区别与联系，领导学的研究方法，以及西方经典领导学理论的主要思想。

📑 **内容提要**

本章重点介绍了领导学的基本原理，包括领导的含义、本质、特点、功能等，并对领导学产生的历史背景和发展脉络，以及中国和西方的传统领导思想流派做了概要介绍。本章对领导学的有关概念和有关研究进行整体性和概括性的介绍，并阐明全书的结构体系和逻辑线索，揭示各章之间的关系。

第一节　领导学的基本原理

一、领导的含义与本质

（一）领导的含义

不管人们所处的文化背景有何不同，领导这一特殊现象总是存在于任何人群之中。领导是人类社会产生最早、影响最深、范围最广泛的社会活动之一。领导活动是与人类社会共生的，人类的群居生活方式是领导产生的首要原因。

领导的含义是早期的学者们研究的重点之一，切斯特·巴纳德等学者综合各种学派对领导进行了研究，提出了以下界定：

领导意味着一种行动或者行为；领导意味着说服的方式；领导意味着群体过程的中心；领导意味着人格及其影响；领导意味着以德服人的艺术；领导意味着影响力的运用；领导意

味着权力关系；领导意味着互动中逐渐形成的效果；领导意味着一种角色；领导意味着结构的创始；领导意味着一种实现目标的手段。

这些界定是从以下四个角度探讨领导这一概念的：

（1）中心说，即领导就是领导者依靠影响力指导下属实现目标的过程。

（2）互动说，即领导是在领导者和被领导者之间的互动，并通过这种互动实现双方追求的目标。

（3）结构说，即领导是在特定组织结构中展开的特殊活动。

（4）目标说，即领导是为了实现组织目标而进行的一系列活动。

综上所述，我们认为，领导是由特定组织中的领导主体，根据领导环境和领导客体的实际情况，确定组织目标，并通过示范、说服、命令和合作等途径获取和调动各种资源，引导和规范领导客体，实现既定目标的行为互动过程和强效社会工具。

这一含义包括以下五种要素：

（1）领导主体。领导主体是指在组织中担任决策、指挥、协调和监督等职责的个体或群体。领导主体是领导活动的发动者和组织者，是领导活动得以开展并取得成功的核心力量。

（2）领导客体。领导客体主要包括领导者的下属和部分领导相对方，是领导活动的执行者与作用对象。领导目标的实现，有赖于领导主体和领导客体之间的密切合作与良性互动。

（3）领导目标。领导目标是领导活动的方向，是实现组织绩效的基础性因素。

（4）领导手段。领导手段是指领导主体适应、利用并改造环境，以及激励和调动下属的方式方法。

（5）领导环境。领导活动是在具体的组织环境和社会环境中展开的，领导环境既包括宏观意义上的政治、经济、文化环境，也包括微观意义上的组织环境。领导主体通过把握、利用和改造领导环境，实施领导活动，实现组织目标。

（二）领导与管理

管理是与领导含义最接近、关系最密切的社会行为。科学地辨识二者的关系有助于更加清晰地认识领导的本质，规范领导的职能，确保领导活动的顺利进行。

1. 领导与管理的联系

领导与管理的联系主要体现为以下两点：

（1）领导的产生源于管理活动的需要。首先，在人类社会的发展过程中，对日益复杂的管理活动进行指挥、控制和协调的客观要求，导致了领导这种专门职能的产生。其次，就领导活动自身的发展历史而言，决策与执行的分离、领导权与管理权的分离，是领导活动发展进程中的重要变革。

（2）领导和管理具有较强的相容性和交叉性。在实践中，领导的层级性决定了特定领导对于上一层级是管理者，对下一层级则是领导者。因此无论是领导者还是管理者，都同时具有领导和管理两个职能，需要承担一定的管理工作和领导工作。此外，领导目标必须通过有效的管理实现，而管理的高效和优化也必须通过科学决策的指导达成。因此，领导和管理是彼此渗透、相辅相成的。

2. 领导与管理的区别

领导是从管理中分化而来的，同时也具有管理所不具备的一些特点。这些特点主要体现为以下几点：

（1）战略与战术的区别。领导侧重于重大方针的决策，着眼于通过一定的领导手段实现组织目标；管理则侧重于政策的执行，着眼于规范和引导下属完成管理任务。

（2）宏观与微观的区别。领导注重长期和宏观规划，不排斥带有一定风险性的战略；管理强调一定时间范围内微观上的具体工作的执行，追求合理性和可行性，希望降低甚至排除风险。

（3）稳定与变革的区别。领导行为的目标是通过变革提高组织绩效，管理则以有效地维持秩序为目标。

（4）综合与专业的区别。领导追求组织乃至社会的整体效益，对从业人员的要求注重于综合素质；管理则着眼于某项具体问题的处理，对从业人员的要求注重于专业水平。

综上所述，领导与管理，虽有联系，但各有侧重。领导不力会导致组织缺乏创新精神和创新能力，进而削弱竞争力，难以适应环境的重大变革。管理不力则会导致组织缺乏规范与分工，引起混乱，背离组织目标。因此，只有把科学的领导和有效的管理相结合，才能够顺利地推进组织发展，提高组织绩效。

（三）领导的本质

领导的本质就是构成领导活动，并因此区别于其他活动的内在规定性。具体而言，领导的本质就是一种影响力，领导者通过发挥权力影响力和非权力影响力来规范、引导、激励领导客体，共同实现领导目标。

管理学大师彼得·德鲁克曾经指出：领导者的唯一定义是其后面有追随者。美国著名领导学家史蒂芬·柯维也认为，领导的才能就是影响力，真正的领导者能够影响别人，使其追随和服从自己。

所谓追随者，是指那些在领导活动中与领导者有共同利益或信仰，追求共同组织目标的人。追随者在领导过程中具有主体地位，有独立意识和选择权，对领导绩效发挥着举足轻重的作用。被领导者是领导者出于职务权力所辖的个人或组织，他与追随者的区别在于：一是二者形成因素不同，被领导者是天然存在的，而追随者是靠领导者的魅力和努力争取来的。二是二者的内涵不同，追随者必须与领导者有共同的利益或信仰，追求共同的组织目标，被领导者不一定具备这些要件。三是二者的外延不同，被领导者仅限于组织范围内部，与领导者之间是由于法定的权力关系而产生的领导关系。追随者则既可以存在于组织内部，也可以跨越组织界限。四是二者的作用方式不同，领导者借助法定的权力规范，引导被领导者完成领导任务，但是对追随者有效的作用方式，多通过个人的权威来达成。五是领导关系和追随关系存在的时间不同。领导关系的存在与法定权力关系的存在时间一致，而追随关系的建立或断开，则取决于追随者的个体自主选择。

二、领导的属性和特点

（一）领导的属性

领导的属性就是领导和其他事物发生联系时表现出来的性质，包括自然属性和社会属性。其自然属性是各个社会的领导活动所共有的，指领导源于社会活动的自然需要。领导的社会属性是指采取什么样的领导方式，应由生产方式的性质决定；这种由社会生产方式决定的属性就是领导的社会属性。

1. 自然属性

领导的自然属性产生于社会共同劳动和共同生活的自然需要，是由人们社会集体实践活动中的客观规律所决定的，具有带领、引导、指挥、协调、强制等内容。在社会政治、经济生活中，领导活动表现为以领导主体的意志来指挥组织成员的行动。因此，权力和服从是领导关系的永恒属性，是任何社会与时代的领导者的共同标志。

2. 社会属性

人们之间的政治关系与经济关系渗透于领导活动的全部过程之中，并规定着它们的社会性质，即领导的社会属性。

在同一领导活动中，既包含自然属性，也包含社会属性。在领导的双重属性中，社会属性占据着主导地位，决定甚至改变自然属性，使其发生某种形式上的变化。体现在权力与服从上，不同的社会属性决定了这种权力与服从关系是以强制或欺骗为基础，还是以民主自愿为基础。

世界上不存在只有单一属性的领导，只有正确地认识与理解领导的双重属性，我们才能够科学地分析领导关系的复杂性和领导行为的有效性。一方面，通过领导的自然属性考察领导活动的一般特点和规律，汲取优秀的领导经验；另一方面，通过领导的社会属性，区分不同性质的领导活动，分析它们的特征，对领导活动进行更为深入的把握。

（二）领导的特点

领导这种社会现象存在于所有组织和群体之中，不仅具有相当的普遍性，同时也具有其他社会现象所不具有的独特性。

（1）系统性和互动性。领导活动是一个由领导者、被领导者和领导环境共同构成的系统。作为一种重要的社会行为，领导系统处于发展变化的状态中。领导者、被领导者和领导环境等系统要素通过彼此间的相互作用推动领导活动的发展和组织目标的实现。

（2）强制性和权威性。由社会或组织授予的权力是领导活动得以存在和开展的前提，因此权力与服从是领导关系的必然属性。这一属性同时决定了领导具有强制性和权威性。强制性为领导行为的存在提供了合法性，权威性则为领导行为的发展和领导目标的实现提供了推动作用。

（3）战略性和前瞻性。在任何一个组织中，领导者的基本职能都是确定组织发展方向，并根据组织目标进行战略决策。因此，领导必须关注整体，放眼未来，具有战略性和前瞻性，以确保决策的科学性和领导的有效性。

三、领导的功能

领导的功能是指领导者在实施领导行为的过程中必须发挥的作用，即为了实现组织目标，领导者运用权力和资源，通过带领、引导、协调、鼓舞或控制等手段，约束下属为实现组织目标共同努力。

我们认为，领导的功能有以下几点：

1. 规划功能

领导的首要任务是规定组织的发展方向，主要体现在正确确定目标、提出任务、确定领导方法，以及维持、变革组织文化上。任何一个组织的生存与发展都取决于方向的正确性，目标体系的科学设定也是推动组织发展的必要条件。在此基础上，领导者必须根据环境的各种资源和信息情况制订和适时调整行动方案，并选择恰当的领导方式履行领导职责，带领组织成员实现组织目标。

2. 组织功能

组织功能是指领导者为实现组织目标，合理地配置组织中的各种要素，使组织成为一个有机整体并顺利运转的功能。组织功能是领导的首要功能，是实现领导任务的基本保证。其基本内容包括设置结构、建立体制、分配权利、调配资源等。组织功能的有效发挥有赖于以下几点：一是组织结构的合理化程度，组织系统的复杂性要求组织机构必须具有强大的应变能力。二是合理配置人力，调控财力、物力、时间、信息等资源。三是根据组织内部情况和外部条件的变化，适时对组织的各要素的组合与配置进行调整，提高组织的适应能力和变革能力。

3. 指挥功能

指挥功能是领导的一项重要功能，是确保决策得以执行的重要条件。指挥功能主要体现为命令和授权两种形式。命令对一个组织的指挥工作是不可或缺的。为了使指挥工作有效地进行下去，命令需要符合三个基本条件，即完整、清晰、可执行。此外，领导者还需要为下属执行命令创造条件，进行必要的后续追踪，确保命令得到正确执行或修正不适合的命令。授权就是由领导者在自己的权限范围内授予下属一定的权力，并监督下属自主地对工作进行决断和处理。授权是领导者进行有效指挥的重要途径，其目的是提高员工的参与度。通过授权实现权力下放，有助于决策或命令的逐层贯彻执行，确保指挥的有效性。

4. 控制功能

控制功能是指在领导活动中，领导者对组织成员，以及有关资源进行调控、驾驭和支配的功能。控制功能是领导的基本功能，从目标制定开始，贯穿任务执行、绩效评价的整个过程。

美国管理学家斯蒂芬·P. 罗宾斯把领导控制概括为五个方面：对人的控制，对财务的控制，对信息的控制，对执行过程的控制，对组织绩效的控制。

根据控制行为开始的时间，我们可以把控制分为三种类型：前期控制、中期控制和反馈控制。前期控制发生在目标制定和任务开始执行之前，着眼于防患于未然，排除问题隐患；中期控制着眼于任务执行中的行为纠偏；反馈控制则关注绩效评估、总结数据和经验并以之作为调整后续领导活动的依据。

5. 协调功能

协调功能是指为了实现领导目标而对组织中出现的矛盾和问题所做的调整。领导协调对象的范围广泛，主要包括：领导活动与环境的协调，组织系统内部子系统之间的协调，组织系统内外人际环境的协调以及领导活动所涉及的不同目标、利益的协调，等等。

协调的途径主要包括：一是通过政策与目标对组织活动进行协调。二是通过正式沟通和非正式沟通进行协调。三是通过行政组织的层级结构进行协调。通过协调，实现统一目标、维持秩序、纠正偏斜的目的，保证领导活动的健康开展。

6. 激励功能

激励功能是指领导者通过适当的方式方法满足组织成员的需求，调动组织成员的积极性和创造性，使之认同组织目标并能积极努力地实现组织目标的功能。实现组织的目标是领导者的根本任务。管理心理学把激励看成"持续激发动机的心理过程"，适当的激励可以通过调整成员的动机并进一步影响其行为，使组织成员对组织和工作的承诺最大化。激励水平越高，完成目标的努力程度和满意度就越强，工作效能就越高；反之，激励水平越低，则缺乏完成组织目标的动机，工作效率也就越低。

7. 教育功能

教育功能是指领导活动对社会和组织成员所产生的各种影响和作用。领导的教育功能不仅具有客观性和必然性，而且具有方向性和多方面性。一般来说，教育功能体现在社会功能和个体功能两大方面。

体现在社会功能上，一方面，领导活动直接作用于教育。例如，汉代教育家董仲舒认为"是故南面而治天下，莫不以教化为大务"，就是强调为君者重视教育可以起到促进生产、巩固经济的作用。另一方面，一定的领导活动也对社会发展的方向和规范产生直接影响。

体现在个体功能上，首先，教育是获取、保持、发展组织核心竞争力和创新力的必然要求，因此加强职业教育和培训，培养更多的未来领导者是每一个领导者的基本任务。其次，领导活动、领导者的行为直接影响组织成员的目标、价值观、规范和行为方式等，并推动其转化为稳定的人格特征和行为反应模式。最后，领导活动与组织行为在与外部环境相互作用，并对后者进行适应的过程中，对组织外的个体同样产生教育和引导的作用。

第二节　领导学的基本内容及发展历程

一、领导学的产生和发展历程

（一）领导学产生的历史背景

恩格斯认为，科学的发生和发展从一开始就是由生产决定的；社会一旦需要，它会比十所大学更能推动科学的进步。领导是随着人类社会的产生而产生的，并与人类社会的发展和演进相伴始终。随着生产力水平的不断提高、生产规模的不断扩大和社会事务的日趋复杂，领导活动也日趋专门化和复杂化，人们在不断的实践和思考中总结经验，将领导活动逐步上升为理论并最终形成新兴的领导科学。因此，领导学的产生和发展是人类实践水平和认识水平不断发展的必然结果，同时也是领导活动发展的客观要求。

1. 社会化大生产是领导学产生的客观要求

理论是为适应社会经济发展的需要而产生和发展的。领导学正是近现代社会化大生产发展的产物。

在农耕社会和小生产的自然经济条件下，领导者基本上依靠个人经验就可以胜任社会生产和生活的需要，领导方式停留在传统意义上的"经验领导"阶段。自19世纪末以来，工业化大生产的规模越来越大，专业分工越来越细，社会生产和生活的节奏也在不断加快。日益复杂的现代社会，要求领导者能够统观全局、审时度势，果断而准确地进行决策，这是传统的"经验领导"不能胜任的。因此，建立规范、完整、系统的领导科学，实现由"经验领导"向"科学领导"的转变，成为现代社会发展的客观要求和必然产物。

2. 现代社会纵向分工的发展直接推动了领导学的产生

社会分工是生产发展、科技进步的重要因素，也是整个社会发展的重要杠杆。社会分工主要在两个方向上展开：一是按照劳动部门的不同进行横向分工，二是按照劳动过程的不同阶段进行纵向分工。横向分工是人类历史上最早发生的分工形式，它依次包括：农业与畜牧业的分工、农业与手工业的分工以及体力与脑力的分工。现代社会的三大纵向分工包括：决策与执行的分工、决策与咨询的分工以及决策与监督的分工。

正如恩格斯所说，社会分工在引起大分裂的同时，也带来了社会文明的大发展。横向分工通过推动生产的发展和文明的进步扩展了领导活动的领域和内容，为领导学的产生构建了更为广阔的实践性平台。纵向分工则是领导学产生的客观基础。决策与执行的分工首先发生于军事领域，司令部和参谋部的分设、帅才与将才的分离，标志着决策职能在军事领域的单独确立。政治领域的纵向分工则可以追溯到资本主义国家立法机构与行政机构分设之时。19世纪中期，雇佣经理制的出现，标志着经济领域决策与执行的正式分离。

决策与执行的分工直接导致了领导与管理的分离，对领导学的产生起到了关键的作用。

3. 科学的发展为领导学的产生提供了现实条件

第二次世界大战之后，科技发展进入了一个新的阶段，呈现出高度分化和高度综合的新趋势。科学技术更新的周期大大缩短，生产的效率和频率大幅度提高，对研究如何提高领导活动的绩效提出了更高的要求。同时，各种学科彼此渗透、相互连接，产生了许多综合科学、交叉科学。例如，信息论、控制论、系统论等新兴学科的兴起，为人类社会的发展提供了更为丰富的理论基础和方法论基础，对领导学科学的建立也起到了积极的推动作用。

（二）领导学的发展历程

领导学学科的形成经历了一个极其漫长的过程。

在长期的领导活动中，人类摸索和积累了丰富的实践经验和朴素的领导思想。中国传统的领导思想主要来源于几千年政治领导的实践。例如，战国时期的《孙子兵法》指出"将者，智、信、仁、勇、严也"，就是对领导素质的经典概括；而典籍中的《论语》《孟子》，正史《史记》《资治通鉴》，通俗文学小说《三国演义》《水浒传》等，都记录了治国之道，分析和总结了领导原则、领导方法和领导艺术，至今仍给人以启迪。

西方国家对领导活动的关注不但历史悠久，而且颇有见地。亚里士多德的《政治学》、马基雅维里的《君主论》、约翰·洛克的《政府论》、卢梭的《社会契约论》等大量著述，分别从哲学、法学等角度对领导活动进行了多角度的研究。

因此，无论是在中国还是西方，关于领导学的研究一直就没有中断，但由于对领导实践的归纳以及从实践中总结出的朴素的领导思想、领导经验和领导观点，没有发展成为完整的理论体系，没有构成严密的逻辑体系，因此必然没有形成相对独立和完整的专门学说。但它们却成为领导学的思想源头，并为领导学在新的历史条件下实现新的发展与创新提供了深厚的历史资源。

真正意义上的领导学学科的形成是在大约百年之前，诞生于管理学的母体之中。那一时期，由于社会发展的推动，使领导实践的领域得到全面的开拓，内容得到深入的发展。同时，西方的科学理论界正在经历科学的分化重组的高峰时期，各门学科高度分化，不断开辟科学研究的新领域，新兴学科及其研究成果的出现，为领导学的产生和发展创造了完备的学术基础。特别是现代管理学的发展，为领导学的理论整合提供了最直接的学术支持。在这种情况下，领导学的产生和发展成为一种必然，实现了对丰富的领导实践与朴素的领导思想的集成化、系统化和理论化。

二、领导学的研究内容与学科特色

（一）领导学的研究内容

顾名思义，领导学就是研究领导活动的学科，是一门研究领导活动各个因素之间的相互联系、相互作用的客观规律有效运用的综合性科学。

本书力求综合学者们对领导学的研究成果，并从以下几个角度展开论述：

第一，以领导的本原和基本要素为逻辑线索，主要研究的问题包括：领导学的基本原理与发展历程，领导环境与文化，领导权力与监督制衡，领导素质与群体结构。

第二，以领导的结构为逻辑线索，主要研究的问题包括：领导体制与改革发展，领导关系与非正式组织。

第三，以领导的功能与方法为逻辑线索，主要研究的问题包括：领导决策与现代智库，领导选材与用人，领导性格与魅力领导，领导思维与实践创新，领导效能与执行力，网络领导与舆情管理。

（二）领导学的学科特色

领导学是研究领导工作规律及方法的科学，是一门集领导的科学性、艺术性和实践性于一体的新兴学科。这一学科的特点主要表现为以下几个方面：

第一，社会性。任何领导活动都是一种社会活动，它的产生和发展都是社会活动的产物。因此，研究领导工作规律及方法的科学也必然具有很强的社会性。

第二，综合性。领导活动历史悠久、源远流长，是人类历史上产生最早、范围最广、影响最深的社会活动之一，是一种高度综合的实践活动。领导学的研究课题几乎都具有很强的综合性。在经济全球化、生产社会化飞速发展的条件下，这种综合性表现得更为突出。

第三，应用性。相对于基础理论科学而言，领导学具有很强的应用性。领导学是和领导实践紧密相连的，其所有的理论内容都是从领导实践中提炼、总结、概括和升华出来的。而这些理论与方法一经产生，又反过来应用于领导实践，对其产生指导作用。

第四，交叉性。领导学具有很强的学科交叉性，它既融合了哲学、法学、行政学、心理学、社会学等社会科学中的研究成果，又吸收了数学、统计学等自然科学的有益成分，通过对众多学科有选择的借鉴与吸收，领导学建立了自身独特的学科体系和研究框架，并推动了领导理论的完善和领导实践的发展。

三、领导学的研究方法与研究意义

（一）领导学的研究方法

掌握科学的研究方法是进行学习和研究的必要工具。作为一门高度综合和密切联系实践的学科，领导学借鉴了很多相关学科的研究方法。以下简要介绍几种主要的研究方法。

第一，辩证研究方法。辩证方法是马克思主义唯物辩证法在领导科学中的具体运用。唯物辩证法对领导科学的研究具有重要的方法论意义。这一方法的作用主要体现在以下三个方面：首先，要意识到领导者与被领导者的矛盾是领导活动中的一对基本矛盾，要依据矛盾转化的原理关注这对矛盾的对立统一关系。其次，要在分析社会历史形态的基础上，把握领导活动的特点与规律。最后，要正确认识领导活动的共性和个性、一般性和特殊性及其相互关系。

第二，实证研究方法。实证研究方法又称调查研究方法，是指通过实际的调查研究，收集大量资料并进行定性与定量相结合的分析与研究的方法。实证研究方法在研究过程中，重视现代科技手段的运用。

第三，历史研究方法。历史研究方法用历史的观点对领导活动进行观察与研究，注重考察领导和领导科学的起源、发展与演变的过程及这一过程对社会的影响与作用，并借鉴历史经验服务于现代领导实践与领导理论发展。

第四，比较研究方法。比较研究方法主要通过对一组具有可比性的领导问题进行横向或纵向比较分析，研究其相关性或差异性。

第五，案例研究方法。这种方法的特点在于：以客观公正的第三者的立场与态度，通过广泛收集各种可能的资料，对已经发生的真实而典型的领导事件进行分析与研究，作为此后可资借鉴的经验或教训。在用这一方法进行研究时，资料的真实性、完整性对研究结果会产生关键影响，同时，研究者的专业水平和客观性也是用这一方法开展研究必备的素质。

第六，系统研究方法。领导活动是一个由领导活动的主体、客体、结构与过程等要素组成的系统，它又处于社会环境的大系统中，同时也包括了大量的次级系统。根据事物普遍联系的基本原则，我们需要运用系统研究方法，从系统的整体关系出发考察其中的各个组成部分，对领导活动进行深入的研究。

（二）领导学的研究意义

学习和研究领导学，并推动这个学科持续科学化与现代化，具有重大的理论与实践意义。

第一，学习与研究领导学是社会历史发展的必然要求。领导活动是人类历史上发展最快、范围最广的社会活动之一，对社会的发展具有特殊而重要的地位和作用。因此，研究领导学，除了是学科发展和理论研究的需要之外，还具有指导实践和推动社会发展的作用。

第二，学习与研究领导学是增强综合国力、推动现代化建设和促进民族发展的需要。综合国力是一个国家生存与发展所具备的全部实力，是物质力、精神力、科技力等因素的综合实力。领导力是其中最活跃、最具有全局影响力的构成要素，对其他因素具有巨大的影响和制约作用。从这个角度讲，综合国力在一定程度上取决于领导力的高低。

第三，学习与研究领导学是提升领导者整体素质的必要条件。领导者整体素质的提升，不仅需要积累丰富的实践经验，也需要学习和掌握全面的理论知识。通过理论学习和研究，对领导活动中的实践经验进行系统的总结和提炼，有利于推动领导理论和领导实践的发展。

第三节　领导理论的发展与演变

一、中国领导理论的发展与演变

（一）中国古代领导思想

毛泽东曾经说过，一部"二十五史"就是一部王侯将相史。以史为鉴，国家治乱兴衰的客观规律、领导活动得失成败的经验教训尽在其中。中国古代的领导思想源远流长，博大精深，其发轫之早、造诣之深、影响之广，在世界范围内都是少见的。对中国古代领导思想进行学习和研究，不仅是对领导科学的整体把握的要求，也是提高自身素质和领导水平的重要工具。

1. 中国古代领导思想的主要流派

（1）儒家。中国古代领导思想中对世界影响最大的当首推儒家。儒家反对一味以刑杀治国，主张以"德治"和"仁政"维护政治统治。孔子指出："道之以政，齐之以刑，民免而无耻；道之以德，齐之以礼，有耻且格。"（《论语·为政》）荀子也指出："君子之度己则以绳，接人则用曳，度己以绳，故足以为天下法则矣；接人用曳，故能宽容，因求以成天下之大事矣。"（《荀子·非相》）

儒家的治国思想在相当长的历史时期内都产生了深远的影响，而且深刻影响了18世纪欧洲的政治和社会思想。早在200多年前，欧洲就兴起过研究儒家文化的热潮，联合国教育、科学及文化组织则将孔子列为世界十大文化名人之首。

（2）道家。道家的政治思想是无为而治，主张"齐物论"和"道法自然"。道家认为，从"道"的观点来看，万物一体，无是无非。因此，道家提倡垂拱而治，逸而有成，反对事必躬亲，勤而无功。道家的自然主义的天道观和辩证方法，在中国思想史上产生了重要影响。从领导方式的角度看，"道法"即强调要恪守万事万物的发展规律，以"无为"的方式达到"有为"的目的。道家注重机遇和变化，与之后西方的权变理论有异曲同工之处。

（3）法家。与儒家相反，法家主张"法治""刑治""霸道"。其核心思想是依靠严刑峻法，以力服人。其代表人物韩非子强调必须用暴力对被统治者进行威慑。"明主之所导制其臣者，二柄而已矣。二柄者，刑、德也。"（《韩非子·二柄》）法家还提倡法律面前人人平等，反对以权侵法、以情乱法、以功压法。同时，法家也非常重视对法制队伍的建设，认为"吏不良，有法而莫守"，"奉法者强则国强，奉法者弱则国弱"。法家的政治思想在历史上产生了深远的影响，并与儒家思想相结合，逐渐形成了"外儒内法"、礼法结合、宽猛相济的领导之道。

（4）兵家。作为一部军事理论著述，《孙子兵法》的贡献不仅仅体现在对军事指挥的经验总结上，更体现在以下几个方面：一是对战略和战术的区分。《孙子兵法·用间篇》强调，"明君贤将，所以动而胜人，成功出于众者，先知也。"就是要在战前对事关全局的战略进行部署和谋划，综合考虑多种因素，按照战争中各个方面、各个阶段的关系来决定军事力量的准备和运用。二是对帅才和将才的素质进行了界定。孙武强调，天下无不可用之兵，只有不可用之将，而"将者，智、信、仁、勇、严也"，则准确地概括了领导者的基本素质。三是提出了"故善战者，求之于势，不责于人，故能择人而任势"的权变理念。"任势"的具体表达是"合乎利而动，不合乎利而止"。"择人"与"任势"，充分体现了孙武对将兵之道的深刻理解，对现代的领导实践仍有很大的启发。

2. 中国古代领导思想的主要内容

中国古代的领导思想非常丰富，其不仅是民族文化的宝贵遗产，也对现实的领导实践具有指导意义。以理论指导实践为目的，我们将古代领导思想的主要内容归纳为以下三个方面：

第一，民本思想。这一思想的实质在于界定执政者与民众的关系。儒家的"民贵君轻论"正是这一思想的代表。民本思想主要包括信民、富民、教民三个内容。

孔子指出："上好义，则民莫敢不服；上好信，则民莫敢不用情。"（《论语·子路》）讲的就是执政者要开诚布公、公正廉洁、政策稳定，从而与民众建立互信。而富民则是执政者的基本职责，只有更好地发展生产力才能够富国兴邦、稳定统治。儒家重视教化，"善政不如善教之得民也"，儒家希望通过良好的教化来改善执政者与民众的关系，帮助执政者赢得民心。

第二，谋断分离的思想。"谋断分离"是中国古代领导实践的重要成果之一，对"谋"和"断"的明确界定和严格分工标志着古人已经有了较为成熟的决策意识。从实践上看，从春秋战国时期就开始盛行的"养士之风"已经证明了早期"智库"的存在；而唐太宗时期的"房谋杜断"也是对这一分工的经典证明；古代的圣王贤主重视纳谏和提倡民谋也体现了这一思想在实践中的运用。

第三，人本思想。重视人才，善于发现、培养和使用人才，是古代领导思想的核心内容之一。古代的人本思想中包括了一系列用人的原理、原则方式。主要表现为：一是提倡为政在人。《诗经》中就出现了"得人者兴，失人者崩"的诗句。二是重视选贤任能，知人善任。这包括两方面的内容，一方面是用什么人的问题，另一方面是如何用人的问题。宋代著名的政治家司马光曾提出过德才兼备的用人标准，认为"才者德之资，德者才之帅"。从实践上看，中国古代的科举制度在选贤任能上发挥了积极的作用，其中的一些原则和方法对今天的领导实践仍然具有参考价值。

（二）中国共产党的领导思想

中国共产党自成立以来，在近百年的中国革命和建设实践的过程中，把马列主义政党学说与中国共产党领导实践相结合，对中国共产党在革命和建设事业上的目标确立、领导地位和作用以及实现领导的保障等方面进行了深入思考和探索，积累并形成了丰富的领导思想和领导理论。简要概括如下：

第一，坚定地走中国式的革命和发展道路，是中国共产党实现政策目标公共性的方向保证。在宏观全局中，中国共产党坚持解放思想、实事求是的思想路线，反对教条主义和本本主义；把马列主义的普遍真理与中国革命和建设的具体实际结合起来，不照搬别国模式，逐渐探索出了一条有中国特色的社会主义道路。中国共产党自从成立以来，就不断地为解放和发展生产力而奋斗，始终把提高公众的物质文化生活水平当作工作的出发点和落脚点，不断地提出并实行通过解放和发展生产力来满足公众需求的纲领、路线和方针政策。目标的公共性是确保公共价值实现的基础，在中国共产党的不懈努力下，中国的政治经济和社会文化得到了快速发展，人民群众的政治权益和生活水准都有了大幅度提高。

第二，不断地思考自身的建设，持续深化领导体制改革，是中国共产党实现政策目标的公共价值的制度保障。中国共产党自成立以来，在不断的反思中获得了持续的发展和完善。尽管在其发展过程中，也存在一些不可回避的问题。例如，中华人民共和国成立之后很长一段时间内实行的"计划经济"，以及由于制度不完善和传统文化影响造成的较为普遍的"人治"现象，等等。但总体而言，中国共产党不仅有着强烈的反省意识，还有着非常优秀的自省能力、学习能力和自我完善能力。改革开放以来，在认真总结历史经验教训的基础上，中国共产党大力推进党的领导思想建设，持续加强法制建设，不断深化经济体制改革和政治体制改革，走上了一条不断完善和提高的道路。近年来，中国共产党提出了依法治国、加强执政能力建设以及治理能力建设的领导方略，不断地完善各项制度，营造和谐奋进的社会氛围，这不仅为中国共产党的健康发展注入了活力，同时也为中国共产党实现政策目标的公共价值提供了制度保障。

第三，坚持群众路线的领导理念、密切联系群众的领导风格以及民主集中制的领导方法是中国共产党实现政策目标的公共价值的有效手段。在具体的领导实践方面，中国共产党始终坚持群众路线的领导理念。这一理念体现在政策目标上，就是一切领导活动都要为人民谋利益；体现在领导活动中，就是密切联系群众的领导风格以及民主集中制的领导方法。在确立了为民谋利益的公共目标的基础上，密切联系群众的领导风格能够帮助领导集体切实依靠民众，真诚为民众服务，不脱离民众，从而得到民众的支持，进而使民众追随，共同为了中国共产党所确立的政策目标而奋斗。民主集中制是中国共产党长期坚持的领导方式和决策原则。集体决策是对个人有限理性的有效补充，同时也是监督机制的有机构成。

第四，坚持选材用人与党内管理、作风建设并重是提升中国共产党领导效能的有效方法。中国共产党在长期的领导活动中，坚持政治的领导原则、法制的治国原则和德才兼备的用人原则。通过坚持中国共产党领导的政治原则，贯彻党的基本路线，确保目标明确和路线正确。通过依法治国、依法行政的法制原则，规范各种领导活动都必须在法律法规的允许范围内开展。坚持德才兼备的用人原则，并与加强党内管理、作风建设相结合，对提升领导者的个体素质和群体素质，是一个有效的推动。

长期以来，中国共产党注重思想政治建设，用马克思主义基本理论和党的正确路线方针政策来教育和激励党员干部，同时把对党员干部的思想教育过程与政治领导过程、组织领导过程相结合，不断地促进领导者的素质提升。与此同时，中国共产党还注重制度规范建设，《中华人民共和国公务员法》等有关法律法规的颁行，对选材用人的公正公平是一个有力的保障。而每隔十年推出的干部人事改革的规划纲要，则进一步从制度上对提升党员领导干部素质进行了规划和引导。

有学者认为，中国共产党的领导力建设不仅仅体现在领导者个体素质的提升、个体领导力的建设上，更重要的是，强调了党和国家层面的领导力，特别是中国共产党的执政能力和各级政府的领导科学发展的能力。因此，"中国的领导力建设更多地是从党和国家而非个人层面、从政治层面而非技术层面、从规律层面而非现象层面、从全球层面而非自层面加以把握，从而进一步巩固和提升党的执政能力"①。

二、西方领导理论的发展与演变

随着领导实践的日益丰富，领导理论的研究也不断地发展、深化，并日臻完善。以下，我们将对西方领导理论的成果进行概要介绍。

（一）西方领导理论研究的基本原则走向

总体而言，西方领导理论研究的基本原则是沿着由价值中立理论向价值非中立理论的线索发展的。价值中立是指一个人只要能掌握一定的权力，占据一定的地位，能够有效地指挥下属实现组织目标，就被认为是领导者，而不论这个人对历史与社会的作用是进步的还是非进步的。非价值中立则是指领导者不仅应注重权力的拥有与组织目标的达成，更应注重对社会的进步意义以及公民道德的提高与升华。非价值中立还认为领导者与权力滥用者和暴君是不相容的。

（二）西方领导理论的研究方向

西方领导理论主要有两个研究方向：一是从研究领导者入手来研究领导理论，二是从研究领导活动入手来研究领导理论。总的来看，对领导者的研究时间长、成果多、影响大，对领导活动的研究则起步较晚。

这两个方向的研究呈现出相互渗透、日益融合的趋势。作为领导学的两个重要研究内容，领导者和领导活动是不可分割的。领导者的思维与能力、素质与个性、权力与权威、方法与艺术等，构成了开展领导活动的前提条件，并为领导活动的开展提供了丰富的资源和基

---

① 张国玉、刘峰：《中国特色的领导力和领导科学》，载《国家行政学院学报》，2014（1），124 页。

础。因此，这两个方向的研究密切联系、互为支撑、日益融合是必然的。

（三）西方领导理论主要涉及的三个研究领域

西方领导科学的研究，主要涉及以下三个领域：

1. 政治与行政领导领域

政治与行政领导领域的领导科学研究主要体现为领袖素质与行为的研究，代表作包括华伦·丹尼士的《领袖：领导的策略》《潜意识的阴谋：为什么领导者不能领导》，罗伯特·塔克的《政治领导论》，弗雷德·菲德勒的《一种领导效能理论》等。

2. 企业领导领域

企业领导领域的研究成果繁多，影响更为广泛，主要代表作包括彼得·德鲁克的《有效的管理者》和《管理实践》，赫伯特·西蒙的《管理决策新科学》和《管理行为》等。西方的经济管理学家们普遍认为，领导是管理的一部分，因而西方的领导学研究著述往往对"领导"和"管理"不做特别区分，这一特点在研究起始时期更为突出。

3. 军事领导领域

军事领导领域的领导科学研究主要体现在对战争中的领导艺术的研究。如戴高乐的《战争回忆录》、伯纳德·劳·蒙哥马利的《领导艺术之路》等。

（四）西方领导理论研究的主要发展阶段

作为一门独立的学科，领导学于百余年前诞生于管理学的母体中，并伴随着管理学的发展不断地发展，日趋成熟、完善，于20世纪中后期达到了繁盛的阶段。20世纪末以来，在实践和科技发展的推动下，领导理论进一步发展，呈现出许多新特点。

根据西方领导理论发展的时间线索，我们将其简单分为以下几个阶段：

1. 领导特质理论阶段（20世纪30—40年代）

领导特质理论，也被称为素质理论。这一理论以领导者为中心，从不同领导者在领导活动中显示出的性格、生理、智力等不同特质出发，分析领导者与被领导者的特质差异，并希望通过对领导特质的研究，发现领导者的一般特征，解释领导现象的发生与变化，并制定选拔有效领导者的标准。

这种研究的典型方法是对领导者的以下特性进行鉴定和分析：生理特质、个性特质、智力特质、工作特质和社会特质。在早期的研究中，亨利的特质理论和E. G. 吉赛利的特质理论比较有代表性。亨利归纳出成功领导者应该具有的12个特质，如决断力、自信心等；而E. G. 吉赛利则关注领导者特质与领导效率的关系，并于20世纪70年代提出影响领导效率的5种激励特征和8种品格特质。

随着对领导科学研究的不断深入，特质理论也得到了新的发展。美国学者德克兰提出的领导者素质的宪法模型是其中的一个代表。德克兰用宪法作为一个国家的基本大法的广泛性和持久性，来说明在领导者的众多素质中，尽管某些特质会随着环境的变化而发生调整和变化，但其中一些基本的优秀品质，如坚毅、诚恳、决断力等，是不会发生改变的，这也是成功领导者的基本素质保障。

诚如美国学者斯蒂芬·P. 罗宾斯所言，经过了大半个世纪的研究，特质理论的研究者们得出了这样的结论：进取心、领导意愿、正直和诚实、自信和智慧等要素对领导者非常重要；具备某些特质确实有助于领导成功的可能性，但是没有一种领导特质可以确保领导活动的成功。

特质理论虽然开辟了对领导主体及其内在构成和原因进行研究的新领域，但它并没有对领导行为进行有效的解释，也没能构架出领导理论的完整体系。这是由于其在研究范畴和研究方法上存在重大问题。首先，特质理论以领导者为研究对象，但忽视了被领导者以及领导环境的作用。其次，研究着重于罗列影响领导行为的各种特质，但对于各种特质的相对重要性以及相互之间的关系缺乏关注。再次，在"成功"与"特质"的逻辑关系的确定中存在重大问题：该理论的研究脉络是从成功者的身上归纳出共同的特质，但无法进行逆向研究的验证，即拥有这些共同特质的人是否都能成为成功的领导者尚且无法得到验证。最后，由于该理论的理论假设是建立在拥有某种特质才能取得成功的基础上的，因此，这种理论的应用无疑会导向"寻找"特质的拥有者，并进而追求对成功领导结果的复制，从而忽略了领导者的培养过程，导致理论应用的失误。

2. 行为理论阶段（20 世纪 40—60 年代）

随着行为科学的兴起，学者们的研究兴趣逐渐转向领导行为。领导行为理论也被称作领导风格理论。学者们通过对领导行为的研究发现，领导的本质是一种影响力，它是在领导者与被领导者之间的相互作用中形成的。领导者借助这种相互作用来引导被领导者的思想与行为并最终实现组织目标，而领导者在对被领导者实施影响时所采用的行为模式就是领导风格。这种行为模式具有一定的基本倾向，被领导者会对这种倾向产生判断和反应，并进而调整自己的行为。行为理论强调对领导行为的基本倾向进行划分，并据此界定出不同的领导风格，进而研究不同领导风格对领导绩效的影响。

这一理论的主要代表人物有库尔特·勒温、伦西斯·利克特、罗伯特·坦南鲍姆和简·莫顿等。主要成果有领导行为四分图、管理方格理论、领导行为连续体理论等。

领导行为四分图是 20 世纪 40 年代学者让尔法·斯托格蒂尔带领的俄亥俄州立大学研究团队提出的。该研究团队收集了大量的对领导行为的描述，并最终把这些行为归纳为结构维度和关怀维度。结构维度界定领导者对实现组织目标、完成工作任务的关注以及具体行为，包括组织设计、制定目标、明确职责、制定程序、布置工作等。而关怀维度则指领导者对被领导者的情感和需求的关注。根据这两个维度的内容，研究团队设计出了针对被领导者的领导行为描述问卷，被领导者被要求描述他们对在各种情况下有效的领导行为等问题的看法。在分析汇总大量问卷资料的基础上，研究团队把领导行为分为四种类型：高关怀，低结构；高关怀，高结构；低关怀，低结构；低关怀，高结构。其中，结构维度由高到低是指领导者对工作任务完成的关注由高到低的不同程度，关怀维度由高到低则是指领导者对下属的关心、尊重由高到低的不同程度。研究结果表明，不同的领导方式对工作效率和员工情绪有直接的影响。领导行为的两个维度不是相互排斥的，而是应该结合起来共同发挥作用。

心理学家库尔特·卢因带领的研究团队把领导风格分为三类：一是专制型领导。借助奖惩实施领导活动，自己把控决策过程，要求下属绝对服从。二是民主型领导。注重沟通，主动让下属参与决策。三是放任型领导。给下属较大的自主权限，既不约束，也不指导。库尔特·卢因用实验心理学的研究方式得出结论：领导风格与群体氛围以及组织绩效有直接的关系。在这三种领导风格中，民主型领导尽管决策速度较慢，但能够得到较高的满意度，从而达到高生产率。

相比较而言，伦西斯·利克特关于领导风格的理论更多地考虑到了下属的因素。他提出的支持关系理论认为领导者要考虑下属的处境和想法，激发员工对领导者的信任和支持，并鼓励和引导下属为实现目标采取行动。伦西斯·利克特用八个过程描述领导行为：领导过程、激励过程、交流沟通过程、相互作用过程、决策过程、目标设置过程、控制过程和绩效过程。根据这八个过程的领导行为的特征，他把领导风格分为四种：独裁型领导，温和命令型领导，协商型领导，参与型领导。这四种领导风格中，领导对决策权的把控、下属对决策过程的参与、相互之间的沟通与信任的程度由低向高，同时，组织绩效也因此呈现由低向高排列的趋势。

罗伯特·坦南鲍姆和沃伦·施密特的研究认为，领导方式不是在独裁的或民主的方式中任选其一，研究者们根据领导者把权力授予下属的大小程度的不同而提出了领导行为连续体理论。这个理论提供的是一系列的领导方式，说不上哪一种方式总是正确的，而另一种式总是错误的。和之前对领导者本身的特别关注有别的是，这一理论强调组织环境与社会环境对领导方式施加的影响，即强调了领导方式具有开放系统的性质，同时也强调了被领导者的主动性，这就对领导者的权力提出了挑战，也就是要求他们在实施领导行为时不仅要考虑被领导者的情况，还要关注组织外部的情况。

这一研究方法较领导特质理论来说前进了一大步。首先，相对于抽象的"特质"，"行为"更容易观察，更容易模仿和学习，因此更便于研究并且用以指导实践。其次，考察行为与绩效的关系，使领导学研究的效能进一步提高，体系进一步完善。最后，尽管大部分行为理论研究者的研究对象仍然是领导者及其行为，但是在发展过程中，这一理论因关注范围的扩大也不断获得发展，特别是领导行为连续体理论的提出，对被领导者和领导环境的关注大幅度提高，进一步为权变理论的产生和发展奠定了基础，同时也提高了理论应用的有效性。

3. 权变理论阶段（20 世纪 60—80 年代）

领导科学的深入发展，使对领导绩效产生影响的各种因素逐渐受到学者的关注。对环境的关注催生了权变理论并推动了领导科学的持续发展。

所谓权变，是指行为主体根据环境因素的变化，适当调整自身行为，以期实现理想效果。领导权变理论就是有关领导者在不同的领导环境因素条件下，如何选取相应的领导方式，并最终实现理想的领导效果的理论。权变理论认为，领导是在一定环境条件下，通过与被领导者的交互作用去完成特定领导目标的动态性行为过程，领导的有效行为应随着被领导者的特点和环境因素的变化而发生变化。这一理论认为领导的成效依赖于领导者本身的条件、被领导者的条件、环境条件三个因素的交互关系。此外，这一理论还认为应把研究的重点放在领导者、被领导者的行为与环境的相互影响上。

这一理论的代表人物和成果有弗雷德·菲德勒的权变领导模型和罗伯特·豪斯的目标—路径理论等。

伊利诺大学的弗雷德·菲德勒从组织绩效和领导态度之间的关系着手进行研究，提出了"有效领导的权变模式"，即菲德勒模型。他把影响领导者领导风格的环境因素归纳为三个方面：职位权力、任务结构和上下级关系。职位权力指的是与领导者职位相关联的正式职权和从上级和整个组织各个方面所得到的支持程度，包括领导者的地位、权威与责罚、升贬、任黜、加薪、指派等能力，领导者这种明确的职位权力的大小一般与组织成员的服从以及工作效率成正比。任务结构是指工作任务的明确程度和有关人员对工作任务的职责明确程度，包括任务目标、方法、程序、成果的可预测性等。当任务结构明确时，领导者对工作过程易于控制。上下级关系是指下属与领导者之间的尊重、友谊、信任、合作、接纳、支持及忠诚程度。

弗雷德·菲德勒认为无论何种领导方式均有利弊，十全十美的领导方式是不存在的。任何领导形态均可能有效，其有效性完全取决于是否与所处的环境相适应。因此，提高领导有效性有两个途径，一是替换领导以适应情境；二是重新建构任务和职务权力，改变情境以适应领导者。

继弗雷德·菲德勒的权变理论之后，20世纪70年代初，加拿大多伦多大学教授罗伯特·豪斯的路径—目标理论引发了理论界的重视。该理论的基本前提是：某些领导行为之所以有效，是因为该行为适应了情境的要求，有助于下属人员达成和工作有关的目标。罗伯特·豪斯等人认为，领导是一种激励部下的过程。领导方式只有适用于不同的下属和环境时，才是有效的。该理论的核心是要求领导者用抓组织、关心生产的办法帮助下属扫清达到目标的通路，用体贴精神关心人，满足人的需要，帮助下属通向自己预定的目标。因此，罗伯特·豪斯提出了四种领导方式：指令型领导，支持型领导，参与型领导，成就型领导。而这四种领导方式必须根据下属的不同情况分别选择，选择时主要考虑两个方面的因素，即下属的人格特性和环境因素。人格特性包括能力、需求等；环境因素包括任务的性质、组织的权力系统和工作群体等。

与弗雷德·菲德勒权变理论的二维领导模式相比较，路径—目标理论认为这四种领导方式是灵活的、可变的，可由同一领导者在不同情况下使用。后来的一些研究也证实，领导行为对下属和环境的适应，能够有效地提高下属的工作满意度并进而提高组织绩效。

领导权变理论的主要贡献在于，它使领导具有了更强的艺术化色彩，并且使得人们对领导的判断不再局限于道德范畴。权变理论表明，单纯依靠领导者的特质或行为并不能导致成功的领导，领导活动是否有效不仅与领导者的素质和行为有关，而且与其所处的环境具有更大的相关性。世界上并不存在一个适用于任何情况的领导模式，我们只能应用适当的理论和模式，为领导者在具体情况下采取适应性的领导行为提供借鉴和参考。这一观点为领导者根据环境条件的不同，选用个性化、艺术化的领导方式、方法提供了理论支持。同时，我们在对领导方式进行评判时，也必须以其依存的特定环境条件为依据。

4. 领导理论新发展阶段（20世纪90年代——　）

权变理论大大地推动了领导理论的发展，使领导学进一步成熟、完善。但是，近年的研究又发现，权变理论尽管客观、全面，但并不能完全解决问题。在很多时候，行为的培养和训练、个人素质在一定程度上对于领导的造就仍然具有不可取代的重要作用。以下将简要介绍这一阶段的理论贡献。

（1）变革型领导理论。政治社会学家詹姆斯·麦格雷戈·伯恩斯在其经典著作《领导学》中提出了"变革型领导"这一概念。伯恩斯认为，领导者是能够激发追随者的积极性从而更好地实现共同目标的个体。因此，变革型领导就是领导者通过让组织成员意识到所承担任务的重要意义和责任，激发他们的高层次需要或扩展他们的需要和愿望，使下属为团队、组织和更大的政治利益努力工作甚至牺牲个人利益。这一理论重点研究变革型领导与领导有效性之间的关系。领导有效性的测量主要包括两个方面的指标：绩效和情绪反应。许多现场研究、实验室研究、现场实验和分析，结果都表明变革型领导与领导有效性的正向指标有正向的关系，而与负向指标有负向的关系。

变革型领导与交易型领导的关系是研究的另一个重点。伯恩斯将传统的领导类型总结为一种契约交换，这种领导行为的本质是一种交易，即在特定情境中时，领导者和被领导者相互满足的交易过程。在交易中，领导者提供报酬、实物奖励、晋升机会、荣誉等，以满足部下的需要与愿望；而部下则以服从领导者的命令指挥，完成其所交给的任务作为回报。

（2）柔性领导理论。所谓柔性领导，就是指在研究人们心理和行为的基础上，依靠领导者的非权力影响力，采取非强制命令的方式，在人们心目中产生一种潜在的说服力，使其自觉服从和认同组织意志，从而把组织意志变为人们自觉的行动的领导行为。

柔性领导理论认为，领导活动是领导者与被领导者在思想与动机上的互动的过程，组织和社会的发展是由领导者与被领导者共同推动的，而不是主要由领导者推动的。因此，现代领导者要善于通过沟通、协调、激励等方法，依靠其非权力影响力实现卜属内心的服从和认同，实现平等、理解、尊重基础上的心灵感召和互动。

（3）内隐领导理论。有关领导概念的看法，既含有领导者是什么的内容，也含有领导者应该是什么样的内容，即既有实然，也有应然。心理学家把这种探明人们"内心"领导概念结构的理论称之为内隐领导理论。

中国学者凌文辁、方俐洛通过对"中国领导特质因素量表"的结果分析，将中国内隐领导的四个维度依次排列为：目标有效性因素，才能多面性因素，个人品德因素，人际能力因素。目标有效性，即领导者应该具有事业心、自信心、责任心；具有组织能力、管理能力和应变能力；善于处理重大问题，善于选材用人。这些特质将有助于他们实现团体目标。才能多面性，即领导者应多才多艺、兴趣广泛。"才能"的广度既有助于组织目标的达成，又有助于处理人际关系，从而增强领导效果。个人品德，即领导者应该身先士卒，言行一致，以身作则，行事严谨，意志坚定，善于接受新鲜事物。人际能力，即领导者应作风民主，表里如一，体察民情，平易近人，与人为善。

除了上述理论，这一时期，领导替代理论、自我领导理论等丰富的研究成果使领导学这一学科走向了一个新的繁荣巅峰，为指导领导实践提供了更多的选择。

小结

领导是人类生产活动的必然产物，与人类社会的发展和演进相伴始终。领导学吸取了中外领导思想中的合理成分，融合了现代科学发展的理论成果，在日益丰富的领导实践中发展完善。作为一种交叉学科，领导学兼具理论性和实践性都较强的特点。本章对领导活动中的有关问题进行了多角度的研究和探讨，对领导实践的发展具有重要的指导意义。

━━ 案 例 ━━

杰克·韦尔奇与通用传奇[①]

杰克·韦尔奇1960年加入通用电气公司（General Electric Company，GE）塑胶事业部。1971年年底，韦尔奇成为GE化学与冶金事业部总经理。1979年8月成为通用公司副董事长。1981年4月，年仅45岁的韦尔奇成为通用电气公司历史上最年轻的董事长和首席执行官。

韦尔奇初掌GE时，这家已经有117年历史的公司机构臃肿，等级森严，对市场反应迟钝，在全球竞争中正走下坡路。韦尔奇深知官僚主义和冗员的恶果，开始实施大刀阔斧的改革。相对于渐进式的变化，他提倡"跃进式的变革"。他开创了企业缩减的先例，共有近20万员工被解雇，大量的企业被裁撤或合并。GE原有的阶层在整个80年代里被逐渐消灭——管理阶层从29层削减到6层，被裁员的都是那些中层经理人，或者那些"为管事而管事的人"。由于太过强硬，他被称为"中子弹杰克"。1984年的《财富》杂志将其称作"美国最严厉的老板"。

在相当长的一段时间里，从GE内部到媒体都对韦尔奇的做法产生了反感或质疑，这是一个"优秀"的企业应该做的吗？他是不是疯掉了？然而到了1987年，通用开始庆祝韦尔奇为公司摆脱了过分臃肿的官僚结构。《商业周刊》也不得不承认，"无论喜欢不喜欢，越来越多的美国公司的管理风格将越来越像通用。"

韦尔奇初掌GE时，GE的销售额为250亿美元，盈利15亿美元，市场价值在全美

---

① ［美］斯图尔特·克雷纳：《全球企业再造大师杰克·韦尔奇：通用公司总裁经营成功十大秘诀》，裴建伟译，11~25，118~119页，上海，上海远东出版社，2001。

上市公司中仅排名第十，而到 1999 年，通用电气实现了 1110 亿美元的销售收入（世界第五）和 107 亿美元的盈利（全球第一），市值已位居世界第二。在韦尔奇执掌 GE 的 19 年中，公司一路迅跑，并因此连续 3 年在美国《财富》杂志"全美最受推崇公司"评选中名列榜首。

点评

权变理论把研究的重点放在领导者、被领导者的行为与环境的相互影响上，认为单纯依靠领导者的特质或行为并不能导致成功的领导，领导的有效行为应随着被领导者的特点和环境因素的变化而发生变化。

在上述案例中，杰克·韦尔奇所做的改革，恰是根据当时的环境情况——公司机构臃肿，等级森严，对市场反应迟钝，在全球竞争中正走下坡路——而进行的适时改变。改革后的通用电气公司甩掉了不良资产，精简了组织，反应力大大增强，这是创造"通用神话"的核心原因之一。

尽管 IBM（International Business Machines Corporation，国际商业机器公司）等大公司用雇员终身制等激励措施同样推动了企业的发展，但是这一制度并不适用于当时的通用电气公司。因此，正如权变理论所强调的那样，世界上并不存在一个适用于任何情况的领导模式，领导者在具体情况下应该采取适应性的领导行为，根据环境条件的不同，选用个性化、艺术化的领导方式、方法。

与此同时，我们在对领导方式进行分析时，也必须以其依存的特定环境条件为依据，进行综合分析，以确保分析的客观和准确。

综合习题

一、名词解释

1. 领导　　2. 领导主体　　3. 领导客体
4. 追随者　　5. 领导特质理论　　6. 领导行为理论
7. 领导权变理论　　8. 契约型领导　　9. 变革型领导
10. 内隐领导理论　　11. 柔性领导理论

二、判断题

1. 真正意义上决策与执行的分工出现在 19 世纪，它首先发生在军事领域。（　　）
2. 领导学的产生是社会实践发展的客观要求。（　　）
3. 领导具有双重属性，其中占据主导地位的是社会属性。（　　）
4. 道家的政治思想是仁政。（　　）
5. 孔子提出"人存政举，人亡政息"的名言，体现了古代领导思想中的民本思想。（　　）
6. 权变领导理论的研究重点在领导者、被领导者的行为和领导环境的关系。（　　）

7. 社会分工主要是在横向分工和纵向分工两个方向上展开的。（　　）

8. 决策与执行的纵向分工是社会发展的必然产物，由此而产生的决策专门化与执行专门化的分离，对领导学的产生起到了直接的推动作用。（　　）

9. 民本思想主要包括信民、富民、教民三个内容。（　　）

10. 对领导者的研究和对领导活动的研究是彼此独立，毫不相关的。（　　）

11. 个人素质对于领导者的造就具有重要的作用，单纯的行为培养和训练并不能根本解决问题。（　　）

12. 柔性领导理论认为，领导活动是领导者与被领导者在思想与动机上的互动的过程，组织和社会的发展是由领导者与被领导者共同推动的。（　　）

三、简答题

1. 简述领导的属性及其关系。

2. 简述领导的特点。

3. 简述领导学产生的历史背景。

4. 简述领导者和追随者的关系。

5. 简述中国古代领导思想的主要流派及其基本观点。

6. 简述中国共产党在领导思想与领导实践方面的主要贡献。

7. 简述西方领导理论主要涉及的研究领域。

8. 简述西方领导理论发展的原则走向和研究方向。

9. 简述权变理论的基本观点和理论贡献。

四、论述题

1. 试述领导与管理的区别和联系。

2. 你认为领导最核心的功能有哪些？请列举三项，并做简要分析。

第二章 领导环境与文化

教学目的与要求

通过本章的学习，了解领导环境与领导文化的含义与特征；基本掌握领导环境的分类，内部领导环境，外部领导环境，领导环境的发展与完善；重点掌握领导环境与领导活动的相互作用，领导文化的结构与功能。

内容提要

本章重点介绍了领导生态系统的含义和基本要素，领导环境的含义和类型，领导文化的含义和功能；重点论述了领导环境的发展和优化、文化与环境的互动，并从多学科的角度对领导环境、领导文化进行了分析和解读。

第一节　领导环境与领导生态

一、领导生态系统

（一）领导生态学的兴起

20 世纪 20 年代，社会学家开始借用环境、生态、生态系统等概念，来进行有关人类社会生活的研究。美国哈佛大学教授约翰·高斯是最早将上述概念引入社会科学领域的著名学者之一。他的研究十分关注环境对行政行为的影响和作用，并深入揭示了环境或生态影响行政活动的具体方式。此后，约翰·高斯的同事弗雷德·里格斯提出了行政生态学研究的四个领域，即社会环境、文化环境、生理环境和心理环境。约翰·高斯和弗雷德·里格斯共同创立了以生态学方法研究行政管理的新的学科体系，树立了以生态学理论和系统论思想研究社会科学的成功典范，从而启发和刺激了社会科学的其他学科从生态学角度进行学术研究的热情。

领导生态学正是基于上述研究思潮而兴起并发展起来的。与其他研究方法相比，领导生态学借鉴了大量的系统论思想，关注领导生态系统内部不同要素之间及生态系统与环境之间的相互影响和作用，特别强调了领导环境在领导学研究中的作用和意义，有助于从更为广阔的视角展现领导活动运行发展的过程和规律，为领导科学的研究与发展提供了一种动态的、联系的、辩证的观察视角和研究思路。

（二）领导生态系统的含义与要素

1. 领导生态系统的含义

自然科学意义上的生态，是指生物体的生存空间和条件，它与生物体共同构成生态系统。生态系统，是指生物群落及其环境组成的功能整体。[①] 生态系统是一个开放的系统，它并不是完全被动地接受环境的影响，而是能够通过反馈作用对外界环境的刺激进行适应性的调整或修复，以维持支持的结构与功能，保持相对的平衡状态。

2. 领导生态系统的要素

领导生态系统则是领导者在领导活动的过程中，与领导环境中的诸要素在不断地互动中形成的有机整体。其基本要素为领导者、被领导者和领导环境。领导者、被领导者和领导环境之间构成了相互依存、相互作用的互动关系。领导活动本身就构成了一个生态系统，其基本要素为领导者、被领导者和领导环境。领导者、被领导者和领导环境之间构成了相互依存、相互作用的互动关系。

（1）领导生态系统中的领导者、被领导者。领导者是指在社会生活中，经过选举、任命、聘用或由群众推举出来的能够指导和协调组织成员向着既定目标努力的、具有影响力的个人或集体。在领导活动中，领导者居于中心地位，发挥主导作用，是一个组织正常运转和发展的发动者和推动者。

被领导者是指在领导活动中执行具体决策方案、命令、任务，实现组织目标的具体执行者。被领导者是相对于领导者而言的，一般可以分为两种类型：一是相对被领导者，即相对于下级而言是领导者，相对于上级而言是被领导者；二是绝对被领导者，指在一切社会组织中不担任任何领导职务、不掌握任何领导权力、不承担任何领导责任，完全接受领导的人。随着知识、经验、技能的积累和丰富，被领导者可以变为领导者，绝对被领导者也可以变为相对被领导者。

（2）领导生态系统中的领导者与被领导者的互动关系。领导者与被领导者之间的关系，是领导活动中的基本关系，二者相互依存、相互制约，既协调统一又矛盾冲突。它们的互动关系可以从下面两个方面进行理解：一是领导者对被领导者的影响，具体表现在：领导者对下属的工作能力和业绩给予认可，并激发他们的工作热情；领导者通过及时了解和掌握下属的需求并对下属的需求予以适当的满足；领导者通过经常有效的沟通，与下属分享信息，帮

[①] 中美联合编审委员会：《简明不列颠百科全书：第7册》，168页，北京，中国大百科全书出版社，1986。

助下属了解组织对员工的要求、明确工作努力的方向。二是被领导者对领导者的影响，具体表现在：领导者的决策效能有赖于被领导者执行与实施的程度；领导者权威的大小取决于被领导者心理认同的程度；被领导者在一定程度上决定了领导者的命运。

（3）领导生态系统中的领导环境。任何领导活动都是在一定的环境中展开的，领导活动不但受到广泛的、外围的社会大环境的影响和制约，还受到具体的、内部组织的小环境的影响和制约。因此，领导环境是指制约和推动领导活动发展的各种自然要素和社会要素的总和。它与领导者、被领导者共同构成了领导活动的基本要素。

二、领导环境的内容与层次

为了对领导环境进行深入分析，我们以组织为边界将领导环境划分为外部领导环境和内部领导环境。外部领导环境，是指组织外部对领导活动发生影响和作用的各种有效因素的总和。它的时间范围长、跨度大，主要从整体上影响领导活动的性质和方式等。内部领导环境，是指从事领导活动的组织或群体在领导实践中形成的一种领导氛围。内部领导环境的存在形式和作用机制对领导活动的开展具有最为直接、迅速的影响。

（一）外部领导环境

任何领导活动都是在一定的环境中发生和发展的。环境对领导活动的类型、方式、过程、功效等都有深刻的影响。外部领导环境是领导环境的重要组成部分，是领导活动中所有能直接、间接地参与或影响领导行为或领导过程的外部有效因素的总和。从其地位作用看，外部领导环境是同领导成败得失直接相关的外在条件，是领导主体赖以生存、发展和发挥作用的综合性客观基础和客观条件。反过来，领导者的行为选择又会对外部领导环境产生直接或间接的影响。

外部领导环境从整体上影响着人们对领导的认识、观念以及领导活动的性质和方式等，对领导活动中涉及的一切社会组织都会发生或多或少、或显著或潜隐、或直接或间接的影响。在同一时间和空间里，外部领导环境中的每个因素不可能同时对领导活动发生作用，同时特定的组织也不可能同时对发生影响的所有环境因素做出反应。环境因素与领导活动之间的作用次序、反应速度及影响程度往往是由环境因素的自身特点和领导活动的状态来共同决定的。

与外部领导环境的层次性相比，外部领导环境的类型划分更为具体、形象，种类繁多。根据划分标准和研究视角的不同，我们可以归纳出多种类型的外部领导环境。这里，我们结合领导科学的研究内容，按照政治环境、经济环境、文化环境的分类方式，对其内容进行概要介绍。

政治环境是领导者进行行为选择时，可能面对的总的政治状态。它包括一国或一个地区的政治体制、党政关系状况、政党制度、执政党的权威与作风，阶级与阶层结构，利益集团的构成与活动状况，政府的结构、功能与功效，政治稳定程度，政治民主化程度与状况等。国家层面领导者的政治环境还应考虑国防环境、外交环境等。

经济环境是领导者可能面对的总的经济状态，即整个世界经济的格局与运行状态，一国或一个地区经济体制、经济结构、经济发展速度、经济总量等诸要素的总和。宏观层面的经济环境主要指主要经济体制，产业政策与产业结构状况，货币政策、金融机构及其监管机制，贸易体制与政策，税收政策与财政状况等；微观层面的经济环境则指个人收入分配的差距程度与地区发展的不平衡程度，个人消费水平与特征，等等。

文化环境是领导者可能面临的总的文化状况，它是一国或一个地区教育、科技、道德等的总和。它主要包括社会的教育体制、教育机构、教育政策、国民义务教育的范围与年限、接受高等教育的人数在总人口中的比例、职业培训体系、人口素质与人力资源状况，国家知识创新体系、科技体制、科研机构、科研政策、科技人才储备、专利数量、科研成果推广应用开发机制、科技普及程度，文化设施、文化团体、文化市场及其管理，社会道德风尚、精神风貌、民族习惯、传统观念，等等。

（二）内部领导环境

内部领导环境是指组织内部对领导活动产生制约和推动作用的各种要素的总和，即领导活动发生的具体的内部环境。它对领导活动的影响最为直接、现实，与领导活动的方式和功效密切相关。

与外部领导环境相比，内部领导环境也可以视为一种微观层面的环境类型，因此也可称为微观领导环境。美国学者弗雷德·菲德勒认为，微观领导环境包含三个关键的方面：职位权力，任务结构，领导主体与领导客体的关系。除了上述三点以外，内部领导环境也包含了其他丰富的内容，下面选取几个主要方面加以阐述。

第一，组织的性质与类型。组织体现了一种共同的、正式的目标，它对组织成员的思想和行为具有制约关系。组织的性质和类型不同，对成员的制约程度和行为规范就有所不同，在领导活动中采取的方式方法也会出现不同程度的差异。等级森严、纪律严明的军事组织，知识分子高度集中的教育组织和以经济利益为核心目标的企业组织，分别具有不同的性质，其领导方式的差异也是显而易见的。

第二，职位权力。权力特性是领导活动的根本属性，职位权力是指与领导主体的职位相联系的正式职权以及领导主体从其上层和整个组织、群体各方面所取得的支持的程度。实际上，职位权力就是领导主体对领导客体所应当拥有的权力及实际具有的权威。职位权力是领导微观环境的一个主要方面，是影响内部领导环境合作程度的重要因素，同时也是衡量领导者领导能力的重要方面。领导主体拥有明确清晰、强弱适中的职位权力，将有助于领导目标的实现和提高领导效能。

第三，任务结构。任务结构指的是任务的明确程度和对任务的负责程度，是下属成熟度的重要表现之一。当领导客体对所承担的任务的性质具有明晰的认识并且形成执行惯例时，领导主体对领导活动的状态和发展就比较容易控制。相反，如果任务不明确、责任不到位，就需要通过有效的领导活动加以调整。

第四，领导者的特质。领导者的特质是对领导者知识、经验、技能、气质、性格等综合特征的概括。一个领导者只有将自身的特质与组织的要求有效地结合在一起，才能实现成功的领导。一个有效的领导者应该具有极强的环境适应性，即能够根据环境的要求及时调整自己的状态，满足领导环境对自身素质的需求，并进而取得比较满意的领导效果。

第五，组织的物质基础和经济基础。物质是一切活动的基础。组织的物质基础不同，会使领导活动面临不同的经济境遇，并对领导决策、领导方式、领导目标等诸多问题产生较大影响。

第六，领导关系①。领导关系是内部领导环境中的一个重要方面，它具有强烈的互动性，可以影响组织成员对不同领导主体的信任程度，决定下级工作的主动性和积极性，对领导目标的实现和领导效能的提高具有极为重要的意义。

除上述因素之外，内部领导环境还包含许多其他方面的内容，它们相互影响，相互联系，从各自不同的角度对领导活动产生影响。此外，还存在一类比较特殊的环境类型，如家庭、幕僚、秘书、同僚、下属等个人或组织，他们往往对领导活动中的组织特别是领导者的行为和决策产生直接和有效的影响，也属于内部领导环境的范畴。

（三）外部领导环境与内部领导环境的相互作用

环境是一个不断变化的多种因素的集合体。环境中不同因素对领导活动和领导者的影响不尽相同。一般而言，外部领导环境对领导活动的影响和作用是从根本上决定领导活动的特性和功能，具有宏观性、整体性、战略性的特点。内部领导环境则具体规范了领导活动的目标、管理模式，领导者的价值标准、心理特征等。内部领导环境对领导活动的影响特点包括：一是影响方式直接；二是影响频率更高；三是影响程度更深入；四是相对的不稳定性。

组织系统的开放特性，决定了内部领导环境与外部领导环境必然处于一个动态的相互作用过程之中。在多数情况下，组织的宏观指导思想和总体战略反映外部领导环境的要求和制约，而领导活动的具体规则、行为方式和策略思想则反映内部领导环境的要求和制约，表现为一个相互影响、彼此制约的动态的变化过程。内外环境的互动方式和互动程度，在很大程度上是决定组织发展和领导有效性的重要变量。一般来说，二者之间的关系主要表现为以下几个方面：

第一，外部领导环境对内部领导环境产生压力和制约作用。组织要想保持新鲜、持久的生命力，就必须不断地发展和变革。而外部领导环境的压力和制约性往往成为一个组织革新

---

① 本书对领导主体与领导客体的关系进行意义上的扩展，并统一列入"领导关系"的范畴，认为：领导关系是领导者在进行领导活动的过程中，相互之间发生、发展和建立起来的一种工作和感情交往的关系，即领导主体在领导活动中与行政组织系统中的其他成员或机构发生的工作关系和非工作关系的总和。鉴于领导关系专题内容上的广泛性、丰富性和在领导科学研究中的重要意义，本书将在第九章中对领导关系进行专题研究。

的原动力，成为组织自觉优化和改良内部领导环境的动力。政治体制的改革、经济模式的转变、文化观念的冲击、人口结构的变化、民族素质的提高等，都是影响组织内部多种因素产生变革的重要因素。因此，组织要随时把握外部领导环境的演变趋势，认真摸索外部领导环境的演变规律，从而有效应对外部领导环境的变革压力，促进组织发展。

第二，内部领导环境对外部领导环境存在着适应和抵制的两重性。外部领导环境虽然在一定程度上规范了内部领导环境变革的内容和方式，但是二者的转变并不总是协调一致的。内部领导环境对外部领导环境既可以表现出适应性，有效应对外部领导环境的压力，但又有与外部领导环境发生抵制的一面。丹尼尔·雷恩在《管理思想的演变》一书中对内部领导环境和外部领导环境之间存在的适应和抵制的两重性做了生动的描述。他指出："经济环境能带来新的机遇，也能增大竞争压力；政治环境可以带来自由，但也能限制个人与组织的权限；而开放系统中的社会环境会给恰当的行为造成更多或者说是不同的预期。"[①]

需要指出的是，外部领导环境和内部领导环境在一定条件下会发生转换，所谓的"外部"与"内部"只有影响范围和影响程度上的不同，并无实质上的差异。

第二节 领导环境的适应与发展

一、组织与环境：在适应中发展

（一）组织的适应性

环境是不断变化的，环境的变化既可能给组织带来发展的机会，也可能给组织带来威胁。只有那些随环境变化而及时调整结构与功能的系统，才能适应不断变化的环境而继续生存下去。这种使系统适合于其环境的性质称为系统的适应性。适应性是系统的重要特征之一，它是系统生存与进化的基本条件，是系统与环境的统一。

组织适应性是企业生命体在生存竞争中与环境条件互动而形成的一定性状的现象，适应既表现为一个过程，也可以是一种结果。作为过程的适应现象包含感应、解析、反应、行动、成长、学习、创新等操作；作为结果的适应现象是其结构、机能、理念（文化或价值观）、运行机制等经过长期的生存竞争而与其生存环境条件相和谐、协调的属性，是组织对周围环境变化而形成的能够正确反应的能力。

（二）领导环境与组织发展

1. 组织与环境的关系

组织行为学认为，环境是对组织存续产生持续影响或潜在影响的各种外部力量的总和。

---

① ［美］丹尼尔·雷恩：《管理思想的演变》，赵睿、肖聿、陆钦琰等译，525 页，北京，中国社会科学出版社，2000。

组织存在于环境之中，不可能脱离环境而独立存在。以系统论的观点来看，组织是一个与外部环境时刻发生密切联系的自组织系统；组织的存在与发展需要从外部环境中获得有关需求、竞争状况、技术动态、政策法规等信息，需要从外部环境中获得所需要的各种资源。这可概括为企业与外部环境发生物质、能量和信息交换的过程。

沃伦·本尼斯在1966年发表的《组织发展与官僚体系的命运》一文中指出，组织是一种复杂的、追求自己目标的社会单元。组织要生存下去，必须完成两项互相关联的任务：一是协调组织成员的活动和维持内部系统的运转，二是适应外部环境。第一项任务要求组织经由某种复杂的社会过程让其成员适应组织的目标，而组织也适应成员的个人目标，这一过程称为"内适应"或"协调"；第二项任务要求组织与周围环境进行交流和交换，称为"外适应"。

领导行为总是力求使自己的"选择压力"减少，为此，其总是试图选择较为稳定的环境。例如，进入竞争不太激烈的市场，或是加强对环境的控制力；再如，占统治地位的大组织可以和其他强大的组织建立起联系。

2. 环境的不确定性与组织发展

邓肯（1972）认为，影响环境不确定性的因素是环境的简单与复杂程度以及因素的稳定或不稳定程度。这两个维度组成的矩阵可以把组织环境，即领导决策所面临的环境分为以下四种类型：稳定简单型、稳定复杂型、动态简单型和动态复杂型。邓肯模式显示，在静态—简单的环境下做决策，组织发展和领导决策面对的是最小的环境不确定性，而在动态—复杂的环境下做决策，组织发展和领导决策则面对的是最大的环境不确定性。

稳定简单型环境。这种环境的动态性、复杂性程度很低，影响组织和领导行为的因素较少，并且很少发生变化，组织几乎不会面对环境的不确定性，可以在不考虑环境变化的基础上对未来进行相对准确的预测，组织的发展方向清晰明确。

稳定复杂型环境和动态简单型环境。这两种环境的动态性或者是复杂性较高，组织面对相对较低的环境不确定性。环境的动态性或复杂性增加，意味着影响和制约因素的增多，变化速度加快、幅度加大，并难以区分和确认，这就为组织寻找差异和优势提供了基础。这种环境下的组织系统总体上仍然处于相对稳定（均衡）的状态，组织成长一般表现为渐进式成长，但偶尔也会出现突变式成长。

动态复杂型环境。这种环境的动态性、复杂性程度均较高，组织面临环境的高度不确定性，根本无法辨识未来发展方向，在进入新兴行业或者面临发展危机的组织通常会遇到这种不确定性。环境的动态性和复杂性，增加了领导认知和行为上的差异，扩大了组织之间的异质性。谁能够正确认识环境，合理利用环境，并结合自身实力，抓住发展机遇，谁就有可能获得成功。

不同环境意味着组织发展和领导行为将会面对不同的环境不确定性，组织成长的方向、过程、结果和领导行为将会出现差异。休·考尼、简·柯克兰和帕特里克·维格里（1997）将环境的不确定性分为四个层次：第一层次，前景清晰明确；第二层次，有几种可能的前景；第三层次，有一定变化范围的前景；第四层次，前景不明。

依据组织的稳定性，外部环境可以分为三类：

（1）稳定的环境：变化不大，有一定的规模和较大的确定性。该环境中的组织有规范的操作和严格正规的结构。

（2）中性环境：不太稳定，也不太动荡。该环境中的组织要面临稳定的环境，也要面临变化的环境；组织结构不严格，也不正规。

（3）动荡的环境：不断变化，高度不稳定，结构也不正规。该环境中的组织要面对环境的不断变化，并且要适应这些变化。

综上所述，外部环境影响组织的成长，组织在适应外部环境的同时，对环境具有反作用。不同环境下的组织发展具有不同的特点，环境的不确定性越低，组织越呈现出依靠实力的渐进式成长；环境的不确定性越高，组织越呈现出依靠实力与机遇并重的突变式成长。

二、领导环境的发展和优化

（一）领导环境发展的含义和目标

领导活动是人类发展史上具有悠久历史和长久生命力的一项重要的社会活动，组织是人类在生产生活的实践活动中产生的一种合作形式和合作形态。相对于组织而言，环境可以广泛地理解为组织以外的一切事物。任何组织必然存在于特定的环境之中，领导环境与组织之间既有区别，又彼此依赖、相互渗透，二者通过不断的交互作用和互动过程，来影响和制约对方的功能和行为，在相互适应和调整过程中保持着一种动态的平衡状态。在现代社会中，组织成功的概率与组织和环境之间的一致性程度具有正相关关系，这一结论同样适用于领导环境与组织的关系。这意味着，领导环境与组织的关系越和谐，组织的发展就越顺畅。因此，我们必须注重对领导环境的研究，通过改善和发展领导环境，为组织的成功提供保证。

领导主体、领导活动和领导环境是领导科学研究的三个基本方面。一方面，领导环境是领导活动中客观因素的集合，领导活动的很多方面都受制于领导环境；另一方面，领导主体在领导活动过程中，也可以充分发挥主观能动性，实现领导环境的发展和改善。

领导环境的发展，是指领导主体通过发挥主观能动性，创造适于发挥组织成员积极性的全新环境条件，实现领导环境的优化乃至创新。领导环境的发展和完善是领导主体对环境能动作用的最高体现，是研究领导环境问题乃至整个领导科学的根本出发点和落脚点。

由于领导环境包含着丰富的内容，因此领导环境的发展也包含多方面的内容，如领导职能的转变、领导体制的改革、领导方法的创新等。但是，"万变不离其宗"，领导环境发展的根本目标是一致的，即通过对领导环境的改造，降低领导活动成本，促进领导目标实现，提高领导效能。

（二）领导环境发展的原则

1. 科学原则

领导活动具有不以人的意志为转移的客观实在性，领导科学是一项具有自身特定规律的科学事业。尊重领导科学的客观性和规律性，是我们发展领导事业的基础和前提。因此，对于领导环境的发展和改善，也必须遵循领导科学本身的发展规律，以科学性为第一原则。

2. 层级原则

领导活动广泛存在于各类社会组织中，层级制管理是组织管理的基本方式。相应地，领导环境也体现了鲜明的层级性。不同层级的领导环境既共存于统一的宏观领导环境中，同时又由于受到上层领导的直接管理而处于不同的微观领导环境中。基层领导的领导环境直接受到中层领导的影响，而中层领导的领导环境又与高层领导直接相关。因此，领导环境的发展应把握领导环境的层级性特点，一方面下属要积极配合上级领导的工作，同时高层领导要为下属提供良好的领导环境，从而有利于领导环境的整体发展。

3. 超前原则

人类在以科学性为原则尊重规律、认识和改造自然的同时，也要善于发挥主观能动性对事物发展的方向和趋势进行合理的、恰当的、具有超前性的预测和估计。这种超前，并非"超越"，而是建立在现有领导环境的发展程度和经验的基础上，对领导环境未来发展趋势所做的科学预测，是现实领导环境符合逻辑的发展与变革。超前性原则有助于摆脱束缚、解放思想、开拓进取，对于促进领导环境的发展和领导事业的进步具有重要意义。

4. 系统原则

从领导科学的角度看，领导环境是领导的一个基本要素，但是从领导环境自身来看，领导环境本身又是一个具有相对独立性的系统。作为系统存在的领导环境，包含了诸多影响程度不同、作用方式各异的变量，其种类和数量伴随着领导活动理论与实践的发展在不断地发生变化。领导环境系统的变化具有"手风琴效应"的特点，即每一个折叠都会推动或拉动临近一个折叠，从而影响整体的存在状态。因此，领导环境的发展必须坚持系统性原则，允分考虑到系统本身的复杂性、综合性以及其构成因素之间的制约和影响，用联系的、动态的观点研究系统问题。

（三）领导环境发展的过程

领导环境发展的过程包括认识环境、适应环境和改造环境三个方面。

1. 认识环境

认识环境，就是领导者在周密调查的基础上，对领导环境的各方面情况进行全面研究分析，把握客观环境的本质及其发生发展的规律。正确认识环境是开展领导工作和改善、发展领导环境的前提。认识环境的基本要求包括：首先，领导者必须全面、客观地研究问题，切忌主观性、片面性和表面性。其次，领导者需要不断地提高自身修养。

2. 适应环境

适应环境，就是领导者在认识和熟悉领导环境的基础上，根据客观环境的特性和要求，采取适当的方式方法开展领导工作，使领导活动符合领导环境的情况及发展规律。西方传统的权变理论，实质就是在强调领导活动的适应性。

3. 改造环境

改造环境，就是领导者在认识环境、适应环境的基础上，通过发挥主观能动性，促使环境条件向有利于实现领导目标的方向转化，最终实现领导环境的优化和创新。改造环境的基本要求包括：一要根据现有领导环境各环境要素的特点及发展规律，制定改造环境的整体方案；二要明确环境发展的有利因素和不利因素，利用有利的环境条件控制不利的环境因素并促使它向好的方向转化；三要对改造环境的尝试进行追踪调研，发现问题，及时解决。

领导环境发展的上述三个过程环环相扣、密切关联、缺一不可，具有时间上的相继性和逻辑上的继承性。在实现领导环境发展的过程中，任何一个步骤的疏漏或失误，都有可能造成环境发展受阻、停滞乃至倒退。

第三节 文化与领导文化

文化是环境的重要组成部分，在领导环境中，文化的作用强大而持久地作用于领导活动，并对领导绩效产生影响。特别是在全球一体化的发展进程中，文化的交流、汇聚和碰撞正日益对包括领导活动在内的社会生活发挥更重要的作用。因此，在对领导环境进行研究时，许多学者越来越关注文化的作用。

同时，随着领导学研究的不断深入和领导实践的不断发展，人们对领导活动及其规律的研究也不断从体制层面走向观念层面，从技术层面走向文化层面，并进而提出了领导文化的概念。目前，有关领导文化的研究仍然是一项探索性的工作。本节将在介绍文化一般内涵与特征的基础上，探讨领导文化的概念、功能和建构。

一、一般意义上的文化分析

（一）文化的含义与结构

文化是一个有多种含义的概念。遵循文化的活动论解释，可以把文化定义为：文化是在人的社会活动中形成和发展的，是人类一切活动的条件、方式、状态和结果的综合体。文化渗透在社会的方方面面，特定的文化联结充分地表达和展现了人的社会性，使人的本质得到实现并同自然界相区别。文化这一概念从结构上可以划分为三个层次：

第一，物质文化。它表现为人类特定的具有历史差异性的生存技能，表现为人与自然界以及人们相互之间进行物质交换的方式和组织。物质层面的文化构成了整体文化的基础。

第二，精神文化，或称解释文化。它包容了人类一切具有主观意义的行为，而造就出丰富多彩的个体自我实现的成果。精神文化在社会层面上达成了一种价值共意，对人类社会活动的发展和走向具有基本的历史导向性功能。

第三，制度文化。它是精神文化转化后的一种表达形式。制度文化是一种价值共意的制度化，它的意义在于：把由精神文化所规范的社会价值共意的基本道德体系转化为一种权力秩序，为人类社会行为的合理性价值评判提供了一套强制执行的机制；同时，把人们的意志追求转变为现实，并具体化为生活的规范和制度，是人们置身于某种框架内实现其社会化的过程。制度文化包括：人们在物质生产过程中形成的相互关系——生产关系；建立在生产关系基础上的各种社会制度和组织形式；建立在生产关系基础上的人与人的关系——社会关系，以及种种行为规范和准则。

文化的三个层面各有自己的特点。物质文化是文化结构中最活跃的因素。制度文化的特性表现为权威性和稳定性，它的性质直接决定文化结构的整体性质。而精神文化则是一种柔韧度最大的文化，兼具先导性和滞后性的矛盾性质：一方面，它可以成为促进和带动物质文化和制度文化变化发展的先导；另一方面，它也可能落后于物质文化和制度文化的发展步伐，成为它们发展的障碍。

人类文化的上述三个层次彼此推动、相互影响，在相互交渗中共同构成一个有机的文化整体。物质文化是制度文化和精神文化的前提和条件，构成了文化结构的基础；制度文化是文化结构的保障，合理的制度文化是物质文化和精神文化协调发展的重要保证；精神文化是文化结构的主导，规范了物质文化和制度文化发展的方向和趋势。在三个层次文化的互动中，制度文化具有特殊的意义和作用：一方面，它把人们相互之间及其与自然界之间的现实的物质关系，提升为一种权力意志的精神表现；另一方面，它又选择精神文化的某些部分，具体化为社会行为和组织构建的实践。因此，制度文化在物质文化和精神文化之间架起了一座沟通的桥梁，它既是物质文化的精神化，又是精神文化的物质化。

（二）文化的特征

1. 文化具有层次性特征

表层文化对应于梅尔维尔·郝斯科维茨所指的文化当中客观显性的部分，即外在直观的事物。这些外在物品包括各种器具、语言、艺术品、电影、建筑物等。任何表层文化都是某种社会理念或价值观的直观体现。这里的规范、理念或价值观，就是中层文化。核心层文化，是指一个社会共同的关于人的存在意义的假设，它触及该社会中最根本的集体意识和社会共识。比如，人存在的价值、个人与他人的关系等。

上述三个层次之间有不可分割的联系：核心层文化驱动影响中层文化，中层文化驱动又影响表层文化。我们平时目之所及的通常都是表层文化，而中层文化和核心层文化则为表层文化提供了内在的逻辑基础。

2. 文化具有显性和隐性的双重性特征

"冰山说"形象化地描述了文化的这一特征，这一学说把文化视为显性和隐性两个部分。显性部分，即浮在水上的可视部分；隐性部分，即藏在水下的不可视部分。水下隐藏的冰山比浮出水面的大出很多。我们平时看到的仅仅是露出冰山一角的文化表象；而导致表象差异的则是藏于水下的大部分。冰山一角类似于文化洋葱的表层，而冰山的水下部分则包括了洋葱的中层和核心层。

二、文化与环境

人、文化和环境之间的关系并不是一个新的研究课题，它早已成为自然科学、人文社会科学中多种学科的研究内容。文化是社会活动的产物，而社会活动又必然受到环境的制约和影响。文化和环境是人类社会生活组成部分中最为重要的两个要素，也是影响人类文明发展、社会进步的最为重要的两个方面。我们认为尽管文化与环境之间的关系错综复杂，但就其根本而言，二者之间存在以下三个本质关系：

第一，文化是环境的组成部分。人类赖以生存的环境包罗万象，而文化又恰恰是这些形形色色的要素的总体概括，从这个角度讲，文化存在于环境之中，是环境的重要组成部分。人类学家梅尔维尔·郝斯科维茨曾经对文化下了一个简明而又广泛的定义，他认为，文化是人类环境的人造部分。从揭示文化本身特质的意义上讲，梅尔维尔·郝斯科维茨的文化定义既不清晰也欠明确，但这一定义把文化视为环境的一部分，在一定程度上揭示了文化与环境不可分割的密切联系，提供了认识文化和环境相关性的一种视角。

第二，环境决定和影响着文化的形成和发展。在漫长的发展历史中，人类不断地适应和改造着环境，并因此创造了灿烂的人类文明。在这个过程中，文化的产生和发展烙刻着鲜明的环境特征。我们常说的"民风"就是地域文化的典型符号。例如，我们通常会说历史上北方游牧民族民风彪悍，好勇斗狠，就是与当时的自然环境密切相关的。再以我们耳熟能详的唐诗为例，杜甫在颠沛流离中写下的诗歌多慷慨悲愤，而"青春作伴好还乡"这样清新明快的诗句只能是在"闻官军收河南河北"之后。

第三，文化的发展反作用于环境。文化是环境的构成要素，也是环境发展的重要推手。一方面，以科技为主要内容的文化发展推动了人类社会适应环境和改造环境的步伐；另一方面，人们也在与环境的互动中不断反思和丰富既有的文化成果。例如，近年来我国对"人定胜天"的反思以及随后的一些政策举措就充分体现了文化对环境发展的作用过程。从这个角度上讲，积极的文化推动能优化环境的发展，而腐朽和落后的文化则阻碍环境的发展并对其起到破坏作用。

综上所述，文化与环境是一个你中有我、我中有你的共同体，二者互相交融、互相影响，在不断的互动过程中推动人类社会的发展。

三、领导文化的含义、功能及建构

(一) 领导文化的含义与心理要素

1. 领导文化的含义

社会发展的历史表明，人类只有通过有组织、系统化的群体行为和活动才能实现个体和群体的发展，领导活动正是在人的群体活动中产生和演进的。同时，伴随人类认识自然和改造自然的实践过程，文化逐渐形成并发展起来，成为"为人类生命过程提供解释系统，帮助他们对付生存困境的一种努力"①。可以说，领导和文化都是人类社会发展过程中非常重要的因素。而领导文化将领导和文化结合起来，同样具有广泛的研究空间和丰富的研究内容。

领导文化是一般意义上的文化在领导学这一特定领域中表现出来的一种特殊的文化样式。所谓领导文化，是指领导者群体或个体在领导实践中形成并通过后天学习和社会传递得到发展的，关于领导活动的过程、本质、规律、规范、价值以及方式方法等各方面内容的综合反映形式，是客观领导过程在领导者心理反应上的积累或积淀，是领导者开展领导活动和从事领导行为的内驱动力和精神导向。领导文化代表了一种获得普遍认可的价值观念、共同信守的行为模式和广泛流传的态度作风，包括领导意识、领导观念、领导态度、领导价值观和领导行为模式等。

2. 构成领导文化的主要心理要素——信念和态度

信念，是一个人在长期的社会生活中形成的对某一特定对象的恒久的观念、指向和信仰，是构成人们心理导向的核心要素。从领导文化的意义上理解，信念是指人们对组织及其发展以及领导过程的一种恒久观念、指向和信仰，它不是一种简单的对外部事物所形成的反映，而是在此基础上形成的一种复杂的价值判断和情感趋向，表现为对组织和领导的归属感、认同感、信任程度等。

领导文化信念的形成，与当前组织的运行、领导活动的进程、角色位置直接相关，同时也受到社会总的信念系统的影响，即受传统文化信念和通行信念系统的影响。信念一旦形成，不会轻易改变。它在个体层面上所发挥的作用或显示出来的力量一般是无形的、隐性的，又是非常有力的。在组织中，信念往往成为最有效的凝聚力和黏合剂，是组织发展、变革而又保持稳定的基本要素。

态度，是人们的价值取向和情感取向的心理表现。它可以通过一定的外显表现被外部对象所感知，是人们心理倾向中的一种直接显现。从本质上看，态度是在信念体系的基础上形成的一种心理倾向和心理表现，包含认知因素、情感因素和评价因素。

---

① ［美］丹尼尔·贝尔：《资本主义文化矛盾》，赵一凡、蒲隆、任晓晋译，24 页，北京，生活·读书·新知三联书店，1989。

与信念相比，态度是对文化的一种更为具体的表现。领导文化中的态度主要包括对组织的态度、对领导风格的态度、对领导者的态度、对决策的态度等。对于个体而言，态度的形成主要受到两方面因素的影响：一是间接经验，即通过社会认知系统，如书本、媒介等，从教育和社会化过程中，结合自身在理念形成过程中所获得的某些信念要素，逐步形成的态度体验；二是直接经验，即通过自身的直接接触、参与，获得的态度体验。研究表明，在直接经验基础上形成的态度，比基于间接经验建立的态度体验更为持久和稳定，而且强度更大，更易于成为行为的向导。

（二）领导文化的功能

文化是人类有别于其他任何动物的最重要的特征，领导文化是文化存在于特定领域中的一种样式，其功能是一般文化功能在领导活动中的延伸。

1. 内化功能

无论是领导行为的执行者，还是领导行为的接受者，在领导实践范畴内的所有活动都是领导文化的外在的行为显现，而领导文化则构成了个体活动的精神动因和内在依据。这种作用，我们称之为内化功能。领导文化的内化功能主要表现在以下两个方面：

第一，为个体行为提供了理性支持，提供了判断和选择行为方式的内在依据。行为是主体指向特定目标的一种活动，在行为背后体现的主要是源自文化的理性支持。领导文化提供了一套系统的具有意义规范的知识体系和工具体系，是领导活动的内在知识基础。在此基础上，人们可以选择行为方式，把握行为强度，评价领导效能，对领导活动的发展进行合理的判断和科学的预测。

第二，决定个体活动的动机和热情。任何行为的驱动，都必须具有相应的动机要素。动机要素是人们在认知外部事物与改造外部事物的过程中，由于内心的不满足而形成的一种缺乏感。清晰地认识外部系统和相关各个组成部分的关系及运行原理，有助于形成清晰的行为动机。而领导文化代表了一种获得普遍认可的价值观念、共同信守的行为模式和广泛流传的态度作风，从而能够帮助组织中的领导成员和非领导成员建立共同的理想信念和行为规范，为领导活动提供了内驱动力和精神导向。

2. 规范功能

领导文化是在领导活动的实践中产生和发展的，自然要受到领导活动的制约和影响。但是，领导文化一旦形成，又具有相对的独立性，对领导活动具有规范作用。由于领导文化是得到组织成员普遍认可的价值观念、行为模式和态度信念，所以如果有人背离这些领导文化要素，就会受到指责或批评。

领导文化的规范功能不同于法律制度硬性的、强制性的约束规范，它是一种软性的、非强制性的约束规范。无论是正面意义还是负面意义的领导文化都具有规范功能。正面意义的领导文化对领导成员及其活动具有积极的规范功能，负面意义的领导文化对领导成员及其活动具有消极的规范功能。

3. 导向功能

领导活动必然要受到领导成员观念意识的指导和影响。领导文化作为领导领域的主要意识范畴，无疑具有导向作用。优秀的领导文化对于领导活动具有正确的导向功能，恶劣的领导文化对领导活动具有错误的导向功能。

4. 调适功能

由于领导环境自身的变化，以及行为个体在参与过程中接受群体影响的程度，常常会导致个体活动在某些时候的变形和脱轨。在领导活动中，无论是领导者还是追随者，都有可能发生行为失范。特别是领导者作为领导的行为主体，其行为失范往往会导致比较严重的后果。领导文化可以在领导活动实践中发挥重要的调适功能，能够在以下几个方面帮助个体或组织控制失范或减弱失范带来的不良影响。

第一，在领导活动中调节个体行为。领导文化通过对一般文化的继承和自身长期的发展过程，逐步形成了确定的、受到普遍认同的基本信念、基本规范、基本价值观等，因而能够在"自律"的基础上规范个体行为，包括限定个体行为的特征、方式、强度等。

第二，在领导活动中催发个体行为。领导文化所特有的影响力，不但可以对个体行为进行必要和适当的限制，而且可以有效地激活个体参与行为的动机和意识，催发他们的积极行为。

第三，在领导活动中帮助个体克服挫折。这种功能，又称为文化的"反挫折功能"。领导文化体现了人们内心深处比较稳定的心理导向，如坚定的信念和价值判断以及面对困难的积极态度等。这些都可以在一定程度上有效地帮助人们克服挫折带来的危害性，从而进行合理的行为选择。

(三) 领导文化的理解与建设

领导文化不但具有文化的共性，而且具有鲜明的个性，无论是在理论研究方面，还是在实践应用方面，都体现出很强的独立性。在认识和理解领导文化基本含义的时候，要注意掌握科学的方法和原则。

第一，对一般性文化本质和文化特征的理解，将有助于理解领导文化。领导文化只是文化在特定领域中一个表现样式，依然符合文化的本质特性。

第二，必须结合政治文化、行政文化和组织企业文化等相关内容理解领导文化。一是领导文化具有综合性、交叉性很强的特点，它既涉及政治文化的一些内容，又与行政文化的研究范畴相联系，还兼具组织文化的一些特点。领导文化与政治文化、行政文化和组织文化既相联系，又相区别。一方面，领导文化与政治文化、行政文化、组织文化密切相关，存在程度不同的交叉关系。政治领导文化和行政领导文化就是领导文化与政治文化、行政文化交叉重叠的部分，而组织文化中的很多方面本身就构成了领导文化的研究内容。另一方面，领导文化与政治文化、行政文化、组织文化并不等同。从时间上说，领导活动存在于人类社会的始终。只要有人类社会，就必然存在领导活动，也就必然存在领导文化。政治活动、行政活动、组织活动则是人类社会发展到特定阶段的产物，随着政治活动、行政活动、组织活动的产生、发展而产生、发展，也必然会随之消失。从空间上说，那些非领导领域的政治文化、行政文化和组织文化并不属于领导文化。例如，非领导类的普通公务员的行政观念就不属于领导文化。二是领导文化涉及政治、经济、文化、思维、心理等诸多方面，特别是与政治文化、行政文化和组织文化关系密切。因此，对于领导文化的研究，一方面要关注它与母体学科及相关学科的联系；另一方面，更要注意把握领导文化发展的特质，积极尝试和探索建立体现领导文化自身发展规律和研究特色的理论体系。

第三，不能把某一个体的价值观、态度、观念等所有文化现象都视为领导文化。领导文化虽然具有内容上的广泛性和丰富性，但在概念的外延上却具有严格的限制。如果领导者进行与领导活动无关的活动，这时所体现的文化就不一定属于领导文化。此外，态度、观念、意识等要素，只有广泛存在并受到普遍认同才具有文化意义，那些在社会生活中表现出来的没有受到普遍认同的、个别的、偶然的、暂时性的态度、观念或意识，不属于领导文化的范畴。例如，某位领导者的消费观念就不属于领导文化。

在对领导文化进行深刻理解的基础上，推动领导文化的建设，实现领导文化自觉，是提高领导效能的要求，也是文化发展的必然要求。只有通过领导文化的自我改造，不断促进领导文化的调整和适应，才能使其不断地提高科学化和现代化程度，并反过来影响领导活动，逐步实现领导文化与领导目标、领导行为的良性互动，并最终提高领导效能，增进公共利益。

推动领导文化建设，要注意把握以下三个方面的内容：

第一，加强领导者素质建设，提高领导文化建设的主动性和有效性。领导者是领导环境的重要组成部分，是其中最具有主观能动性的要素。推动领导文化建设的基础要建立在领导者对领导文化的内容和功能的深刻理解和准确把握之上。一个对包括领导文化在内的领导环境有敏锐的鉴别力的领导者，能够敏锐地感知领导文化与环境的适应程度并判断调适的必要性，主动推动领导文化的变革。

加强领导素质建设，同时意味着领导者个体的知识水平和能力水平的提高，这不仅有助于科学选择领导文化调适的方向，同时也有助于提高效率、凝聚力量、营造积极和谐的组织氛围，而这些本身就是领导文化建设的必要内容。因此，领导者个体素质的建设将有效地推动领导文化的科学建构。

第二，加强制度建设，保障领导文化建设的持续性和稳定性。由于领导者具有主观能动性，领导文化的发展方向在一定程度上受制于领导者的个体素质和主观意识。为确保领导文化建设的科学性和持续性，就必须加强制度建设，逐步实现领导方式由人治型向法理型的转变。当前尽管包括中国在内的东方国家都以民主和法治为治国理念，但由于传统文化的影响，特别是高权力距离等文化心理特征的影响，中国的领导文化仍然有着浓重的人治色彩。建构科学的、现代化的领导文化，就必须加强制度文化的建设，一方面通过制度设计规范领导行为，同时也反作用于领导文化，使制度观念成为领导者的心理需要和行为习惯，从而进一步提升领导效能和促进领导文化的建设。

第三，加强文化交流，增强领导文化与环境的适应与发展。正如前文所述，领导环境与领导文化互为内容、互相作用，二者同时对领导活动和领导绩效发挥影响作用。因此，二者的协调发展就具有了特别重要的作用。一方面，通过领导文化的建设可以使领导环境得到优化；另一方面，积极健康的领导环境也有助于领导文化的不断升华。领导文化是社会文化的重要构成部分，其发展受到社会文化的影响和制约，社会文化中的诸要素都有可能作用于领导文化的建构和变迁。全球一体化进程中，文化也日益呈现出高流动性和高融合性的特点，东西方的文化传统日益交汇、融通，对领导文化发展的影响也不断增强。客观地讲，无论是社会文化还是公共部门的领导文化，在历史发展的过程中，中西方的文化传统都各有特色，各有优势。荷兰学者吉尔特·霍夫斯塔德提出东西方文化的差异主要体现在权力距离、不确定性规避等四个维度，这对研究跨文化交流对领导文化、领导行为的影响提出了一个新的思路，同时也为我们思考在全球化背景下，汲取不同文化传统中的优势因素，不断变革和提升领导文化、优化领导环境提供了一个有益的启发。当然，在融会东西方文化的基础上变革并建构新型领导文化，是一项浩大的系统工程，需要领导主体的冷静反思，积极探索，在相互交流中互相学习，取长补短，并在实践中大胆创新，以不断增强文化与环境的适应性。

小结

领导生态系统是社会生态系统的一个组成部分。领导者、被领导者与领导环境是领导生态系统的三个基本要素，它们之间构成了一种相互依存、相互作用的互动关系。任何领导活动都是在一定的环境中进行的。领导是否成功和有效，不仅取决于具体的领导行为，还取决于领导活动所依存的环境。

领导文化作为外部领导环境的一种特殊形式，对领导活动也具有深刻的影响和作用。在领导学的发展过程中，领导环境与文化是晚近出现的研究领域，却是极具特色的研究项目。环境无所不包而富于变化，文化无孔不入又深沉内敛。二者既彼此独立，又互相渗透；既各自为战，又相辅相成。领导环境与文化吸纳和涵盖了领导活动中各种各样的影响因素，对领导环境与文化的梳理和整合，将有助于对领导活动及其规律做更深入细致的研究。

═══ 案 例 ═══

掣肘难书

宓子贱授命治理亶父，却恐怕鲁君听信谗言，使他不能按照自己的主张治理。于是在即将辞行、走马上任的时候，请鲁君派两名近侍随他同往亶父。到达亶父，当地官吏都来参见，宓子贱让这两名近侍书记做记录。近侍书写时，宓子贱不时从旁边摇晃他的胳膊，以致近侍写得很不像样。宓子贱乘机大发雷霆。两名近侍十分犯愁，决定返回国都。宓子贱却说："你们书法很差，还是回去努力自勉吧。"两名近侍回去后对鲁君说："宓子贱此人很难共事，无法为他书记。"鲁君问："为什么呢?"近侍就向鲁君讲述了当日的情形。鲁君听了，叹息说："这是宓子贱在劝谏我改正不贤德的地方啊。过去我一定是对宓子贱干扰过多，使他不能按照自己的主张办事。"于是，鲁君派遣一名亲信官吏前往亶父，转告宓子贱说："从今以后，我不再教管亶父了，这里属于您了。只要有利于治理亶父，您可以自行决策，五年之后再汇报您的政绩。"宓子贱尊敬地答应，顺利地在亶父推行他的政治主张。

点评

领导环境具有客观性，也具有可塑性。我们可以发挥主观能动性，想办法改善不利的环境条件。初到亶父时，鲁君派近侍处处干涉宓子贱的领导。宓子贱通过巧妙的方法成功地说服了鲁君，争取到独立自主地治理亶父的权力。宓子贱的劝谏是一种影响和改变领导环境的行为。鲁君后来对宓子贱的信任也体现了古代中国传统的"疑人不用""用人不疑"的领导文化观念。

综合习题

一、名词解释

1. 领导环境　　　　2. 领导者　　　　3. 被领导者
4. 领导环境的发展　5. 文化　　　　　6. 领导文化

二、判断题

1. 在现代社会中，组织成功的概率与组织和环境之间的一致性程度无关。（　　　）

2. 领导环境发展的第一原则是超前性原则。（　　　）

3. 文化中最为活跃的因素是物质文化。（　　　）

4. 在组织中，信念往往成为最有效的凝聚力和黏合剂，是组织发展、变革而又保持稳定的基本要素。（　　　）

5. 领导文化只是文化在特定领域中的一个表现样式，依然符合文化的本质特性。（　　　）

6. 领导环境发展的根本目标是改造领导环境。（　　　）

7. 领导环境的发展和改善，也必须遵循领导科学本身的发展规律。（　　　）

8. 领导环境是领导活动中主观因素和客观因素的集合。（　　　）

9. 领导活动的很多方面都受制于领导环境。（　　　）

三、简答题

1. 简述领导生态系统的含义和要素。
2. 简述领导生态系统中的领导者与被领导者之间的影响与作用。

3. 简述环境的不确定性分为几个层次。

4. 简述内部领导环境的内容。

5. 简述组织与环境的关系。

6. 简述外部领导环境与内部领导环境的相互作用。

7. 简述领导环境发展的原则。

8. 简述文化与环境的关系。

9. 简述领导文化建设的主要原则。

四、论述题

1. 联系实际分析领导文化对领导活动的影响和作用。

2. 判断下面命题是否正确，并做简要分析：领导环境发展过程依次为适应环境、认识环境和改造环境。

第三章　领导权力与监督制衡

教学目的与要求

通过本章内容的学习，了解领导权力的起源与发展；基本掌握领导权力的含义与本质、特征与结构、划分与配置，以及领导权力运行的原则、领导授权方法与艺术；重点掌握领导权力的异化与制衡，以及制衡机制的建设。

内容提要

领导权力起源于人自身所固有的一些本质特征，在经历漫长的发展与演变过程之后，其特征日益鲜明，结构日趋合理。为促使领导权力运行的科学化与高效化，就必须遵循一定的原则，并运用灵活多样的方法与艺术，同时建立健全监督制约机制，对权力异化现象进行有效的制衡。

领导权力是领导者实施领导的基础和前提。在社会高度组织化、现代化、一体化和全球化的今天，领导权力这一领导实践中必不可少的因素，更是对国家与社会的政治、经济与文化等各个领域，对领导实践的各个环节，发挥着重要而巨大的作用。

第一节　领导权力的基本原理

权力是一把锋利的双刃剑，它既可以给人类社会带来丰厚的利益，也可以给人类社会带来深重的灾难。善用权力，小则青史留名，大则造福社会，建立千秋万代的丰功伟业；滥用权力，小则身败名裂，大则祸国殃民，留下难以弥补的创伤与遗恨。

一、领导权力的起源与发展

（一）领导权力起源概说

追溯领导权力的起源，我们发现在不同的历史时期，人们对"权力"的起源有着相当的关注。在这些关注中，"权力"与"领导权力"是基本等同的概念。因此，我们将从对权力的起源学说中追溯领导权力的源头。在人类历史发展的不同社会生产力水平和领导体制下，关于权力起源的代表观点主要有以下几种：

（1）神权说。这一学说认为权力来源于上帝，进而创造出"神权论"或"君权神授论"，为封建专制统治辩护并服务。

（2）德仁说。这一学说主张权力是一种来自道德教化的影响力。中国古代孔子的"德治"、孟子的"仁政"等思想，都属于此类学说。

（3）智慧说。古希腊思想家苏格拉底、柏拉图提出了权力应该来源于知识的"哲学王"学说；近代英国思想家培根提出的"知识就是力量"及现代学者提出的"科技治国论"等主张，都属于此类学说。

（4）暴力说。这一观点主张权力应以法律、军队等暴力工具为依托。中国古代的韩非子、西方中世纪末思想家马基雅维里是该主张的重要代表。

（5）契约论。这一观点的主要代表者为卢梭与孟德斯鸠等人。他们认为，国家是人类根据自己的需要，通过契约建立起来的；国家的权力来自人民，而人民的权力则是天赋的。人民主权学说进而成为资产阶级民主共和国制度的理论基础。

（6）资源说。这一学说把权力的来源归结为对组织资源的拥有与控制。这里的资源包括金钱、信息、武力、社会地位、立法权、投票权等。人们只要掌握了一定的资源，便具有了影响他人的力量。

（7）接受论。这一观点是由切斯特·巴纳德第一次系统地阐述的，他认为"应从组织成员是否接受一项命令、指示或建议的角度来考察权力"。此外，在赫伯特·西蒙的权威论中也有接受论的主张。

从以上的介绍可以看出，关于权力来源的学说，除了"神权说"外，其他主张都有一定程度上的合理性，同时也说明权力起源于多种因素的作用与影响。

（二）领导权力的发展

领导权力作为一种国家权力，必须体现国家统治者的意志。但是，领导权力在执行特定的社会职能时必然保留相对的自主性，而且这种相对自主的程度是与社会管理职能的复杂程度成正比关系的。因此，领导权力的发展变化与社会的发展阶段是紧密相连的。

1. 传统社会时期的领导权力

传统社会时期的领导权力是指与传统农业社会相适应的领导权力，这种领导权力主要具有如下特点：

（1）社会职能与国家政治权力的统治职能相结合。在这一时期，领导权力的自主性表现得还不够充分。比如，在早期的希腊城邦中，不允许有单个政府首脑统一领导下的完整行政权力；执政官任期不一，他们由公民大会或其他相应机构选出并向其负责。而在东方专制国家中，从中央到地方，一切事务的最高决定权都掌握在皇帝的手中。

（2）领导权力与宗教权力相结合。这种结合源自于原始社会的巫术和自然崇拜，后来广泛涉及先知、领袖、救世主和英雄等所体现出来的权力。马克斯·韦伯将这种情况概括为超自然、超凡魅力权威，即"卡里斯玛"权威作用的结果。这种结合同时使传统社会时期的领导权力具有许多特定的形式。比如，中世纪欧洲的领导权力就是基督教会的工具，而在东方国家中，亦存在佛教与伊斯兰教对领导权力的影响。在中国漫长的封建社会时期，迷信非常盛行，占卜、巫术都曾经设专门机构派专人掌管。

（3）与宗法权力等血缘关系权力有根深蒂固的联系。这主要表现为领导权力体系中人事任免的领导权力、组织等级权力的分配等，都与宗法制度相关。甚至连居民的管理通常也是由宗法权力负责的。因此，家长、族长也成为一种变相的领导权力主体，导致整个领导活动带有浓厚的家长式专制的特征。

（4）政治权力与经济权力相结合。这主要表现为在传统社会时期，在社会财富和社会价值分配方面，领导权力与政治权力混合而起作用，以致形成"权力支配财富"的局面。

从以上的分析我们可以看出，在传统社会时期领导权力的结构与关系中，人的地位是非常突出的，人的权威大于组织的权威，人的作用大于制度规则的作用。因此，人存政举、人亡政息是传统社会时期的普遍现象。由于领导权力缺乏法治，导致行政体制建设的不完善与行政人员的素质不高，二者是互为因果的。

2. 现代社会的领导权力

现代社会的领导权力是与现代工业社会相适应的领导权力，其与传统社会时期的领导权力相比，具有自身鲜明的特点：

（1）自主性非常明显，社会管理职能日益突出。这是工业革命所带来的社会分工日益加剧的必然结果。领导权力的自主性主要表现为：领导权力不仅在政治权力体系中的相对自主地位明显提高，而且领导权力也开始同宗教权力、宗法权力和迷信权力互相分离，其与经济权力的直接联系也被打破，现代社会已经形成组织家产与官员家产相分离的现象，逐渐形成所谓"没有财产的权力"。

（2）不仅实现了同外部权力的分离，而且其内部的功能分化也日益加快。现代政府中，各个行政部门职责明确，相互之间按照专业化分工的原则进行配合。现代社会领导权力的功能分化是社会部门和职业分工复杂化的结果。随着大工业时代的发展，随着信息时代的出现和知识经济时代的到来，现代社会的领导权力不再像过去那样简单和片面，而是成为一种大规模、社会化的全面复合体，涉及社会生活和公共事务的各个领域。

（3）逐渐体现出典型的法理型特征。这主要表现为，领导客体的服从是以领导主体所拥有的合法权威为基础的。与传统社会时期的领导权力相比，现代社会的领导权力明显地表现为职位权力大于个人权力，法律的权威高于人格的权威。现代国家治理的重要特征是依法治国，行政官员的职权、责任、权利和义务等，都经由法律和制度规范明文规定。可见，现代社会的领导权力不再是任意性权力，而是规则性权力。

3. 社会转型期的领导权力

领导权力的发展是一个长期的循序渐进的过程。传统社会时期的领导权力与现代社会的领导权力是一种典型意义上的划分，而现实社会的发展往往是非常复杂的。事实上，即便是在现代化的工业社会，传统社会时期的领导权力痕迹也会以原有的或改变了的面貌继续存在。

领导权力是随着社会政治、经济制度和政治、经济发展水平的不断变化而向前发展的。在领导权力发展过程中，既有不同于政治经济制度的自身演变规律，同时又受到社会制度与经济发展水平的制衡。在由农业社会向工业社会过渡的国家，领导权力的发展状况就更为复杂。此时，传统社会时期的领导权力的特征依然部分地存在，而现代社会的领导权力的特征也已大量出现，但却尚未完全具备。于是，在转型期社会，行政领导权力的现代性特征与传统性特征就盘根错节地交织在一起。这种转变中的社会的领导权力可称为转型期的领导权力。

把握转型期领导权力的特征及发展趋势，对理解发展中国家的行政现代化是很有必要的。中国属于发展中国家，一方面，领导权力本身的现代化还不够完善，它往往受到各种传统特征的影响，以致在很多情况下不能很好地发挥作用；另一方面，由于受到现代化浪潮的冲击，类似于行政国家的现象在中国也开始出现，领导权力在实际运行过程中时常错位，权力异化的现象时有发生，这不得不引起我们的警惕与思索。

二、领导权力的含义与特征

要明确界定领导权力的含义，我们首先需要了解究竟何为权力。

（一）权力的含义

权力一词来源于拉丁语"autoritas"，它通常有两种含义：其一，权力就是意志与法令；其二，权力就是权势与权威。在中国古代汉语中，"权"多指衡量揣度之意，而在《庄子·天运》中有"亲权者，不能与人柄"，"权"即含有政治权力之意。

综观古今中外对权力的研究，对权力的概念界定比较有代表性的观点主要有以下几种学说：

（1）力量说。《社会学词典》认为："权力"是一种强制性的社会力量，支配权力的主体利用这一力量驾驭客体，并迫使客体服从自己。法国著名管理学家亨利·法约尔也认为，权力是下达命令的权利和强使别人服从的力量。

（2）能力说。在《布莱克维尔政治学百科全书》中对权力的解释是：尽管对如何界定权力的概念存在分歧，但大多数分析家们还是承认，"权力"基本上是指一个行为者或者一个机构影响其他行为者或者机构的态度和行为能力。[①]

（3）控制说。克特·W.巴马认为，权力是在个人或团体的双方或多方之间发生权益冲突或价值冲突的形势下执行强制性的控制。汉斯·摩根索的权力定义也是"人对其他人的思想和行动的控制"。

---

① 邓正来：《布莱克维尔政治学百科全书》（中文版），594～596页，北京，中国政法大学出版社，1992。

（4）关系说。这种学说将权力定义为领导过程中的关系，认为这种关系是领导权力的轴心。例如，《不列颠百科全书》认为，权力是"一个人或许多人的行为使另一个人或其他许多人的行为发生改变的一种关系"。

（5）零和说。这一学说来源于博弈论。它从相排斥的意义上给权力下定义，认为权力是一个人或集团所拥有的支配他人或集团的力量。掌握权力的人或集团可以在损害、牺牲他人或集团利益的基础上，获得自己的利益，实现自己的目标。

（二）领导权力的含义

在综合考察已有权力概念的基础上，结合现实生活的实践，我们认为所谓领导权力就是领导者遵循相关的法律法规，运用多种方法与手段，在实现特定目标的过程中，对被领导者做出一定行为与施行一定影响的能力。这一定义大致包含以下几个方面的主要内容：

1. 领导权力的主体

在这里，领导权力的主体包括党政机构的领导者、企事业单位的领导者以及广大的社会组织中的领导者。

2. 领导权力的目标

国家层面上的领导权力的根本目标是要通过贯彻执行国家法律、法令和各类政策来有效地实现国家意志。国家意志集中体现国家利益，而无论其实质上为何物，在表现形式上，它都是以公共利益的面目出现。公共利益不简单等于某种社会集团或党派利益，也绝不是各种社会利益的简单相加，而是由各种势力集团或利益集团为追求各自利益而互相斗争与妥协的结果。在各种集团力量的对比中，强势集团总是占据优势地位，因此国家意志主要代表的是社会强势集团或阶级的利益。

在这个根本目标的指引下，每一个组织的领导者都必须制定并完成各自组织内部的分目标。

3. 领导权力的作用方式

领导权力的主要作用是推行政令，有强制性和非强制性两种方式。要有效地执行国家意志，领导权力推行的法律、法令和各类政策等一般来说都是通过强制性手段进行的。因此，强制力作为领导与管理的一种基本依靠力量，它是自始至终且经常存在的。

4. 领导权力的客体

领导权力的客体就是那些受到领导活动影响和支配的人们，包括组织成员和领导活动所涉及的社会公众。国家权力的客体包括所有的民众以及由民众所组成的不同社会组织和社会集团，囊括领土范围内的整个社会。

（三）领导权力的本质

1. 领导权力在本质上是一种社会关系

在社会关系之外是没有权力的。伯特兰·罗素曾经在两个人的关系比较中论述过权力，詹姆斯·麦格雷戈·伯恩斯则明确地说"权力是人与人之间的一种关系"。当然，不同的社会形态，社会关系的本质是不同的。同一种社会形态中，社会关系的具体内容也是千差万别的。社会关系决定了领导权力的内容，使领导权力主体不能为所欲为，即使他有一定程度的自由决定权，也总是有限的。

2. 领导权力在本质上是一种阶级关系

在阶级社会中，权力都带有一定的阶级性，反映着一定的阶级关系。简言之，权力所反映的阶级关系主要有以下两种：其中一种是阶级对立关系，即统治阶级与被统治阶级之间的关系是对抗性的，而且有时会十分尖锐；另一种是阶级合作关系，即在本阶级内部，从总体上说是团结的，一致对外的。领导权力作为国家权力的一种，其在本质上是代表统治阶级利益的。

3. 领导权力在本质上是一种利益关系

利益是驱使权力主体获得权力的动机，也是权力主体在运行权力过程中所要达到的目标。权力关系的形成是以共同的利益作为基础的。一方面，权力关系的形成必须对权力运行者有利，否则，就很难有人去运行权力；另一方面，权力关系的形成必须对权力支配对象有利，否则谁都不会服从权力的指挥。尽管权力有强制性，但这种强制也必须建立在对服从者利益的最低限度的满足基础之上，否则，强制也是无效的。此外，权力关系的形成必须对社会发展有利，否则社会就不会接受这种权力关系。领导权力作为国家权力的一种，其代表的是公共利益，同时，由于领导权力在本质上是一种利益关系，其运行主体具有自身的利益追求，只有平衡自身利益与公共利益两者之间的关系，才能保证领导权力的公正性、廉洁性与高效性。

（四）领导权力的特征

1. 权力的共性

作为权力的一种形态，领导权力具有所有权力普遍存在的共同特征，同时也拥有其区别于其他权力的独特性。以下，我们先对权力的共性进行分析。

（1）无形性。权力作为一种带有很强抽象性的社会现象，让人难以想象，难以认识。古今中外，在认识权力现象的各种努力中，还没有任何一种学说得到普遍的接受和承认。权力存在方式上的无形性增加了权力的神秘感。

（2）依附性。权力必须依附于一定的载体才能存在，权力载体的承担者很多，通常有人、机构、团体、阶级、政党、企业、事业、金钱、地位、知识、能力、家世、血缘、职称、年龄等。因此，要认识某种权力，就必须首先认识该权力的载体。权力的载体不同，权力的性质、作用、职能便都不相同。权力的载体发生变化，权力也随之而变化。

（3）可塑性。权力的可塑性是指权力是由人创造的，权力系统、权力结构是由人安排的。在权力面前，人可以充分发挥主观能动性。无论权力的强制性有多大，从根本上说，它都要以人的意志为转移。

（4）有限性。各种权力都有其特定的职责范围和运行界限，一旦超越这个范围和界限，权力就会失效或异化。在特定的范围和界限之内，权力可以充分发挥作用，否则就会失去其应有的效力。权力职责范围和运行界限的明确界定和合理划分，是有效地运行权力的必要条件和基本保证。

（5）强制性。强制性是权力的天然属性，可以说，没有强制便没有权力。权力作为一种支配力量，就是使他人的意志服从自己的意志，并且这种服从是强制性的，不必征得服从者的同意。

（6）目的性。权力的运行总是与一定的目的相联系的，运用权力进行统治和管理，其目的不在于行为本身，而在于实现和维护特定的利益。这一特性也包含了权力的手段性特征，即权力是实现目的的手段，而不是目的本身。

（7）交换性。权力的交换性是指由于权力本身具有特定的价值且永远不会贬值，因此使得权力几乎成了一种可以交换万物的东西，这就为权力异化，即人们经常提到的权钱交易、权权交易与权色交易等提供了可能性。

（8）垄断性。权力的垄断性是指权力的所有权一方面被垄断在特定的个人与组织手中，另一方面是权力的运行范围几乎覆盖了社会生活的各个方面，权力所有人有很多机会进行行业垄断，使得权力极易产生异化。

（9）诱惑性。由于权力运行过程就是社会价值和资源的分配过程，领导者利用手中的权力既可以为公共利益服务，也有牟取私利的机会。因此，权力有诱惑性。

2. 领导权力的特殊性

在上述权力的共性之中，领导权力作为权力的特殊形态，还有以下这些区别于其他类型的权力的特殊性质：

（1）载体的确定性。领导权力往往以特定的组织机构为载体。

（2）职责范围的限制性以及职权层级性。

（3）领导权力的强制力往往具有强大的组织保障和资源保障。

（4）目的的复杂性。领导权力的目的往往是结合了组织目标与领导个人目标的复合体。这一特征又决定了领导权力具有交易的可行性以及以公共目标换取个人目标的诱惑性。

（5）高度的垄断性。领导职责范围的限定性以及资源的稀缺性决定了领导权力具有高度的垄断性，这是领导权力异化的主要原因之一。

三、领导权力的结构

领导权力的结构，是指领导权力的各种构成要素依附于一定的组织机构，并且进行有序性活动的过程中形成的静态结构与动态结构的总称。

（一）领导权力的静态结构

领导权力的静态结构主要由以下几种要素构成：

1. 领导权力主体

领导权力主体，是指国家党政机关、企事业单位与社会组织的各级领导者，是在确定领导目标、履行领导职能、取得领导绩效过程中起主导作用的人或集团。其特点主要有以下几个方面：

第一，在其位。领导权力主体必须身处一定的职位并担任一定的职务。

第二，负其责。权力与责任和义务总是相对应的。

第三，用其权。领导者在实施领导职责时，事实上主要运用两种权力：其中一种是职位权力，即由所在组织所授予的，为履行领导职能的需要而具有的影响和改变他人心理和行为的强制性与法定性力量；另一种是个人权力，是指领导者以其自身素质对他人的心理与行为施展影响的能力。领导者只有综合运用这两种权力才能最终实施有效领导。

2. 领导权力客体

领导权力客体，是指领导权力作用的对象，即指领导活动中的被领导者。狭义的客体专指各自组织系统内部的被领导者。广义的客体包括领导活动所覆盖和影响的所有公众。总体上说，被领导者既接受领导者的领导，又参与领导活动的过程，他们有如下权力与义务：

第一，服从领导。领导活动的客观规律决定了被领导者必须服从领导，否则就会破坏组织的有序结构与相应的规章制度，进而影响组织功能与目标的实现。当然，被领导者作为有理性与思想的个体，其服从不可能是盲目的，合理合法的指令才能带来主动服从。

第二，支持领导。毋庸置疑，领导者在领导活动中占据主导地位，即使如此，被领导者也不是完全被动、消极的因素，而是有助于组织目标顺利实现的积极主动力量。被领导者对本组织的关心程度，对完成本职工作的自觉性、主动性与创造性，被领导者的自身素质与能力等，都直接关系到领导活动的绩效与成败。如果得不到被领导者的支持，领导活动可以说是寸步难行。

第三，影响领导。被领导者具有主观能动性，能够通过参与决策、监督执行、表达意见等方式建立或改变与领导者的追随关系，影响领导活动。

3. 领导权力载体

领导权力的载体，是指领导权力赖以存在和运行的组织依托和制度体系。这种组织结构大致在纵向与横向两个方向上展开，同时这两个方向又相互交织，彼此渗透。

第一，领导权力载体在纵向上表现为金字塔式的层级结构，体现出领导权力主体在垂直方向上的差异。马克斯·韦伯将这种结构称作科层制或官僚制，并对此进行了经典论述。具体地讲，这种结构具有强制性的法规、明确的分工与责任、稳固而有秩序的上下级制度和层级制原则。

第二，领导权力载体在横向上表现为平行式的部门结构。领导权力除去垂直方向上的差异外，同时存在水平方向上的差异。这种差异主要来自于领导活动所需要的专业化分工，表现为管辖范围、功能、资源、信息与技术等方面的差异。

（二）领导权力的动态结构

领导权力的动态结构是由领导权力作用的方向、方式、轨道、层次、时间和结果等要素结合在一起所构成的权力运行模式，这种运行模式赋予领导权力的静态结构以生动的实际内容。这主要表现为以下几个方面：

（1）领导权力是一种矢量，其作用方向和轨道具有明显的指向。这主要表现为，在领导权力运行过程中，它的作用呈现出自上而下的方向，其轨道呈伞状放射。因此，领导权力的势能很高，作用范围很广。

（2）领导权力的运行呈现明显的层次性，其中间过程存在许多中介。领导权力的层次性使得领导的主体与客体之间不能简单地发生直接作用，而是要经过若干中介的传递过程，因此其"衰减"和"折射"就不可避免。要想合理地配置领导权力，就必须考虑到影响领导权力层次性的各种因素，其主要包括：领导权力主体能量的大小，传递中介的作用状况，领导权力客体反作用力的大小，以及环境与技术等。

（3）时间在领导权力的动态结构中是一个必不可少的因素。时间在领导权力的动态结构中的重要性主要表现为两个方面：一方面是领导者掌握权力的时间，科学地确定相应层级和职位的任职年限以及建立畅通的晋升与退出机制，对领导权力的规范运行有重要意义；另一方面是领导者运行权力完成任务的时间，即我们常说的"领导效率"问题，领导效率与前面所论及的领导权力的方向性与层次性都有直接而密切的关系。即领导者能否在拥有并运行权力的过程中，既注重单位时间内效率的提升，有效地完成自身面临的任务，又同时兼顾整体与部门的任务系统；此外，领导者应着眼长远发展，不可为了在任期内完成任务、提升政绩而影响可持续发展。

（4）领导权力运行的结果。领导权力运行状况的优劣，是检验领导权力的目的与公众需求之间吻合性的重要标准。组织绩效是领导权力运行的结果的反映。

第二节　领导权力的动态运行

领导权力的运行即领导权力主体立足于有序的组织结构，遵循特定的原则与规章制度，采取有效的方法手段对领导权力客体施加控制与影响，从而使领导权力客体按照领导权力主体意愿采取行动，进而共同达成组织目标的过程。这一过程主要包括计划、组织、用人、指挥、执行、控制、监督与反馈等一系列具体环节。

一、领导权力的合理划分与配置

领导权力的运行是以领导权力的合理划分与配置为前提的，因为领导权力的运行必须首先立足于有序的组织机构，即所谓的在其职，谋其政。在这里，我们拟对领导权力的合理划分与配置这一问题进行系统性分析。

（一）影响领导权力的合理划分与配置的宏观要素

这主要是从与社会大系统诸要素的互动中探索领导权力的合理划分与配置。

社会大系统是一个庞大的系统体系，它既包括一个国家内部的经济、政治、文化、社会等各个领域，同时也包括国际环境中的各种因素。组织系统作为社会大系统的一个子系统，其内部权力的合理划分与配置必然与社会大系统及其他子系统紧密相连，息息相关。

1. 国家政治制度

国家政治制度即国家政治体制，通常是指取得政权的统治阶级采取何种形式组织政权。它包括国家的管理形式、结构形式、选举制度、政治权利的运行制度等。公共部门的领导权力服从国家政治制度是权力划分的基础。需要注意的是，领导权力的划分与配置必须与司法机关权力的配置与运用相配套。在国家政治生活中，领导权与司法权分别承担着不同的功能，表现出不同的权力特征和运行规律。领导权以提高效率为宗旨，司法权以维护社会公正为目的。两种权力既相互独立又相互制衡，行政领导权必须接受司法权的监督与制衡。

2. 公民权利的保障

公共部门的领导权力根本而言是一种公共权力，领导权力与公民权利是相互联系、相互促进和相互制衡的。所以，合理划分与配置领导权力，从而创造一个独立、民主、宽松、自主的气氛是保障公民权利充分实现的重要条件，也是社会发展现代化的必然要求。

3. 社会经济结构

马克思主义认为，物质生活的生产方式制衡着整个社会生活、政治生活和精神生活的过程，社会的经济结构是国家权力结构的深层根源。领导权力的合理划分与配置必须与社会经济结构相适应。从历史的发展我们可以看出，各个时期的权力体制与结构无一不是与当时的经济结构相适应的，否则便会带来变革甚至革命。

4. 民族传统文化

民族传统文化主要是指一个国家或民族共同体，在长期的历史发展过程中形成的共同的政治观念、价值观念与心理倾向等。民族传统文化对行政领导权力的划分与配置起着长久的、潜在的、无形的与不可估量的影响。

（二）影响领导权力的合理划分与配置的微观要素

这主要是从行政系统内部各要素的联系中寻求领导权力的合理划分与配置。

在组织系统内部，所有的领导活动，都是围绕着领导权力的合理划分与配置以及运用展开的。而领导权力的合理划分与配置又与组织系统内部的组织职能与组织人员等要素密切相关。

1. 组织职能的配置

组织职能的配置是领导权力的合理划分与配置的基础。所谓组织职能，就是各种组织依法管理国家事务和社会事务过程中所具有的职责与功能。组织职能与领导权力是紧密联系在一起的。其中，组织职能所要解决的是组织要管什么的问题；领导权力则是根据各级组织及其各部门的职能，来合理划分和配置其职责权限范围，并通过权力的运行去保障组织职能的实现。总体来说，组织职能的强化必然带来领导权力的集中，以加强保障组织职能发挥的力度；反之，组织职能的弱化必然带来领导权力的分散及下放，以实现还权于基层与社会。因此，如果离开了组织职能，而去孤立地研究领导权力的合理划分与配置是不明智的，也是不科学的。

2. 组织机构

组织机构是领导权力合理划分与配置的载体。领导权力是组织机构建立的依据，组织机构是领导权力合理划分与配置的载体。与领导权力在组织系统内部的纵向与横向划分相适应，组织也划分为纵向结构与横向结构，呈现出由垂直层级与平行部门相交叉而形成的网络状组织结构。组织作为领导权力合理划分与配置的载体，不可避免地要对领导权力产生积极或消极的作用，组织设置的合理程度，影响着领导权力划分与配置的科学程度。

3. 组织人员

组织人员是领导权力运行的主体。组织是由组织人员组成的，没有组织人员，组织与领导权力便全部失去了存在的意义。领导权力的运行与组织人员的素质是密切相关的。领导权力的划分与配置必须与组织人员的素质水平相适应。

综上所述，领导权力的划分与配置必须与社会大系统相适应，并充分考虑领导系统内部的各种要素，从而把各种要素相互融合与协调，才能达到领导权力划分与配置的科学化与合理化。

二、领导权力运行的原则

要保证领导权力的良好运行，就必须遵循一定的原则，这主要表现为以下几个方面：

1. 正当性原则

所谓领导权力运行的正当性原则，是指领导者在特定的职权范围内履行自己的职责，而无须顾及来自职权之外的其他因素的干扰。这主要包括两方面的内容：一是在职责范围内充分运行权力。领导者如不能充分运行职责范围内的权力，就是软弱失职行为；如超越职权运行权力，则是越权行为。二是必须用权为公，这是公共部门领导区别于其他社会组织领导的本质特征。总之，恪尽职守、竭诚服务是领导权力运行的正当性原则的基本内涵。而领导者要在运行权力的实践中体现正当性原则，就要做到认清职责，坚持真理，正确处理上下级与同级以及周围环境的关系。

2. 可行性原则

所谓领导权力运行的可行性原则，是指领导者运行权力要充分注意组织内外的主客观条件，在现实基础上，在组织原则和社会道德规范内运行权力。领导权力运行的可行性原则包括三方面内容：一是领导者运行权力的目的与方向是否可行；二是群体成员对领导者运行权力的目的与方向是否认同并接受；三是是否具有实现领导者运行权力的目的与方向的条件与可能性。而要加强领导权力运行的可行性，就要首先加强对领导权力运行的可行性的预测性分析；其次要处理好运行权力过程中的各种关系，包括运行权力的目的与群体成员利益的共同性程度、成员素质与工作难易程度的关系等；最后要搞好追踪决策。

3. 民主性原则

所谓领导权力运行的民主性原则，是指领导者在运行权力的过程中，实行决策民主化和领导班子中的集体领导原则。

4. 效益性原则

所谓领导权力运行的效益性原则，是指领导者在运行权力的过程中，必须讲究取得成果的大小与快慢，即注重社会效益。这种社会效益包括政治效益、经济效益、文化效益等。领导者在运行权力的过程中之所以要遵循效益性原则，是因为效益性是领导者运行权力的目的与动力，是领导者运行权力正确与否的检验标准。而要实现领导权力运行的效益性原则，就要做到首先以组织和群众的根本利益为运行权力的前提；其次要果断决策并善于用人；最后要把握时间。

5. 权变性原则

所谓领导权力运行的权变性原则，是指领导者在运行权力的过程中，必须依据不同的环境和条件，审时度势，变换运行权力的方法和手段，调整领导权力的计划和目标。从科学的观点来看，领导权力运行的权变性原则实际上是一个动态规划过程，在这一过程中，领导者必须做好以下几个方面的工作：一是加强预测，提高应变能力；二是强化信息系统，以及时了解领导权力运行的各方面情况，并做出适时的调整；三是搞好反馈控制，以总结经验，调整并优化已有政策。

三、领导权力运行的方法与艺术

领导权力运行的方法与艺术指的是领导权力运行的操作性层面，主要包括前面已经涉及的领导权力职位权的运行、领导权力的划分与配置等。在这里，我们着重分析一下领导授权的方法与艺术。

（一）领导授权的含义与意义

随着现代社会的发展，政治、经济、思想、文化等诸方面活动都日益复杂，为有效领导与管理国家与社会事务，领导活动中越来越重视授权这一重要环节。

1. 领导授权的含义

所谓领导授权，就是在组织系统内部，领导者将组织和人民赋予自己的部分职务权力授予下级行政机关或职能机构，以便下级机关能够在上级的监督下自主地行动和处理行政事务，从而为被授权者提供完成任务所必需的客观条件。因此，授权是领导者智慧和能力的扩展和延伸，是由领导活动的客观规律所决定的，是顺利完成现代领导任务、实现现代领导目标的必要环节。

2. 领导授权的意义

领导授权的重要意义在于：首先，领导科学授权是完成领导任务、实现现代领导目标的需要。授权能够减轻领导者的负担，有利于其集中精力抓大事。授权可谓领导者行之有效的"轻身术"与"分身术"。其次，领导科学授权能够锻炼被领导者的能力，增强他们的责任心，调动他们的积极性、主动性与创造性，有助于下属的锻炼、提高和发展，进而提高整个组织的总体水平。最后，领导科学授权能够改善上下级的关系，使之更为融洽，从而营造一种团结合作、奋发向上的组织气氛，有利于改善和提高整个组织的效能。

（二）领导授权的特点与形式

1. 领导授权的特点

（1）领导授权在本质上是组织内部权力分配的特定形式。它通过上下级领导主体间在不同层次上的授权与被授权，形成一种新的动态权力配置体系，来不断适应公共事务和行政工作经常性的需要。

（2）领导授权实际上是领导活动过程的一部分，其核心内容是上级领导给下属分派任务以及相应的资源配置权限。

（3）领导授权是一种权责高度统一的行为。在领导授权过程中，上级领导给下属分派任务的同时，也将一定的职权和责任交给下级，因此导致一个权责体系的产生。

2. 领导授权的形式

领导授权是一种带有权变色彩的行为，要因时、因地、因人制宜，人们站在不同的角度，根据不同的标准，可以将其分成不同的类型。

（1）根据在授权时所凭借的媒介的不同，可以将领导授权分为口头授权与书面授权。所谓口头授权，是上下级之间以口耳相传的形式进行的工作分配。这种授权形式一般适合临时性与责任较轻的任务。所谓书面授权，是上级领导利用文字形式对下属工作的职责范围、目标任务、组织情况、等级规范、负责办法与处理规程等进行明确规定的授权形式。这种授权形式适合比较正式与长期的任务。

（2）根据授权的规范性程度的不同，可将领导授权分为正式授权与非正式授权。正式授权，是指领导主体根据法律规定并按照法定程序所进行的授权活动，即下属行政人员根据其合法地位获得相应职权的过程。非正式授权，是指无法律特别规定或组织体系之外的非程序性授权，带有随机性，因机遇与需要而定，往往是临时性的。

（3）根据工作内容的重要性程度、上下级的水平与能力等综合情况，可将领导授权分为充分授权、不充分授权、制衡授权和弹性授权等形式。

充分授权也叫一般授权，是指上级行政主体在下达任务时，允许下属自己进行决策，并能进行创造性工作。充分授权又可分为三种情况：一是柔性授权，即上级领导者仅对工作安排给出一个大纲或轮廓，下属可随机应变，灵活而有创造性地处理工作，这种授权要求下属精明能干。二是模糊授权，即授权者只讲明工作所要完成的任务和达成的目标，而不明确指出工作的具体事项与范围，让被授权者自己去选择完成任务的途径。这种形式适用于任务艰巨、需要调动下属积极性与创造性的情况。三是惰性授权，即上级领导者将自己不愿意处理的纷乱烦琐的事务交给下属处理，其中也可能包括领导者本身也弄不清楚如何处理的事务。这种形式需要授权者对下属有充分的了解且下属有较强的独立工作能力。

不充分授权，也称之为特定授权或刚性授权，是指上级行政主体对于下属的工作范围、内容、应达成的目标和完成工作的具体途径都有详细规定，下级行政主体必须严格执行这些规定。在这种形式中，被授权者的职务、责任和权力等均有明确的规定。

制衡授权，又叫复合授权，是指上级行政主体将某项任务的职权分解授给两个或多个子系统，使子系统之间产生互相制衡的作用，以免出现疏漏。这种形式适用于工作难度较大，技术性较强而容易出现疏漏，且上级行政主体管理任务重、幅度大，或本人专业知识有限的情况。

弹性授权，又称动态授权，是指在完成任务的不同阶段采用不同的授权形式。这种形式适用于任务复杂、上级对下属的能力和水平无充分把握、环境和条件处于多变状态的情况。

由以上的分析可以看出，领导授权的形式是多样而灵活的，上级行政主体应根据不同的任务与不同的环境和条件采取不同的形式。

（三）领导授权的程序与原则

领导授权是由领导活动的规律决定的，因此它必须遵循一定的程序与原则，只有这样，才能做到领导授权的科学化。

1. 领导授权的程序

一般情况下，领导授权的科学化程序依次表现为以下几个步骤：

第一，确定授权的工作内容。即领导者根据领导与管理的目标与任务，确定自己的工作内容与范围，而后对这些工作进行分析比较，确定哪些事务是应交出下属或下级行政机关去处理的。

第二，选择授权的对象。即在确定授权的工作内容后，上级行政主体应根据分派给下级工作的性质、工作量的大小、事务的重要性与复杂程度，选择适当的授权对象，以充分发挥领导授权的功能。

第三，正式授予权力并明确责任。正式授予权力是授权者与被授权者之间的契约或承诺的达成。授权者可以采取上述的各种形式授权，被授权者可以采取口头形式接受，也可以采取书面方式接受。在正式授予权力的同时，也必须明确被授权者的责任，这主要包括被授权者应负责从事活动的范围与任务及应达到的目标，此外要明确规定检验下属工作的标准。

第四，坚持请示汇报制度，及时检查监督。一方面要建立健全请示汇报制度，以制度来约束下属养成汇报的习惯；另一方面，要依据一定的标准对下属的工作进行监督检查，以及时沟通。对下属工作中存在的问题，上级行政主体要勇于承担责任，并为下属工作的展开创造必要的条件，提供相应的支持。

2. 领导授权的原则

领导授权需遵循以下几个原则：

第一，适当原则。即为达到某一目标，而通过一定程序进行的把握一定限度的授权。要视单位大小、任务轻重、业务性质以及下属的承受能力进行授权。

第二，责任原则。即授权的同时明确下属的责任，也就是带责授权，这样不仅可以促使下属完成工作任务，而且可以堵塞有权不负责或滥用权力的漏洞。

第三，可控原则。授权不仅要适当，还要可控。这主要表现在两方面：一方面，领导者应握有主动权，授权要有灵活性，即授权的范围、时间由领导者灵活掌握，在相对稳定的情况下，根据实际需要随时调整；另一方面，领导者要握有检查、监督、修正权，以便及时有效地对下属的工作进行指导、检查、监督和修正。

第四，信任原则。即领导者对于将要被授权的下属一定要有充分的了解和考察，一旦授权就要信任，即"疑人不用，用人不疑"。

第五，考绩原则。领导者授权后，就要定期对下属进行考核，对下属的用权情况给予客观的评价，并与下属的切身利益结合起来。考绩既要看近期业绩，也要看远期业绩；既要看局部业绩，也要看整体业绩。

第三节　领导权力的监督与制衡

一、领导权力的异化

权力异化现象伴随人类私有制度与私有观念的产生而产生。时至今日，它不仅经历了漫长的历史时期，而且蔓延至广泛的国际社会，已经成为一种世界性流行的社会综合顽症，更是一个广为人们关注的社会焦点问题。要对权力异化及其有效制衡进行深入的分析，我们首先需要对权力异化有一个客观而系统性的认识。

（一）权力异化的含义

中外学人对权力概念的理解各不相同，但都认为，权力就是某些人对他人产生预期效果的影响力。权力具有强制性、单向性、相互依赖性、工具性、自我扩张性和侵犯性等基本特征。权力的运行对于运行人来说，特别容易产生致瘾作用，尤其是当权力的使用能够带来物质利益的时候更是如此。权力的运行，使人自觉不自觉地都有使权力进一步扩张的潜在意识，希望在运行权力的过程中带来更大的利益，并且更加自由地运行权力。马克思主义认为，权力是随着人类社会的发展而发展的。权力是政治上的强制力量，是实现政治目的的根本手段。公共权力在本质上姓"公"而非"私"，权力的运用和使用一旦背离了其公共本质，必将因异化而导致腐败。[①]

"异化"一词，德语原文是 Entfremdung，英文翻译为 Alienation，创始于黑格尔，完成于马克思，后经卢卡契、"西方马克思主义"的传播，成为当代全球范围内哲学、社会科学的一种核心观念，一个重要范畴。"权力异化"特指权力的蜕变，即公共权力主体滥用权力或者偏离公共职责，借职务之便获取个人的特殊利益，从而使国家政治生活发生病态变化的过程。

（二）权力异化的特征

从严格意义上讲，权力的越位、错位、缺位以及倒置了的权力的目的手段属性，都是权力异化的表现形式。现阶段，对权力的公共性本质破坏意义最大的异化即我们常说的腐败现象。本节对权力异化现象的分析也将从这个角度展开。

概括而言，权力异化的特征主要包括以下几个方面的内容：

1. 权力异化的主要表现形式是以权谋私

无论发生在哪个层次、哪个领域，以哪种手段为凭借的权力异化行为，最终都可以归结为以权谋私的异化形式，这是权力异化的突出特征之一。视手中的权力为资本，以公权牟取私利，或进行权钱交易、贪污受贿、徇私枉法、以权承包、以权入股；或安插重用亲信、任人唯亲。毋庸讳言，以权谋私是一种典型的交易行为。

2. 权力异化的主要内容为"寻租"与"设租"

"寻租"是目前权力异化行为的现实特征之一，它是主体为了获取稀缺资源而向权力主体寻求庇护、支持，目的是保证寻租者能达成自己的意愿、获得利益。所谓设租，就是权力所有人利用手中的权力再造出一定的权力，使再造的权力可以直接投入到市场交易，以获取更多的"租金"。例如，为了部门和私人利益，人为地规定某种检查、审批权，其危害性很大。

3. 权力异化的主客体趋向法人化与集团化

这种现象被称为"公贿"现象，它是一种更深层次的异化现象。所谓公贿，就是用公款、公物集体行贿。其最人"魅力"在于权力异化双方都姓"公"，双方或是上下级关系，或是管理与被管理关系，这种异化行为具有行为的集体性、目的的为公性、财物的公有性和法人犯罪等特点。由于公贿不是单纯的个人行为，而是一种企业行为，甚至是政府行为，所以许多人抱着不以为然的态度。但恰恰在这种不以为然中，行业特权普遍化，法人犯罪现象猛增，靠权吃权现象愈演愈烈，政府官员的整体形象受到了威胁。

4. 权力异化的范围扩大，程度加深

公共权力的存在是权力异化的基础，从这个意义上讲，只要有公共权力存在的组织和领域，就可能产生权力异化。异化行为从个人行为发展成为一种群体意识、社会心理，不仅对

[①] 张维新：《公共权力异化及其治理》，载《行政论坛》，2011（2），9~14 页。

权力公共价值的维护产生了冲击，也严重地侵蚀了公共利益。

5. 权力异化的新形式不断出现

权力异化的新形式主要表现为：①由以往的隐蔽，向半公开、公开发展，并往往穿上"合法"的外衣，异化分子巧妙地利用党的现行制度，如利用人事制度、公安司法制度、贸易制度、银行制度中的弊端或漏洞，为其权力异化服务。②作案手段从简单化向智能化发展，即利用电脑等先进科技手段进行权力异化，因而异化金额经常是天文数字。③异化类型从单一的权钱交易发展到复合的权钱、权色、权权交易。④异化主体的官阶越来越高，中央级干部的异化行为不断涌现，巨案连连。⑤金额越来越大，"十万级""百万级""千万级"的"小巫"已经让位于"几十亿""上百亿""亿万级"的"大巫"。⑥异化官员年轻化，从"59 岁现象"发展到"39 岁现象"。⑦作案手段专业化，人员网络化。有的甚至形成异化集团，如厦门远华特大走私案、湛江特大走私案等。他们之间订立攻守同盟，集体分赃，同损共荣，使主体的反调查能力不断增强，从而增加了反异化的难度。

（三）权力异化的危害

权力异化行为的危害性是显而易见的，这主要表现为以下几个方面：

（1）权力异化直接损害了一个国家的政治稳定，并可能造成危及根本的合法性危机。这是因为异化一般地总是极其严重地损害政府的形象，导致民众对政府支持度的降低，并因此而引发暴力行为甚至是军事、政治的巨大动荡。

（2）权力异化直接消解了一个国家政治生活朝着民主化方面发展的积极力量。异化的盛行意味着一部分特权阶层和拥有大量政治资源者可以凭借自身的有利地位通过法律和制度之外的、非法的途径来得到超额利润。非法方式盛行总是与政治体制的倒退有一种互为因果、互相加强的关系。因为既得利益阶层总是会阻碍对他们不利的民主化改革的进行。

（3）权力异化破坏了行政效能。权力异化不利于行政管理机构自身的现代化发展。异化还会加剧行政管理不善的状况并加大行政改革的难度。

（4）权力异化阻碍了社会经济的发展。权力异化的盛行不仅会导致公共权力主体对经济活动的干预，对经济规律的破坏，造成社会经济资源的巨大浪费，还会孕育出既得利益阶层，形成经济体制变革的阻力。

（5）权力异化已经并将继续对经济收入的分配产生极其严重的不利影响。这是因为异化行为扩大了收入分配上的不平等，激化了各社会阶层之间的矛盾，并且还会打击各阶层通过诚实劳动获取正当合法收入的积极性。

（6）权力异化完全可能造成优秀人才的外流和埋没。因为在一个"异化本位"的社会里，畸形的竞争和扭曲的社会流动方式具有巨大的消极性，导致人们不可能依靠自己的才华和劳动实现自身的价值。

（7）权力异化会导致社会整体道德水平的下降。这是因为异化的传染性和示范性，会一步步地降低公众的道德水平和社会的凝聚力，并进而把整个社会推向异化状态。

二、建立领导权力的监督与制衡机制

领导权力异化不仅会导致社会资源的巨大浪费、经济发展的不良反应，还将在根本上冲击政权的合法性与稳定性。因此，如果不能够对权力异化进行有效的制衡，就一定无法稳健地推进整个社会的健康发展。

(一) 监督与制衡的概念与内涵

1. 权力监督的含义与作用

监督，《辞海》解释为监察、督促。从字面上讲，包含了监视和督促的含义，即对某一特定对象或过程进行监视、督促和管理，使其结果能达到预定的目标。《周礼·地官司徒第二》记载"大丧用役，则帅其民而至，遂治之"，汉代的郑玄把"治"解释为"监督其事"，贾公彦进一步解释为"谓监当督察其事"。这说明，从周代开始，监督就与管理，特别是公共事务的管理密切相关。随着社会的发展与进步，监督的内涵不断扩充和丰富。

如前文所述，权力在运行过程中必然体现个人或集团的意志，因而必然产生正反两个方面的作用及由此导致的正负效应。权力的正效应是指它给组织和社会带来的发展、进步，而权力的负效应是指行使权力者滥用权力对公共目标和公共利益造成的危害。因此，保障权力正效应的发挥，尽量防止和减少负效应的发生已经成为了公共部门与公众的共同追求。其中，加强对权力的有效监督就是最主要的方式之一。

因此，权力的监督是民主或民主政治的重要范畴，它是指国家权力机关、专门机关和公众为维护公共利益，依照一定的法律、制度规范对公共组织或公职人员行使公共权力的行为进行督察、监控和管理的社会活动。

对权力进行监督的作用有以下几点：一是规定权力的运行方向。防止权力的运行过程中私人目标的有意识渗透，进而防止权力的运行背离公共目标，损害公共利益。二是规范权力的运行过程。尽可能避免行使权力者无意识地把个人好恶、个人经验、个人意志和愿望渗透到决策过程，造成权力的缺失、误用甚至滥用，导致失误，给组织造成损失。三是保障公众通过各种方式查看、督促公共部门履行公共权力，以实现公众对公共事务的管理参与，提高社会的民主程度。

2. 权力制衡的含义与功能

制衡，原指一种事物的存在与变化，以另一种事物的存在与变化为条件。以此而论，它是一种普遍存在的自然现象和社会现象，正是借助于这种客观存在的制衡作用，才保持了自然界和人类社会的平衡发展。①

所谓权力制衡，从一般意义上讲，就是对权力的限制与平衡。具体地说，就是享有制衡权力的个人或者组织与群体，运用民主、法制与新闻舆论等多种手段，通过各种有效途径，

---

① 王寿林：《社会主义国家权力制约论》，21 页，大连，东北财经大学出版社，1993。

对权力所有人与运行者所形成的特定的限制与约束关系。权力制衡，就其对行政权力的正常运行所发挥的作用而言，是一种功能；就其组织结构、运行方式和基本功能及其相互关系而言，又是一种机制。

科学的权力制衡机制必须是完整、严密的，它既能最大限度地保证权力的正常运行，又能使所有权力无一例外地受到有效制衡；既能通过权力的运行规范社会行为，促进社会的进步和发展，又能通过制衡防止权力无限扩张和泛滥；它不应依赖自然界的力量，也不应等到"物极必反"再借助暴力革命来寻求新的平衡，而应通过规范化、常规化的调控，随时纠正权力运转过程中产生的失衡，以保证社会的稳定，推动生产力的发展以及经济文化的繁荣。①

领导权力制衡的基本功能是对权力正常运行的肯定和保护，是对权力偏离轨道的防范与矫正，是对权力的补充与完善。其功能具体表现为以下几个方面：

（1）导向功能。导向功能即引导权力始终按照人民的意志运行，建立健全有效的权力制衡机制，使选举制和罢免制得到普遍实施，可使掌权者充分体认到人民的力量与权威，从而引导其忠实地按照人民的意志办事，全心全意为人民服务。

（2）保障功能。权力制衡对权力运行的方向性进行了有效的规范，是公共权力为公共利益服务的保障机制。

（3）防范功能。防范功能即预防和阻止滥用权力的行为发生发展。由于权力制衡使权力与责任相结合，能够使掌权者在主观上明确，在客观上承担运行权力所产生的各种后果，促使掌权者以高度的责任精神审慎地运用权力、由此达到有病治病、无病防病之效。

（4）矫正功能。矫正功能即对偏离正轨的权力行为予以及时的矫正和补救。权力制衡有一套完善的监控机制，一旦失误发生，便能做出灵敏的反应，并按预定程序及时进行补救和调整。

（5）惩戒功能。惩戒功能即对滥用权力的行为及其责任者予以必要的制裁，以达到惩前毖后、治病救人之目的。

（6）调整功能。调整功能即使权力所有者与权力运行者之间的矛盾得到及时调解，作为联系权力运行者与权力所有者及其内部不同利益群体的枢纽，权力制衡对二者之间矛盾和利益关系的协调和解决起着必不可少的作用。

权力制衡的基本功能表明，要确保掌权者的行为以公共目标为取向，合理界定国家各项权力的运行界限和运行轨道，使各项决策和管理更加科学合理，就必须建立健全有效的权力制衡机制，由此获得最佳的经济效益和社会效益。

（二）权力的监督与制衡的差异分析

从上述对监督和制衡的概念、功能描述来看，二者是对权力进行约束的两种必要手段，

---

① 孙宁华：《权力与制约——行政法研究》，5 页，北京，科学技术文献出版社，1995。

是预防惩治贪渎、维护公共利益、建设法治社会的有效措施，二者在目标、功能上都有很多的共同性。这也是目前我国理论和实践中提到对权力的约束时，"监督"和"制衡""制约"往往混为一谈，不加区分的原因。例如，有人认为，制衡是监督的一个手段，也有人把监督看成制衡的一个方面。事实上，二者存在共同性的同时，也存在着非常明显的差异性。

1. 二者的主体关系不同

一般而言，监督是发生在上级对下级的权力行为中，监督者居于主导地位，二者是不平等的。例如，在科层组织中，上级对下级的履职就有监督检查的职能，这时，监督的有效性往往与级别成正比。再如，现代民主社会中的公众监督，理论上，公众才是公共权力的所有者，只是因为公共事务的管理效能才将权力"授权"或"委托"给公共部门。因此，公众作为权力的"主人"，对权力的代理人实施自上而下的监督。

而权力制衡关系是横向的，各种权力的地位是平等的或同层次的，不存在隶属关系，有不同的利益、不同的机构，分属不同的权力系统，因此不存在"左手监督右手"的问题。

2. 二者的作用机制不同

由于监督是自上而下的，因此更多地依赖于权力的规定性，即监督主体具有监督的权力，权威是运行监督的有效推动力。而制衡则不同，由于双方地位的平等性，制衡更多地依赖法定的程序制约，即特定的职能分工、专门的监督程序和监督手段保障监督的事实。

3. 二者的作用方向不同

监督是单向行为，上级监督下级，中央监督地方，公众（权力的主人）监督公共部门和公职人员（权力的代理人）。权力制衡的关系是双向的，即各种权力主体通过承担不同的职能来达成双方之间的限制与平衡。二者之间没有地位的上下之分，只有启动程序的先后之分。

4. 二者的作用阶段不同

监督过程覆盖了权力运行的过程，是一种事中控制，由于上对下的监督往往伴随监督结果的反馈，即奖优惩劣，因此广义的监督过程也包括反馈过程，即监督既是一种事中行为，也是一种事后行为。制衡则包含了事前、事中、事后三个阶段。由于制衡存在的前提是平等的权力存在的既定现状，因此从程序而言，"防"的功能得到了很好的发挥。

综上所述，我们认为，监督与制衡，既存在相同点，也存在明显的差异性，对二者进行区分，将有助于加深我们对权力运行的认识，并在此基础上发展完善权力约束机制。

（三）我国权力监督与制衡机制的现状

孟德斯鸠在《论法的精神》一书中明确指出："一切有权力的人都容易滥用权力，这是万古不易的一条经验。有权力的人使用权力一直到遇有界限的地方才休止。"[1] 可以说，对

---

[1]　［法］孟德斯鸠：《论法的精神》，154 页，张雁深译，北京，商务印书馆，1961。

于领导权力的制衡应该是与领导权力同生并存的，是由权力自身的特性决定的。

中华人民共和国的成立，从根本上改变了以往权力私有的性质，这种权力性质的根本改变，使得监督权力的主体具有无时不在、无处不有的空前广泛性，为获得监督权力的理想效果提供了坚实基础。法定监督机制包括人民代表大会及其常务委员会对行政机关、审判机关、检察机关的监督，也有审判和检察机关对行政机关及其工作人员的监督，行政机关内部还有一套监察系统对其他行政部门及其工作人员的活动的监察，中国共产党的各级纪委还对党员和党员干部进行党纪监督。与此同时，公众通过媒体监督、舆论监督等方式也在发挥着越来越多的作用。

整体而言，我国的权力制约体系在不断地发展和健全过程中推动了我国的政治、经济和社会的发展，保障了我国公民的公共利益。但是随着社会的迅速发展，我国的权力制约体系也不断地暴露出一些问题，如权力机构存在权力虚化现象。受长期以来的行政文化、选举文化的影响，我国的人民代表大会代表人选与党政负责人同源现象仍然很明显，经费等问题也要靠同级党委政府解决，因此权力无形中被虚化了。同时，尽管近年来我国大力推行司法制度改革，但党权、行政权对司法权限的干预现象仍然存在，司法监督与制衡的功能被削弱。

保证权力制约的有效性，监督和制衡是必要的两种手段，根据我国目前的国情我们认为应该从以下几点入手，对权力监督和制衡机制进行建设。

1. 进一步调整权力结构：以权力制衡权力

权力的监督存在于上下级关系间，而权力的制衡则依赖于权力的平等与平衡。进一步调整权力结构，包括调整执政党与权力机构的关系、执政党与政府的关系、执政党与政府和司法部门的关系。合理的权力结构既要确保执政党的领导，又要避免党政不分、以党代政。司法独立是实现司法监督的前提，司法的独立首先要体现在财政和认识的独立上，这样才能减少司法机关对执政党和政府的依赖，才能实现真正意义上的权力平等，并进而实现监督与制衡。其次，合理的配置司法权，完善司法程序也是"以权力制约权力"的保障。

2. 道德制衡机制：以道德监督和制衡权力

道德制衡机制的含义是通过学习和教育的方法使社会或统治阶级对政府官员的要求内化为他们的道德信念，帮助他们树立"正确"的权力观，培养他们勤政廉政为统治利益或公共利益服务的意识和品质，使他们能够自觉地以内心的道德力量抵制外在的不良诱惑，自觉地严格要求自己，运用好手中的权力。

现实中道德制衡机制与以权力制衡权力两种机制往往是并存的。但与"以权力制衡权力"的机制相比，以道德制衡权力的机制侧重于事先的预防，期望将问题解决在可能出现之前。而前者侧重于事后的阻止或惩罚，以使已经出现的问题得到解决。权力的相互制衡机制往往形成各种制度，具有制度化的外观；而道德制衡机制有可能形成为若干制度。例如，使学习和教育成为制度性、常规性的要求，但是更多地表现为非制度化的、漫延式的、多种多样的方法和措施。权力的相互制衡机制表现为以一种刚性的力量对付另一种刚性的力量，而道德的制衡机制表现为以一种柔性的力量去驯化一种刚性的力量，它期望实施者具有足够的耐心、春风化雨般的说服技术和以身作则的榜样作用。这些措施虽然是潜移默化、缓慢地起作用，而效果却可能是更巨大和持久的。

3. 权利制衡机制：以权利制衡权力

权利制衡机制是民主社会所独有的一项治国战略。它的主要含义是，在正确理解权利与权力关系的基础上，恰当地配置权利，以使它能够起到一种限制、阻遏权力之滥用的作用。这里包含两重意思：

第一，承认公民的权利，如财产权、人身自由权和隐私权等，政府权力不能逾越它的界限而侵入公民的权利领域。这是一种消极的制衡作用。

第二，一些公民权利可以发挥积极的制衡作用，当政府逾越权力的法定界限，滥用权力或有不当行为时，这些权利可以保证公民做出一些积极的反抗，迫使政府收回它的权力触角或改变不当行为。例如，公民对政府某些行为提起行政诉讼的权利，这种起诉权利提供了一种撤销或改变政府机构某些行为的机会。这些权利要发挥积极的制衡作用，有的需要与公共权力内部的制衡机制相配合，而有的却可以单独发挥这种作用。法律赋予了这种权利改变或影响公共权力关系的能力，如选举权。

可以发挥积极制衡作用的公民权利至少有：选举权、言论自由权、参与权、结社权、知情权，对政府机构或官员的滥用权力等不当行为进行举报、检举和控告的权利，以及在遭受来自公权力的侵害时获得救济的权利，如申诉的权利、申请行政复议和提起行政诉讼的权利等。此外，还有一些权利停留在理论或道德的层面，没有成为法定的权利，如非暴力反抗或良性违法的权利、抵抗权等。

在权利制衡机制的多种形式中，"舆论监督"是值得注意的。广义的舆论监督指对社会一切不良现象的监督。这里的舆论监督取狭义解，意指通过在公共论坛的自由空间中所抒发的舆论力量对政府机构及其官员滥用权力等不当行为的监督与制衡。作为一种活动，它指公民或新闻媒体发表与传播针对政府机构或政府官员的批评性言论。作为一种功能，它是言论自由权的诸项政治与社会功能之一。对于媒体所揭露的问题，有关机关应当重视和解决，但是媒体和公民并没有依据法律要求被监督者陈述及提供有关资料等调查性权力，而且只能提出处理建议，不能做出有法律效力的处理决定。

民主原则表明，以权利制衡权力这一机制具有正当性的基础。这一机制不仅充分体现了制衡权力的根本目的，而且弥补了其他两种机制的缺陷。无论是以权力制衡权力，还是以道德制衡权力，如果脱离民主的性质，那只是为了维护统治者一己利益而采取的策略。这两种机制都属于统治体系的内部监督。以权力制衡权力的机制意在使公共权力内部的机构和官员实行相互的监督与制衡，以道德制衡权力的机制在于培养官员的自我监督和自我制衡的能力。而以权利制衡权力这一机制所要建立的是被治者对于统治者的监督，这是一种体现民主性质、与公民的民主地位相称的监督与制衡。显然，这三种机制存在不同的内在制衡原理，但是在民主社会中这三种机制是可以相互并存、相辅相成的。

实践中，无论我们建设哪一种机制，有关的制度建构都要符合一定的制衡原理，才能起到真正的制衡作用。在制度建设中，我们要注意使三种制衡机制相互配合和相互支持，因为对于有效制衡权力的目的而言，这些机制是相辅相成、共同作用的。保证权力的相互制衡机制正常运行，是避免"集体异化"和"官官相护"现象出现的一种有力措施。健全以权利制衡权力的机制，使公共利益的主体——广大公民承担起监督者的责任。而同时，要发挥权利对权力的制衡作用，又离不开公共权力的恰当配置和有效的相互制衡。例如，言论自由和获得救济的权利如果离开了法定的监督机构和某种形式的司法审查制度的配合，也不易发挥有效的制衡作用。道德与法纪教育可以培养官员的自律意识，有助于他们运行好手中的权力。但是这种机制也离不开其他机制的配合。它的教育内容应当有利于人民的根本利益，它的效果不仅需要来自权力的相互制衡机制的强制力的支持，而且需要来自公民的舆论的评判。另外，在每一种机制的内部也要注意相互配合的问题。例如，在以权利制衡权力的机制中，选举权和言论自由权的制衡作用是相辅相成的。如果公民不能最终决定一届政府和官员的去留，言论自由的制衡作用就要大打折扣。相反，公民虽然拥有选举和罢免领导人的权利，但是除了可以对领导人歌功颂德或表示感恩外，没有发表任何批评性言论的权利，选举权也就徒具形式，就不可能发挥有效的制衡作用。

🗗 小结

领导权力就是领导者遵循相关的法律法规，运用多种方法与手段，在实现特定目标的过程中，对被领导者做出一定行为与施行一定影响的能力。它起源于人本身所固有的一系列本质特征，已经经历传统社会并正在向现代社会变迁。领导权力具有鲜明的特征与科学的结构。正确有效地行使领导权力，需要对领导权力进行科学划分与合理配置，并在领导权力运行过程中遵循一定的科学原则与程序，同时灵活运用各种方法与艺术。权力异化现象的产生是人性、权力的特性与社会环境综合发生作用的结果，要对其进行有效的制衡，就必须加强多种制衡机制的建设。

══ 案 例 ══

英国为什么能够在马岛海战中取胜？

在 1982 年英国与阿根廷之间的马岛海战中，撒切尔夫人使用了充分授权法。这一方法在这次战争过程中得到了层层贯彻。

当舰队司令伍德沃德从撒切尔夫人那里取得"除了进攻阿根廷本土以外的一切权力"之后，为了争取主动，完成夺回马岛的战略目标，彻底重创阿根廷的海军力量，伍德沃德没有经任何请示，断然下令将阿根廷军队在 200 海里（1 海里＝1.852 千米）禁区外的一艘巡洋舰击沉。特遣舰队到达马岛后，当伍德沃德命令突击部队司令官穆尔少将登陆时，问道："你还需要什么？"穆尔少将答道："权力。""什么权力？""真正指挥突击队的权力。你不要干涉我在岛上的行动，那里只有胜利！""我给你全权！"出发时，撒切尔夫人授权伍德沃德，战场上伍德沃德又授权穆尔将军。当穆尔少将带领登陆部队向纵深推进时，他发现阿根廷军队出人意料地不堪一击，他立刻改变伍德沃德要求采取的"逐步推进，稳扎稳打"的战术，转而采取"蛙跃式"战术，高速交替向前推进。当时参谋人员询问是否要请示伍德沃德，穆尔斩钉截铁地回答："不用，我自己做主。"然而，当他命令威尔逊旅长攻打鹅湾时，威尔逊在途中发现弗兹罗港的阿根廷军队已经撤离，于是，他也未经请示就下令迅速占领了这个战略港口。

马岛主权之争，战端一开始即引起世界关注。但是，英方需要远涉重洋，孤军海外作战，这些不利条件不仅没有影响特遣舰队战略目标的完成，相反，特遣舰队却以意想不到的速度顺利达到军事目的，其原因就在于整个战争中得到层层贯彻的充分授权。这是与撒切尔夫人灵巧的领导艺术密切联系在一起的。她将全权授予给伍德沃德，是建立在她正确的识人断人这一基础之上的。时年49岁的伍德沃德虽然连一仗都没有打过，而且是刚刚升为少将，但他却是英国海军军官中的佼佼者。第一，他当年曾以优异成绩从海军学院毕业，后又多次到各种军事院校进修，拥有良好的现代军事素养；第二，他曾经当过最优秀的潜艇和驱逐舰指挥，拥有"海狼"的称号，这就决定了其具备熟悉舰艇与独立指挥的经验和优势；第三，他曾任国防部海军作战计划处处长，这就使得他又拥有全面熟悉海战的条件。马岛战役展示了领导正确而充分授权的魅力与效能。

点评

通过对以上的案例进行分析，我们可以知道，英国之所以能够在至关重要的马岛主权之争中取得胜利，与各级领导能够层层贯彻充分授权的思想与行为是密切相关的。现代领导要缔造高效的组织，从而创造出光辉的业绩，一个关键的因素就是要培养出优秀的下属与员工，这就需要领导根据环境的需要、任务的难易并结合员工自身的相应条件进行成功的授权，同时给员工创造完成任务的宽松环境，卓越的领导者就在于能够让员工正确地领导自己。

综合习题

一、名词解释

1. 领导权力　　　2. 领导权力结构　　　3. 领导授权

4. 充分授权　　　5. 不充分授权　　　6. 制衡授权

7. 弹性授权　　　8. 权力异化　　　9. 权力监督

10. 权力制衡

二、判断题

1. 关于领导权力起源的学说，除了暴力说外，其他主张都有一定程度上的合理性。（　　　）

2. 在传统社会时期，领导权力与宗教权力或迷信权力等曾经相互结合。（　　）

3. 现代社会的领导权力是一种法理型的权力。（　　）

4. 领导权力的发展变化是与社会发展阶段紧密相连的。（　　）

5. 领导权力的主要内容包括权力的主体、客体和目标。（　　）

6. 领导权力在本质上是社会关系。（　　）

7. 政党、血缘、知识、年龄都属于权力载体的承担者。（　　）

8. 根据在授权时所凭借的媒介的不同，可以将领导授权分为正式授权和非正式授权。（　　）

三、简答题

1. 简述领导权力的发展过程。

2. 简述领导权力的特点。

3. 简述领导权力的结构。

4. 简述领导权力运行需要遵循的原则。

5. 简述领导授权需要遵循的原则。

6. 简述领导授权的程序。

7. 简述领导授权的特点。

8. 简述领导权力异化的特征。

9. 简述领导权力异化的危害。

10. 简述领导权力制衡的功能。

11. 简述权力监督与制衡的差异。

四、论述题

1. 试述如何对领导权力进行科学合理的划分与配置。

2. 试述如何对领导权力进行有效的制衡。

第四章　领导体制与改革发展

教学目的与要求

通过本章内容的学习，了解领导体制演变的历史概况，西方领导体制的变迁及其对我国的启示；基本掌握领导体制的含义与属性、特征与作用、结构与类型；重点掌握我国领导体制的必然选择与本质特征，我国领导体制的弊端与改革的原则和内容。

内容提要

本章在介绍领导体制的含义、特征、作用、结构与类型的前提下，对中西方的领导体制进行历史性的比较分析，从而为在现阶段成功地进行我国领导体制的改革提供丰富的经验与科学的依据。

领导体制是一个制度化的体系，是包括价值观、理想目标、制度规范、组织机构、基本行为方式在内的有机整体。它既为组织部门中各级各类机构的设置与领导者职能权限的划分提供了合法合理性的依据，同时又为领导活动的展开提供了一个必不可少的载体，对组织绩效的影响具有全局性、长期性、稳定性与根本性的特点。

第一节　领导体制的基本原理

一、领导体制的含义与属性

（一）领导体制的含义

领导体制是指政党、国家机关、企事业单位和社会团体，以领导权限的划分为基础所设置的组织机构及用以规范领导活动范围和方式的制度体系。

具体来说，领导体制主要包括以下几个方面的内容：

第一，领导权限的划分与职责的确定是核心。领导体制是围绕领导权限的划分和实施所形成的一套制度体系，根据领导权限的划分，设计、建立组织机构，确定各部门的具体职责，规定相应的程序和行为规范，保障领导行为的运行。领导权限的划分以及职责的确定，既包括纵向的层级间的权限大小，也包括横向的部门间的职责范围，不仅是领导关系的制度化和体系化的体现，也是提高领导效能的重要基础。

第二，领导机构的设置是载体。领导体制的组织结构是指组织内部各个基本要素的组合形式、相互关系以及联系方式。一般情况下，领导体制的组织结构包括两种基本关系：一种是纵向的关系，即垂直方向上的隶属关系；另一种是横向关系，即平行的各部门之间的协作关系。一般而言，领导体制的组织结构主要有四种基本表现形式，即直线式组织结构、职能式组织结构、混合式组织结构与矩阵式组织结构。

第三，领导层次与领导幅度是内在联系机制。领导层次，是指领导体制中纵向组织结构的等级层次，有多少等级层次，就有多少领导层次。领导幅度亦称"领导控制跨度"，是指领导者可直接指挥下级的人员范围。一般而言，在一个组织中，领导层次与领导幅度往往成反比，即领导层次越多，幅度越窄；反之，领导层次越少，幅度越宽。近年来受到众多学者重视的"扁平结构"就是后一种情况。但是，由于现代组织任务繁杂，负担沉重，而领导者的体力、知识、能力以及心理承受能力等都是有限的，因此领导幅度不宜过宽。同时，领导幅度的宽度也不应一概而论，直接定论，应视工作性质、上下级关系、领导者与下属的素质与能力而定。

第四，狭义的人事制度是外在体现形式。狭义人事制度主要包括领导者的选举、招考、任免、考核、监督、轮换、培训、离退休等方面的制度规范。领导者是领导体制中的主体，实施领导行为并最终带领组织成员实现组织目标。领导者的选任、考核及其他有关管理等制度的科学、完整，是各项领导活动正常而高效进行的保证，并对组织绩效发挥基础性作用。

（二）领导体制的属性

领导体制的产生与发展，既是人类社会领导活动的客观要求与必然趋势，同时又会伴随社会的发展与分化而衍生出不同的内容与形式，体现出其所处社会的本质属性与时代特征。因此，总体来说，领导体制具有自然属性与社会属性的双重属性。

1. 领导体制的自然属性

领导体制的自然属性，是指领导体制的产生、存在与发展具有客观性、必然性与普遍性。领导体制是领导活动的内生因素，其产生、存在与发展是领导活动的客观要求与必然趋势。领导实践中，任何领导者都要以组织机构作为平台，并按照特定的制度规范实施决策、指挥、计划、协调与沟通等多种领导行为，推动组织目标的实现。同时，由于领导活动必然受到领导环境的制约和影响，领导体制也必然随着政治、经济、文化、科技等因素的发展而发展，因此，领导体制的产生和发展是客观存在的，其必然性和普遍性在不同社会制度的国家中不存在本质上的区别。

2. 领导体制的社会属性

领导体制的社会属性，是指领导体制作为国家政治制度的重要组成部分，属于政治上层建筑的范畴，其发展与完善建立在相应的经济基础之上，并反过来为之服务。领导体制所具有的鲜明的政治属性和经济属性正是其社会属性的重要体现。在领导体制的双重属性中，社会属性是本质属性，而自然属性则是外在属性，随社会属性的发展而发展。

正确、全面而深刻地认识领导体制的双重属性具有重要的意义。首先，认识领导体制具有社会属性，就可以根据生产力的发展、经济基础的改变与上层建筑的完善，不断变革并发展领导体制，增强其适应性。其次，认识领导体制的自然属性，可以在领导体制的变革、发展与完善过程中，正确地对待历史的与国外的领导体制，立足现实，用批判继承的观点吸取其中的合理因素，为我所用，以加快我国领导体制改革与完善的进程。

二、领导体制的特征与作用

（一）领导体制的特征

领导体制除了具备自然属性与社会属性这两种根本属性之外，还具备以下几种基本特征：

第一，系统性。领导体制是一个包括领导权限划分和领导职责定位、领导机构设置、领导层次、领导幅度以及领导管理制度在内的有机整体。在这个系统之中，各种要素之间相互联系并且相互作用，以发挥系统整体的最优效用。

第二，适应性。任何领导活动的绩效，都受到领导环境的深刻影响。领导体制作为领导者生存的载体和领导活动展开的平台，必须要符合生产力发展与科学技术进步的需要，因此，领导体制的最基本的评价标准就是是否对包括政治、经济、文化、科技等要素在内的领导环境具有良好的适应性。

第三，稳定性。领导者或领导集体是经常变动的，每一个领导者的思想作风与行为方式也因人、因时、因地而异。而领导体制相对而言则是长期稳定的，它一旦形成，就会在较长时期内保持其基本内容。

第四，灵活性。由于领导体制的系统性，系统内的各要素之间存在错综的相互关系和相互作用。同时，由于领导环境、领导者和领导行为的可变性，必然要求领导体制具有一定的灵活性，既能为多变的领导活动提供一个可供遵循的框架体系，又可以不断地对自身进行丰富与完善，并在实践中更好地指导领导活动的进行。

（二）领导体制的作用

邓小平同志在深刻认识与总结我党的历史经验教训的基础上指出："我们过去发生的各种错误，固然与某些领导人的思想、作风有关，但是组织制度、工作制度方面的问题更重要。这些方面的制度好可以使坏人无法任意横行，制度不好可以使好人无法充分做好事，甚至会走向反面。"[①] 在诸多的"制度因素"中，政治体制作为上层建筑的重要组成部分，极

---

① 摘自邓小平 1980 年 8 月 18 日在中央政治局扩大会议上的讲话：《党和国家领导制度的改革》。

大地影响着社会生产力的发展与进步。而领导体制作为社会政治体制中的核心内容，在社会政治、经济与文化生活中具有重要的甚至是决定性的影响与作用。具体地说，领导体制的作用主要体现在以下几个方面：

第一，科学的领导体制有助于更好地推动社会生产力的发展。领导体制作为上层建筑的重要范畴，首要的含义是适应社会经济的发展要求，在合理确定职能的基础上，科学地设置职能齐全、运转灵便、富有效率、充满活力的各级各类领导机构，反之，就会影响甚至阻碍社会生产力的发展。

第二，科学的领导体制有助于保障领导活动的正常开展。随着科学技术和现代化建设的日益发展，专业分工越来越细，领导实践也日益复杂。领导体制的类型决定领导机构的设置与格局，规定了领导行为的制度规范。一个有效的领导体制，能够合理地构建组织机构，在体制中形成有机的领导工作系统，并通过制定完善的行为规范，使系统的各要素互相监督，互相协调，确保领导活动的和谐进行。

第三，科学的领导体制有助于造就优秀的领导者。领导体制是领导者赖以生存的制度环境。领导活力的增强与效率的提高，乃至整体领导机构的高效化，在很大程度上取决于领导人员的政治素质、文化素质、能力素质、身体素质等个体素质的提高与领导整体结构的优化。历史与事实证明，健全而高效的领导体制，必然着重建设注重实效、鼓励竞争、全面监督的管理制度，做好领导者的选拔、管理等工作，使组织呈现人才济济的局面。

第四，科学的领导体制有助于建立领导者与被领导者之间的良性关系。领导者是领导活动的主体，在领导诸要素中起主导作用。被领导者是领导活动中的基本要素，在领导活动中呈现身份的双重性——对领导者来说，他们是客体；相对于组织目标来说，他们又与领导者共同组成了领导活动的主体。而要使这两种主体充分发挥各自的作用，以高效地实现组织目标，就必须建立起一种合理而高效的组织领导体制，使领导活动的诸要素处于相应的层次之中，形成层次分明的有机群体。

第五，科学的领导体制有助于克服官僚主义，提高领导活动的效率并增强活力。领导体制作为领导活动所应遵循的基本行为规范，不仅具有合法性、强制性等特点，并且其具有的长期性和稳定性等特点可以保证领导者的言行得以受到持续的制度化的约束。加强领导体制建设，划清各级各类领导机构的职权范围，层层建立行政责任制和实绩考核制，是规范领导行为的制度保证，是克服官僚主义的有效途径，也是增强领导活力、提高领导效率的治本措施。

三、领导体制的结构与类型

（一）领导体制的组织结构

领导体制的组织结构作为领导内部各个基本要素的组合形式及相互关系与联系方式，主要有四种基本表现形式，即直线式、职能式、混合式和矩阵式。

第一，直线式。直线式组织结构又称层次制、分级制、金字塔式或传统式组织结构，指一个领导系统，在纵向上垂直划分为若干层次，从最高的指挥中心到最低的基层单位，形成一个逐级扩散、层次分明的金字塔式的组织结构。

这种组织结构的优点是上、下、左、右的关系一目了然，指挥统一，步调一致，职责分明，行动迅速，便于监督，有利于提高组织整体效率。其缺点是等级森严、过于刚性、层次过多，有碍于下属积极性的发挥，也容易使领导者陷入日常行政事务之中，而无法集中精力研究和解决重大问题。因此，这种组织结构适合于简单而低层的组织与重复性较高的简单工作。

第二，职能式。职能式组织结构又称分职制，它是一种为了完成某一较为复杂的工作任务或特定的领导功能而成立的某些专门性机构。以工作职能为依据划分领导权限。

这种组织结构的优点是便于专业化领导与管理，有利于领导者集中精力抓大事，提高工作效率。其缺点是不利于协调各单位与部门间的活动；由于没有固定的上下级关系，下级有可能接到相互矛盾、抵触甚至重复的指令，这样就容易割裂对下属单位的统一领导过程；其完成的任务与职能具有阶段性与暂时性的性质，不利于解决涉及的各种综合性问题。

第三，混合式。混合式组织结构是一种将直线式组织结构与职能式组织结构有机结合起来的组织结构形式。它以直线式组织结构为基础，在每个领导层次都设立专业性的职能部门，按照职能分工分别处理各类问题。

混合式组织结构既吸取了直线式组织结构与职能式组织结构的优点，同时又克服了二者的缺点，从而既保持了集中统一的领导和指挥，以使政令畅通，避免政出多门；又能够充分发挥各职能部门的积极作用，以避免相互掣肘，进而提高领导效率。

第四，矩阵式。矩阵式组织结构是一种在混合式领导组织结构的基础上，按照数学上的矩形方阵原理建立起来的领导体制，又称"规划—目标"结构形式。这种组织结构的特点是，当领导机关有某一项重要任务时，把有关职能部门组成一个项目小组，在完成任务的过程中，项目小组成员在纵向上受职能部门的领导，以保证职能活动的展开；在横向上受项目小组组长的领导，以保证任务的及时完成。

这种组织结构可以调动各方面的积极性，有利于高效完成临时性的重大攻关任务。其缺点则在于此组织结构中的每一个成员都需要同时接受来自职能部门与项目小组的双重领导，造成了协调工作的复杂与困难，并且此组织结构要求领导者与执行者双方都要具有较高的素质与能力水平。

综上所述，这四种基本的领导体制组织结构的表现形式都各具优点与不足的地方。在现实的领导活动中，领导者应根据实际情况采取相应的形式，并在这些基本形式的基础上进行创造性的灵活变通，以扬长避短，充分发挥各种组织结构的优越性。

（二）领导体制的类型

领导体制纷繁复杂，按照不同的标准可以划分为不同的类型，这些类型在不同的历史时期都或多或少会发挥一定的作用，分别体现出其优势和缺陷。

1. 集权制与分权制

根据领导系统中各层级领导机关与领导者职责权限的集中与分散程度，领导体制可划分为集权制与分权制。所谓集权制是指一切重大问题的最后决定权都集中在上级领导机关与领导者，下级领导机关与领导者必须完全按照上级的指示或决定办事的领导体制。分权制则是指下级领导机关与领导者在自己的管辖范围内有独立的自主权，可以自主解决问题，上级对下级在自己的管辖范围内决定处理的事情不得随便干预的领导体制。

集权制的优点在于政令统一，标准一致，能够统筹全局，兼顾其他，指挥方便，令行禁止，有利于集中力量，攻克难关。其缺点在于弹性与灵活性差，缺乏应变能力，不能因时因地因人制宜，不利于发展个性与特色，也不太容易顾及一些特殊情况；不能充分调动下级领导机关与领导者的积极性与创造性，有时甚至会造成官僚主义与独断专行等弊端。

分权制的优点在于能够集思广益，充分发挥下级领导机关与领导者的主观能动性，做到从实际出发，具体问题具体分析，从而因时因地制宜地制定具有自身特色的方针与政策等。其缺点在于难以坚持政令统一，标准一致，容易造成各自为政，使组织中各个层级的矛盾与冲突难以协调；也容易造成分散主义、地方主义与本位主义等现象，不利于维护国家与社会的整体利益。

2. 一长制与委员会制

根据领导机关中最高决策者人数的不同，领导体制可划分为一长制与委员会制，或者称之为首长负责制与合议制。所谓一长制，又称首长负责制或独任制，是指在一个系统或者组织的领导机关内部，其法定的最高决策权力完全集中在一位行政首长身上的领导体制。委员会制又称会议制或者合议制，是指在一个系统或者组织的领导机关内部，其法定的最高决策权力由两位或者两位以上的行政负责人共同行使的领导体制。

一长制的优点在于权力集中，责任明确，指挥灵便，行动迅速，分歧较少，效率较高，易于考核优劣。其缺点在于由于单个人的学识、能力、精力与经验毕竟有限，在做决策时难免有考虑不周的地方，如果重大决策失误，则更容易造成灾难深重的后果。若缺乏完备的监督机制，则容易导致个人专制与权力滥用。

委员会制的优点在于能够集思广益，在做决策时考虑比较周详，可以减少决策失误；委员来自不同的方面，代表不同方面的利益，有利于系统与组织内部的协调；各委员之间分工合作，可以减少主要领导人的负担；由于决策由各委员合议做出，也可以避免个人专断现象的产生。其缺点在于由于参与决策的人数较多，容易导致权力分散，责任不明确，行动迟缓，效率低下，并且难于考核优劣。在现实的领导活动中，常常出现无人负责、议而不决、决而不行、坐失良机、贻误大事等现象。

3. 完整制与分离制

根据上级领导机关对下级行政领导机关的指挥、控制方式与程度的不同，领导体制可划分为完整制与分离制。所谓完整制，也称为集约制、一元制或者统属制，是指属于同一个领导层级的各机关，或者一个机关中的各个构成单位，不分工作性质异同，其所接受的上级指挥、监督与控制完全集中在一位行政首长或者是一个上级机关的领导体制。所谓分离制，又称为独立制或者多元统属制，是指凡属同一个领导层级的各机关，或者一个机关中的各个构成单位，不分工作性质异同，其所接受的上级指挥、监督与控制不集中于一位行政首长或者是一个上级机关，而是按照各个行政领导机关的不同职责分别赋予相应的权限，且彼此之间相互独立并制约的领导体制。

完整制的优点在于权力集中，有利于对全局进行统筹规划，因此易于协调各方面的矛盾与利益；责任明确，可以减少相互推诿、扯皮，避免重复投资与减少内耗；步调统一，行动迅速，可以防止政出多门与各自为政，有利于加强合作并提高领导效率。其缺点在于由于权力高度集中，容易滋生官僚主义，导致行政首长独断专行，代替甚至包办其他领导机关的职责，从而压制下级领导机关与领导者的积极性、主动性与创造性，同时，助长下级领导机关与领导者的依赖心理，造成行动迟缓、效率低下的局面。

与完整制相比，分离制的优点在于由于权力分散，因此下级领导机关与领导者能够各司其职，各掌其权，各负其责，各尽其能，这一方面有利于激发下级领导机关与领导者的积极性、主动性与创造性，发现并培养人才；另一方面各领导机关之间可以互相牵制与监督，从而防止独断专行与滥用权力。在实行分离制的过程中，即使上级领导机关不健全、不称职甚至决策失误，也不至于对全局造成灾难性的影响。其缺点在于相互独立的下级行政领导机关容易各自为政，各行其是，进而导致机构重叠，政出多门，难以协调各方面的矛盾与利益，内耗严重，造成人力、物力与财力的巨大浪费；同时，由于权力分散，难于监督，可能导致领导权力失控现象的产生。

完整制与分离制作为矛盾的两个方面，是一个对立的统一体，二者不可能截然分开。理想的领导体制的设计应该是完整制与分离制的有机统一。领导者必须不断地研究新情况与新问题，因时因地地进行动态性领导，以做到统分相宜，扬长避短。

4. 层级制与职能制

根据组织系统内部各机构的职责权限的性质与范围的不同，领导体制可划分为层级制与职能制。所谓层级制，又称为直线制、层次制、分级制或者系统制，是指将一个领导机关在纵向上划分为若干个层级，每一个下属层级对上一个层级负责，从指挥中心到基层形成一个类似金字塔式的指挥系统，每一个层级的领导业务范围基本相同，但管辖的范围与规模随层级的降低而逐渐缩小的领导体制。所谓职能制，又称之为分职制、功能制或者机能制，是指在一个领导机关中在横向上平行地设置若干个职能部门，辅助领导机关实施领导，各个职能部门所管辖的范围都以本领导机关的整体为对象，只是工作的性质与内容不同的领导体制。

层级制的优点在于权力集中，指挥统一，层级分明，整齐划一；由于各个层级的领导者业务性质基本相同，所以无论升迁或是调动，均能很快胜任新的职位；此外，这种体制强调掌握与熟悉各方面业务的能力，因此有利于培养具有统筹安排与综合平衡能力的"通才"

型领导者。其缺点在于由于各级领导者管辖的事务太多，容易陷入事务堆里难以自拔，一方面有可能造成事无巨细，事必躬亲；另一方面也有可能导致滥用权力，轻率而随意地处理事务的现象发生。同时，由于中间层级过多，也会导致指挥的效力随层递减。

职能制的优点则在于分工精细，专业性强，领导者能够各司其职，业务熟悉，因此工作效率较高，同时有利于培养精通各门业务的专家并提高领导者的专业化水平。其缺点在于由于分工过细，容易造成机构臃肿，人浮于事；容易形成割据状态，滋生本位主义，导致政出多门，互相扯皮，难以协调各部门的矛盾与冲突；同时，由于各专业部门只熟悉本身的业务，对整体与全局的情况不够了解，因此容易违反系统原则、经济原则与效率原则。

第二节　领导体制的历史与现实分析

领导体制是随着社会的发展而逐步形成和发展的，原始的氏族、部落中的议事会就是人类早期领导体制的雏形。随着生产力与经济基础的发展变化，领导体制也在不断地发展以适应环境，并最终实现组织目标。

一、领导体制演变的历史概况

综观领导体制演变的历史，大致可以将其划分为四个阶段，有的学者将这四个阶段概括为原始民主制、君主专制制、分权制衡制与民主集中制，也有的学者根据社会形态的演进过程，将领导体制划分为自然集体领导、个人家长式领导、资本主义社会领导体制和社会主义社会领导体制。二者虽然说法不一，但所指的实际内容大体一致。

自然集体领导体制是一种原始的、初级的、简单的领导体制，是在原始社会生产力水平十分低下的情况下，产生于原始公有制经济基础之上的领导体制。其主要表现为氏族议事会、部落议事会与部落联盟议事会等形式，适应了当时社会对简单协作劳动的领导与军事指挥的要求。个人家长式领导体制是人类社会步入阶级社会之后才产生的现象，主要表现为君主专制、世袭制与中央集权制等形式，这种领导体制是与奴隶社会及封建社会以手工工具为标志的中世纪生产力、小农经济相适应的。

伴随着社会分工的发展，人类社会进入到了资本主义社会和社会主义社会阶段，在近代社会逐渐出现了一个职业化的领导管理阶层，领导体制也随之进入到日益复杂的近现代阶段。近代社会逐渐出现了一个职业化的领导管理阶层，领导体制也随之日益复杂。资本主义社会的领导体制呈现出企业领导体制、政治领导体制逐渐区分日益区分的特点，将在下文西方领导体制变迁中进行记述。而社会主义社会的领导体制则以早期的巴黎公社的"行政合一"和发展中的我国领导体制为突出代表，同样将在下文记述。

二、西方领导体制的变迁

西方资本主义国家的领导体制，随着社会化生产的发展，经历了几百年演进的历程。以下将从企业领导体制和政治领导体制两个方面进行回顾。

（一）西方企业领导体制的演变

西方企业领导体制发展过程主要包括五个阶段：

第一阶段，家长制领导体制。早期的资本主义普遍实行家长制的领导。由于当时的生产力水平低下，企业多为简单的手工作坊，规模很小，因此企业所有者同时也是经营管理者，凭借自己的地位、权力和经验进行领导和管理。由于当时的生产规模不大，这种领导方式还比较适应，并且起到了一定的积极作用。这一情况一直持续到19世纪中叶工业革命的兴起。

第二阶段，经理制领导体制。工业革命之后，随着经济规模的扩大和劳动生产率的提高，工厂代替了手工作坊，生产劳动趋向于专业化。为了适应日益激烈的竞争，满足社会生产力发展的要求，企业出现了财产所有权与经营管理权分离的现象。专业的经理人员通常是由一些学识渊博、掌握高超的生产技术，并且具有精深的专业知识的人员担任。经理制的出现是领导体制演变过程中的一个历史性变化，是社会生产力快速发展的必然结果，在实践上显示了优越性，推动了近代资本主义国家企业的发展，因此被一直沿用至今。

第三阶段，集中领导、分散管理体制。随着市场的瞬息万变以及竞争的日趋激烈，20世纪二三十年代，美国率先提出了在大型企业中实行集中领导、分散管理的"事业部制"。把经营决策与具体管理分开，这既增加了决策的及时性与科学性，又提高了领导者管理的效率。

第四阶段，职业"软专家"领导制。从20世纪初开始，由于生产社会化的程度越来越高，现代科学技术与生产进一步结合，导致企业内部组织结构日趋复杂，专业分工也随之日益细化。经营管理在生产过程中的作用越来越重要，管理的方式与手段发生了根本性的变化，其面临的环境与情况也更加复杂。随着管理逐渐成为一门学问，以经营管理为专业的职业"软专家"应运而生。此后，逐渐发展成软硬结合的专家，要求领导者既精通专业知识与生产技术，同时又是领导与管理的行家里手。

第五阶段，专家集团领导制。随着现代生产与科学技术的高度分化与综合，"大企业""大工程""大科学"不断兴起，它们都分别涉及多种行业，需要多方面的知识。因此，单个的专家已经无法胜任纷繁复杂的决策与领导工作，从而出现了最高领导层次的专家集团领导趋势。很多企业聘请包括技术专家与管理专家在内的各类专家组成"智囊团"与"思想库"，为生产和科研决策提供各种可供选择的决策方案以及科学依据。这种有现代智囊参与的领导体制，标志着一种"谋"与"断"相分离的新的领导方式的产生。

（二）西方政治领导体制的沿革

西方的政治领导体制经历了封建社会和资本主义社会两个历史阶段，呈现出三种典型形态：

1. 家长制领导体制

起源于原始社会的家长制在封建社会得到了充分发展。中世纪时期，西方的一些国家甚至是由家族扩大而成的，这些国家采取家长制的模式建立起国家领导体制，用以维护国王专制的政体。资产阶级大革命后，家长制体制逐渐被共和制、立宪制等制度取代。

2. 议会制领导体制

19世纪以来，随着政治形势的变化，西方各国的政治领导体制呈现出各种类型，但是这些类型有一个共同的特征，即以理性和正义为原则，以民主为目标的议会制领导体制。

议会制领导体制的主要形式有以下几点：

第一，国民主权，即国家主权由国民行使。议会制是国民授权议会成员行使国家管理权限的一种制度和方式。

第二，三权分立，即立法、行政、司法三种国家权力分别由三种不同职能的机关行使，并且互相平衡与制约。

第三，议会制，即议会由公民普选出来的代表组成，负责制定法律，决定国事。政府和行政首长的权力，仅限于执行议会的决议案，并受议会以及司法机关的约束。

第四，两院制，是英国议会制的发展实践结果。上、下两院的存在是为了防止议会专制，代表各个不同阶层的利益，体现出鲜明的权利制衡的理念。但随着英国政党政治的发展，有趋向一院制的发展趋势。

第五，政党内阁制。西方很多国家经过政党竞选来集中统治阶级的意志，协调统治阶级内部各个不同集团的矛盾与利益，政府的存在要以议会为基础，并保证政府与议会之间的互动和制衡。

以上形式集中体现了议会制的领导体制对领导权的限制和制衡，是领导实践中的历史性飞跃。

3. 议行合一的领导体制

议行合一与三权分立相对，强调立法权和行政权的统一，指国家机关重要工作的决议和执行统一进行的制度。

这种体制发端于1871年成立的巴黎公社，公社委员是按普遍、平等的原则由巴黎20个区的选民直接投票产生，设立相当于政府各部的10个委员会，公社委员兼任各委员会委员，实行集体领导，公社制定的各种法令，各行政部门必须执行。立法权和行政权统一于公社。

俄国十月社会主义革命后，列宁在创建苏维埃国家机关时借鉴了议政合一的历史经验，并对这一制度进行了发展。根据1918年与1936年宪法的规定，苏联最高权力机关和最高行政机关之间是领导和被领导的关系。

三、我国领导体制的历史沿革与本质特征

无产阶级通过革命夺取政权之后，建立了丰富多样的政权组织形式。从历史上看，社会主义国家的领导体制模式有巴黎公社政权形式、苏维埃政权形式以及南斯拉夫的社区自治形式等。我国的人民代表大会制作为社会主义领导体制的一种，同其他模式一样，不仅是符合领导体制发展变化规律的必然选择，同时也凸显出强烈的时代与国情特点。

（一）我国领导体制的历史沿革

我国的领导体制，自秦朝以来，基本上都是中央集权制，即"百代都行秦政事"。国民政府也是采取这种体制。1949 年中华人民共和国成立后，同样是实行中央集权制。中华人民共和国成立后的领导体制演变过程大体上可以划分为以下四个阶段：

第一阶段：1949—1956 年，领导体制的基本确立阶段。1949 年具有临时宪法作用的《中国人民政治协商会议共同纲领》规定全国人民代表大会是最高权力机关，同时又确定了中央两级政府领导体制与大行政区制度，即中央人民政府委员会暂行最高国家权力，政务院为国家政务的最高执行机关，对下统一领导全国各级地方人民政府的工作。1954 年《中华人民共和国宪法》规定，全国人民代表大会是最高国家权力机关，是行使立法权的唯一机关，全国人民代表大会常务委员会是它的常设机关。国务院作为国家最高行政机关，统一领导全国地方各级行政机关的工作。同年，强化了党对国家行政事务实行一元化领导的原则，在各级行政领导机关建立和加强党的组织，统一领导行政部门的工作。

第二阶段：1956—1966 年，对领导体制进行探索与调整并走向集权化阶段。这一阶段，领导体制朝着适应于阶级斗争的、集权化的方向演变。在横向方面，党中央和各级党委一般通过政府、司法机关和人民团体的党组织，直接发布有关国家政治、经济、文化和其他事务的具体指示与命令。在纵向方面，一些重要的经济计划权、干部管理权主要集中在中共中央与国务院，使党的一元化领导逐步发展为集权化的领导模式。

第三阶段，1966—1976 年，领导体制的混乱与畸形阶段。在"文化大革命"中，我国的领导体制畸形演变，发展到高度集权的顶点。在权力分配上，国家的最高行政领导权实际上集中于毛泽东个人和"中央文化革命小组"。在组织结构上，各地方、政府部门和基层单位纷纷建立起"革命委员会"，包揽了党务、行政、司法诸项工作。

第四阶段，1976 年以来，领导体制的改革发展阶段。党的十一届三中全会的胜利召开标志着我国进入改革开放的新时期。这一阶段领导体制改革的主要内容表现为：党政领导实行分任制，中央政治局和书记处的一部分成员不再兼任政府的主要负责工作；地方各级党委的第一书记一般不再兼任政府的主要负责工作；各级人民政府和企事业单位开始试行行政首长负责制；确定行政会议为政府机关和各企事业单位集体决策的组织形式；恢复行政领导的监督体系，重新设立国家监察部；规定党必须保证国家的立法、司法、行政机关独立负责地

开展工作；进行了机构的精简合并与城市机构改革试点；调整了中央与地方、政府与企业的关系，给地方和企业更多的自主权；在农村，建立了乡镇政权，尝试普遍开展基层民主选举等。

（二）我国领导体制的本质特征

我国领导体制在本质上是社会主义的领导体制，是在中国共产党领导下，在新民主主义革命和社会主义革命以及社会主义建设的过程中逐步建立和发展起来的。具体说来，它主要具备以下几个特征：

第一，人民群众的主人地位。《中华人民共和国宪法》（以下简称《宪法》）第二条规定："中华人民共和国的一切权力属于人民。人民行使国家权力的机关是全国人民代表大会和地方各级人民代表大会。"人民群众当家做主，是我国领导体制的基础。

第二，中国共产党的领导核心作用。中华人民共和国成立之后，共产党与各民主党派、各人民团体结成了爱国统一战线，建立了中国共产党领导的多党合作和政治协商制度。各民主党派自觉接受中国共产党的领导，拥护中国共产党的基本路线，参与国家大政方针和社会重大问题的决策，参与国家事务的管理，参与国家方针、政策、法律、法令的贯彻、实施与监督，享有宪法规定的政治自由、组织独立和法律上平等的地位。这一制度是我国领导体制的鲜明特色之一。

第三，中央集权式的领导体制。我国对社会经济、政治、文化等实行中央集权的领导和管理，体现在以下两个方面：首先，从纵向领导关系上看，我国长期实行中央集权的领导体制，形成自上而下的领导系统，虽然中央以下的各级机关也有一定的权力，但主要的领导决策权力都集中在中央和国务院。其次，从横向领导关系看，我国实行的是统一的一元化的领导体制。在政治上、思想上和组织上，一切领导机关都要服从中国共产党的统一领导。在权力关系上，我国各级人民代表大会构成了从地方基层到中央的领导体系。这种权力机关的体系是其他一切国家机关的基础，其他国家机关都要向它负责，并接受它的监督，立法、行政、司法相统一。

第三节　我国领导体制的改革与发展

我国领导体制是脱胎于革命战争年代而在社会主义改造时期基本确立起来的。实行这种体制，对于克服中华人民共和国成立初期内忧外患的困境，建立社会主义经济制度和国民经济体系，起到了重要的历史作用。但是，这种体制也明显带有适应急风暴雨式的阶级斗争和大规模群众运动的特点。因此，当全国社会主义改造基本完成，国内主要矛盾发生根本变化，国家转入全面的经济与社会文化建设之后，这种体制与新的形势和任务的不相适应性就逐步显露出来，亟待进行深入的改革。

一、我国领导体制的主要弊端

我国的领导体制在长期的发展过程中，存在一些与社会经济发展不相适应的问题。其主要弊端具体表现为以下几点：

1. 权力过分集中

在很长的一段时间内，我国的领导体制权力过分集中，体现在政治、经济、社会生活的各个领域。政治上，党政不分，以党代政，党委包揽行政事务，甚至与公检法系统亲和度过高；经济上，政市不分，政企不分，各级政府作为管理者直接经营企业、控制市场；社会上，"政府办社会"，公共权力几乎渗透社会生活的各个层面。

权力过分集中给国家的社会经济发展造成了种种危害：妨碍社会主义市场经济的发展；公共权力失控；政府机构臃肿，人浮于事和工作效率低下；等等。

2. 规则和规范仍然缺失

我国虽然已经建立起并在逐步完善公务员制度，但在规范领导行为的规则和规范方面仍然存在缺失。一方面，机构和机构内设岗位的职责界定和行为规范缺失，以致领导活动程序混乱，无章可循；另一方面，行政领导管理法规尚未完备。严谨而科学的行政领导考核、录用、监督、奖惩等规范是形成良性竞争机制，构建德才兼备、结构合理的领导集团的保证。特别是在对领导干部的监督工作上，以制度化的规范替代个别领导者的重视，才能够从根本上制止有法不依、有令不行、有禁不止等权力异化现象的蔓延。

3. 组织结构的设置不科学

组织结构的设置不科学，主要表现为组织层次与管理幅度的关系问题。我国目前设立的是五级制政府：国务院—省（市）—地（市）—县（市）—乡（镇），加上每级政府内部再设置 3~4 个层次，如此多的层次往往导致机构臃肿，人浮于事，行政领导效率低下。由于我国长期政企不分，政事不分，横向划分过细，推诿、扯皮现象严重，直接影响到领导效率。因此，只有尽可能减少政府的组织层次，并科学地配置相应的幅度，才有可能实现领导体制的科学化与高效率。

二、我国领导体制改革的历史回顾与发展方向

改革开放之初，邓小平同志明确提出了政治体制改革的初步设想，必须使民主制度化、法律化，使这种制度和法律不因领导人的改变而改变，不因领导人的看法和注意力的改变而改变。之后的 30 多年中，以领导体制为重要组成部分的政治体制改革持续推进，但由于历史条件的发展变化，在不同的时期呈现出不同的内容。

改革开放以来，我国对领导体制的改革，以党的十五大的召开为分界，大致可以分为两个阶段。

第一阶段的改革，鲜明地提出了要与经济体制改革和经济发展相适应的原则，并把改革目标明确地规定为克服"官僚主义现象，权力过分集中的现象，家长制现象，干部领导职务终身制现象和形形色色的特权现象"。这就决定了领导体制的改革领域必然以行政管理领域为重点，在形式上体现为转变职能、简政放权等一系列举措。例如，党的十三大针对党和政府"在具体的领导制度、组织形式和工作方式上，存在着一些重大缺陷，主要表现为权力过分集中，官僚主义严重"的积弊，把改革的近期目标确定为"建立有利于提高效率、增强活力和调动各方面积极性的领导体制"。提出"党政分开"的国家权力机构体系改革，目的是通过理顺党政关系，简政放权，转变政府职能，以克服官僚主义，提高行政效率，健全和完善干部管理制度，从而促进经济体制改革和对内对外开放。党的十四大提出要"下决心进行行政管理体制和机构改革，切实做到转变职能、理顺关系、精兵简政、提高效率"，把改革的重点放在行政管理体制改革的层面，要求"各级党委和政府必须统一认识，按照政企分开和精简、统一、效能的原则，下决心对现行行政管理体制和党政机构进行改革"。旨在解决党政机构臃肿、层次重叠、人浮于事、效率低下的问题。

党的十五大召开之后，开始第二阶段的改革。在行政管理领域的体制改革持续开展的同时，我国的领导体制改革在目标、内容、领域和体现形式上都得到了进一步的深化和扩展。概括来说，在改革目标上，更着重强调发展社会主义民主；在内容上进一步强调民主监督、公众政治参与；在领域上扩展到党的领导体制改革和执政能力建设；在形式上延展到尝试推进基层民主选举制度，拓宽基层政治参与渠道。

党的十五大指出："当前和今后一段时间，政治体制改革的主要任务是：发展民主，加强法制，实行政企分开，精简机构，完善民主监督制度，维护安定团结。"扩大基层民主是这一时期领导体制改革的重要举措，"城乡基层政权机关和基层群众性自治组织，都要健全民主选举制度，实行政务公开和财务公开，让群众参与讨论和决定基层公共事务和公益事业，对干部实行民主监督。"党的十六大沿着这一线索进一步推进了改革的深度。强调"健全民主制度，丰富民主形式，扩大公民有序的政治参与"，以"保证人民依法实行民主选举、民主决策、民主管理和民主监督"，并第一次明确提出要"改革和完善党的领导方式和执政方式"。党的十七大则进一步强调指出，在改革和完善党的执政方式和领导方式方面，要"健全领导体制，完善地方党委领导班子配备改革后的工作机制"。具体的措施包括：完善党的代表大会制度，实行党的代表大会代表任期制，试行党代表大会常任制；完善党的地方各级全委会、常委会工作机制，发挥全委会对重大问题的决策作用；逐步扩大基层党组织领导班子直接选举范围，探索扩大党内基层民主多种实现形式；深化干部人事制度改革，强调要着力造就高素质干部队伍和人才队伍，建立健全干部选拔任用和考核评价体系科学机制；在正确处理党和政府的关系方面，强调统筹党委、政府和人大、政协机构设置，减少领导职数，严格控制编制；等等。

改革开放以来，我国的领导体制改革取得了较大的进展，但是由于领导体制在本质上具有相对稳定性，与经济、政治与社会文化诸方面的迅速发展变化相比，仍然有滞后与不合时宜之处。例如，公共权力的制约问题，日益增强的社会政治参与要求等。因此，进一步深化改革仍然任务艰巨。

党的十八大召开以来，党和政府准确把握我国发展的阶段性特征，对深化重要领域改革做出了新部署，加快完善社会主义市场经济体制和转变经济发展方式，积极发展社会主义民主政治，扎实推进文化建设。《中共中央关于全面深化改革若干重大问题的决定》（以下简称《决定》）把改革总目标确定为"完善和发展中国特色社会主义制度，推进国家治理体系和治理能力现代化"。同时，在关于《决定》的说明中，政治体制改革的重点明确地指向了三个方面：推进协商民主广泛多层制度化发展；改革司法体制和运行机制；健全反腐败领导体制和工作机制。这三个方面与我国长期积累的突出问题是相适应的。因此，作为国家政治体制的重要组成部分，领导体制改革重点必然聚焦于这三个方面。

三、我国领导体制改革的原则与内容

（一）我国领导体制改革的原则

我国领导体制的改革，作为政治体制改革的一部分，其本质是在社会主义经济基础之上，对上层建筑自身的发展与完善。在对我国领导体制改革进行历史回顾的基础上，结合领导体制改革的发展方向，我们认为，为保证领导体制改革的合理性与科学性，在领导体制改革的过程中必须遵守如下原则：

1. 环境适应原则

领导体制的属性决定其改革必须与赖以生存的政治、经济和社会环境相适应。就我国的发展现状来看，一个突出的原则是必须与社会主义市场经济的发展相适应。遵守这一原则，政府宏观调控职能的履行非常重要：通过制定发展战略、规划和产业政策来促进经济结构的调整；通过制定规范市场行为的法律和法规反对不正当竞争等市场失范行为；通过金融政策、财政政策引导市场投资趋向，对市场走势进行预报。此外，政府需要加强对社会公共事业的管理职能，向公众提供市场无法提供或不愿提供的公共产品，如环境保护、社会保障、基础设施、国民教育、科技开发、维持社会公共秩序等。

2. 民主法治原则

人民当家做主是社会主义民主政治的本质和核心。因此，民主法治不仅仅是改革的价值目标，也是实现组织目标——保证社会公平正义，解决社会矛盾——的重要保障。通过规范化和程序化的制度设计，保证各方面的利益表达，依法实现民主选举、民主决策、民主管理、民主监督，实现社会主义民主政治制度化、规范化和程序化，并进而推进国家政治、经济、文化、社会生活的法制化、规范化，促进公平正义。

3. 公平正义原则

党的十七大强调，公平正义是"发展中国特色社会主义的重大任务"，促进公平正义的目标要求，积极稳妥地推进体制改革，通过对公共权力资源配置体制的调整和改革，推进实现"党的领导、人民当家做主和依法治国的统一"，用制度创新来保障公平正义。

4. 效能与效率原则

效率是组织在完成目标过程中对资源的利用情况，是产出与投入的比值，提高效率意味着对资源的充分利用。效能是组织预期目标的适应性和能力，实现目标的程度高，则说明组织的效能高。效能和效率均是组织生存和发展不可缺少的条件。

5. 权责相应原则

对公共权力的制衡将是下一阶段领导体制改革的重要方向。因此，必须坚持权责相应的原则。其实质是要求职、权、责、利相统一：其一，职与权一致。有职无权的领导既无法决策，也无法指挥，无法保证领导的有效性；有权无职或权大于职，必然会导致权力的异化。其二，权与责相统一。权力和责任一致，才能保证领导者正确行使权力。完备的问责制度则是维护权力正当行使的必要条件。其三，责和利相关联。责任和利益的关联，可以建立健康有效的激励机制，营造积极进取、良性竞争的组织环境，以实现提高领导效能、推动组织的目标。

（二）我国领导体制改革的内容

针对目前我国领导体制存在的问题，在遵循上述领导体制改革的原则的前提下，改革领导体制的内容主要包括以下几个方面：

1. 加强社会主义协商民主的制度建设，提升民主参与的效能

2015年2月，中共中央出台《关于加强社会主义协商民主建设的意见》，对新形势下开展政党协商、人大协商、政府协商、政协协商、人民团体协商、基层协商、社会组织协商等做出全面部署。社会主义协商民主是在中国共产党领导下，人民内部各方面围绕改革发展稳定重大问题和涉及群众切身利益的实际问题，在决策之前和决策实施之中开展广泛协商，努力达成共识的重要民主形式。改革开放以来，随着我国经济的飞速发展，利益格局也在进行着深刻调整，新旧矛盾相互交织，公众的观念日益多元化，对政治参与的诉求也日益增加。在这种情况下加强协商民主建设，不仅有利于扩大公民有序的政治参与，更好地实现人民当家做主的权利，促进社会和谐稳定，同时也有利于促进科学民主决策，推进国家治理能力的建设。

如前文所述，为适应新形势下经济社会发展，领导体制改革已不仅仅限于行政管理体制，加强社会主义协商民主的建设，不仅是公众日益提高的政治参与意愿的要求，也是领导体制改革发展的必然结果。有学者认为，协商民主具有三种功能：公共政策功能，通过协商的方式有序参与公共政策的制定；社会协调功能，取决于协商、沟通、说服所形成的共识，而非强制性的压力；政治合法性功能，满足人们合法和便利地进行政治参与的诉求。因此，协商民主是人民民主的基本实现形式，与中国特色社会主义政治制度具有高度的契合性，不仅能够有效地结合选举和参与这两种民主的实现形式，而且能够通过组织的参与影响公共政策，具有实现实体民主的现实功能。

根据《关于加强社会主义协商民主建设的意见》，协商渠道包括政党协商、政府协商、政协协商、人大协商、人民团体协商、基层协商，社会组织协商等多个领域，因此，新形势下的领导体制改革，首要内容就是继续加强党的组织体系、人民代表大会组织体系、政治协商会议的组织体系建设，积极探索人民团体协商、基层和社会组织协商的组织形式和工作机制，通过有组织的参与来实现政策优化，不断健全和完善社会主义协商民主制度。

2. 加强权力制约机制的建设，是加强领导体制改革的核心内容

权力是领导活动中的关键因素，领导者在领导体制的框架内，正确使用被赋予的权力，制定组织目标，调动资源，规范、引导、激励组织成员实现组织目标。因此，对权力的规范和制约，首先是领导活动的绩效导向要求。其次，在公共领域讨论权力的运行，另一个重要的目的，就是防止公共权力的异化，通过制度的约束使公共权力为公共目标的实现而服务。再次，加强权力制约机制的建设，是现代国家治理追求的目标，是国家治理能力提升的标志。最后，用制度化的手段，把权力关在笼子里，也是公众维护自身权益的诉求。

健全权力运行制约和监督体系涉及国家治理能力建设的核心领域，是政治体制改革的重点之一。近年来，我国大力加强反腐败领导体制和工作机制建设，并取得了较大的成效，在一定程度上发挥了缓解社会矛盾的作用。但由于我国几千年的文化传统，"人治"的痕迹仍然比较重，制度化的程度过低。同时，从反腐败机构的组织设置角度来看，也存在着设置分散、权责失衡等问题，难以形成合力。我国现行权力监督体系的组织构成，是由检察和反贪系统、纪律检查委员会系统、监察系统构成的法律、党纪、规范三重屏障，是规范权力运行的"基础设施"。健全反腐败领导体制和工作机制，首要的任务就是要加强"基础设施"建设。一方面，建立健全独立、公正、高效、权威的司法体制，用严格的法治规范权力运行；另一方面，根据《决定》精神，推进将党章规定的纪委双重领导体制具体化、制度化和程序化。通过纪委办案的汇报程序的改革，以及对各级纪委书记、副书记的提名和考察、任免程序的改革，提高纪委工作的独立性，从组织上保障对权力监督的有效性；同时，健全反腐败领导体制和工作机制，还必须与公民监督权建设相结合。党的十八大报告提出，"保障人民知情权、参与权、表达权、监督权，是权力正确运行的主要保证。"健全反腐败领导体制和工作机制与公民监督权建设相结合，才有可能形成一个能够有效解决权力规范性问题的监督体系。

3. 建立健全司法体制，持续维护公平正义

司法体制是政治体制的重要组成部分，对于国家治理能力建设具有至关重要的作用：法治的推行，可以使公共权力受到严格的规范，并进而通过发展公共政策和社会政策，推进经济发展，调整利益矛盾，实现政治领域和经济领域的公平。同时，我国社会转型的特定阶段，公正高效的司法体制是维护社会公平正义和社会秩序的有效保障。

要想建设一个公正、高效和权威的司法体制，司法权独立是一个重要保障。而司法权限的独立，一个重要的体现便是组织机构设置、人员管理、财政支持等方面的独立。我国现行的司法体系在诸多方面与地方党政部门有着"斩不断、理还乱"的关系，限制了司法权限

的独立运行。当前，群众对司法不公的意见比较集中，司法公信力不足的情况比较严重，这些问题的存在与司法体制的不合理密切相关。因此，根据《决定》的规定，建立健全司法体制，首先应该推动省以下地方法院、检察院实行人、财、物统一管理，探索与行政区划适当分离的司法管辖制度。这些改革方向和举措的目的在于克服司法地方保护主义，从组织机构、人、财、物管理的角度维护司法机构的独立性，从而保障司法权的独立行使。同时，通过对司法人员分类管理制度进行改革，提升司法人员的专业化和职业化程度。例如，《决定》规定要健全区别于公务员的法官、检察官的职务、职称序列；健全法官、检察官、人民警察统一招录制度，建立预备法官、检察官制度；建立律师、法律学者担任法官、检察官制度机制；设置不同审级法官、检察官的任职条件；健全法官、检察官、人民警察职业保障制度等。这些改革举措的实施将从司法权的独立行使以及从业人员专业化程度的提高两个方面提升司法体系的适应性和公信力，维护公平正义。

4. 进一步深化行政领导体制改革，提高领导效能

改革开放以来，经过多次改革，计划经济下形成的传统的政府管理模式已经由无所不包的无限权力向有限职能转变。新时期的行政领导体制改革，一个重要任务仍然是根据经济社会的发展调整职能，大力推进社会公共事务的供给职能，同时培养社会的自治能力，增强社会的活力和责任感。其具体包括以下几点：

第一，根据统一、高效的原则构建政府的组织结构。要围绕贯彻执行党的路线、方针、政策，确定政府的社会经济建设的总职能，组织一个协调有序的机构体系，实现领导管理的统一性。同时要明确划分各政府机构的职责权限，处理好中央与地方、政府和企业，以及政府内部各部门之间的职责权限关系，保证上下政令畅通，左右协调合作，运转灵活，既有各级各部门的独立自主性，又有对上级部门必要的从属性和对同级其他行政部门的协作性，从而保证政出一门，令行禁止，防止领导多头、部门分割、政出多门等情况发生。

第二，按照权责相称原则确定职权体系，理顺职权关系。理顺中央与地方的职权关系是关键，中央对涉及国家整体利益、宏观管理领域的问题有决策权和宏观调控权，对地方政府有监督权。地方政府要贯彻中央和国务院的方针、政策、计划，但对本地区有中观调控权和决策权。中央和省政府主要履行宏观经济管理职能，省以下的地方政府主要履行公共服务职能。

理顺政府内部的职权关系。当前，我国正处于市场经济建设的关键时期，要提高政府效能效率，必须进一步规范政府职能的范围和内容，从而使政府的权力运行走上正确的轨道，使政府权力的总量相当于政府能力的总量，同时相当于政府职能的总量。这样，才能保证政府权力运行畅通无阻，也才能不断提高政府管理的有效程度。

第三，大力加强社区治理能力建设。随着城市化和现代化进程的加速，社区治理能力建设日益发挥其重要作用。根据"小政府大社会"的思路，一些涉及市政建设管理以及公益性、公众性、福利性的事务，在政府指导与支持下，由社区内各单位和全体居民依靠自身力量和社区资源，进行自我管理，不仅可以有效地避免政社不分、效率低下，同时也能够提升公众的社会参与程度。

第四，充分发挥社会组织在公共服务供给过程中的积极作用。21世纪以来，我国政府充分认识到社会组织在公共服务供给中的重要性，在政府政策的主导和扶持下，社会组织得到了迅速的发展。当前，政府在大力扶持社会组织的同时，应该着重注意两个问题，一是进一步提高政府与社会组织之间公共服务供给与生产机制的科学化；二是加强对社会组织的规范管理，以防止政府让渡给社会的公共权力出现异化的现象，引导和规范社会组织更好地履行公共服务供给职能。

小结

领导体制作为一种制度体系，具有系统性、适应性、稳定性与灵活性的特征，并在推动生产力的发展、维护国家的长治久安、优化领导结构与素质、提高领导效率与效能等方面发挥着重要的作用。领导体制具有多种结构与类型，彼此之间各有千秋，要结合实际情况灵活运用。我国领导体制的演变经历了漫长的过程，积累了宝贵的经验，也暴露了一些弊端。当前，我国正处于加快经济建设、加强治理能力建设的新时期，扬长避短，立足实际，放眼国际，对领导体制进行深入、科学的改革与优化将推动我国各项事业的发展。

━━ 案　例 ━━

经理制的诞生与领导体制的改革

1841年10月5日，在美国连接马萨诸塞—纽约的西部铁路上，两列客车迎头相撞。一名列车员和一名乘客遇难，另有17人受伤。这次事故一时使舆论哗然，舆论严厉批评老板没有能力领导和管理现代企业。因为事故的原因是这位老板本人对铁路运输管理一窍不通，为牟取暴利，加大行车密度，从而导致了这次事故的发生。在马萨诸塞州议会的督促下，这个铁路公司进行了改革，建立起各级责任制，选拔有管理才能的人担任领导。由于公司的资本大多是这个老板投入的，所以他仍是公司的所有人，但新的管理体制将他排除在企业业务管理之外，只拿红利。公司处于有相关知识的技术人员的管理下，运转良好。这就是美国第一家由全部拿薪水的管理人员以一定的管理机构进行管理的企业，这个改革的实质在于财产所有权与经营权和管理权的分离，这就是所谓的"经理制"。

点评

经理制是在工业革命之后，伴随企业经营规模的扩大和劳动生产率的提高，企业所有者因不懂领导与管理的法则，而难以维持企业组织的快速发展，更难以适应日益激烈的竞争的情况下产生的。这说明领导体制的变革必须适应生产力的发展，并力争在促进生产力发展以及领导和管理方式的革新方面发挥应有的作用。

综合习题

一、名词解释

1. 领导体制   2. 领导层次   3. 领导幅度
4. 直线式   5. 职能式   6. 混合式
7. 矩阵式   8. 集权制   9. 分权制
10. 完整制   11. 分离制   12. 一长制
13. 委员会制   14. 层级制   15. 职能制
16. 自然集体领导

二、判断题

1. 领导体制的核心是组织结构的设置。（   ）

2. 领导体制的本质属性是自然属性。（   ）

3. 简单而低层的组织与重复性较高的简单工作宜采用职能式组织结构。（   ）

4. 职能式组织结构有利于高效完成临时性的重大攻关任务。（   ）

5. 根据领导系统中各层级领导机关与领导者职责权限的集中与分散程度，可以将领导体制划分为集权制与分权制。（   ）

6. 根据组织系统内部各机构的职责权限的性质与范围的不同，可以将领导体制划分为层级制与职能制。（   ）

7. 根据上级行政领导机关对下级行政领导机关的指挥、控制方式与程度的不同，可以将领导体制划分为完整制与分离制。（   ）

8. 根据领导机关中最高决策者人数的不同，可以将领导体制划分为一长制与委员会制。（   ）

9. 我国领导体制最主要的弊端是权力过分集中以及领导素质不高。（   ）

10. 领导体制的特征包括适应性、系统性、稳定性和灵活性。（   ）

三、简答题

1. 简述领导体制的特征。
2. 简述领导体制的地位与作用。
3. 简述领导体制的结构。
4. 简述领导体制的类型。
5. 简述西方领导体制的变迁。
6. 简述我国领导体制的本质特征。
7. 简述我国领导体制的演变历程。

四、论述题

1. 试述我国领导体制的主要弊端和改革方向。
2. 试述新时期我国领导体制改革的原则与内容。

第五章 领导素质与群体结构

教学目的与要求

通过本章的学习，使学生了解西方的领导素质理论；基本掌握领导素质的含义与特征、内容，领导群体结构的含义与内容，领导素质的测评；重点掌握领导群体结构的功能，领导者素质的提升，领导群体结构的优化。

内容提要

本章主要介绍领导者素质的主要内容，西方领导素质理论的主要内容以及领导群体结构的含义与内容和领导群体结构的功能。在此基础上对领导者素质的测评与提升、领导者群体结构的优化问题进行分析阐述。

领导者作为领导活动的主体，在领导活动中处于主导地位。领导者素质的高低和群体结构的合理与否，对于领导活动的成败具有至关重要的作用。因此，领导者素质的重要性及其提高，领导群体结构的合理性及其优化，是领导科学需要研究的基本范畴之一。

第一节 领导素质

俗话说"时势造英雄"，我们在承认环境对领导者起制约作用的同时，也应该承认领导者自身的某些素质对于他们取得辉煌成就也是至关重要、不可或缺的。

一、领导素质概说

（一）领导素质的含义与特征

所谓领导素质，是指充当领导角色的个体为完成其特定职能职责，发挥其特定影响和作用所必须具备的自身条件，是在一定的心理、生理条件的基础上，通过学习、教育和实践锻炼而形成的在领导工作中经常起作用的那些基础条件和内在要素的总和，它既包括领导者的身体素质和心理素质，同时又有着更加广泛的内容，如政治思想素质、道德品质、文化专业素质、领导和管理能力等。

领导素质有别于普通素质，具有其独特的个体特征，主要表现为以下几个方面：

第一，物质性与精神性。物质性是指领导素质的物质依托即生理基础，是形成其他领导素质的物质前提；精神性是指领导素质中以心理机能和精神范畴为主的内容，这是真正把人与人从内在条件上拉开档次的地方，是领导素质的主体部分。

第二，先天性与后天性。先天性是指领导素质的基础，主要由遗传而来，从生理到气质、秉性、禀赋、智力等心理因素都有遗传，这些与生俱来的素质条件构成领导素质的先天性特征。后天性是指领导素质主要是经后天学习实践锻炼的结果，即由有需要、有目的的培养而来，并在社会实践中不断得到强化和发展的各方面素质，主要是思想道德素质、社会能力素质等。

第三，适应性与发展性。适应性是指任何领导活动都是在特定的环境中进行的，有效的领导者必须首先在整体素质上与特定的社会环境及组织环境相适应；发展性是指环境是不断发展变化的，进而对领导者的素质提出新的要求，使领导素质在学习、实践和磨炼中不断地加强、优化、提高并一直发展下去。

第四，相关性与变异性。相关性是指领导素质内部各构成要素以及领导素质与外部环境的相互关联性。领导素质内部各构成要素是相互影响，共同起作用的，同时，领导素质与领导领域、层次和职位等外部环境也明显地具有多种相关性。变异性是指领导素质在内外环境与矛盾的共同作用下，会不断发生变化，得到增益或受到损减。这种变化是一种潜移默化的过程，会走向正负两种方向。

第五，多样性与综合性。多样性是指领导素质的构成因素是丰富多彩、互不相同的，而且领导素质的同一要素在特定的个体身上其具体内容也各不相同；综合性是指领导素质体系是一个由各要素相互联系、相互影响、相互补充、相互作用构成的多层次、多侧面的有机整体，在这个整体中，结构的合理性比素质的齐全性更为重要。

第六，社会性与时代性。社会性是指领导素质的意义和价值均在于社会，不同的社会发展阶段的领导素质有不同的具体内容和基本特征；时代性是指领导素质是在一定的时代中培养、锻炼出来的，它必须反映时代的特点并适应时代的需求进而引导时代的发展，具有时代特征。

（二）领导素质的内容

领导素质如要一一列出，可以是无穷尽的，通常意义上讲，领导素质主要包括以下几个方面：

1. 政治素质

政治素质指人作为一个政治角色对政治特别是对自己所承担的政治义务和所享受的政治

权利的理解、把握、反映和见诸行动等情况的总和，是人在政治关系和政治生活中培养出来或必须具备的个体特质，是高度政治化的结果。

对于领导者来说，政治素质是第一位的，因为政治素质从根本上决定了领导的性质和方向，是领导素质中的核心和灵魂。各个国家或社会都有自己鲜明的、具体的政治素质标准和内容，从我国的实际国情出发，领导政治素质的标准与内容主要体现在以下方面：

第一，政治理论。领导者必须认真学习马列主义、毛泽东思想，具有深厚的马列主义理论修养，与时俱进，具有高度的政治坚定性和理论成熟性。

第二，政治知识。政治知识首先是指共产主义运动的知识、党的知识和国家的知识；其次是指人类社会发展知识；再次指政治科学和政治艺术的知识，主要包括政治科学的基本原理、法学尤其是宪法的基本原理和知识；最后是指西方的政治知识，以及时事政治，要对其进行关注和研究。只有具备丰富的政治知识，才会有牢固的政治素质基础。

第三，政治观念和政治意识。领导者必须具备鲜明的政治观念和浓厚的政治意识，树立牢固的马列主义世界观、人生观和价值观，具有政治纪律观念、政治原则观念、法制观念和路线观念，保持高度的政治警觉性和纯洁性。

第四，政治理想和政治信念。领导者必须具备远大的共产主义理想，把其当成自己最崇高的追求，把加快社会主义现代化建设作为具体的追求，这种理想和信念是领导者能够在工作中全力以赴的政治动力源泉。

第五，政治态度和政治立场。这是领导者认识问题、处理问题的立足点和出发点。领导者要有强烈的政治责任感和事业心，以及高度的政治觉悟，坚持贯彻党的方针、路线、政策，真正为党、为国家、为人民的前途和命运着想，全心全意为人民服务。

2. 道德素质

道德素质是指一定群体或组织乃至整个社会在一定时期调节人与人之间相互关系的价值标准和价值判断、道德规范和道德要求内化为心灵内容后形成的整个精神内涵，是充满价值内容和主观取向的领导精神素质。它主要包括伦理知识、伦理造诣、道德规范内化程度、约束取向、价值维度、慎独程度、情操、气节、风格、境界、作风、勇气、正气、责任感、法纪信守等领导素质因素，反映着领导者对他人以及个人对社会的认识和态度。中国古人云："德不重不能服众，无德不以使民。"可见，道德素质是领导干部自身的行为准则和良好素质的一个重要方面。其内容主要包括以下几个方面：一是事业心和使命感；二是进取心；三是胸怀；四是公正；五是廉洁。

3. 能力素质

能力素质是指人在其心理生理要素的基础上，经过后天的培养、教育和努力，在实践过程中逐步形成的认识世界与改造世界的才能、本领和技能。领导能力是由领导者在社会中的特殊职责所决定的，是指领导者有效地实施领导，完成组织目标所必须具备的知识、才能条件的总和。领导能力素质是一种横贯于所有领导素质的多方面、多种类的领导素质，是所有领导素质在联系或作用于现实时产生的作用力集合而成的个体特质，是领导者开展工作的必备条件，是提高领导绩效的决定性因素，是领导者素质体系的主体内容，当代领导能力素质主要包含以下几个方面：一是政治能力；二是科学决策能力；三是选材用人能力；四是计划规划能力；五是组织协调能力；六是沟通与人际交往能力；七是控制与自控能力；八是应变与解决复杂矛盾的能力；九是开拓与创新能力；十是学习能力。

4. 知识素质

知识是与实践密切联系的概念，是人们在改造世界的实践中获得的认识与经验的总和。具体来说，领导的知识素质主要包括以下几个方面：

第一，宽广的知识面。由于领导工作的综合性和多样性，领导者对于一般社会科学和自然科学等各方面的知识，都要有所了解，特别是知识经济时代的到来，更是对领导者在知识素养方面提出了更高的要求。随着新技术革命的不断深入，各门学科的信息相互渗透、交叉，现代科学出现了既高度分化又高度综合的发展趋势，学科规模不断扩大，新的学科不断出现，这就需要现代领导者与时俱进，不断拓宽知识面，树立大科学、大经济的新观念。

第二，现代管理知识。领导者应具有统筹全局的思考能力，深入基层、善于倾听的探讨能力，权衡利弊的决断能力，突出重点、兼顾一般的计划能力，而这些能力在很大程度上来自对现代管理知识的熟悉，所以领导者应熟悉、了解包括经济管理、行政管理、领导科学、人才学等在内的多方面知识。

第三，一般的科学知识。一般的科学知识是指一般社会科学、自然科学各方面的知识，通常要经过比较系统的学习过程才能获得。一定的学历就是一定文化程度与一般科学知识水平的反映。在现阶段，我国对各级领导者在学历上都提出了相应的要求和条件。但值得注意的是，不能简单地在学历与人的认识和能力水平上画等号。对同等学历者，进行一定的考核后，证明其的确具有相当水平的，也可选拔任用。

第四，本职专业知识。"专业"是一个广泛的概念，各行各业的人员都有自己的本职工作。一个领导者只有系统全面地掌握本职专业方面的知识，成为本专业的行家，才能尊重科学，按科学规律办事，成为一个合格的领导者。一个缺乏专业知识的领导者，是不可能实施具体的领导工作的。

第五，丰富的社会实践知识。领导者应积极参加社会生活实践，熟悉社会生活，了解社会生活实际知识，积累丰富的工作经验。这有助于从理论和实际的最佳结合点上解决问题。

5. 心理素质

领导者必须具备健康的心理素质，主要包括以下几个方面：

第一，乐观的情绪。领导者具有的乐观情绪随时可以给人以开朗、豁达、友好的亲近感，能够感染下属，起到鼓舞、激励和提高士气的作用，帮助他们战胜困难、实现组织目标。

第二，坚强的意志。意志是人自觉地确定目的，并且根据目的来支配和调节自己的行为，克服种种困难，进而实现目的的心理过程。领导者只有具备了坚强的意志，才能在矢志不渝地开拓进取的过程中，抗拒重重压力，克服种种困难，取得预期的胜利。

第三，广泛的兴趣。兴趣是人力求认识某种事物或爱好某种活动的心理倾向。它表现为渴望深入认识某种事物，并力求加入活动的心理倾向。兴趣对人的认识活动和实践活动有着十分重要的推动作用，它可以促使人去注意、认识、探索和创造。所以，一个领导者只有具备了广泛的兴趣，才能孜孜不倦地学习、探索，防止知识和管理方法的过时，保持组织和自身的活力。

第四，开朗的性格。开朗的性格，其典型表现为乐观、坦率、随和、善交际、好介入、喜欢变化、喜欢冒险。在科学技术高速发展的当今社会，组织所面对的环境挑战异常严峻，凡不能迅速适应客观环境和外界变化的组织和领导者，都不可避免地要被淘汰。另外，领导者在工作中必然要与各种人打交道，要随时介入各种矛盾。这就决定了领导者要以开朗的性格去面对工作，面对现实。

6. 身体素质

身体素质包括体质和体貌两个方面。体质就是通常所说的体格或体魄，是指人承受体力、脑力劳动的程度，是身体素质的内在成分、质量、结构、性状和特征。一个领导者即使能力很强，但是身体差，没有充沛的精力，应付不了劳动强度过大的工作，显然也是适应不了时代要求的。体貌即外形，指身体素质的外在成分、质量、结构、形状和特征，包括相貌、气色、声音、体态、身高、体重等各个方面。对领导者来说，体貌是具有重要辅助作用的自然生理条件，有助于领导者塑造更完美的形象。

（三）领导素质的作用

领导素质的独有特征决定了其特定的功能与重要作用，任何行为主体在任何活动中的成败得失，都是两个因素即内在因素和外在因素不同质量、不同效能、不同作用和不同搭配互动的结果，其中内在因素决定着行为主体活动的必然，为各种偶然的活动及其结果提供先决的条件。素质作为领导主体重要的内在条件，从根本上决定着领导的成败得失，具有至关重要的作用。

第一，领导素质是一种重要的竞争力。21世纪是一个科学技术突飞猛进，经济日益全球化、信息化、网络化的时代，世界范围内的竞争空前激烈，而各种竞争归根结底是人才的竞争，更是领导人才的竞争，领导人才的素质高低关系到一个组织乃至一个国家在竞争中的地位。

第二，领导素质是一种重要的领导力。领导力是在领导活动中，领导者影响被领导者所产生的作用和结果的叠加。而要达成既定目标，优化并提高领导力，就要求领导者必须具备优秀的领导素质。例如，树立先进正确的价值观，具备渊博的学识，以及娴熟的领导艺术等。

第三，领导素质是形成优化高效领导班子的基础。21世纪既是一个竞争的时代，也是一个合作的时代，集体领导是现代领导活动的一个显著特点和基本规律，任何领导集体都是由若干领导者个体组成的，只有个体的领导素质达到良好状态并在个体之间形成优化组合，才能从根本上保证领导集体的整体优化高效。

总之，领导素质是领导行为的内在渊源，是开展领导活动的前提与基础，是领导成功的最重要内在条件，也是事关群体或组织命运与利益的最重大社会因素之一。

二、西方领导素质理论简介

西方的领导素质理论有其显著的特点，那就是注重细致分类，内容极其广泛、丰富和具体，对于完整地认识和把握领导者的内在构成和具体而实质的内容提供了良好的基础。在有机地参考和借鉴了心理学、行为科学的研究成果之后，西方领导素质理论拓展了深度，变得更富有科学性和可操作性。

领导的特质理论是指从领导者的性格、生理、智力及社会因素等方面寻找和归纳领导者特有品质或应有品质的理论，也就是素质理论。特质理论研究从 19 世纪末期开始，其创始人是阿尔波特·戈林，代表人物是让尔法·斯托格蒂尔、威廉·吉伯和肯特·穆恩等。他们以领导者的个性、生理或智力因素为观测点，希望制定出有效领导者的标准，以之作为选拔领导者的依据。特质理论一般是从五个方面进行研究：一是生理特质，如领导者的身高、体重、体格健壮程度、音容笑貌和仪态举止等；二是个性特质，如自信、热情、外向、正直、负责、勇敢、魅力、独立性和内控性等；三是智力特质，如领导者的记忆力、判断力、逻辑能力以及反应灵敏程度等；四是工作特质，包括责任感、首创性和事业心等；五是社会特质，包括沟通能力、指挥能力、协调能力、控制能力、人际关系等。[①]

在众多的理论和假说中，比较有代表性的领导特质理论有：

（1）吉伯认为，领导者应具备 7 项先天特性，包括善言辞、外表英俊潇洒、智力过人、有自信心、心理健康、有支配他人的倾向、外向而敏感。

（2）让尔法·斯托格蒂尔概括出了领导者的 10 项共同品质，包括才智、强烈的责任心和完成任务的内驱力、坚持追求目标的性格、大胆主动的独创精神、自信心、合作性、乐意承担决策和行动的后果、能忍受挫折、社交能力和影响别人的能力、处理事务的能力。接着，他将一个优秀领导者应该具备的素质拓展为 16 个方面，包括有良心、可靠、勇敢、责任心强、有胆略、力求革新进步、直率、自律、有理想、良好的人际关系、风度优雅、胜任愉快、身体健壮、智力过人、有组织能力、有判断力。

特质理论研究存在一些不足之处。比如，在研究方法上对领导行为发生作用的环境和条件的忽视；认为领导者的特质都是天生的，领导者是挑选的结果而忽视了对其进行培养的过程；描述特质的词多为表述心理特征的概念，内涵界定不够清晰等。

针对这些成就和缺陷的存在，20 世纪 80 年代以来，西方的学者对于新的领导特质理论的研究进入了更高的阶段。在新的研究成果中，有的研究者继承了韦伯的魅力型领导的观点，进一步研究领导者的魅力特质；有的研究者从内在素质和外在风格统一的角度来研究领导者的形象特质；有的研究者从行为实验室进入到化学实验室、生物实验室，以寻找与领导者特质相关的生物学根源；有的研究者从先天遗传的禀赋因素以及儿童早期生活环境和经历

---

① 朱立言：《行政领导学》，93 页，北京，中国人民大学出版社，2002。

对其的影响来研究领导者的特质；而更多的研究者是从后天的领导实际及社会生活中寻找领导者特质的共同点和发展途径。

美国学者詹姆士·M.库塞基和贝瑞·波斯纳在对近千家政府行政部门和企业进行三次详细的调查后，指出领导者排在前四位的特质是：一是诚实。这是领导者和下属关系中最重要的因素。绝大多数人期望领导者要诚实、讲信用、有道德、坚持原则，只有这样，才能赢得下属的忠心追随。二是有远见。也可以将之称为目标、计划、眼光、梦想或召唤。如果领导者要吸引别人加入到自己的行列中来，首先必须自己要了解组织目标何在，前景如何。三是懂得鼓舞人心。下属期望领导者拥有满腔热情、充满活力，尤其是在困难时期对未来感到乐观，领导者如能表现得极其热忱和兴奋，显示出他个人对所追求目标的投入，就更能收到鼓舞人心的效果。四是能力卓越。这是实施领导行为的核心所在，领导者必须具备为他的职业带来某些附加价值的能力。[①]

第二节　领导素质的测评与提升

随着现代科技的发展，我们可以采用各种科学方法对领导者的素质进行测评，这样一方面有利于领导者对自己有一个客观的了解，另一方面也有利于领导者不断完善自我，提升自己的素质。个体素质的不断提高为领导群体结构的优化打下了坚实的基础。

一、领导素质的测评

（一）领导素质测评的含义与作用

领导素质测评就是对领导素质进行检测、测试、测量、验证、判断和评价的总称，是对领导的专项素质或综合素质进行科学客观把握的系统化应用理论与应用技术，其基本特点是科学性、客观性和公正性。

领导素质测评的基本用途是：能比较准确地反映领导人才的专项素质与综合素质，能比较准确地鉴定、验证有关领导素质与实际岗位要求之间的实际差距，能为育人、选人、用人及开发领导人才提供全面、系统、科学、客观、权威的佐证。领导素质测评的内容可划分为领导业绩检测、领导绩效评估、领导德行鉴定、领导知识技能考评、领导能力测试、领导性格测评、领导类型测评以及全面性、综合性的领导素质测评等。

（二）领导素质测评的过程与类型

领导素质测评的基本过程是：根据领导素质理论和测评目的，将领导素质的各种因素与

---

① 李成言：《现代行政领导学》，169 页，北京，北京大学出版社，2002。

内容分解成科学具体的领导素质指标，结合领导工作实际，确定测评要素，并将这些指标按有关科学原理编制成完整的测评量表、问卷、程序及其他测评工具，采取自测或他测两种基本方式，充分结合和运用定量与定性的研究方法，对领导人才进行专项或综合的科学检测、考评与核定，由此得出具有客观公正性和较高可信度的结论，将这个结论用于组织人事工作，也将这个理论反馈于测评之始，以进一步改进、完善和稳定测评工具，从而建立常规的测评工具。

领导素质测评的类型主要分为定性测评和定量测评两种。定性测评主要依靠感觉、印象和经验来完成，所得结论带有主观性；定量测评则是运用数学的方法，通过对测评对象有关情况的数据的收集、整理、计算和分析，把握领导者的素质。两者互相区别，又互相联系，定性测评是定量测评的基础，定量测评是定性测评的深化。领导素质测评的方式可分为量表测评、问卷测试、情境评价、试用体验、个案考察、答辩交流、群众反映、同行评价、抽样调查、综合分析、个人履历等许多种。

领导素质测评的手段可分为卷面测评、口头测评、演示测评、音像测评、计算机测评等，计算机测评是未来发展的方向。

（三）领导素质测评的方法

随着组织人事制度改革的深入，传统领导素质测评的方法越来越明显地暴露出了以下弊病：一是重定性，轻定量；二是重经验和印象，轻客观测量；三是重历史表现，轻发展潜力；四是重个体评价，轻群体分析。这些缺陷的存在，使得传统的领导素质测评方法已经很难适应现代化管理的需要。因此，领导素质的测评需要加强定量化研究。在领导素质测评过程中，需要收集有关对象的各种信息，信息量越大，得出正确结论的可能性就越大。总体上说，领导素质的测评方法可以从领导个体素质的测评和领导群体绩效的测评两个方面来分析：

1. 领导个体素质的测评方法

第一，因素评鉴法，即通过调查分析与实测数据统计分析，提出对人员考察的有关因素，形成素质评价标准量表体系，然后把被测者纳入该体系中进行测评。

第二，心理测验法，即通过预先确定的心理测验量表或模拟一定工作场景的仪器设备来测量与评价一个人的素质。这种方法对于评估一个人的智能或身体运动机能具有一定的意义。

第三，情境模拟测评法，即把被测者置于一定的模拟工作环境之中，采用多种评价技术，观察和考察被测者的心理与行为，以测量其素质。

2. 领导群体绩效的测评方法

第一，双层测评法，即在对群体成员个体素质、绩效进行测评的基础上综合评估群体的整体特点和结构。

第二，群体行为测评表，即利用问卷方式调查了解群体成员对群体规范的看法及其对群体的态度和行为，从整体上考查群体活动的性质和绩效。

第三，人际关系的测评法，即通过问卷调查后，利用社会测量矩阵图或人际关系测量图解方式，考查群体成员之间亲疏远近等关系和群体内聚力的特点与强弱。

第四，角色知觉测验法，即利用谈话、问卷等方式了解群体成员和他人在群体中的角色及其作用的认识，分析群体成员之间的协作、配合状况与程度。

二、领导素质的提升途径

领导素质的提升，特别依赖于领导实践，又不完全取决于领导实践，也就是说要结合领导实践才能达到提升领导素质的目标。这个过程，既要靠领导者自觉努力，也要靠领导组织和相关机构共同努力，是领导者主观因素和客观条件交互作用的过程。具体来说，提升领导者素质的基本途径有三条：

第一，教育。教育是最普通的领导素质提升途径，领导者的全面发展或者领导素质的全面提升都要依靠教育。教育共有六种基本方式：一是系统正规的学校教育；二是有组织的社会教育，也就是权威的社会教化；三是自由的社会熏陶，即自然发生的教育性影响；四是有期待的家庭教育；五是有意识的自我教育；六是补充性的大众化教育，也就是培训，是在一定教育素质基础上进行的培育能力的训练。对领导者的教育，要充分动用社会各种资源，充分发挥教育者和教育手段的作用，全面、立体地提升领导素质。

第二，实践锻炼。领导者亲身参加社会实践，是素质培养和提升的最关键环节。领导活动不是抽象的理论研究，而是实实在在地解决具体问题，这种解决具体问题的能力只有在领导活动的实践中才能得到锻炼和提升。古人云："纸上得来终觉浅，绝知此事要躬行。"毛泽东也曾指出，读书是学习，使用也是学习，而且是更重要的学习。从战争学习战争——这是我们的主要方法。这都是在强调亲身参加实践的极端重要性。领导者参加实践活动的途径多种多样：深入基层调查研究，以提升观察分析能力；承担各种不同的任务，如主持会议、组织起草修改文件、解决下属纠纷等，以提升判断能力、分析问题和解决问题能力，口头或文字表达能力等；实施日常管理工作，进行决策、组织、指挥等管理活动，以提升综合管理和灵活应变能力等。

第三，修持。修持是公认的各种德才标准内化、德才水平提升的修炼过程，是在自我要求、自我推动、高度自律的状态下进行的品格锻炼、精神锤炼和才干提升的综合性过程。这是一种内向和内省的方法，完全依靠人的自觉性，依靠原来就具有的一定程度的领导素质，而后才有可能进行并有所提升。在这里，特别需要指出的是，领导者应具有一种勇于批评和自我批评的精神。领导者只有将自己置于公众和舆论的监督之下，善于了解和接受来自外界的批评和评价，善于自我批评，努力自省、自讼，做到有则改之，无则加勉。这样，领导者才能不断认识自己，克服自身缺陷，发扬自身优点，提升自身素质。

第三节　领导群体结构

在任何一个组织中，人的行为都是互相影响、互相制约、互相补充和互相适应的。因此，对于一个单位的领导班子来说，不仅要求其成员个体素质好，而且必须要有一个合理的结构。科学技术的全才是没有的，统率管理的全才也是极少的。可以说，绝大多数人都是"偏才"，即基本上只具备某一方面的才能。但"偏才"如组合得好，就可以构成真正的、更大的全才，这就是领导班子合理结构的问题。一个具备合理结构的领导群体，不仅能使每个领导成员人尽其才，做好各自工作，而且能通过有效的结构组合，发挥出新的巨大的集体力量。

一、领导群体结构的内涵

（一）领导群体结构的含义

"群体"的概念，在日常生活中是一个含义很广的概念。一般来说，凡是按照某种特征划分的人类社会中的任何一类人，都可以称为某个群体。但是，"群体"作为一个比较科学的概念，在社会心理学、人才学等学科中，是指"相互之间有直接影响作用、有共同目标的、较为持久的一群人的组合"。领导群体，简单地来说，就是指具备上述明确含义的一群领导者的组合。

"结构"的概念，在现代科学中是系统论、系统分析方法的一个基本概念。"结构"是一个与"系统"含义不同而又相互关联的概念。"系统"指的是一系列相互有关的因素，为达到某一特定的目的而构成的完整综合体；"结构"是指每一个具体系统的构成形式，是系统内各要素之间稳定的相互联系。只有依靠结构，才能把孤立的诸要素变为一个系统，只有通过结构的中介，要素才能具备系统的属性和功能。如果系统没有一定形式的结构，那么系统不但不能发挥其应有的效能，而且连系统本身也将不复存在。一定系统的特性、整体的功能，主要就是由系统的结构决定的。因此，要研究一个系统，并使其功能达到最合理的程度，就必须重视对结构的研究。

各级领导都不是单独的、孤立的个人，而是"一班"——一个领导群体。这样的群体就是一个系统。所以，不仅要注意到领导者个体素质的构成和培训，同样也要注重研究领导的群体结构。

（二）领导群体结构的内容

一般认为，领导群体结构是在一个系统内，构成领导群体的各种人员的构成比例及其组合方式。各类人员的构成包括成员个体的专业、知识、能力、年龄、政治品德、心理素质的构成，存在一个合理的数量比例，这些都是结构概念中的要素。成员个体的组合方式包括为实现一定目标而产生的人与人之间的联系，人与群体之间的联系，甚至人与外界环境之间的联系，它反映了结构概念中各要素之间一种相对稳定的联系形式。各类人员发生变化，必然出现组合方式的变化，随之群体结构也会发生改变。

一个优化的领导群体结构，成员个体一定是各扬其长，各避其短，相互之间取长补短，产生一种相互促进的驱动力的群体。这样的领导群体必然是一个政治立场坚定、思想向上、功能完善、高效能的"班子"，并能够充分发挥每个人的创造力，不断增长其才干的群体。一般来说，优化的领导群体结构主要包括如下内容：

1. 年龄结构

领导群体年龄结构，是指一个领导群体中不同年龄成员的比例构成及其相互关系。年龄结构是群体结构中的重要子结构，它在某种程度上决定着群体效能的发挥。年龄不仅是一个人生理功能的标志，也是一个人知识经验积累多寡、智力发挥程度的标志。现代生理学研究表明：知觉的最佳年龄是 10～17 岁，记忆和反应速度的最佳年龄是 18～29 岁，逻辑思维的最佳年龄是 30～49 岁，而创造的最佳年龄是 25～45 岁。这些数字说明，在知识积累、开发创造方面，优势在于中青年阶段。同时，年资较深的领导干部的阅历和经验也是不容忽视的重要因素。

因此，一个科学而合理的领导群体的年龄结构，应该是呈梯队构成的结构。领导群体中要有阅历深、经验丰富、善于把握方向的资深领导，但人数不宜多；要有精力充沛、分析解决能力强、有开拓精神的中年干部，人数应占较大比例，起承前启后作用；还要有虚心好学、行动敏捷、敢想敢干、奋发有为的青年干部，人数也不宜多。当然，年龄结构的具体比例应视各级领导机构的具体情况定，一般来说，1：2：1 的老、中、青比例较为合理。这样的领导群体比较利于新老干部的合作，老、中、青接替，从而使领导群体的新陈代谢可以顺理成章、有条不紊地进行下去，比较有效地保障领导活动的稳定性与连续性。

2. 知识结构

领导群体的知识结构，是指在一个领导群体中，不同知识积累和背景的成员之间的搭配组合状态。现代化领导班子的成员，必须具备足够的知识水平，在整个社会知识结构中，他们应该是属于高知识水平范围的。因为，随着教育的普及，现代社会成员，不论是专家还是一般的人，都具备越来越高的科学文化水平，现代化领导班子的成员，不具备更高的知识水平，就很难有效地领导具备高知识水平的部属。

学历和训练是很重要的，但它一般都是专业化的，而一个单位的领导，特别是高阶层的领导，总是面对全局的、复杂的综合情况，必须具备更广博的知识。因此在领导集体中，必须有一个合理的知识结构。个人的知识有限，集体的知识就可以全面广泛得多。还应强调指出的是，学历与实际水平之间是有很大差异的。学历代表一个人曾经接受训练的程度，但不能代表一个人的实际领导能力。科学研究表明，在现代社会中，一个人大约只有 10% 的知识是在正规学校中学到的，有大约 90% 的知识是在工作实践和职业学习中获得的。在现实生活中，通过自学而成为专家的人是很多的，在实际工作中锻炼出来的领导干部也是不少见的。因此，在选择领导干部时，除了重视学历之外，还必须注意考察实际的工作能力和知识水平。

3. 智能结构

领导群体的智能结构，是指一个领导群体中，不同智能优势的人才个体的构成比例及其相互关系。领导的知识化及其效能与他运用知识的能力有关，即领导不但要有知识，而且要会运用知识，这就是智能的问题。智能，是知识、技能、能力诸方面的综合体，反映了人类知识和实践的综合能力。智能主要包括学习能力、研究能力、思维能力、表达能力、组织能力和创造能力等。

知识的缺乏，可以通过查阅百科全书补充，而思考问题、设想方案却是任何东西也代替不了的。由于领导处于职工带头人的地位，智能就显得更为重要了。因此，领导班子应包括不同智能型的人，既要有具备高超创造能力的思想家，又要有具备高超组织能力的专家及具有实干精神的干家，不应是清一色、一刀切的。只有这样，才能发挥最优的智能效能。

4. 心理素质结构

领导群体的心理素质结构，主要是指一个领导群体中，不同气质、性格的成员的构成比例及其相互关系。

气质，是指一个人比较稳定的心理活动的动力特征，也是人在心理活动和外部动作的进程中所表现出来的某些关于速度、强度、稳定性等方面的心理综合特征。在日常生活中，我们常常说到周围人们的脾气和性情：某人性子急，某人性子慢；某人活泼好动，某人孤僻不合群等。这些脾气和性情就是一个人气质的表现。

人的气质并无好坏之分，任何一种气质类型对领导者都有利有弊。例如，急性子的人通常会精力旺盛，热情直率，工作效率高，但同时也有急躁、草率的可能性；慢性子的人通常沉稳、老练，但有时又会缺乏开拓精神，或者决断性较差；敏感的领导者心思细腻，善于体察，容易处理好组织中的人际关系，同时，也容易出现情绪化或多疑的问题。总之，评价领导者的气质应该与具体的领导环境和领导任务相适应，才能避免流于主观和偏差。

性格是心理素质的另一个重要构成。所谓性格是指一个人对现实稳定的态度和习惯化了的行为方式，也就是一个人表现在态度和行为上的比较稳定的心理特征。人在实践活动中，总要对客观世界的影响产生一定的反应，久而久之，就形成了稳定的心理特点和行为方式。领导者的性格对能力素质的形成具有促进或阻碍作用。人的性格和人的能力的发展是密切联系的，优良的性格能促进能力素质的发展；相反，不良的性格特征，如粗心、懒惰、骄傲等，则会阻碍领导者能力素质的提高。此外，领导者的性格也会直接影响领导者的领导方式。一般来说，专制型的领导方式往往以过于自尊、极端自信的性格特征为基础；而懦弱、自卑、懒惰等性格特征，则容易形成放任型的领导方式。

任何一个领导群体，都是由若干人组成的系统，把不同心理素质类型的领导者组合起来形成一个"班子",这里面就存在一个群体心理素质结构的问题。群体的心理素质结构如何,将对"班子"的整体效应产生重大的影响。科学而合理的群体心理素质结构,能够弥补领导者个体心理素质上的某些缺陷,产生最佳的整体效应;反之,如果群体心理素质结构不合理,即使每个领导者个体都是优秀人才,有良好的能力素质,也未必能收到好的效果,而且有可能出现人才能量相互抵消的"内耗"情况。

从有关人员对一些内部不够团结的领导"班子"所做的抽样调查的结果来看,群体心理素质结构不合理是其中一个重要原因。我们也常见到这类情况,在有些领导群体中,就每一个成员来说,都是比较优秀的领导人才,但是组建在一起成为一个群体后,成员之间由于性格上的不和而经常发生矛盾,导致群体没有一个和谐的氛围,尽管每个人都付出了很大的努力,却收不到好的效果。更有甚者,有些领导群体由于心理上的差距,矛盾越来越激化,最后导致互相拆台。个体工作效率越高,群体中的矛盾就越大。群体中不同成员之间互相提防,毫无合作可言,造成整个领导群体组织涣散、纪律松弛,根本不可能很好地行使领导职能。

领导群体的心理素质结构应当是成员在气质和性格上能够互补的合理结构群体。一是气质互补。每一个领导者都有自己的气质特征,不同气质的人有着不同的特点,每一种气质的人都有自己的长处与短处。因此,建立一个领导群体时,必须考虑每个成员的气质特点,建立合理的群体气质结构,从而使大家在气质上互相取长补短。二是性格互补。人的性格也可以划分为不同的类型。在组合领导群体时,也应当考虑将成员个人性格方面的特点合理搭配,从而产生性格互补效应。心理学的研究表明,性格类型不同的人往往比性格类型相同的人更容易互相吸引、和睦相处。

二、领导群体结构的功能

(一)群体功能的含义

所谓群体的功能,就是指群体作为一个系统整体的作用能力和功效。系统的功能是指某一系统对周围其他的系统相互作用的能力,包括前者对后者的作用和影响,也包括后者对前者的作用和影响。一个系统功能的大小,除了受各要素的质与量的规定之外,还要受系统结构的制约。所以,提高系统的功能,要从两方面入手,一方面是提高要素的质量和数量,另一方面是重视调整系统的结构。

实践证明,各种人才群体,只有对其中的人才个体进行科学、合理的组织,形成一个优化的群体结构,才能使人才个体各得其所、各司其职、各显其能,最大限度地发挥群体的整体功能,实现最佳功能。领导者个体的功能是领导群体功能的组成部分,但群体功能并不等于个体功能之和。这种本质的差别就表现在最优化领导的整体功能大于领导者个体功能之和,也就是整体功能等于个体功能之和再加上一个群体新功能,即通常所说的实现"1+1>2"的整体功能。同时,整体功能的大小又是衡量群体结构优化、合理程度的尺度。这是因为群体功能产生于群体结构，结构越优化、合理，产生的功能就越大。

（二）领导群体的基本功能

一个合理的领导群体应当具备如下这些基本功能：

第一，群体感应功能。在一个优化、合理的领导群体中，领导者个体之间为了实现一个目标能够团结一致、同心同德、互相帮助、互相支持、各尽其责。这种人与人之间的相互影响与团结互助所产生的健康向上的群体意识，能使群体中的每个成员振奋精神，互相砥砺促进，激发出主动性、积极性和创造性，增强自尊感和集体荣誉感。这种特殊效应，就称为群体感应功能。它有利于一个领导群体在思想上和行动上保持一致、默契配合，并为每个成员的成长和发展提供良好的条件。

第二，群体互补功能。优化、合理的领导群体，是将各具相对优势的领导者个体按一定的结构组合在一起。在这样的群体中，领导者个体可以取长补短，互相补充，实现年龄经验互补、知识智能互补、心理素质互补。这样一种互补配合的关系，有利于提高领导群体的功能，这就是群体互补功能。互补功能发挥得好，就可以使若干个各有所长的领导者形成一个稳定的高效能领导群体；互补功能发挥得不好，就会造成结构的畸形甚至动摇领导群体结构，破坏群体的稳定性，丧失群体的整体功能。

第三，群体功率放大功能。领导群体中的个体成员，都具有一定的功能，但不管一个人有多大的能量，终归是有限的。只有那些具有各种能量的个体形成一个有机群体，通过科学、合理的结构才能创造出新的功能。这种新的功能是把个体组合成一个群体的力量作用于外部事物而取得的效应，这种效应就称为群体功率放大功能。

第四，群体自调节与自组织功能。领导群体是处在不断运动、变化、发展过程中的，是一个动态平衡体。一定的社会、经济、科技、管理体制，要求产生与之相适应的领导群体。每当外部条件变化，必然会引起领导群体结构的变化。因此，领导群体要随着上述变化和群体要实现的目标及其内在因素的改变，经常地进行调节和重新组织，使领导群体结构经常处在优良状态，保证获得最佳效能。一个优化的领导群体的调整，除了依靠上级管理部门的工作外，还应具备自调节与自组织功能，一旦群体出现不稳定，能使群体由不稳定过渡到相对稳定，依靠这种功能不断地调整、发展与完善群体结构。

一个领导群体是否达到优化程度，不能以自我感觉为标准，而应以上述四个基本功能是否得到充分发挥为考察条件。四个基本功能在优化的领导群体结构中是一个有机整体，也是达到高效整体功能的重要指标。

（三）领导群体结构与功能的关系

结构与功能的关系是既对立又统一的辩证关系。结构与功能的对立，主要表现在两者之间的差异性：结构相同，功能可能相同，也可能不相同；结构不同，功能可能不同，也可能相同。这种"同构异功"和"异构同功"的事实，就足以说明结构与功能的差别与对立。

结构与功能的统一性，主要表现在以下几个方面：

第一，结构决定功能。若从质的方面来分析，就是说有什么样的结构，就必然存在与那种结构相适应的功能。倘若从量的方面来分析，就是说由结构所决定的功能大小，并不等于各要素的功能简单相加，而是整体功能可能大于各要素功能之和，也可能小于各要素功能之和。整体功能的大小，主要取决于结构是否合理，是否有利于各要素功能的充分发挥。

第二，功能反作用于结构。功能在外部因素的影响和作用下可以经常发生变化，这种变化反过来会影响结构。这是因为环境的变化，有时使功能的发挥受到阻碍，说明原有结构不能适应新的环境，于是引起结构的变革。一般的情况是：功能优化，促使结构优化；功能退化，导致结构退化或消失。

领导群体也是如此。一个领导群体的功能，不仅与领导者个体的政治品德、知识、能力、年龄、心理等素质因素有关，而且取决于群体中这些因素的组合方式，即领导群体结构是否科学、合理，对发挥群体功能至关重要。结构如果科学、合理，就会收到"1＋1＞2"的整体功能；反之，也可能得到"1＋1＜2"的整体功能。例如，一支乐队，个体的音乐素质都是优秀的，而且各有特长，但如果缺少乐队指挥，或者吹、拉、弹、打人员配置不合理，也就是结构不合理，那么，这个乐队在演奏时，就不会收到最佳演出效果。

此外，客观事物处在永不停息的运动之中，在运动中求稳定，在稳定中求发展，总是沿着一条不稳定—稳定—再不稳定—再稳定的运动轨迹前进的。领导群体结构也是沿着这条路向前发展的，在发展中保持相对的稳定。结构要素在一定范围内发生变化，便会引起功能在一定范围浮动。结构要素变化超出界定的范围，群体就会失去稳定性，甚至瓦解，功能也随之消失。这时就需要重新组合各要素，形成新的领导群体。因此，一个理想的领导群体结构并不是一次完成的，而是在实践中逐渐建设起来的。

总之，领导群体结构与功能的关系，一般是结构决定功能，功能促进结构。结构存在，功能存在；结构变化，功能变化；结构破坏，功能也随之丧失。一个良好的领导群体就是要在运动中不断调整群体的结构，实现相对平衡与稳定，使其发挥最佳功能。

三、领导群体结构的优化

（一）领导群体结构优化的意义

一个优化的领导群体结构，有利于实行集体领导，有利于各个领导成员发挥自己的才能，并且有利于领导群体的发展。领导群体结构优化的意义具体表现在以下几个方面：

第一，领导群体结构优化，有利于实施系统性领导。在生产规模不大、分工协作简单的情况下，组织管理比较容易，领导者凭借个人的经验、技术和才干，有较好的条件和较高的威信，就可以胜任领导任务，因而此时不存在领导群体结构优化问题。而现代化建设任务的艰巨性和复杂性不仅要求领导者个人必须具备一定的素质，而且要求有一个科学的领导结构。现代化建设是由人、财、物、信息等要素构成的，有人流、财流、物流、信息流等，是具有众多要素、序列、层次的纵横交错的社会工程系统。现代化大生产是一种系统经济，生产、经济、科技发展一体化。在科学技术上，涉及多种学科、多种技术；在业务范围上，关联着各行各业，四面八方；在管理方式和手段上也发生了根本变化。领导者所面临的任务，常常不是单一的而是带有综合性的复杂问题，需要收集多方面信息，进行多方面的分析和论证。只有结构合理的领导班子，才能把不同智能的领导者结合在一起，集思广益，依靠集体力量，实施系统领导。

第二，领导群体结构的优化，有利于运用现代管理技术和科学方法。现代科学技术迅猛发展，个人很难具备如此全面的科技知识，而单靠某一方面有专长的领导者也已无法胜任现代化的领导重任。这就需要具备各种专长的领导人员合理搭配，以使他们各显神通，相互配合，携手完成领导职能。

第三，领导群体结构优化是高效能领导的需要。群体结构的优化，有利于实施高效性领导。领导活动的效能，直接与领导集团结构的合理程度有关。系统的结构合理，才能发挥最佳功能。领导群体也是一个系统，如若领导群体的结构配备不合理，就不能充分发挥领导的整体功能。例如，由具备某一种专长的领导干部构成的班子，由于专业知识、技术专长甚至思维方式单一，势必不利于取长补短、集思广益；又如，在领导班子中如若都是清一色年龄的领导干部，也势必难以各得其所、互补互益、体现出整体效益。

（二）领导群体结构优化的标准

领导群体结构是否合理，这是一个广泛而具体的概念，按照不同的行业、不同性质的领导活动要求，各种不同的领导群体结构，有着不同的合理标准。如果做理论的抽象，衡量一个领导群体结构是否合理，是否符合要求，最基本的标准有如下几项：

第一，立体构成。所谓立体构成是相对于平面构成而言的。平面构成，是指领导群体在知识、专业、智能、年龄、性格等方面都相差不大，水平相当。但这样不仅不利于工作的开展，而且不利于领导班子的建设。因此，一个合理的领导群体，不应该也不可能是整齐划一的。在成员的总体构成上，既要有强有力的主要负责人，还必须有各具专长的其他领导成员。主要负责人的责任，是把群体成员的积极性最大限度地调动起来，使成员之间长短相补，相互配合，充分发挥一个领导群体的功能。在年龄构成上拉开差距，减少和避免因领导班子的大出大进而影响其结构的稳定。在专业构成上，应有主体专业和辅助专业人才的合理搭配和组合。在智能构成上，应有掌握方针政策的人，有能实行战略决策的人，还应有能实行战术指挥的人，等等。这样由各种因素及同一因素各种层次构成的领导群体，就是立体构成的。这种立体构成，是组建领导班子的基本要求。

第二，自我适应。一个合理的领导群体，应当有一种自然凝聚力。这种由领导群体中的各个成员的事业心产生的凝聚力，能使领导群体自我适应、自我控制、自我完善。由于任何事物都处在永不停息的运动之中，都呈现出一种自组织性，从相对稳定到不稳定，再过渡到相对稳定。所以，建设一个合理的领导群体结构，并不是一次完成的。但只要这个领导群体结构本身具有自我适应性，能够通过内部的自身调节，实现自我更新，在不停息的运动中，逐步求得平衡和稳定，不断地自我完善，那么就算得上是一个合理的领导群体结构。

第三，协调稳定。领导群体内部要协调一致，这是发挥系统功能的一个重要条件。如果领导群体中，从单个领导者的角度观察，每个个体都素质好、水平高、能力大，但集体协作配合不好，"一人一把号，各吹各的调"，则说明这样的领导群体结构组合不合理。这样的领导群体结构产生不了好的集体力，而且会有负作用——耗散作用，会严重破坏整体功能。所以领导群体内部在决议做出之后，在执行过程中，必须步调一致，不能各行其是，互不关照。在执行过程中，如果有意见分歧，除非不改变就会造成严重后果的特殊情况外，一般都应在下次会议上提出商议，不能擅自更改决议。即使在特殊情况下必须改变集体决议，也要一边做一边向上级反映情况，这样才能做到领导群体内部协调。检验一个领导群体的组成是否合理，首先要看成员之间彼此是否团结协调，配合默契，相辅相成，互补长短，它们的相互依存、相互作用力越强，产生的结合能力越大，结构也就越稳固。没有结构的相对稳定性，没有系统的相对平衡状态，便不可能对外界的功能对象发生有效的作用。有些领导机关或组织人事部门在选配下属领导群体成员时，动辄采取伤筋动骨的"手术"，像"走马灯"似的变动领导班子，甚至有的一把手刚上任，就提出把原班子内的副职和其他重要成员统统换掉，来个"一朝天子一朝臣"。这种情况，势必给工作和生产带来不利的影响。在一般情况下，应根据需要，采取相对稳定、逐个调整、完善结构的办法。

第四，职权分明。领导群体中的成员，必须有明确的分工，使职责与权力相称。在领导群体内部，要明确划分和规定各人的职责范围，做到人各有职，职有专司。每个领导成员对自己职责范围以内的事情，要独立负责，认真完成。不能事不分大小都要集体讨论或请示上级，这样会造成该办的事办不成，亟待解决的事解决不了，出现久拖不决的局面。所以分工不清，职责不明，往往会贻误工作。领导成员要有职有权，按责定权。有责无权，或有权无责的职位，是不应该设置的。有责无权，完成所负责任无保障。有权无责，一种可能是权力发挥不了作用，空有其权而无所作为；另一种可能就是滥用权力，以权谋私，以权欺人，做出危害国家和人民利益的事情来。在领导群体内部，任何一个领导者都不要干涉其他成员职权范围内的事，要各守其职。对自己职权范围以外的事，如有意见，有看法，可以沟通情况，或者反映给上一级领导，通过领导集体研究解决。但个人不能任意干预，否则可能造成内部摩擦，影响领导内部的团结和稳定。

第五，高效性。高效性是指一个系统对外界所发生的作用力的大小，也就是这个系统与外界环境发生物质、能量、信息交换的多少。而系统对外界输出量的多少，归根结底取决于各要素及其结构的状况。特定结构方式内的各要素相互之间的制约作用，限制了各个要素的自由行动；它们的协同又促使诸要素协调同步，形成一种集体力量，对外界发生一种作用力。结构越合理，它的输出量就越多，系统的作用力也越大。因此，判定一个领导群体结构是否合理，主要应看这个领导集团的工作效能如何，是否具有高效性，是否能正确而又及时地决定问题，是否能既果断、敏捷又切合实际地处理事务。

（三）领导群体结构优化的原则

要使一个领导群体结构趋近于优化，必须要对它进行不断的优化和调整。在优化过程中，应注意坚持基本的原则。在一个领导群体结构中，人的因素是最重要、最关键的因素。一切围绕人而展开，一切依靠人来实现。所以，领导群体结构的优化组合与调整，必须充分考虑人的因素。为此，应该遵循以下一些基本原则：

第一，目标原则。每一个领导群体都是为特定的领导管理工作目标而组建的，目标是建构一个领导群体的出发点，一个领导群体如果不能有效地实现其目标，这个群体就无存在之必要，也不会产生凝聚力，就会涣散或瓦解。即使能够勉强维持，也不会有良好的绩效。因此，目标原则是领导群体结构的优化组合与调整的第一原则。各种领导群体的职能不同，其目标也有所不同，要按照各自的目标进行优化组合与调整。

第二，互补原则。一个领导群体要有群体互补功能，其结构的优化组合与调整，必须遵循互补原则，使群体成员尽可能地在年龄经验、知识智能、心理素质等各方面结构上达到互补。对于一个具体的领导群体来说，多方面结构上的互补在现实中虽然难以充分满足，但应本着这一原则并努力朝着这个要求去做。

第三，精干原则。一个优化的领导群体应当结构简单，人员精干，用尽量少的人员取得尽量高的成效，这就是精干原则。领导群体的各个成员应当各司其职，各尽其责，责、权、利结合，"适才适位"，没有无用的冗员，不应当强调"人多好办事"。因为领导群体结构中若有冗员，往往会"无事生非"，就像精密机器中掉进了无用的螺丝，会干扰机器的运转，冗员越多，"内耗"越多。所以，领导群体结构的优化组合与调整必须遵循精干原则。要做到这一点，一是选用领导群体成员时要因事取人，不能因人设事；二是人才要流动，多余的人员要及时向外输送，使其到需要的地方去发挥作用。

第四，开放原则。领导群体必须对外开放，不断与外界进行人员的交流，这就是开放原则。这是因为，一方面领导群体的目标在不断变化，必须不断补充、更新具有新知识和才能的成员以调整结构，适应新的环境和形势；另一方面各群体成员的年龄与知识都在变化，要不断进行新陈代谢。领导结构的优化组合与调整要遵循这一原则，必须建立两条渠道来保证：一是人员更新渠道，逐步建立和完善考任制和退休制，构成这条渠道两端的闸门，一个是进口，一个是出口，有进有出，构成人员更新；二是素质更新渠道，通过培训制度不断更新领导群体成员所具备的各方面素质。

第五，绩效原则。领导群体的存在总是为了实现一定的管理工作目标。而目标实现得如何，表现为领导群体的工作绩效如何，即实际工作的有效性。一个领导群体的工作绩效，是评价这个群体结构是否得到了优化组合以及是否需要调整的最终依据。

（四）领导群体结构优化的途径

实现领导群体结构优化的途径主要有两个：一是采取组织措施，也就是适当调整，以重新选拔或招聘群体成员的方法，改变群体结构；二是发挥群体中每个成员的内因作用，改善各自的素质状况，使结构不断优化。具体来说，可以采取以下几个方面的措施：

第一，从整体上选配领导人才。根据整体结构的观点，领导群体是一个由若干相互影响而又有所分工的领导者组成的，并处于动态平衡的人才系统。考查领导者，不应就个体考查个体，因为人人皆有缺点，人人都不会十全十美，这样"只见树木，不见森林"，就很难取得整体优化的理想效果。但若从整体结构考查个体，人人都有其所长，都有用武之地。所以，考查、选配领导人才，不仅要看他的德才，而且必须联系其所在的领导群体，从整体的需要来选配每个领导者。这样，就有利于各类领导群体的成龙配套、新老交替，加快领导群体结构科学化的步伐。

第二，努力开发人才资源，重视提高领导者后备队伍的建设。人才资源的开发培养并非一朝一夕的事，领导人才更是如此。所以，既需要从根本上开辟人才来源，又要注意开拓选拔人才的渠道，为领导群体不断更新，实现人员流动，保持旺盛的生命力提供后备力量。对领导者的后备队伍应注意选拔、培养、使用工作，提高他们的成才率，不断地缩短成才期，从而彻底解决领导群体的"才源"问题。

第三，大力开展领导者的"继续教育"工作。这是实现换知识、换责任、换专业的重要手段。实现领导群体结构的科学化，除了根据主客观因素的不断变化，采取必要的组织手段和形式，对某处不合格的领导者适当地更换以外，更重要的是还应该通过各种有效的渠道，大力加强对领导者的在职培训，重视"继续教育""回归教育""终身教育"等工作，不断提高他们的德才水平。

第四，加强领导群体自身建设，这是提高领导群体"自优"能力的关键措施。领导群体自身建设要从有利于领导群体结构的科学化角度来考虑，抓规划，定制度，重考核。现任领导群体成员应针对各自的薄弱环节，拓宽知识面，提高理论水平、管理水平，强化自我完善、自我适应训练，提高"后天素质"，以缩小自身在群体中的差距，使管理水平符合其所任职务的要求。

第五，引入竞争机制，建立"能上能下、有进有出"的干部制度。如同事物的发展总是沿着"不平衡—平衡—不平衡"的方向发展一样，领导群体也是在动态中实现结构优化的。由于社会在不断地发展、进步，加之领导群体中个体的年龄、知识、智能、专业、素质等方面的不断变化，都会不可避免地影响原有结构的稳定性。因此，领导群体结构的合理与否也是暂时的、相对的。要想保持群体结构持久的合理性，必须要用动态的、发展的眼光去分析、调整，使领导群体有一定的流动性，使之始终保持良好的状态。要做到这一点，就必须引入竞争机制，建立"能上能下、有进有出"的干部制度。一方面，要鼓励优秀的中青年人才"冒尖"，为他们发挥才干创造条件，让他们在实际工作中经受锻炼和考验，使他们在较短时间内脱颖而出，并尽快地把他们提拔到领导岗位上来，以增强领导群体的活力。另一方面，对一些资历较深、政绩平平，虽无大的过错的干部，要坚决地调整下来。这样，就能始终使领导群体保持一定数量和比例，做到"流水不腐"，达到不断优化的目的。

📑 小结

领导者个体素质的高低和群体结构是否合理，对于领导活动有着至关重要的作用。领导素质是领导者在领导工作中经常起作用的那些自身基础条件和内在要素的总和，有着非常广泛的内涵。在领导群体中，只有使领导班子结构合理，才能使每个领导成员人尽其才，发挥出巨大的集体力量，这就需要深入地研究群体结构与功能的相互关系问题。领导者素质是可以通过科学手段加以测评的，而测评的目的是给领导者素质提升提供参考，领导者在实践中可以通过很多途径不断提升自身素质，并在此基础上使领导群体结构不断优化。

━━ 案 例 ━━

1. 发明家爱迪生有三个得力的助手，一个是美国人奥特，一个是英国人白契勒，另一个人是瑞士人克鲁西。三个得力助手各有所长，这些特长恰恰弥补了爱迪生的不足之处。奥特在机械方面很有特长，超过了爱迪生；白契勒沉默寡言，肯钻研，常常提出一些离奇古怪的问题，给爱迪生以启发；克鲁西擅长绘图，能把爱迪生潦草的手稿绘成规范的机械图纸，使擅长机械制造的奥特按图造出实物，从而完成爱迪生的一个又一个发明。

2. 高祖（汉代刘邦）曰："……夫运筹策帷帐之中，决胜于千里之外，吾不如子房（张良）；镇国家，抚百姓，给馈饷（供应军需），不绝粮道，吾不如萧何；连百万之军，战必胜，攻必取，吾不如韩信。此三人，皆人杰也，吾能用之，此吾所以取天下也。"

点评

任何群体都是由不同素质结构的人组成的，只要这些素质结构能够形成良好搭配，互相取长补短，就能发挥出良好的群体效能，从而完成群体成员的共同目标。在领导班子建设过程中，一定要注意不同素质人的良好搭配，避免相同素质结构的人在一起出现内耗。

📑 综合习题

一、名词解释

1. 领导素质　　　　2. 政治素质　　　　3. 道德素质
4. 领导能力素质　　5. 身体素质　　　　6. 领导的特质理论
7. 领导群体结构　　8. 领导素质测评

二、判断题

1. 被领导者作为领导活动的主体，在领导活动中处于主导地位。（　　）

2. 领导活动是一种社会活动，因此领导素质只有后天性特征。（　　）

3. 物质性是真正把人与人在内在条件上拉开档次的地方。（　　）

4. 对于领导者来说，政治素质是第一位的。（　　）

5. 领导能力是由领导者在社会中特殊的职责所决定的。（　　）

6. 领导素质与领导力是两个不同的概念，因此领导素质不是一种重要的领导力。（　　）

7. 领导素质是领导行为的内在渊源，是开展领导活动的前提与基础。（　　）

8. 领导群体的智能结构与领导群体的知识结构没有区别。（　　）

9. 良好的心理素质结构可以消除领导班子的内耗。（　　）

10. 领导群体中的成员，必须有明确的分工，使职责与权力相称。（　　）

三、简答题

1. 简述领导素质的主要内容。

2. 简述领导素质的主要特点。

3. 简述领导心理素质的主要内容。

4. 简述领导素质的作用。

5. 简述领导政治素质的主要内容。

6. 简述领导知识素质的主要内容。

7. 简述领导素质测评的作用。

8. 简述领导群体结构的基本功能。

9. 简述领导群体结构优化的意义。

四、论述题

1. 试论领导素质提高的途径。

2. 试论如何优化领导群体结构。

第六章 领导性格与魅力领导

教学目的与要求

通过本章学习，了解性格理论以及领导性格理论研究的发展与变化；基本掌握魅力和魅力领导的含义，领导形象的含义、特征和影响因素；重点掌握有效领导及其性格特质分析、魅力领导的特质及行为方式、领导形象的作用及管理原则。

内容提要

本章介绍了西方心理学、领导科学中性格理论和领导性格理论的发展脉络和代表观点，并对影响领导效能的性格特质进行着重介绍。通过对魅力领导的特质和行为方式的剖析阐明领导魅力与领导形象的关系，进而提出管理领导形象的原则。

第一节　领导性格的理论分析

一、性格的含义与特征

（一）性格的概念与结构

谈到性格，人们的直观理解往往会是一个人体现在生活或工作中的脾气禀性。在生活中，人们对性格的描述也常常用"个性""人格""气质"等词替代。但在心理学的专业研究领域，学者们对性格和人格、个性的理解却不尽相同。为免引起对"性格"理解的混淆与偏差，本书在对领导的性格及其对领导行为的影响开展讨论之前，先对其概念进行辨析。

1. "性格"与"人格"

从西方心理学传入中国起，对 personality 的研究一直是一个热点。中华人民共和国成立之前，心理学界对 personality 的翻译有两种："人格"和"性格"，到目前为止仍然有人认为心理学中的性格即人格。20世纪50年代后，我国的心理学研究基本上延续了苏联心理学的研究方向，认为心理学的基本研究范畴有两个：心理过程和个性。其中，心理过程包括认识过程、情感过程和意志过程，体现人类心理活动共性；个性包括能力、气质和性格，体现心理的个体差异。心理学研究中的"个性"一词是 Личность 的中文翻译，强调的是个体心理因素的差异性。

20世纪80年代以来，在我国心理学研究的领域中，personality 重新受到了重视。本书认同张春兴等学者的观点，认为这一领域的研究对象恰恰对应汉语的"性格"。①因此，为避免混淆，我们在这一章节的表述中，把与 personality 相对的表述都写为"性格"，避免使用有一定道德内涵的"人格"概念。

2. "性格"与"个性"

正如上文所说，20世纪50年代以来，受苏联心理学研究的影响，我国心理学界普遍认同把心理学的基本研究范畴分为心理过程和个性的观点。因此，在之后的几十年中，许多学者专注于对"个性"的研究。《心理学大词典》中把"个性"定义为："一个人的整个精神面貌，即具有一定倾向性的心理特征的总和。个性结构是多层次、多侧面的，由复杂的心理特征的独特结合构成的整体。这些层次有：第一，完成某种活动的潜在可能性的特征，即能力；第二，心理活动的动力特征，即气质；第三，完成活动任务的态度和行为方式的特征，即性格；第四，活动倾向方面的特征，如动机、兴趣、理想、信念等。这些特征不是孤立地存在的，是有机结合的一个整体，对人的行为进行调节和控制的。"

根据上述定义，"个性"包括能力、气质和性格等。

其中，能力是使人能成功完成某项活动所必须具备的心理特征，必须通过活动才能体现出来，在这个过程中也会体现出性格和气质方面的差异。

气质（temperament）是指在人的认识、情感、言语、行动中，心理活动发生时力量的强弱、变化的快慢、灵活程度和均衡程度等稳定的心理特征。心理学中所谈的"气质"与我们日常生活中所说的"这个人气质很好"中的"气质"不完全相同，它是个体的心理特征的外在体现，不具有道德评价含义。

学者们强调气质的先天性，即生物性。典型的一个例子是，婴儿刚一落生时，最先表现出来的差异就是气质差异，在相同的生理前提下，有的孩子爱哭好动，有的孩子平稳安静。对于这种先天差异的原因，有学者认为是因血型不同而导致的，也有人认为是基于某种内分泌腺的活动差异。苏联心理学家和生物学家巴甫洛夫·伊凡·彼德罗维奇认为气质的生理基础是神经类型，这一观点得到了许多研究者的认同。

---

① 张春兴：《现代心理学——现代人研究自身问题的科学》，上海，上海人民出版社，1994。

"人格一词在含义上有三种解释：一指人品，与品格同义，是社会上的一般解释；二指权利义务主体之资格，是法律上的一般解释；三指人的个性，与性格同义，是心理学上的解释。由此观之，在心理学上虽一直沿用人格一词，唯就其所表达的确切意义而言，称之为性格较为妥切。"

气质具有先天性、稳定性，同时也具有可变性。心理学家 J. Rower 研究发现，气质中大部分的稳定成分由遗传决定，而大部分的变化则由环境造成。环境通过复杂的脑机制和自我控制机制对气质的形成产生影响。在所有控制机制中，自我认知是其中最重要的控制机制，因为个体想成为什么样的人会影响其行为表现。

与气质的先天性、内隐性相对，个性心理学所研究的"性格"是个体在与环境的互动过程中形成的一系列稳定的心理特征，体现为待人接物的态度模式和行为方式。例如，我们评价人的时候，会说某人待人热情，为人诚恳；某人不好相处，尖酸刻薄，这些就是对性格的评价。

研究认为，气质和性格是个性的两个构成内容，二者相互作用。巴甫洛夫·伊凡·彼德罗维奇认为，性格是神经类型和后天生活环境形成的，具有某种遗传色彩，但更多的是后天形成的，同时具有生物性和社会性的特点。因此，同一神经类型的不同个体，即同一气质的不同人，可能具有不同的性格表现。气质具有较强的相对稳定性，而性格却可以发生很大的变化。

因而，我们认为，"个性"所概括的心理特征包括了对自我和社会的态度、对行为方式产生影响的几乎所有的心理特征，个性心理学所强调的"气质"与"性格"实质上与西方心理学对 personality 研究中的有关维度不谋而合。从这个角度看，"个性"与"性格"（personality）所研究的领域基本一致。这种分类方式以及随后进行的与领导行为的影响匹配研究对领导实践具有一定的启发意义。

综上所述，我们认为，性格是指人在长期与社会互动过程中所形成的对现实的态度，以及体现在相应的行为方式中的比较稳定的、具有核心意义的心理特征。一般来说，主要通过个体对自己、对别人、对事物的态度和言语行为等外在表现来归纳其性格倾向。性格既具有个体心理的特殊性，也包含共同性。

（二）性格的结构维度与特征

1. 性格的结构维度

自从心理学关注对性格（personality）的研究以来，关于其结构的分层标准，学者们至今也没有得出统一的结论。其中，"大五模型"（big five model of personality）比较具有代表性。研究者们在对性格进行因素分析时，发现在许多被研究者的性格资料中都存在五个维度。这五个因素在不同的研究者、不同方法的研究中都非常突出。

（1）外向性（extroversion）：描述个体对待他人的行为倾向的维度。外向性程度高的人往往精力充沛、乐观、自信，善于社交；内向者偏向于含蓄、自主与稳健，有时会表现为封闭、胆小。

（2）随和性（agreeableness）：描述个体服从他人的行为倾向的维度。高随和性的人往往乐于助人、富有同情心、信赖他人、易合作；低随和性的人则相对冷淡、多疑，往往为了自己的利益和信念而争斗。

（3）尽责性（conscientiousness）：描述个体自我控制的行为倾向的维度。尽责性程度高的人做事有计划，有条理，并能持之以恒，值得信赖；程度低的人则容易马虎大意，缺乏规划，没有持久性。

（4）情绪稳定性（emotional stability）：描述个体承受压力的维度。稳定性高的个体往往平和、自信，面对压力时能够自我调适。稳定性低的个体则容易紧张、焦虑、失望和缺乏安全感。

（5）开放性（openness to experience）：描述个体对新事物的探求态度的维度。开放程度高的人不墨守成规，善于独立思考，富有敏感性和创造性；开放程度低的人多数比较传统甚至保守，喜欢熟悉的事物多过喜欢新事物。

研究者发现，与领导行为相关性最高的是外向性，其次是尽责性，随后是开放性，并且这几个维度与领导效能都呈正相关。

2. 性格的特征

（1）独特性。独特性是个体性格最本质的特征。个体的性格是成长的过程中在生物遗传、环境、教育等因素的交互作用下形成的，具有相当的独特性。但由于性格的形成与发展是生理因素和社会因素交互作用的过程，性格中的许多因素也具有相当的共同性，因此，性格是共同性与差别性的统一，是生物性与社会性的统一。

（2）稳定性。俗话说，"江山易改，禀性难移"，个体在行为中偶然表现出来的心理倾向和心理特征并不能代表其性格。但性格的稳定性是相对的，随着个体的成长、成熟和环境的变化，性格也会发生变化，因此，性格也具有可塑性。

（3）统合性。性格是由多种成分构成的一个有机整体，各构成要素之间也会互相影响，具有内在统一的一致性，受自我意识的调控。统合性是心理健康的重要指标。当各方面要素和谐统一时，个体对环境的适应性较高，反之可能会适应困难。

（4）功能性。"性格决定命运"，指的就是性格对行为的影响并进一步影响其结果。例如，当面对挫折与失败时，坚强者能发奋拼搏，扭转乾坤；懦弱者却会一蹶不振，听天由命。

二、性格理论研究的几个代表观点

心理学家在对性格的结构进行分析的同时，观察到性格对行为及其结果的影响，这为当时刚发端不久的领导学的进一步深入研究提供了新的思路。学者们着重研究成功领导者的品质和特性，试图通过对领导者的性格分析寻找成功的领导者与性格特征之间的匹配模式。因此，应运而生的领导特质理论又被称作领导性格理论、领导素质理论。

我们在关于领导素质的章节中已经简要回顾过领导特质理论的历史发展，本章不再赘述。尽管领导特质理论存在局限性，但人们不得不承认心理因素在领导活动过程中的作用。

所以在本小节中，我们将通过对这一理论的代表观点的简单介绍，加深对性格与行为关系的理解。

性格特质理论（theory of personality trait）是领导特质理论的源头。20 世纪 40 年代，美国医学心理学家高尔顿·威拉德·奥尔波特和雷蒙德·卡特尔提出，特质（trait）是决定个体行为的基本特性，是性格的有效组成元素，也是测评性格常用的基本单位。1949 年雷蒙德·卡特尔用因素分析法提出了 16 种相互独立的根源特质，编制了"卡特尔 16 种性格因素调查表"（Sixteen Personality Factor Questionair，16PF）。

雷蒙德·卡特尔在进一步的研究中，用因素分析方法将众多的性格特质分为表面特质和根源特质。表面特质是人的外显特质，可以解释人的行为。根源特质共有 16 种性格因素，是构成性格的基本要素，是行为的决定因素。这 16 种性格因素是各自独立的，普遍地存在于处于不同的年龄和社会环境中的不同的人身上，每个人的不同行为都由这 16 种因素在各人身上的不同组合所决定。

类型理论产生于 20 世纪三四十年代的德国，主要用来描述一类人与另一类人的性格类型（personality type）的差异。人格类型理论有三种，即单一类型理论、对立类型理论、多元类型理论。其中，对立类型理论认为，性格类型包含了某一性格维度的两个相反的方向。A—B 型性格就是这一理论的代表。

福利曼医生和罗斯曼医生在患有心脏病的患者身上注意到一种经常重复出现的性格模式，并称之为 A 型行为（type A behavior）。心理学家和管理学家对这一行为进行进一步研究后，最终归纳出 A—B 性格类型。A 型性格的主要特点是：性情急躁，缺乏耐心，外向，动作敏捷，说话快，生活常处于紧张状态，社会适应性差，属不安定型人格。B 型人格的主要特点是：性情不温不火，举止稳当，对工作和生活满足感强，喜欢慢步调的生活节奏，属于安定型性格。近年来，人们在研究人格和工作压力时，常使用 A—B 性格类型理论。

以亚拉伯罕·马斯洛和卡尔·兰塞姆·罗杰斯为代表的人本主义论者提出了更为积极的性格理论。他们认为人是积极主动、追求自我实现的健全的机体，自我实现是人性的本质。人本主义提出的自我理论，包括自我观念、积极关注、自我认同和自我实现四个要点。自我观念（self-concept）是指一个人的行为方式作用于环境事物，产生的直接经验与评价性经验相互作用形成的自我认知。积极关注（positive regard）就是个体希望别人以积极的态度支持自己，这种积极的关注与自我观念的明确性成正比。自我认同（self-congruence）是指一个人自我观念中没有自我冲突时的心理现象。自我认同低的原因可能出自直接经验与评价性经验之间的不和谐——理想自我与真实自我之间的不一致。自我实现（self-actualization）是指个体趋向完美、趋向实现、趋向自我的保持与提高的倾向。它是激发个体行为和发展的基本推动力。个体要达到自我实现的需要，关键在于自我结构与经验的协调一致，要具备经验的开放、协调的自我、客观正确的自我估价、无条件关注以及与人和睦相处这五个心理素质特征。

第二节　性格与有效领导行为

一、领导性格对领导行为的影响

由于作为性格的这些心理特征本身就是行为方式的内在基础，性格对个体行为的影响作用是必然的。这也是领导性格理论（或特质理论）的发端，源于寻求有效领导与特质之间的稳定对应的重要原因，即力图从领导者的特质，特别是性格特质角度说明什么样的人才能产生有效的领导行为。这一方向的研究结果非常丰富，在此我们仅介绍几个代表观点。

（1）安弗莎妮·纳哈雯蒂对 A 型性格的行为与领导行为的联系进行了研究。结论是：这一性格影响组织者对组织战略的制定。因为他们对周围环境有不安全感，倾向于制定带有自己控制意识的挑战性战略；他们不愿意授权，喜欢控制工作的各个方面；他们对自己和组织成员有较高的预期，倾向于制定较大的目标；他们乐于在压力下工作和生活，并表示不理解其他人对压力的抗拒。

（2）美国约翰·霍普金斯大学心理学教授约翰·霍兰德于 1959 年提出了具有广泛社会影响的职业兴趣理论。他认为人的人格类型、兴趣与职业密切相关，兴趣是人们活动的巨大动力，凡是具有职业兴趣的职业，都可以提高人们的积极性，促使人们积极地、愉快地从事该职业，且职业兴趣与性格之间存在很高的相关性。

该理论把个体的性格分为社会型、企业型、常规型、现实型、研究型、艺术型六种类型。

社会型的人好交际，善言谈，愿意教导别人。他们关心社会问题，看重社会义务和社会道德，渴望发挥自己的社会作用。

企业型的人权力欲强，喜欢竞争，敢冒风险，为人务实，做事有较强的目的性，具有领导才能。

常规型的人尊重权威和规章制度，喜欢按计划办事，细心、有条理，关注细节，通常较为谨慎和保守，缺乏创造性，不喜欢冒险和竞争，容易接受他人的领导。

现实型的人动手能力强，做事保守，不善言辞，缺乏社交能力，通常喜欢独立做事。

研究型的人抽象思维能力强，求知欲强，肯动脑，考虑问题理性，喜欢独立的和富有创造性的工作；知识渊博，有学识才能，不善于领导他人。

艺术型的人有创造力，乐于创造新颖、与众不同的成果，渴望表现自己，实现自身的价值；有理想主义倾向，追求完美，不重实际。

（3）个性心理学研究从典型气质的角度归纳出不同的性格类型对领导者行为的影响。研究者根据传统的气质类型分类依据，把人们分为四种气质类型：胆汁质，多血质，粘液质，抑郁质。

胆汁质类型的领导在领导中积极的一面是：精力较旺盛，工作主动性强，能以极大的热情投身于所从事的事业；热情直率，容易与周围的人发生联系；有较强的决断性，办事果断不拖拉，工作效率较高。消极的一面是：脾气暴躁，压不住火，不利于处理各方面的人际关系；缺乏耐性，工作带有明显的周期性，不容易深入细致。

多血质类型的领导者领导工作中积极的一面是：思想活跃，反应迅速，接受新事物快，有利于领导活动的创新；灵活性、适应性强，能适应各种复杂的情况；善于交际、富有同情心。消极的一面是：情绪不稳定，易于变化，工作持续性差，容易见异思迁，不利于完成艰苦的工作；决策易轻率，缺乏深思熟虑。

粘液质类型的领导者在领导工作中积极的一面是：沉着、冷静，在处理问题和决策过程中比较稳妥；有实干精神以及很强的坚持性；情绪不外露，交际适度，善于忍耐自制。消极的一面是：灵活性差，接受新事物比较慢，不利于适应高速多变条件下的工作。

抑郁质类型的领导者在领导工作中积极的一面是：具有很强的感受力，观察比较细致、深入，善于察觉别人不易察觉的细节；思维比较周密、深入，布置工作比较细致、周到。消极的一面是：行为较孤僻，不善交际；感情比较脆弱，难于忍受强刺激；意志坚韧性较差，难于决断。

这四种气质类型在从事各种工作的人中间都能找到。但是，单纯一种典型气质的人并不多，往往是两种或多种气质并存于一个人身上，以一种气质为主。人的气质并无好坏之分，任何一种气质类型对领导者都有利有弊，并且，同一气质类型体现在不同的领导者或同一领导者在不同领导环境的行为上都存在一定的差异。

二、有效领导与性格特质的关系

根据特质理论的发展脉络，我们把有效领导行为与其性格特质的关系概括如下：首先是稳定性，即在领导者的个性中，普遍包括有助于导向有效领导的特性。其次是相对性，即领导者的个性特质在不同环境或不同阶段具有相对性。最后，领导的特质对有效领导行为有一定影响，但没有确定的匹配模式。

1. 有效领导性格特质的稳定性

尽管深入的研究逐渐验证了这一理论的局限性，但人们仍然不能否定，无论对应哪种领导环境，总有那么一些特质普遍见于领导者并最终形成有效的领导行为。

在这一方面，阿尔佛雷德·德克兰提出的领导素质的宪法模型就非常具有代表性。他认为，领导者基本的优良品质就像宪法一样，能够适应环境的变化，当面临变化和挑战时，对领导者的素质要求必然发生改变，但基本的特质却相对稳定。他把这些特质划分为四个基本方面，即个性、想象力、行为和信心。个性主要包括公正、诚实、开放、道德、原则、灵活。想象力涉及创造性思维的能力。信心包括勇气、理性承担风险、信任下属等。阿尔佛雷德·德克兰认为，领导风格和领导行为在很多情况下都可能改变，但是上述基本特质却能够对应不同的领导风格和领导行为，因此具有很强的稳定性。

2. 有效领导性格特质的相对性

有效领导性格特质的相对性解释了领导者在不同环境下领导行为不同的原因。

尽管作为有效的领导者，其基本的性格特质是恒定的，但是在领导实践中，不难发现同一位领导，在承担不同职位的工作时行为风格并不相同，甚至在同一职位之前、之时、之后的行为风格也不尽相同。这说明了领导性格特质在不同领导阶段的相对性。约翰·霍兰德把领导者的发展区分为四个阶段：寻求/需要，获得，开展，维持。研究证明，在寻求领导职位的阶段，起决定性的特质是动机因素，如权力欲、成就欲等；在获得领导职位的阶段，最重要的特质则转换成为自我监控、自我表现等；在开展领导活动和维持职务的阶段，则是勇气、决断力、同情心、灵活性等特质发挥主要作用。这一理论解释了在不同的领导阶段有效领导行为风格不同的原因，也说明了有效领导与性格特质之间的稳定性是有前提的。

相对性同时也体现在同一领导者面对不同性质的组织、不同的领导任务甚至不同的下属或追随者时，随着环境、任务、领导对象的变化，在领导者的性格特质的全部构成持续稳定的情况下，主导其行为的要素必然会随外部环境的变化而产生调适和变化，并进而使其领导行为、风格发生变化。

领导者个性的发展性也决定了有效领导行为及其心理特质的相对性。如前文所述，由于"个性"是人们在一个较长时期内体现出来的一系列心理特征，因此具有稳定性。但稳定是相对的，即个性所包含的心理特征由于内容的丰富性、互动性以及对环境的适应性，在稳定的同时也有发展，这就决定了个性心理特征是稳定性与发展性相结合的。其中，稳定性决定了每一个心理特征都有一个相对的"行为舒适区"[①]，而发展性则决定了领导者总是会尝试到"行为舒适区"之外去获得学习机会和更高的领导绩效。

3. 有效领导行为与性格特质的不对应性

在特质领导研究的过程中，对领导行为有效性与特质对应性的研究获得了许多成果。通过研究者们的实验，确定出 100 多种与不同的领导职位的成功领导相关的个性特质。例如，成功的销售领导者往往开朗、外向、乐观、有支配欲；负责生产部门的领导者往往内向、温和、易沟通；而一个智库的领导者则会平易近人、理解甚至沉默寡言——一个强势的、咄咄逼人的领导者必然会影响意见的表述。但是在实践中并非如此，有时候事态会向相反的方向发展。这也充分说明，尽管个性是具有稳定性的，并且在特定的情况下对领导行为产生影响，但由于领导活动的复杂性，在个性与领导行为之间可能并不存在同样的确定关系[②]，即

---

① ［美］安弗莎妮·纳哈雯蒂：《领导力》，王新译，59～61 页，北京，机械工业出版社，2003。

② ［美］D. 赫尔雷格尔、［美］J. W. 斯洛克姆、［美］R. W. 伍德曼：《组织行为学》，9 版，余文钊、丁彪译，521 页，上海，华东师范大学出版社，2001。

有效领导行为与特质存在不对应性。

三、与有效领导行为相关的几种性格特质分析

正如前文所述，性格是一个由多种特质构成的复合体，每一种特质都会对领导行为和领导绩效产生影响。但是影响程度并不能与领导行为和领导效果形成确定的匹配模式或者对应关系。尽管如此，对可能导向有效领导行为的特质分析仍然是一个研究热点。以下，我们将对研究中比较有代表性的、与有效领导行为密切相关的特质维度进行梳理。

1. 内驱力和权谋倾向

内驱力，也被称作驱力或驱动力。心理动力学中把个体在环境和自我交流的过程中，为了满足生理的或社会的需要而产生的，给个体以积极暗示的生物信号——这种信号具有驱动效应，可以为获取最佳生存状态、解决个人需要和社会要求之间的冲突、达到生理唤起和心理满足的行为提供力量——称作内驱力。简单地说，就是个体为了满足某种需要，促使或激发自己进行某种行为的那些心理因素。

根据学者们的研究，与领导行为有关的几个内驱力的要素包括主动性、成就欲、支配欲和权力动机等。

主动性也叫自发性，指人们在没有外力支持和刺激的情况下自发采取行动。一般认为，有效的领导者通常表现出很高的主动性，他们通过主动的决策和行动来引导变化。

成就欲，是高效率领导者的一个重要动机。高成就欲者从成功地完成挑战性的任务、顺利解决问题并得到追随和肯定的过程中获得满足。成就欲强的人一般会有如下行为特征：希望承担有挑战性的工作；在冷静评估的基础上愿意承担一定程度的风险；愿意为成功或失败承担责任；有创新的意识和能力；等等。

支配欲，就是将自己的意愿强加给别人。一个领导者如果要实现组织目标，就必须控制和支配包括组织成员在内的各种资源。心理学家戴维·麦克利兰把支配欲与权力动机结合起来，认为高权力动机的领导者通常具有三种支配性特征：积极果断行使权力，用大量时间来思考改变他人的思想和行为，关心自己在组织中的地位。他把权力动机分为个人化的和社会化的两大类。个人化权力动机的领导者往往把权力本身当作追求的终极目标，注意力高度集中在个人声誉上，获取权力只是为了控制他人。而具有社会化权力动机的领导者，则会把权力当作一种实现个人目标的手段。这种领导者的行为方式往往会注重协作与合作，用建设性的方式来处理冲突，用领导形象来影响他人，获得追随者。

与权力动机和支配欲相关的另一个特质被描述为权谋倾向。

权谋，指一个人通过影响和操控别人达到自己目的的偏好和能力。权谋倾向即个体利用他人达成个人目标的一种行为倾向。由于这一理论是理查德·克里斯蒂等学者在20世纪70年代通过总结早期的政治观点得出的结论，特别是总结了《君主论》和《李维史论》中的

观点，因此又被称作"马基雅维里主义"。

　　一般而言，根据操控倾向的强度，人们把马基雅维里主义分为高低两类，高马基雅维里主义的个体，往往表现出以下行为倾向：抵制社会影响，隐藏个人罪恶，有争议立即改变态度，拒绝承认，阐述事实时具有较高的说服力，怀疑他人的动机，情境分析不接受互惠主义，对他人可能行为的判断持保留态度，能够随情境改变策略，说别人喜欢听的话，对他人的信息很敏感，如果他人不能报复则尽可能多地剥削，绝不明显地操控别人，不容易脆弱到恳求屈从、合作或改变态度，偏爱变动的环境，等等。而低马基雅维里的个体则基本相反。

　　总体看来，具有较高权谋倾向的领导者往往具有以下主要个性特征：其一，缺乏忠诚、正直、情感；其二，目标明确，对手段的判断标准持功利性而摒弃道德性；其三，热衷晋升，不关注下属；等等。但事实上，只依据权谋水平的高低，无法判断其能否成为有效的领导者。因为权谋过高的人倾向于过度强化个人目标，而低权谋的人则往往缺乏进取心和操控力。有学者认为，适度权谋的人容易成为有效的领导者[1]，因为他们往往将组织目标和个人目标并重，并且能够适度地使用权力。实践中的权谋倾向是否能导向有效的领导行为，取决于其强度是否与组织环境、领导目标、下属成熟度等因素相匹配。

　　2. 控制意识

　　根据个体对环境和外部事件的控制意识的不同，朱利安·B. 罗特提出，个体的性格可以分为内部控制类型和外部控制类型两大类。内控性格的人，认为结果取决于内在原因，人们的行为、个性和能力是事情发展的决定性因素，对生活、工作有控制意识和控制能力。而外控性格的人，更多地认为事情的结果是由机遇、运气、社会背景、任务难度、他人及超越自己控制能力的外部力量等因素所决定的，他们相信命运的安排。

　　由于控制意识的差异，对人的行为方式也产生了相应的影响。研究表明，具有较强内部控制意识的人更积极，更具有自觉意识和自主精神，他们处世严谨，富有责任心，更愿意承担风险，长于自我分析，较少服从权威，他们制定艰难的目标，并付出最大努力来实现自己的目标，不轻易为环境变故所动。因此，一般认为，内控型的人更适合任务导向的领导职位，同时由于这一类型的领导者能够对工作负责任，因此他们往往会得到下属的喜欢，具有较大的影响力。

　　而外控型的人对环境更敏感，容易受他人的判断结果的影响，更容易服从权威，他们对压力很敏感，对抗压力的意识较低。但同时，由于他们没有感觉到自己对外部环境有控制能力，他们往往认为他人与自己处于同一控制状态，因此可能更容易对下属使用强制性权力，从而导致过多的控制。

　　越来越多的研究结果显示，内控型的领导者更可能进行有效领导行为。有心理学家的研究表明，由内控型的领导者领导的团队比外控型领导者领导的团队绩效更好，内控型的人更

---

① Fred Luthans, "Successful vs. Effective Real Managers", *Academy of Management Executive* 2, no. 2 (1988): 127 –132.

容易成为一个团队的有效领导者。而尼尔·米勒等人的研究进一步表明，内控型的领导者比外控型的领导者更可能选择一个具有风险和创新性的组织，他们更容易适应积极的、未来导向式的领导活动。

3. 情商

（1）情商与情商的构成。传统的研究往往把智力当作有效领导的一个基本要素。但现实中，智力水平高的人不一定能成为成功的领导者。罗伯特·斯顿伯格在他的《实用智力》一书中就列出了一些聪明人失败的原因，包括缺乏动机和激励、缺乏对冲动的控制、缺乏坚韧性和持续性、害怕失败、兴趣的多变性、犹豫不决、拖延、太过自信或太不自信，等等。① 这对重新考量有效领导行为的相关特质具有很大的参考意义。

1990 年两位美国心理学家约翰·梅耶和彼得·萨洛维首先提出了情商即情绪商数（E-motional Quotient，EQ）的概念，五年之后，《情商：为什么情商比智商更重要》一书的出版引起全球性的 EQ 研究与讨论，作者丹尼尔·戈尔曼也因此被誉为"情商之父"。丹尼尔·戈尔曼接受并丰富了彼得·萨洛维的观点，认为情绪商数包含五个主要方面：一是能够觉察和识别自己的情绪，并以适当的方式表达自己的感受；二是能有效管理和控制情感情绪；三是能够依据活动的某种目标，调动、指挥自己的情绪，即自我激励；四是理解他人感受；五是能够以适当的方式与他人建立关系。

随着心理学研究的发展，情商日益成为与智力和智商相对应的概念，用于描述人们在情绪、意志、性格、行为习惯方面体现出来的特质。心理学家们普遍认为，情商水平的高低对一个人能否取得成功有着重大的作用，有时其作用甚至要超过智力水平。情商越来越多地被应用在管理学上，形成了领导力的重要构成部分。

（2）影响领导有效性的情商要素。一般来说，情商较高的人具备以下素质：自动自发，目标远大，情绪控制，认识自我，能承受压力，自信而不自满，人际关系良好，善于处理生活中遇到的各方面问题，认真对待每一件事情。学者们在进行深入研究之后，提炼出与有效行为联系密切的以下要素：

第一，健康的自信与稳定的情绪。自信心是对有效领导影响最大的领导特质之一。在领导特质理论的早期研究中就证实了自信心与有效领导行为具有非常高的相关度。有效领导行为对自信心的依赖体现在很多方面，领导者需要制定目标，引导规范下属并与之建立追随关系，调动资源，收集信息，选择决策方案，排除障碍，承担风险。胜任这些职能的领导者必然是一个自信程度较高的人，反之将会影响这些领导行为的实现效果。例如，一个没有自信的领导者在目标的制定过程或决策时常常会表现得优柔寡断，在需要承担责任时有退缩表现，在引导和规范下属时表现出一定的不确定性，等等。这不仅不利于领导活动的开展，同

---

① R. J. Sternberg, *Intelligence Applied: Understanding and Increasing Your Intellectual Skill* (San Diego: Harcourt Brace Jovanovich, 1986).

时也不利于领导形象的树立以及建立与下属的追随关系。需要注意的是，有效领导行为需要的是健康的自信，即建立在领导者自身学识、阅历、能力以及对领导环境和目标理智分析基础之上的适度的自信，盲目的自信不会有助于建立良好的领导形象以及建构与下属的信任和追随关系。

自信心与情绪的稳定程度往往联系紧密。自信的领导者在面对压力和危机的时候冷静、理智，情绪的稳定程度较高，并有较好的预见力和应变力。有学者认为，自信有助于情绪的稳定，自信使领导者把一定程度的压力和挑战作为一个自我提高的机会，相信自己可以控制事态的发展，因此表现得很平静。领导者的冷静表现又会影响到组织成员的情绪，使他们产生信任并维持稳定的情绪。而情绪稳定程度较低的人往往表现出容易焦虑、沮丧、愤怒和忧愁等行为特征。一个情绪稳定程度低的领导者在下属眼中往往会"喜怒无常"，行为呈现不一贯状态，不仅不利于常规工作状态下组织氛围的维系，而且在面临压力和危机的时候可能会导致错误的决策以及其他成员的恐慌。

第二，勇气与意志力。勇气对于一个领导者来说是非常重要的特质。作为领导者，在带领组织成员实现组织目标的过程中，需要有足够的勇气来承担可能会出现的风险，并可能需要承担由于自身或他人的原因或不可控力导致失误的责任。勇气的高低一般会体现在领导者的决断风格以及对失误的承担上。通常来说，决策果断和敢于承担责任的领导者容易获得下属的支持和信任。

根据让尔法·斯托格蒂尔的研究，顽强的意志力与成熟、杰出的领导相关度较高。组织的持续发展需要领导者坚持不懈的努力，在履行领导职责的过程中，领导者需要即时对变化的领导环境做出判断，对方案进行调整，以解决问题，克服困难。变革是领导的重要职能，这一职能决定了领导活动必然要面临挑战、应对困难和障碍；领导环境与领导活动的复杂性增加了出现挫折和失败的可能性。有顽强意志力的领导者，往往对挫折有较高的耐受力。这一特质，不仅能够帮助领导者坚持履职，推进领导活动，同时也在为团队成员做出榜样，用坚持不懈的努力赢得绩效。

需要注意的是，顽强的意志力与准确的判断力相结合才能导向有效的领导行为。对不恰当目标的执着追求则意味着顽固不化，南辕北辙，必然会导致更大的损失。

第三，乐观与热情。领导者的乐观心理以及热情的行为特征能够显示出个人对组织目标的投入程度以及对成功的信心。在组织中，一个生气勃勃、精神高昂、待人热情、对事乐观的领导者一般总是会得到其他组织成员的喜爱和信任。几乎在所有的领导情境下，热情的领导者所得到的组织成员的反馈一般都是积极的，因为后者会认为，领导者的热情是对他们努力工作的一种认可和激励。此外，热情洋溢的领导者更容易树立良好的领导形象，并与组织成员建立融洽的关系。反之，消极和冷漠的领导者则往往会使下属敬而远之或非常反感，并因而影响组织的沟通氛围和组织目标的实现。

第四，敏感与理解。敏感即感觉敏锐。对自己或他人的情绪以及对外界事物能够察觉，快速地做出判断，并进而反应在行为中，是一个有效领导者必备的素质。对情绪感知敏锐的领导者，往往会准确判断自己的情绪，并进一步加以控制。同时也能够对下属或组织其他成员甚至是领导活动的相关人员的情绪有积极的反馈。在感知、觉察他人情绪的基础上，采取理解与体谅的态度，设身处地地去体会他人的心理，并采取积极的沟通方式。一方面，可以建立与包括上下级、同级在内的组织成员的良好的人际沟通，有助于实施影响力；另一方面，在面对领导行为的其他相关人员，如谈判对手时，敏感程度高的领导者往往能因为准确的感知和理解，做出恰当的反应，从而提高领导绩效。

综上所述，情绪商数概念和理论的提出有其积极的作用，它从一个新的角度为提高领导行为的有效性提供了理论基础。但同时，我们也不能忽略智商的作用。简单地说，智商是情商的基础，任何情商都必须建立在一定的智商的基础之上，没有基本的智商，就不可能存在任何情商；智商是一种特殊的、相对独立的情商，它是一种对自身行为活动所产生的利益关系的认识能力；情商的发展为智商的发展确立基本的方向。情商较高的人能够充分有效地利用自己现有的智力资源，并使自己的智力朝着能够产生最大效益的方向发展，而不是盲目地、凭一时兴致来发展自己的智力。概括而言，情商和智商既相互区别、相互独立，又相互促进、共同发展。领导者应该辩证地认识情商的作用，理解情商和智商的关系，进一步提高领导行为的有效性。

4. 性格性别差异

相当长的一段时间以来，大量的学者把研究兴趣集中在性别上。关于男性和女性哪个性别更容易成为有效的领导者是一个有趣的但始终没有定论的话题。随着这一研究的深入，研究者们开始关注生理性别与性格性别。研究认为，每个人都是两性同体的，既具有一定的男性性格特征，也具有一定的女性性格特征。研究证明，性格性别差异在判断是否能够成为领导者以及完成不同性质的任务的过程中都会产生影响。

性格性别差异是否对领导风格产生影响，学者们有着不同的观点。持肯定主张的学者们认为，女性和男性在工作方式方面有所区别，不同性别的管理者应该汲取另一性别特质中的精华，从而成为高效的管理者。洛登认为，管理模式存在阳性和阴性，前者的特点是竞争、等级明显、权威突出、集权领导以及理智地解决问题等；后者则倾向于协作、上下级配合、分权、在理性与热情的基础上合理解决问题。1990 年，莎莉·海格森的《女性优势：妇女领导方式》一书中，把女性领导风格称为"同心圆"式的领导风格。"同心圆"式的领导风格指同一个部门或组织中处于中心的领导者以及周围相互作用的其他人员构成的圆形循环，与传统的金字塔型的组织结构有着巨大的差异。相对而言，这种结构的优势是：领导者处于组织的核心而非顶端，这让他们的领导形象更和蔼可亲；避免了信息逐层次传递时可能会发生的滞后和失真现象；扁平化的结构进一步提高了领导行为的有效性。

艾丽斯·H. 伊格利对性别与领导行为之间的关系进行了元分析（meta-analysis）。得出以下结论：

第一，男性更倾向于任务导向，女性更倾向关系导向。

第二，男性比女性更专制，更善于指挥别人；而女性比男性更民主，更乐于让下属参与决策。

第三，领导角色的性别适应性对领导风格也有影响。每种性别的领导者在担任与他们性别相适应的领导角色时，都会体现出任务导向风格。当女性是领导角色中的少数派，并且希望获得更高的领导身份时，她们会放弃阴性领导风格。当女性需要承担完全由男性支配的领导角色时，她们一般会采取阳性的领导风格，以此来维持权威。

第三节　魅力领导与领导形象管理

一、领导形象的含义、特征与影响因素

（一）领导形象的概念与内涵

新华词典对名词状态的"形象"给出了两个义项，一是指人的相貌、模样，二是指文学艺术塑造人物的表达方式。从心理学的角度来看，形象就是知觉、印象，是人们通过视觉、听觉、触觉、味觉等各种感觉器官在大脑中形成的关于个体的整体感知。

我们认为，领导形象是指组织成员或社会公众对领导者的外在风度、气质，以及通过领导活动所体现出来的品德、能力等方面进行的综合评价和形成的整体印象。

领导形象这个概念包括以下几个方面的含义：

第一，领导形象主体既包括领导者本人又包括组织成员或公众对其进行的综合评价。领导者在组织开展领导活动的过程中，通过行使领导权力来建构并展示自己的领导形象。因此，该领导者的言谈举止、知识水平、能力水平、决策风格等，都是领导形象的构成内容。同时，组织成员或公众对其领导活动所传递出来的综合素质进行评价并在此基础上形成的总体印象，是构成领导形象的关键因素。也就是说，就领导形象的构成来说，领导者本身是载体，是基础，而公众评价是其外部实现形式。

第二，领导形象既包括领导者在进行公务活动时得到的评价，也包括领导者在进行非公务活动时得到的评价。领导者的层级越高，受公众关注就越多，其非公务形象对其领导形象的影响也就越大。特别是在网络时代，这一点尤为重要。

第三，领导形象不仅包括领导者个体的形象，也包括领导群体的形象，二者在形成的过程中相互影响。公众在对领导者个体进行评价时，或多或少会受到该领导者所处领导群体的整体形象的影响。比如，一个公正、廉洁、高效，切实为公众谋福利的政府领导班子，在公众中的形象一定是好的、深得民心的，该班子成员，即便并不为某些公众所熟知，在受到公

众评价时，也会因班子的整体形象良好而获得加分，反之亦然。

第四，领导形象的评价主体不仅包括与其领导行为直接相关的组织成员和社会公众，也包括与其行为无关的公众。评价主体对领导活动及其行为进行评价，形成印象，并因而传播该印象，因此，领导者的形象是一个直接评价和间接评价相结合的综合印象。这种印象和评价积淀于社会心理之中，不仅是对领导者内在素质与外在能力的一种有机反映，同时也与评价者的认知、情感密切联系。

（二）领导形象的特征与影响因素

1. 领导形象的特征

第一，领导形象具有客观性。领导形象是建立在领导者的领导行为、影响力以及领导效能基础上的，作为被评价的内容，是客观存在的；同时评价主体的评价标准受到政治、经济、文化等因素的影响，也是客观存在的。因此，领导形象具有客观性。

第二，领导形象具有主观性。一方面，领导者可以通过主观的愿望和努力来调整领导活动、行为风格，建立良好的领导形象；另一方面，领导形象不仅仅是领导者本身素质及行为的外在体现，更重要的是公众对其行为的认知，而意识具有主观能动性，因此经过主观评价和再评价形成的领导形象必然具有主观性。

第三，领导形象具有稳定性。在一定时期内，领导形象具有相对稳定性，这是因为个体一旦在公众心目中形成某种印象，就会在相当长的时间内影响公众的认知和行为，这种认知并不会因时空变化而立即发生变化。心理学认为人们的认知是有"首因效应"的，就是说人们在对某人形成第一印象之后，会保留很长时间，而且之后也很难发生改变。

第四，领导形象具有发展性。随着领导环境的发展、变化，领导活动的目标、行为方式都需要相应地做出调整，领导者自身的素质、理想的形象模式以及公众对领导者的要求、愿望也是不断变化的。因此，公众对领导者的印象，具有不断发展的特征。而且，稳定性是相对的，发展性是绝对的。

2. 领导形象的影响因素

领导形象是领导者履行职责的重要保障。树立良好的领导形象，在组织内部，有助于领导者团结追随者共同为实现组织目标而努力；对外，可以使领导者赢得公众的支持，并有可能获得更多的资源，因此对领导绩效有着至关重要的作用。以下简要介绍对领导形象的树立产生影响的几个因素。

第一，影响领导形象的内部因素。性格是对领导形象影响最根本的内因。领导形象是靠领导者通过领导行为树立起来的，而性格对领导行为发挥着重要的影响作用。例如，在同样的知识水平和能力结构的基础上，一个热情、善于沟通、协作的领导者无疑更容易获得组织成员的追随和公众的认可，因而更容易树立良好的公众形象。

除此之外，领导者的知识水平、能力结构也是影响领导形象的重要内因。无论是组织成员还是公众，都倾向于信赖知识丰富、能力强的领导者。

第二，影响领导形象的外部因素。领导环境是树立领导形象的外部环境。领导环境是包括领导体制、组织成员、领导活动的对象以及其他有关因素在内的复杂整体。其中，包括有关法律规范在内的领导体制规定了领导的职能、行为规范，也因此决定了领导形象的基本构成。由于领导行为的有效性必须建立在有追随者支持的基础之上，领导者必须考虑组织成员的意愿和偏好，因此，一个领导者必须根据不同的领导情境选择和树立领导形象。例如，一个摇滚乐队的首席和一个科研团队的负责人在言行举止和行为方式上必然截然不同，他们的领导形象必须符合其职位和领导环境的要求。

二、魅力领导的特质与行为方式

当我们对领导进行评价的时候，我们常说，某个领导者具有个人魅力。这充分说明了该领导的形象是良好的、正面的。那么魅力是什么？有魅力的领导具备哪些性格特质与行为方式？

（一）魅力与魅力领导的含义

魅力（charisma）是以希腊语中"神圣天赋"为词源的。20世纪初，德国社会学家马克斯·韦伯提出把"charisma"与权力和统治方式相结合，强调下属对领导者本人的信赖和服从。这时的魅力领导具有非凡的品质，即拥有超人的、任何其他人都无法企及的力量或素质，对下属有一种天然的吸引力、感染力和影响力。[1]

从20世纪70年代后期开始，一些学者对魅力领导进行了更深入的研究，加入了新的内容，对这一概念做出了新的解释和定义。例如，罗伯特·豪斯于1977年指出，魅力型领导者有三种个人特征，即高度自信、支配他人的倾向和对自己的信念坚定不移。沃伦·本尼斯在研究了90名美国最有成就的领导者之后，发现魅力型领导者有四种共同的能力：有远大目标和理想；明确地对下级讲清这种目标和理想，并使之认同；对理想的贯彻始终和执着追求；知道自己的力量并善于利用这种力量。

学者们对魅力领导的定义也有多重理解。我们在总结学者们的研究成果的基础上认为，所谓魅力领导，应该是那些具有高度的自信、明确的目标、出色的形象管理技巧和表达技巧，更多地依靠激发组织成员的热情，而不是依靠制度规范所授予的刚性奖惩措施来获得他们的高度认同和追随，共同为组织愿景而努力的领导者。

（二）魅力领导特质

对魅力领导的研究很多，有许多不同的研究结果，也有许多种不同的概括方式。例如，

---

① ［德］马克斯·韦伯：《经济与社会：上卷》，林荣远译，269页，北京，商务印书馆，1997。

罗伯特·豪斯将魅力型领导者的性格概括为四个方面，即支配欲、自信、对他人施加影响的需要以及确信他们的信仰在道义上的正当性；安弗莎妮·纳哈雯蒂将其概括为高度自信、对理想有强烈信念、高度热情和精力充沛、良好的表达与沟通能力，以及积极的形象和模范作用这五个方面；等等。综合研究者们的观点，我们可以将魅力型领导者的最主要特质概括为以下几个方面。

1. 高度自信

魅力型的领导者对自己的正义性、正确性以及能力高度自信。在履行领导活动的过程中，他们很少感到矛盾、疑虑、愧疚和不安。而那些非魅力型的领导者在失败与批评面前总是怀疑自己。越是自信的领导者，越能够使下属产生信任和追随，以便更好地实现组织目标。

2. 精力充沛，充满激情

魅力型领导者精神饱满，精力充沛，对实现目标充满激情。一个充满活力的、健康和积极的领导形象更容易对组织成员产生感染力。他们不需要别人的鼓励，而是善于自我激励。

3. 积极乐观，坚韧不拔

当魅力型领导者遇到障碍的时候，他们也是积极乐观的，他们能够说服自己相信困难是能够被克服的，并且能够积极冷静地想办法解决问题。这与其高度的自信相关。魅力型领导者并非战无不胜，但是当他们遇到挫折的时候他们不会一蹶不振，而是坚韧不拔，调整目标和方案，继续前行。

4. 有勇气，愿意承担风险和责任

有学者认为，敢于冒险会增加领导者的魅力。杰伊·A. 康格等学者认为，当领导者的表现是对追随者的关心而不是对自身利益的关心时，容易得到信赖。领导者为了共同的事业所付出的代价或牺牲越大，他们就越能赢得别人的依赖。领导者为实现共同理想准备承担的个人风险或所带来的个人损失越大，他们在值得完全依赖的意义上就越有魅力。这些个人风险可能包括：失败、经济损失、降职甚至被开除等。敢于承担责任、不推诿则会在一定程度上形成对追随者的保护，从而获得其信任。

魅力型领导者的勇气有时还会体现在他们的决策方案往往会出人意表，特别是在危机情况下，他们通常倾向于选择风险较大的非常规方案。

5. 敏锐，决断力和调控力兼备

魅力型领导者决断力很强，一旦做出判断就会果断决策。同时他们又对环境各要素非常敏感，会根据情境的变化调整自己的方案，以实现领导活动的有效性。

6. 出色的表达能力以及杰出的激励本领

这一类型的领导者通常口才很好，能够用各种方式充分并生动地表达自己的想法，能够对听众产生强烈的感染力，获得听众的理解和认同。同时，他们擅长用情感的沟通、体谅和对共同的美好愿景的设计，来激发听众的热情，或挑起人们对现状的不满，从而为了实现共同的目标而缔结追随关系。

（三）魅力领导的行为方式

特质影响个体的行为。对魅力型领导者的行为方式也有很多的研究。其中，杰伊·A. 康格概括出魅力型领导者区别于一般领导者的特征：

（1）反对并努力改变现状；

（2）积极进行领导，善于树立领导形象，使自己在组织中成为值得追随的模范英雄人物；

（3）设置有挑战性的、与现状距离很大的目标；

（4）对自己的判断力和能力高度自信；

（5）口才好，能清楚、有效地向下级说明自己的理想和远大目标，并使之认同；

（6）敢于冒险；

（7）对环境的变化非常敏感，并采取果断措施改变现状；

（8）更喜欢用自身的专长和与下属的有效沟通来说服人和影响人；

（9）经常突破现有秩序的框架，有时会采取一些超常规的手段；

（10）说服、影响和改造追随者，使之与自身的目标一致。

到目前为止，本书对魅力和魅力领导的所有描述和介绍都与我们在传统上对"魅力"的理解方向相一致。事实上，在对魅力领导的研究过程中，研究者们对魅力领导的效能、魅力因素在领导过程中的作用甚至这一理论都曾经提出过质疑。但无论如何，这一理论提供了一个分析领导行为有效性的新思路，并对领导形象的树立和管理提供了有益的启发。

三、领导形象的管理与领导魅力的培养

由于领导形象是对领导者进行评价的一个重要内容，并且在实践中，领导形象总是与一定的组织绩效相联系的，因此对领导形象进行管理逐渐成为令人关注的焦点。

（一）对领导形象进行管理的必要性

第一，领导形象对领导活动的开展发挥着重要作用。领导者树立和管理形象的过程，就是领导者进行领导活动的过程。一般来说，领导者在公众中树立了良好的形象，一方面说明领导者正确地履行了职责，另一方面说明他获得了被领导者的追随和公众的承认。这决定了在之后的领导活动中，他获得的支持的多寡，在一定程度上影响着领导活动的开展，并对领导效能产生影响。

第二，领导形象对组织文化的建设发挥着重要的作用。领导形象不仅关系到领导者个人的影响力和号召力，而且关系到组织的整体形象和凝聚力，对组织文化的建设发挥着重要的作用。从这个角度讲，领导者就是一个组织的符号，如果能够树立良好的形象，以饱满的精神风貌、高尚的领导魅力、优良的领导作风和得体的领导仪表等赢得下属的追随和公众的喜

爱，将有助于建设凝聚、进取、健康的组织文化，营造积极、融洽的组织氛围，推动组织的健康发展。

第三，领导形象对组织成员的形象管理和行为管理发挥示范作用。我国有一句成语叫作"上行下效"，恰如其分地说明了领导形象的示范作用。无论是良好的领导形象还是不良的领导形象，都能对组织成员的形象管理和行为管理产生示范作用。良好的形象所产生的示范作用，可以影响和激励被领导者团结在领导者周围，和衷共济，共同努力。反之，不良的领导形象则有造成"上梁不正下梁歪"的可能性，导致组织内部人心涣散，各行其政，使权力异化的程度加剧。

（二）领导魅力、领导形象以及领导绩效的关系

领导魅力是一种无形的影响力，是通过领导者的言行举止传递给被领导者，并引发被领导者的欣赏、喜爱、信任、服从行为的非强制性权力。当这种影响力作用于被领导者时，被领导者就会感知到并对其做出评价，进而形成稳定的印象。因此，领导魅力是领导者构建领导形象的重要组成部分。

根据上文介绍的魅力型领导的性格特征和行为方式，我们可以认为，有魅力的领导者，更容易树立良好的领导形象：处事果断、责任心强、有点子、敢创新、关心下属、善于鼓舞等。这种领导者一般来说会因其完美的形象而获得被领导者的信任和追随。特别是在组织的困难时期或危机时期，组织成员可能会由于对理想化的领导者的信任而对组织的发展充满信心，从而把个人目标与组织目标相结合，追随领导者共渡难关。

但也不能忽视，魅力型领导者理想化的或英雄化的领导形象也有可能对组织绩效产生负面的影响。一种情况是，由于魅力型领导者更善于使用非强制性权力来对组织成员实施影响力，组织成员容易由对领导者的欣赏和信任转化为迷信，把对组织的忠诚变成了对领导者个人的愚忠，失去了判断的能力和创新的动力。这就会使集思广益变成独断专行，使积极追随变成盲目跟风。另一种情况是，如果魅力型的领导者在个人品质或目标选择上是不道德的，那么这种领导者会利用自己的个人魅力使原本应该为公共利益服务的权力为其个人的目标和利益服务。有些魅力型的领导者是不道德的，对他们的追随会把组织引向不法的目标。在这方面，阿道夫·希特勒就是一个典型的例子。

因此，领导魅力作为领导形象的重要构成要素，可以塑造良好的领导形象，并推动组织健康发展，也有可能引导组织成员走向背离组织目标的方向。这样的领导者既能够成就组织，也能够毁灭组织。

（三）领导形象管理的过程及其原则

管理领导形象的过程，按时间顺序可以分为设计领导形象、建构领导形象和维护领导形象三个环节。

1. 准确设计领导形象

对领导形象的设计和管理，关乎领导者的个人威望，更关乎组织的发展和领导活动的绩效。因此，科学设计领导形象，是对领导形象进行管理的基础。科学设计领导形象要坚持以下几个原则：

第一，以有关法律规定和制度规范为依据。领导形象的载体是领导职位与领导者个人的复合体。有关的法律法规和制度规定了领导者的职权范围，因此也规定了领导者该做什么，不该做什么以及该如何去做。领导者的形象设计必须要建立在依法履职的基础之上。

第二，要与领导环境的要求相一致。领导者形象是建立在下属和公众认同的基础上的，因此只有获得下属和公众的支持才有可能顺利开展领导活动，建立良好的领导形象。因此，领导者在对领导形象进行设计的时候，一定要与领导环境的要求相一致，尤其是要符合组织成员或公众的希望或需求。一个专业能力出众，但却恃才傲物的领导者显然不符合带领团队为共同目标努力的公众期待。

第三，要以自身素质条件为基础，实事求是。一个理想的领导形象，其素质必然是全面的，素质体现在学识、胆识、沟通能力等诸多方面。但并不是所有的领导者都有令自己和公众满意的素质构成。例如，一个传统文化知识扎实的领导者就非常容易构建儒雅的领导形象，而一个没有接受过系统教育的领导者却不一定非要为自己设计学者型领导的形象目标。因此，在形象设计的时候应该实事求是，设计并建构与自己的知识水平、能力结构相符合的形象。并且在之后对领导形象的管理过程中，不断加强学习和修炼，不断提高个人素质，维护提升领导形象。

2. 科学建构领导形象

领导形象的建构是一个动态的、系统的过程，它贯穿了领导活动开展的全程，包括了领导形象的确立、调整、提升。在这个过程中，调整与维护存在时间和空间上的共同性，因此，从这一角度讲，领导形象的建构与维护是有交叉甚至是重合的。

一般而言，建构领导形象，要注意以下几个原则：

第一，正确认识领导形象。领导者要深刻理解领导形象的含义、构成因素及其对领导绩效的作用，认识到领导者个人魅力对领导形象建设的重要性，以及作用方向。根据领导环境设计和建构符合自身素质以及组织目标要求的领导形象。

第二，正确使用权力。领导形象的构建借由领导活动展开，因此领导者在开展领导活动的时候要根据法定的职务权力，正确履行职权，做到积极作为，不错用、滥用权力，保证权力为公共目标和公共利益服务。

第三，加强领导魅力建设。一方面通过不断的学习提高自己的素质水平，培养自己的个人魅力；另一方面也要关注在领导活动的过程中非强制性影响力与强制性影响力的共同作用。只有处理好这二者的关系，才能让领导的个人魅力为领导形象加分，能够强化领导者的正面形象，进而获得更多的追随和支持。加强魅力建设还要注意领导个人魅力与领导群体魅力相结合，二者互相影响，互相促进，一个团结高效的领导集体形象将有助于领导个人形象的提升。

3. 着意维护领导形象

由于领导形象构建过程的系统性和动态性，领导形象存在可变性。注意形象、加强学习的领导者的领导形象会不断提高和升华，而不注意形象的领导者则有可能由于一个细节而破坏形象。因此，不断地反思和调整行为方式，着意地维护领导形象，才能够保持良好的形象并使之获得升华。

维护领导形象需要注意以下两大原则：

第一，加强学习，提高领导者个人的知识水平和能力水平。学习的需要贯穿了个体的全部生命过程，对于一个需要维护形象的领导者而言尤为重要。加强专业理论和文化知识的学习不仅可以提高领导者的专业水平，还可以帮助领导者改善素质结构、提高知识水平，以渊博的知识赢得下属和公众的尊重和信任。加强学习还可以帮助领导者提高沟通能力和解决问题的能力，能力水平的提高也将有助于领导者树立和维持良好的领导形象。

第二，加强性格管理，提高领导者的情商水平。一般来说，一个形象良好的领导者，不仅需要有相应的知识结构和能力水平，还要有相当水平的情商。有勇气、敢承担的领导者会让下属觉得能够依靠和值得信赖；能够识别和控制自己情绪的领导者会提升追随者的安全感；而一个既能理解他人感受又会表达自己的主旨和情绪的领导者，则能够比较顺畅地与下属建立沟通，从而增强领导者的亲和力，把双方之间的追随关系维系在一个良好的程度上。这些都有助于领导形象的维护和提升。

小结

性格是体现个体认知和行为方式的稳定的心理特征，对个体的行为有着重要的作用。领导性格理论从领导者的性格角度开展研究，探求有效领导行为的对应特质，对领导现象的深入研究以及领导的培养有着积极的启发意义。魅力型领导理论的提出对领导形象的建设提供了一个新的视角，只有正确认识领导魅力的构成及其作用，才有可能在培养、提高领导魅力的过程中树立良好的领导形象。

案 例

魅力乔布斯

乔布斯在苹果帝国内非常自由，他对工程师说"不"的速度比任何人都快，他敢穿个大裤衩面试高管，他批评人毫不留情面；他无视投资者，他在世时，苹果从未分过一次红。他任期中的苹果公司也不太理董事会，乔布斯任苹果首席执行官（Chief Executive Officer，CEO）的年薪是 1 美金。

当苹果继任 CEO 蒂姆·库克访华行程中接受记者采访时，他回答了新浪科技的记者郑峻的一个问题："乔布斯一向以严要求和坏脾气著称，经常骂得下属狗血喷头，那么对他最为信任的库克，乔布斯是否也有发火的时候？乔布斯当年又是怎样在 5 分钟内说服你从康柏跳槽到苹果的？"

库克笑了："不，乔布斯没有对我发火过，当年乔布斯面试我的时候，和我谈了苹果的一个产品，他说会集聚公司资源专注于这个产品。当时多数 IT 公司还专注于服务器，而他对消费产品的愿景和专注性打动了我，我不是个喜欢随波逐流的人，随即决定跟着他跳槽去苹果。"

房间里安静了下来，库克停顿了几秒钟之后，慢慢地说："那个产品就是 iMac"。

点评

领导魅力是领导力的重要构成要素，是领导者顺利开展领导活动的重要保障，乔布斯能够得到库克的助力，就在于他独特的魅力：卓越的技术才能，美好而明确的愿景，非凡的表达能力。有魅力的领导者能够多半靠非权力性影响力，即个人魅力吸引人才，凝聚人心，把组织成员的个人目标统一到组织目标上来，建立并巩固追随关系。

领导魅力是把双刃剑，使用得当有助于发展，使用不当则影响领导绩效。

综合习题

一、名词解释

1. 性格　　　　　　2. 气质　　　　　　3. 大五模型
4. 权谋倾向　　　　5. 领导形象　　　　6. 魅力领导

二、判断题

1. "个性"包括能力、气质和性格。（　　　）
2. 能力是使人能成功完成某项活动所必须具备的心理特征，必须通过活动才能体现出来。（　　　）
3. 气质具有先天性、稳定性，同时也具有可变性。（　　　）
4. 俗话说，"江山易改，禀性难移"是指性格具有统合性。（　　　）
5. 有效领导与特质之间有着稳定的对应关系。（　　　）
6. 就控制意识而言，内控型的领导者比外控型的领导者更可能选择一个具有风险和创新性的组织。（　　　）
7. 智商是情商的基础，智商为情商的发展确立基本的方向。（　　　）
8. 领导形象不仅包括领导个体的形象，也包括领导群体的形象。（　　　）
9. 领导形象指领导者在进行公务活动时受到的评价，不包括领导者在非公务活动时受

到的评价。（　　）

10. 领导形象具有稳定性、可变性。（　　）

三、简答题

1. 简述性格的特征。

2. 简述有效领导与性格特质的关系。

3. 简述内部控制类型和外部控制类型的人的行为方式。

4. 影响领导有效性的情商要素有哪些？

5. 简述领导形象的特征与影响因素。

6. 简述魅力型领导者的主要特质。

7. 魅力型领导者区别于一般领导者的行为特征是什么？

8. 简述对领导形象进行管理的必要性。

四、论述题

1. 试述领导魅力、领导形象以及领导绩效的关系。

2. 请论述公共部门领导形象管理的重要性及管理方法。

第七章 领导决策与现代智库

教学目的与要求

通过本章内容的学习，要求了解领导决策的含义、特征，现代智库的作用与发展，领导决策的类型、原则和体制；基本掌握领导决策的要素、模型和方法，现代智库的构成与类型；重点掌握领导决策的程序以及危机决策，智库在决策中的作用，中国智库的管理与发展。

内容提要

决策活动存在于社会的各个领域，可以说只要存在人类活动就会有决策活动。对于一个组织的领导者来讲，决策是其工作的核心。任何一位领导者要想获得事业的成功，都必须站在战略的高度，运用科学的体制和方法，去把握决策对象的本质与规律，并从各种行动方案中做出最佳的抉择，以达到最"满意"的决策效果。

第一节 领导决策的基本原理

决策存在于整个领导过程中。从某种意义上讲，没有决策，也就没有领导。美国学者马文曾经向一些单位的高层管理者提出如下三个问题："你认为你每天最重要的事情是什么？""你每天在哪些方面花的时间最多？""你在履行你的职责时感到最困难的是什么事？"结果90%以上的回答都是决策，可见决策在领导工作中的重要地位。

一、领导决策的含义与特征

（一）领导决策的含义

决策的含义十分广泛，目前学术界并没有统一的定义。一般而言，决策有狭义与广义两种解释。狭义的决策就是"做出最后的决定"，也就是通常所说的"拍板"。广义的决策除了"拍板"的环节之外，还包括决策问题的发现、目标的确立、方案的选择、方案实施以及实施后管理、控制、反馈的全部过程。

在这里，领导决策可以理解为领导者为了达到某种领导目的而选择一种最佳途径或方案的行为过程。决策不是静态的，也不是一次完成的，而是一个不断地从对象或环境中获取决策依据，从而不断地修正、调整目标与行为的动态过程。

（二）领导决策的特征

一般说来，领导决策具有以下特征：

第一，目标性。任何决策都是为了解决特定的问题，达到特定的目的，目标为选择相应的行动提供了明确的标准，使行动具体化。

第二，预见性。决策是决策者对未来事物发展可能的一种认识，通过推理、预测来把握事物的发展趋势并选择相应的方案以达到目标。

第三，选择性。决策选择是在两个或两个以上备选方案中进行选优。

第四，实施性。任何决策都必须付诸实施。决策正确与否，是否达到预期目标，只有在方案实施后才能知道。如果决策方案不付诸实施，决策就是多余的。

二、领导决策的类型

领导决策所要解决的问题非常广泛，不同的决策有不同的性质与特点，因此决策的类型也是多种多样的。

（一）按决策问题的出现概率划分

按决策问题的出现概率分类，领导决策可分成程序性决策和非程序性决策。

程序性决策也称为常规决策、例行决策、规范化决策，主要针对那些经常重复出现、性质相近的问题进行决策，有一套可以遵循的程序、规章制度或惯例。

非程序性决策也叫非规范性决策，它是指过去没有出现过、偶然发生或突发的问题决策，这些往往是重要问题的决策，应该引起领导者的关注。

（二）按决策的层级划分

按决策的层级分类，领导决策可分成宏观决策、中观决策和微观决策。

宏观决策是指对组织的发展方向与远景具有重大影响的战略性、全局性的高层决策。

中观决策是带有地区性、局部性的策略决策，是为了保障战略决策顺利完成而制定的一些具体的补充的决策。中观决策更加重视本地区的优势与特点，具有承上启下和上传下达的桥梁与纽带的功能。

微观决策是在中观决策的指导下，为完成宏观战略任务而进行的比较具体、基础的决策。它的决策覆盖范围比较小，决策目标相对细化、明确、可操作性强，以执行具体行动为主要任务。

（三）按决策本身所依据的条件划分

按决策本身所依据的条件分类，领导决策可分成确定型决策、风险型决策和非确定型决策。

确定型决策是决策者所依据的决策信息完备充分，环境和条件变化不大，而且一个方案只有一种确定无疑的结果的决策。

风险性决策又称随机性决策。一般而言，决策者对备选方案大致能够估计出决策后果的概率。风险性决策一般都同时存在收益可能和损耗可能，可以通过损益率的比较来选择比较合适的备选方案。

非确定型决策是决策者在决策时，可供决策的信息依据相当稀少，决策者不能预知未来的环境和条件变化，无从估计其结果出现的概率，任何决策都要冒一定风险的决策。

（四）按决策方式划分

按决策主体的决策方式不同分类，领导决策可分成经验决策和科学决策。

经验决策也称个人决策，是领导者个人凭借过去的经历、体验、知识水平和对未来的直觉进行决策的一种方法。经验决策是小生产社会的主要决策方式，带有浓厚的随意性和不确定性，决策者的主观判断和价值取向对决策起决定作用。

科学决策是大生产社会的产物，是指通过建立科学的决策体制和决策程序，以科学理论为基础，通过科学预测、科学计算以及使用现代化的决策技术而进行的一种决策方法。

（五）按决策目标的多少划分

按决策目标的多少分类，领导决策可分成单目标决策和多目标决策。

单目标决策就是决策所希望达到的状态只有一个，即所要解决的问题只有一个。这类决策相对比较简单，涉及的问题不多，所以也比较容易做出。

多目标决策是指一个决策所要达到的目标有多个。一般而言，多目标决策都比较复杂，它涉及的往往是系统问题。目标之间容易产生交叉效应与连锁反应。因此，决策时，领导者应做好统筹计划，使目标之间能够相互协调，达到整体优化的效果。

三、领导决策的要素与模型

（一）领导决策要素

领导决策一般由决策者、决策信息、决策目标、决策备选方案、决策环境、决策后果六个要素组成。

决策者即做出决策的个人和集体。决策者在决策系统内外处于枢纽地位，是决策系统中最积极、最活跃的因素。所以，决策者的素质、能力、水平、状态如何，对决策的质量具有十分重要的影响。

决策信息是决策的物质基础和根本依据，是沟通决策者和决策对象的桥梁，直接反映着决策者所要解决问题的现状。没有信息就没有所谓的问题发现，也就不会有决策的产生。

决策目标是决策所要达到的目的。决策目标是否明确，直接决定受决策影响主体的行为。具体目标可以使行动具体化，明确参与者应该从事活动的范围以及资源如何在他们之间进行分配，并且对决策者如何设计组织的结构起着指导作用。

决策备选方案是指可供决策者选择的两个或两个以上方案。现代社会是一个开放的系统，在这一系统内，各种问题相互交错影响。所以，决策者应充分考虑决策的多种可能后果，制订相应的备选方案以备不测之用。

决策环境是指影响决策产生、存在和发展的一切因素的总和。一个决策方案能否顺利实施并达到预期目标，不仅取决于决策内部系统与决策方案本身，还受到自然环境、制度环境以及技术环境的制约。

决策后果是指一项决策实施后所产生的效果和影响。任何决策的目的都是获得预定的结果，这是决策的根本目的。在做出最终决策之前，必须对各个备选方案进行客观公正的评估，对于每一项决策可能产生的后果应做到心中有底，并对不良后果采取必要的防范、补救措施，这也是方案选优的最终依据之一。

（二）领导决策模型

任何特定的领导行为，都有与之相适应的行为模式。领导决策模型随着决策理论的发展，大致经历了传统的理性决策模型、赫伯特·西蒙的有限理性决策模型、查尔斯·林德布洛姆的渐进决策模型和阿米泰·埃特奥尼的综合扫描决策模型四个阶段。

1. 传统的理性决策模型

传统的理性决策模型，也称科学决策模式。该模式的理论主要源自弗雷德里克·温斯洛·泰勒。传统的理性决策模式深受古典经济学理论的"经济人"假设的影响，古典经济学理论认为"经济人"知道全部可能的行动，知道哪一种行动能得到最大的效果，知道从所有的行动中选择最好的方案。

传统的理性决策模型的基本内容包括：一是决策者面临一个既定的问题；二是引导决策者做出决定的各种目的、价值或目标是明确的，而且可以按重要性排序；三是决策者能够列出所有可能的解决问题的方案，以供选择；四是决策者能准确预测每个方案执行后所产生的后果；五是决策者将每一个备选方案进行对比，并按优劣排序；六是决策者能正确地选择最优方案。

在上述六项内容中，决策者始终是理性的，整个决策过程都是理性化的。从根本上说，传统的理性决策模型是"机械"模型，忽视了人的因素与环境的因素，一个设计完美的机器就是一个决策过程的缩影。

2. 有限理性决策模型

有限理性决策模型是美国卡内基·梅隆大学计算机科学与心理学教授赫伯特·西蒙创建的。他凭借对决策理论的突出贡献，获得 1978 年诺贝尔经济学奖。

赫伯特·西蒙认为，每一项决策的制定，都要受到决策者的主观认识、信息处理能力和特定客观条件的限制，从而使决策制定经常处于变动状态并且表现出冲突特征。因此决策不可能达到一种理想化的模式，而只能在现实中追求有限理性，他提出用满意原则代替最佳原则。赫伯特·西蒙还重视决策过程本身，并提出决策过程理论，把决策过程分为情报活动、设计活动、抉择活动、审查活动四个阶段。

3. 渐进决策模型

渐进决策模型是由美国著名经济学家、政治学家查尔斯·林德布洛姆教授，在批判传统理性决策模型缺陷的基础上，提出的一套极有特色的政策制定模型。

林德布洛姆认为，现实政治是渐进的，很难有大的变革；技术上的困难及现行政策的巨额成本决定决策是渐进的。渐进决策的过程实际是不断地摸索和实验、不断地学习和反馈、不断地协调和调节的一个稳健的连续决策过程。

其主要特点：一是渐进主义。主张政策的制定只要根据过去经验对现行政策稍加修改即可，而且主张用渐进分析来代替传统的周全分析。二是积小变大。渐进决策在表面上看似行动缓慢，但实际速度往往大于一次大的变革，因此用一点一滴的变革，可以达到根本变革的目的。三是稳中求变。渐进决策步伐虽小，却既可以保证决策过程的稳定性，又能达到求变的目的。剧烈的变革会危及社会的稳定，容易引起人们心理与行为上的抵制。

4. 综合扫描决策模型

综合扫描决策模型是美国社会学家阿米泰·埃特奥尼提出的，旨在同时避免传统的理性决策模型和渐进决策模型的缺陷的一种决策模型。

埃特奥尼认为，传统的理性决策模型对决策要求过于理想化，而渐进决策模型只反映了社会强势群体的利益，没有把那些弱势群体的利益考虑进去。

综合扫描决策模型的基本内容，是先运用渐进决策模型分析一般性的决策要素，然后在此基础上运用传统的理性决策模型。这样既可以避免忽视基本的决策目标，又可以对最重要的问题做出深入的科学分析。

综合扫描决策模型试图对前几种决策模型进行整合，兼顾了传统的理性决策模型和渐进决策模型的一些特点，但没有具体阐述实际工作中如何运用，还缺少一定的可操作性。

四、领导决策的体制与原则

（一）领导决策体制的含义

所谓领导决策体制，是指在决策过程中承担决策的机构和人员所形成的组织形式。这里所说的组织形式，是指整个决策过程中的各个层次、各个部门在决策活动中的决策权限、组织形式、机构设置、调节机制和监督方法的整个体系。

（二）领导决策体制的结构

领导决策体制在宏观上完整的结构，一般由以下五大系统组成：

第一，决策中枢系统。决策中枢系统是决策体制的核心部门，由拥有决策权并负有责任的决策者及其所设立的决策机构组成。其主要任务是：确定决策目标，评估决策方案，选择最终方案，并对整个决策过程进行领导、协调和控制。

第二，智囊系统。智囊系统是专门为领导决策服务的研究咨询系统，由各种不同专业的专家与学者组成。其主要任务是：利用由信息系统提供的各种资料，综合运用各种分析与预测方法，辅助决策中枢系统发现问题并加以界定，论证决策者提出的决策目标或确定目标，拟订并评估决策备选方案，为决策者提供科学的决策依据。

第三，信息系统。信息系统是专门为决策者收集和处理信息的决策服务性机构。其主要任务是：利用现代信息工具与手段，对来自各方面的信息进行综合处理与分析，及时地为决策系统提供有价值的决策信息，保证决策信息通道畅通。

第四，执行系统。执行系统是指将各项决策指令付诸实施的系统。执行系统是一个由低级到高级保证决策逐步实施的系统，并在执行过程中将执行情况及新的信息反馈到决策系统，使决策系统能够及时了解决策实施的情况，从而对决策做出相应的评估。

第五，监督系统。监督系统是对执行系统贯彻执行决策系统的指令情况进行检查监督的系统。它帮助决策系统实现自我调节，以保证指令的顺利贯彻执行和决策目标的顺利实现。

（三）领导决策的原则

领导决策的原则就是领导决策者在决策过程中必须遵循的基本准则与行为规范。

第一，信息原则。信息是决策的基础，从某种意义上讲，决策的过程就是信息的收集和加工过程。决策的正确化程度依赖于信息的真实性程度，而错误的信息只能导致错误的决策。因此如何获得反映事物真实情况的信息，是决策者必须首先解决的问题。信息原则对决策的要求是：建立和健全信息处理机构，保证信息沟通渠道的畅通；建立多元信息系统，单渠道的信息系统的信息在传递和加工过程中容易被扭曲。因此，决策者在决策时不能仅仅依靠组织体系内的信息系统来获取决策信息，同时也要重视从体制外的信息系统获取有决策价值的信息。

第二，预测原则。预测是决策的基本前提。决策是对未来事物的结果进行设想，必然要建立在对未来事物的预测基础上。即预测可能发生的问题，决策的备选方案可能带来的反馈，等等。

第三，系统原则。系统原则就是要求领导者在决策时要树立起全局观念，从整体把握部分，要充分考虑决策所涉及的整个系统和相关系统的关系。全局观点并不是要无视局部利益，而是要更好地发挥局部特点和优势。

第四，优化原则。追求优化是领导决策的本质所在。领导决策必须根据主客观条件的不同制订多个备选方案以供选择，然后通过对多种方案的比较分析，权衡利弊，从中选出最优方案。

第五，智囊原则。面对日益发展变化的社会，单凭个人或领导小集团的智慧与能力，已经无法适应现代社会所赋予的决策使命。因此，借助外脑，发挥思想库的智力支持功能，成为领导决策不可缺少的部分，这也是社会化大生产对"谋"与"断"专业分工的必然要求。

第六，动态原则。任何组织都无法自给自足，都必须与环境发生物质与能量的交换关系，环境决定决策目标所能到达的程度。环境是一个处于不断变化之中的体系，领导决策必须充分考虑环境因素，根据环境的变化，及时调整策略，以应对环境变化对决策目标的实现可能带来的影响。因此，决策绝不是一次完成的，而是不断地与环境发生互动的过程。

第七，求实创新原则。科学决策首先要实事求是，尊重客观规律，这是决策成功的基本条件。领导决策应进行可行性研究，对支持决策成功的各种主客观因素进行充分的评估，制订符合实际的决策方案。同时，还要认识到决策所面临的问题和机遇总是不断变化的。因此决策者还要敢于创新，超越旧框架的束缚，把求实与创新有机结合起来，在求实的基础上勇于开拓创新。

第八，公正原则。社会公共利益是关系到每一个社会成员的切身利益的问题。无论是营利性的还是非营利性的组织，在决策时都必须考虑社会公众的利益。比如，对于非营利性的政府组织来讲，就面临着对有限的公共资源如何进行分配的问题，即"决策使谁受益"，涉及的是分配公平的问题；而对于以营利为目的的企业来讲，在追求利润的同时，也要考虑到社会责任的问题，如保护环境、提供安全服务以及保障劳动安全等问题。社会公正问题既是重要的理论问题，又是紧迫的实践问题。

第二节　领导决策的程序与方法

领导决策程序是决策规范化的关键，它可以帮助领导者使决策变得有序，而不至于产生混乱。而掌握一定的决策方法是进行科学决策的必要前提，针对不同的问题，领导者要灵活运用不同的方法去解决不同的问题。

一、领导决策的程序

所谓决策程序，就是把整个决策过程划分成若干前后衔接的基本步骤，也就是把决策行为阶段化、规范化、条理化，形成一整套严谨的科学步骤，避免因决策过程无序性而产生混乱，从而造成决策效能的降低与决策成本的增加。科学决策程序主要包括以下环节：

（一）发现问题

问题是决策的逻辑起点，决定了决策所涉及的范围及基本性质。

所谓问题，就是指事物的实际状况与应有状况之间的差距。实际状况是现实社会的客观状态。比如，人口多、底子薄、地区发展不平衡、经济比较落后是我国现阶段的客观现实状况。

应有状况又称希望目标，它是人们在主观上期望事物在未来所达到的一种结果。比如，到21世纪中叶，全面建成富强民主文明和谐的社会主义现代化国家，是我国今后几十年所希望达到的战略目标。而我国现阶段社会发展状况与目标之间还存在一定的差距，缩短二者之间的差距，就是领导决策所要解决的问题。

在现代空前复杂的社会中，由于在许多情况下，问题的实质与发生原因往往为大量假象所掩盖，而呈现给领导者的往往是一些征兆与表面现象，所以发现问题并不是一件简单的事情。爱因斯坦曾经说过，提出问题是解决问题的一半。能否及时发现真实的问题是领导者能否进行正确决策的首要前提。因此，为了能够及时发现问题，从而进行有效的决策，领导者应当培养自己的问题意识，并且要学会寻找、界定和筛选问题的方法。

（二）确立目标

发现问题后，在一定环境和条件下，为缩小应有状态与实际状态之间的差距而制定总体设想，就是确立决策目标。决策目标要具备以下几个基本条件：

第一，明确性。决策目标必须准确、清晰，绝不能含糊不清，模棱两可。模糊的目标只会使人无所适从，失去方向。

第二，期限性。在一定程度上讲，期限意味着效率。

第三，可行性。目标的确立必须与主客观条件相适应。

第四，具体性。目标确立不能泛泛而言，必须有一个可衡量的指标。比如，"四个全面"战略布局，其中全面建成小康社会的目标包括，到2020年，实现国内生产总值和城乡居民人均收入比2010年翻一番，人均国内生产总值达31400元。量化是目标具体的保障。

第五，层次性。一项重大的决策，都是由诸多子目标按照一定的层次组成系统目标，每个层次都有自己所要达到的目标。

（三）拟订方案

决策目标确定后，提出若干行动方案以备选择是决策不可缺少的环节。有学者指出，出于择优的需要，备选方案为2~7个为宜。这些方案必须是排他的，即拟订的方案不能雷同，要有原则的区别，否则备选方案的拟订就毫无意义。

（四）分析、评估与优选

备选方案拟订出来后，还要委托各种专家和咨询机构对备选方案进行全面的分析、评估，在对各种方案的优劣与得失进行比较后，选择一个理想的方案。

（五）慎重实施

任何决策的实施都是一定成本的投入。一项重大决策的实施往往需要投入大量的人力与物力，如果出现决策方案或目标错误，就会给全面实施造成巨大损失。为此，决策实施必须慎重，不能搞所谓的"遍地开花""全面上马"，应该在重大决策普遍实施之前，进行局部试验，以验证其可靠性。先进行试点工作，如果确实可行再进行推广。对于那些不宜或无法进行试验的决策方案，则在实施过程中加强管理与控制，发现问题，及时反馈。要做到早发现、早诊断、早调整，及时采取补救措施。

（六）追踪决策

追踪决策，就是对决策方案付诸实施后的情况进行严密的监控，随时检查其发展趋势是否与预定目标相一致。要是出现实施结果与预期目标发生偏差，应对原方案或目标进行及时修正或再决策。决策实施过程中可能出现的情况有：

第一，方案错误。方案错误即决策目标没有问题，但由于方案本身错误，而造成结果与目标的偏差。如果出现这种情况，应废弃该方案，并从原来的备选方案中重新选择一个方案加以实施。

第二，目标错误。目标错误即方案不存在问题，但由于目标有误，而出现用科学的方法求出错误结果的情况。出现这种情况，应停止正在实施的方案，重新确定新的目标。

第三，环境变量。环境变量即目标与方案都不存在问题，而是因为环境变量造成目标或方案不能实现。出现这种情况，应根据具体的情况，重新制订方案或调整目标。

信息反馈是追踪决策的前提。为了能够及时了解决策实施的真实情况，领导者应该建立一种灵活有效的信息反馈机制。

二、领导决策的方法

科学地决策是领导决策的首要要求，它直接关系到领导决策的成败。在社会实践过程中，人们积累了诸多的决策方法，这对提高领导者的决策艺术和决策水平提供了许多有益的参考和借鉴，以下介绍几个比较典型的决策方法。

（一）头脑风暴法

头脑风暴法又称专家会议决策法，是指依靠一定数量专家的创造性逻辑思维对决策对象未来的发展趋势及其状况做出集体判断的方法。这种方法充分发挥若干专家所组成的团体宏观智能结构效应，在会上通过专家们之间的信息交流和相互启发，引发思维共振，从而在较短的时间里得到更多新的创意。头脑风暴法容易产生新创意，对预测具有很高的价值，但受心理因素影响较大。比如，容易屈服权威或附和多数人的意见，而忽视少数派的意见，等等。

（二）德尔斐法

德尔斐法是一种对传统专家会议法的面对面方式的改进和发展。德尔斐法采用匿名通信和反复征询意见的形式，通过书面的方式向专家们提出所要预测的问题，得到专家不同意见的答复后，将意见集中整理和归纳，然后匿名反馈给专家，再次征询意见和反馈。被征询的专家在互不知晓、彼此隔离的情况下不断交换意见，经过多次循环，最终得到一个比较一致的预测结果。德尔斐法具有如下特点：

第一，匿名性。不公开群体成员的姓名，消除了人们对权威的敬畏心理；同时被邀请的专家可以在后几轮的征询中修改自己的意见，而不必公开说明修改的理由，无损自己的威望。

第二，多轮反馈沟通。预测小组要对每一轮专家提出的意见进行统计和汇总，将意见比较集中的问题再反馈给各位专家，供下一轮预测参考。一般来讲，经过三或四轮调查后，专家们的意见将会比较集中，这时就可以把最后一轮的调查所得的结果作为专家小组的意见和决策者的决策方案。

第三，预测结果的统计特征。德尔斐法一个重要的特点是做定量处理。它对专家意见的汇总和处理采取了统计方法，能够用定量方式表示预测的结果，所以最终的结论具有很强的科学性。

（三）模拟决策法

模拟决策法是人们为取得对某种客观事物的准确认识，建立一个与所研究对象的结构、功能相似的微型模型，即同态模型，然后运行该模型，并对各种不同条件下的模拟运行结果进行评价、分析和优选，从而为领导决策提供依据。

模拟主要针对某些事物大的结构和功能而言，并不包括对事物各个细节的模拟。采用模拟决策方法的原因是，一些复杂庞大的实际系统，往往找不到有效的分析方法，而实地测试与研究不仅费用大而且花费时间长，一旦出错将会造成重大的损失。模拟决策方法本身带有实验性质，其功能主要是在模拟中对事物发展的各种可能、趋势、结构和功能进行大胆的实验和探索，然后进行分析和比较，找出较为切实可行的方案，为决策者提供决策依据。

随着现代科技的发展，特别是高功率、高运转的计算机在模拟实验中的运用，模拟决策法在诸多的领域中得到了广泛的应用。例如，气象预测模拟、地震预测模拟等都是利用高能计算机对自然界复杂系统的模拟再现。值得一提的是现代军事科技中也已广泛应用该方法，例如，核子爆炸模拟实验、推盘演练、电子模拟战等都引进了该方法。科技的发展使模拟实验的精密性、准确度和可靠性越来越高，模拟决策法已成为现代领导进行决策的重要方法。

（四）"决策树"法

"决策树"法是风险决策的一般性方法，即把决策过程用树状图来表示。树状图一般由决策点（常用方块表示）、方案枝（常用细线表示，一个方案枝代表一个方案）、状态结点

（常用圆点表示）、概率枝（常用细线表示，每条概率枝代表一种自然状态）、结果点（收益值或损失值）几个关键部分组成。"决策树"法包括以下几个分析步骤：

第一，绘制决策树图。决策树形不像自然界的树那样从下向上生长和展开，而是由上述几个部分从左向右展开，组成一个树状网络图，如图7-1所示。

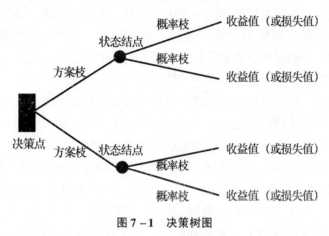

图7-1　决策树图

第二，计算收益期待值。计算各状态结点的收益值，将各分枝的收益值（或损失值）分别乘以各概率枝上的概率，最后将这些值相加，求出状态结点的期待收益值。

第三，修枝。这是方案的比较选优过程，根据不同方案的期待收益值（或损失值）的大小进行方案优选。若以最大期待收益值为准则，则逐级淘汰较小期待收益值，生成一个最终决策点的决策。

第三节　现代领导决策的新视点——危机决策

随着现代社会的发展，危机不是在减少而是在增加。一次看似微小的事件都有可能演变成威胁组织生存的危机。因此，每一位组织领导者不仅应该具备处理危机的能力，还必须时刻存有一种危机意识。

一、研究危机决策的重要性

英国社会学家安东尼·吉登斯认为，我们正在进入一个"风险社会"，在这个社会中，风险越来越是人为的产物，而非传统意义上的天灾。比如，2001年，美国发生"9·11"恐怖袭击事件，它给世界带来的后果与影响特别是对世界政治格局的影响到目前还难以估量。

2003年春，我国的一场突如其来的"SARS"（Severe Acute Respiratory Syndromes，重症急性呼吸综合征）危机，打破了整个社会的正常生活秩序。它的来临极大地考验了我们社会的理性程度，同时对政府的危机应对能力也提出了考验。不论是"9·11"事件还是"SARS"危机，只不过是众多危机中的一个。

就突发性疫情而言，据 WHO（World Health Organization，世界卫生组织）在 2002 年的一项报告说，仅 1995—2002 年，全球就有过至少 30 起突发性疫情的暴发。从传统安全威胁来看，冷战结束后，世界不仅没有得到渴望中的和平，相反，全球武装冲突的数量却从冷战结束前的每年 4 起上升到每年 34.5 起，呈逐年上升趋势。非传统安全威胁更是层出不穷，大规模的自然灾害、金融危机、能源危机、生态危机、恐怖威胁以及社会动乱等，从来就没有停止过对人类的威胁。在世界依旧存在种种危机威胁的情况下，任何组织或个人，都可能遇到不同的危机挑战。正确处理这些危机，是领导者必须具备的能力。

美国一位政治家曾经说过，我们处于一个易受攻击的社会地位，灾难每年似乎正在成倍增长，如果我们对危机管理不给予迫切与足够的重视，我们就会失职。

近年来，随着无线技术与互联网的广泛应用，破除了传统的信息垄断的状况，又使"风险社会"的特征发挥到极致，使许多可能只是局部的恐慌演化为全国性甚至国际性的危机情绪。信息革命放大了危机的影响范围，超越了空间地域的限制，加大了危机决策的难度，也给我们的危机管理提出了一系列问题：什么事件可能伤害我们？如何应对非传统威胁？如何在尽可能短的时间内控制事态，降低损失？如何做好与民众的沟通？如何维护国家的长远利益与公共组织的公信力？如何建立科学的危机处理机制？这一系列应对危机的问题也是现代公共组织的领导者都会面临的严峻挑战。因此，研究危机状态下的决策已经成为人们共同关注的一个焦点，也是领导者必须面对的一个新的决策问题。

二、危机的含义及研究趋势

（一）危机的含义与特征

一说到危机，人们很容易就把它与突发事故或紧急事故联系在一起，事实上它们并不完全等同于危机事件。保夏特和米德罗夫曾经用非常形象的例子来说明事故与危机之间的区别：一个工厂的水龙头坏了，如果仅仅是需要一些时间进行调整，那就是事故；但如果由此造成了工厂停产，甚至导致破产倒闭，那就成了危机。也就是说，事故影响较小，对组织是局部破坏；而危机影响较大，存在或潜藏着对整个组织肌体的根本上的毁坏。[①] 事实上"那些能够预防的'危机'都只能称为问题，只有那些无法预知的、被忽视的、具有颠覆力的意外事故，才算得上真正的危机"[②]。而它们在大多数情况下是由于人们的疏忽而酿成的悲剧。

查尔斯·赫尔曼等学者认为，危机是指威胁主要利益或造成严重后果，时间短、事出突然的事件。罗伯特·罗森豪尔特认为，危机是指对一个社会系统的基本价值的行为准则架构

---

① 薛澜、张强、钟开斌：《危机管理》，24 页，北京，清华大学出版社，2003。
② ［美］劳伦斯·巴顿：《组织危机管理》，2 版，符彩霞译，3 页，北京，清华大学出版社，2002。

产生严重威胁，并且在时间压力和不确定性极高的情况下必须对其做出关键决策的事件。我们认为，危机是威胁决策者的核心价值或根本利益的，迫使决策者在信息不充分和事态发展高度不确定的情况下，迅速决策的不利情势的集合。

危机一般都包含着利益和价值两方面的含义，其利益概念侧重于危机现象对组织生存和安全造成的影响；价值概念则侧重于人们对危机的主观心理感知，以及在意识形态、信仰系统、文明差异中的反映。从系统的角度看，危机是改变或破坏系统当前平衡状态的现象，危机可能使一个或若干个子系统发生突然或意外的变化，从而引起系统内外产生互动变化的特殊情况。从时间角度看，危机可能是对国际、国内社会产生长远影响的短期失衡现象。从信息角度看，危机是信息沟通产生断裂，情报来源不充足，使事件的产生让人惊讶或出乎意料的非常规现象。

因此，危机通常都具有以下六个特点：一是危机的突发性；二是危机的高度不确定性；三是核心价值受到威胁；四是危机的颠覆性；五是危机的独特性、无序性；六是决策的时效性。

（二）危机研究的趋势

危机研究有一个逐渐发展的过程。早期的危机研究主要侧重于传统安全领域的危机决策的研究。比如，20世纪五六十年代有理查德·施乃德的外交决策模式、格伦·D. 佩姬和查尔斯·赫尔曼的韩战决策、古巴导弹危机决策之比较研究。其特点是，注重某一时期危机数量的统计，强调类比分析的重要性，考察变量之间的关系。后来危机研究转向概念、通则、模型、理论的建构。例如，格雷厄姆·T. 阿里森对古巴导弹危机，建构了理性行为模式、官僚组织过程模式、会部政治运作模式；查尔斯·赫尔曼等学者建立的个人压力模式、组织反映模式、敌对互动模式、成本计算模式等。

20世纪七八十年代以后，国际政治学会（International Political Science Association, IPSA）曾多次举办危机研究的学术大会，就情报、资讯和危机处理的实证研究以及集体安全、联合国、区域和解、中东谈判、核子危机处理和区域的危机进行研讨。

冷战结束后，随着超级大国之间因军事冲突而爆发核大战的危机下降，非传统安全（相对军事安全而言，包括公共安全、经济安全、科技安全、信息安全、网络安全、跨国毒品走私、国际人口走私和各种恐怖活动）危机尤其是恐怖活动对安全造成的威胁格外突出。可是各国对恐怖主义造成的危机也没有在实践中予以认真对待。

2001年，美国"9·11"恐怖事件惊醒和教育了美国和其他的国家，使它们重新审视安全危机和战略安全的轻重缓急，对恐怖主义的行为、背景、定性、情报沟通交流、国际协作、预防和应变措施的研究成为各国政府危机研究的重要课题。

从危机研究的发展趋向来看，其研究范围逐渐从理论概念向实际操作层面扩展；从只关注政府间的冲突行为向重视非国家行为体对国家安全影响的方向发展；从传统安全领域向非传统安全领域扩展；从政治领域向社会领域延伸。

值得注意的是，在面对无限激烈的市场竞争环境时，西方企业组织的领导者早在20世纪 80 年代就已把危机意识和危机管理引入企业管理中，并把它作为企业一个普遍的生存与发展的法则。我国企业组织在这方面起步较晚，但大部分企业组织已开始普遍认识到危机管理的重要性。而公共组织在这方面的研究要比企业组织相对落后得多。比如，我们在应对"SARS"危机时，就暴露出危机管理体制与危机管理能力方面的诸多不足。

总之，危机研究正发展成为一门涉及管理学、组织学、心理学、财务、公共关系和人力资源等多学科的新学科——危机管理学。但是，作为一门减少组织风险和处理实际发生的意外事故的科学，危机管理还处于早期发展阶段。

三、危机决策的含义与体系构建

（一）危机决策的含义

从人类的文明史的角度看，人类避免不了灾害，无论是传统的还是非传统的安全危机，它们都将继续上演。但是，我们应该认识到有的危机是可控制的，而且它在许多时候是人为放大的结果。而有的危机虽然是不可避免的（如地震、飓风、洪灾等自然灾害），但我们至少应该把它处理得更好，减少它的损害程度，这是危机决策的根本目的。正如罗伯特·吉尔所说："危机研究和管理的目的就是要最大限度地降低人类社会悲剧的发生。"[1]

危机决策是指一种决策情势，在这个情势中，组织决策者所认定的基本利益和核心价值面临着严重威胁或挑战，突发事件以及不确定前景造成高度的紧张与压力，为使组织在危机中得以生存，并将危机所造成的损失限制在最低限度内，决策者必须在相当有限的时间内对事件做出关键性的决策和应对措施。

（二）危机决策的体系建构

由于组织管理者做出重大决策和反应的时间相当有限，很难在时间的压力下对危机进行迅速、稳妥、客观、正确的处理。危机事件的独特性使得危机状态下的决策者无法照章办事。但是，如果我们能够认识危机发展的规律，采取相应的对策，就能够有效地实现危机应对。

一般而言，危机发展的过程可以分为以下几个阶段：一是前兆阶段。危机发生前各种征兆出现阶段。二是爆发阶段。关键性事件爆发，时间演变迅速，前景高度不确定。三是持平阶段。危机事件控制在一定的水平线上，但没有完全解决。四是危机解决阶段。事件得到解决。与危机发展过程相对应，组织领导者必须根据危机发展周期的不同特点，采取相应的对策，对症下药。

危机决策过程可以分成以下几个阶段：

1. 危机预警阶段

危机预警是危机决策的第一个阶段，目的是有效预防和避免危机事件的发生。如果能够

---

① 转引自胡宁生：《中国政府形象战略》，1159 页，北京，中共中央党校出版社，1998。

在危机未发生前及时把产生危机的根源消除，那么就可以最大限度地节约成本。就我国发生的"SARS"危机而言，分析专家认为，如果将全国造成的损失的10%分配给卫生系统，就可以减少90%的损失。戴维·奥斯本和特德·盖布勒也认为，政府管理的目的是"使用少量钱预防，而不是花大量钱治疗"①。所以，避免危机是最好的危机管理。

有效避免危机的方法：一是动态预测。要预防危机，首先要了解什么东西可能伤害自己，并把所有可能会对组织活动造成潜在威胁的事件一一列举出来，进行分类，采取相应的预防措施。二是树立危机意识。要预防当然首先要有意识，危机意识是危机预警的起点。日本著名的企业家松下幸之助在总结其成功经验时说，长久不懈的危机意识是使组织立于不败之地的基础。三是构建危机应对机制。为了有效应对危机，要建立一个统一的危机管理机制，以便危机发生后能够迅速、及时、高效地做出反应，对相关的部门进行协调与指挥，对资源进行调配与管理。

2. 危机识别阶段

危机识别就是通过危机监测系统或信息系统认识与辨别出危机潜伏期的各种症状。在危机识别阶段会出现一些零星的冲突迹象，或突发事件已经发生，但还没有上升到危机的程度。这时候如果领导者能够及时处理，则整个危机局势仍可以转危为安。

3. 危机控制阶段

危机事件进入紧急阶段，直至全面爆发，必然有一个危机的升级过程。危机升级同时也是破坏力增强的过程，在不同阶段其破坏力也不同。如果危机深化到一定程度，将会严重地破坏组织赖以运转的系统，直至危及整个组织的生存。因此，在不同的阶段，要启动不同的应急机制，争取在最短的时间内控制危机使其不再升级，将危机造成的损失降到最低程度。

4. 危机消除阶段

危机控制后，并不意味着危机决策过程已经结束，只是领导危机决策进入了一个新阶段——危机消除，即危机善后处理。危机消除是可以为组织"提供一个至少能弥补部分损失和纠正混乱的机会"。危机消除工作包括：组织力量进行恢复重建；建立被害者援助制度，包括经济援助、披露案件信息，获取被害者或其近亲属的谅解等；总结经验，更新观念，改进组织结构，完善危机管理制度；掌握时机，推进改革，变危险为机遇。

四、危机与契机

（一）辩证地认识"危机"

所谓"祸兮福所倚，福兮祸所伏"，早在几千年前，我国思想家就辩证地指出任何事物的发展都存在正负两个方面因素。危机并不是绝对的坏事，危机有时会蕴藏巨大的机会。在

---

① ［美］戴维·奥斯本、［美］特德·盖布勒：《改革政府——企业精神如何改革着公营部门》，上海市政协编译组、东方编译所编译，205页，上海，上海译文出版社，1996。

汉语中，"危机"是"危"与"机"这两个不同词义的组合，"危"具有困难、危险的含义，指事件的发展达到了一个临界值和既定的阈值，给人以很大压力。"机"具有机会、时机、契机的含义，指事情变化的枢纽与重要关系的环节。按照熊彼特的说法，危机也是"创造性的毁灭"。古今中外历史上不乏一些国家经过危机，超越危机，获得了进一步发展的例子。可以说几千年来，人类碰到过无数危机，也正是通过处理这些危机成就了人类今天的文明。所以，出现危机不可怕，可怕的是面对危机不思进取，面对危机再犯同样的错误。

危机具有双重性，它有破坏的一面，也有积极的一面。后者即"危险中的机会"，指由一定事态带来的某种转折变化的机缘，也就是所谓的"契机"。

（二）组织的契机

危机对组织来讲有可能是一个契机，是组织命运"转机与恶化的分水岭"，从组织管理的角度来看，危机可以暴露出旧模式中的弊端，并渲染着改革的迫切性，管理者可以通过解决危机使组织获得进步。我国2003年发生"SARS"事件之后，政府在总结"SARS"危机的经验和教训的基础上，制定并通过了《突发公共卫生事件应急条例》，根据该条例，一个统一、高效、有权威的危机应对机制将负起公共卫生危机管理的重要职责。从这个意义上讲，"SARS"危机促成了公共卫生处理机制的建立。因此，对于组织来讲，危机本身也是一种契机，对改善组织结构、完善管理机制、提高领导效能起到了重要的促进作用。

（三）领导者的契机

有效地处理危机可以使领导人得到更高的权威，也有助于领导人在今后的工作中更好地贯彻自己的理念。富有改革精神的领导人，应不失时机地推行自己的改革理念，使那些在常规情况下难以解决的问题得到解决。

"9·11"事件发生后，纽约曾一度陷入混乱，市民的心理处于极端恐惧和焦虑之中。但是，在经历短暂的混乱后，纽约市民很快镇静下来，并迅速参与到城市救援中去。纽约市民能够迅速恢复正常的生活秩序，在很大方面得益于美国领导人处理危机的方式与能力。危机中的公众心理十分脆弱，他们希望能够及时得到真实的信息，了解事实的真相，这需要强大的政府领导。在这次事件中，由于美国政府加强了透明度，让媒体充分发挥作用，使信息能够及时地向社会发布，减少了不确定性和流言对民众心理的侵扰。布什总统和朱利安尼市长的表现也对安抚民众的恐慌心理发挥了重要作用——危机中，人们渴望真诚坦率，要求与人打交道，而不是与不能谋面的组织打交道。

在"9·11"事件发生时，尽管美国政府声称为了国家安全起见，需要隐瞒总统的行踪，但是布什总统的身影还是时常在媒体中出现，一会儿出现在"空中一号"，一会儿出现在空军基地发表讲话，一会儿出现在教堂为美国祈祷，一会儿出现在救灾现场。布什总统在"9·11"事件中的表现，极大地提高了其在美国民众中的声望。据"9·11"事件发生不久的一次民意调查表明，美国民众对布什总统的支持率高达91%，而在恐怖事件发生之前，布什总统的支持率只有51%。而纽约市长朱利安尼则因为"在公众需要时表现勇敢，不为包围着他的伤痛而退缩"，被《时代》周刊评为第76位年度风云人物。

"9·11"危机管理者通过有效的危机应对，消除了恐怖事件引发更大规模的后续社会危机的可能性。不仅把危机有效地控制在突发事件发生时的初始状态，同时通过媒体把自己负责的形象展现在公众面前，提高了自身的威信。

第四节 现代智库的作用及发展

一、智库的含义与构成

（一）智库的含义与特征

智库（Think Tank，也作 Brain Trust）又称"思想库"，从字面意思理解，就是智慧或思想的集合。智库作为源起西方的概念，属于舶来品的范畴。Think Tank 一词最早出现于第二次世界大战期间的美国，用以指代军事人员和文职专家聚集在一起制订战争计划及其他军事战略的封闭环境。

现代智库是公共决策的重要参与者，其基本社会功能主要包括为公共决策提供思想和行动方案、评估政府运作效率、传播社会知识、引导公众舆论和社会走向，在现代国家决策体系中发挥着巨大作用，以至于有学者称智库为"第四部门"[1]，也有学者称其为"第五种权力"[2]。

从历史的角度审视智库的内涵，我们发现智库的含义是不断发展变化的。不同时期的学者，甚至同一时期的不同学者对于智库内涵的认识，以及对于智库概念的侧重都存在分歧。

保罗·迪克逊认为："智库是一种稳定的、相对独立的政策研究机构，其研究人员运用科学的研究方法对广泛的政策问题进行跨学科的研究，在政府、企业及大众密切相关的政策问题上提出咨询。"[3]

詹姆斯认为："智库是从事于力图影响公共政策的多学科研究的独立组织。"[4]

里奇认为："智库是那些独立的、不以利益为取向的非营利组织，它们生产专业知识以及思想观念，并主要借此来获得支持并影响政策制定过程。"[5]

① P. Dickson, *Think Tanks* (NewYork：Atheneum，1971).
② 任晓：《第五种权力——美国思想库的成长、功能及运作机制》，载《现代国际关系》，2000（7），18页。
③ P. Dickson, *Think Tanks* (New York：Atheneum，1971).
④ Simon James, *The Idea Brokers：the Impact of ThinkTanks on British Government*, vol. 71,（Public Administration，1993），491-506.
⑤ Andrew Rich, *Think Tanks, Public Policy, and thePolitics of Expertise* (New York：Cambridge University Press，2004).

麦甘认为："智库是指独立于政府、社会利益集团如公司、利益团体以及政党等力量的具有相对自治性的政策研究组织。"①

学者们大都发现并承认这种分歧的存在，如克勒纳所言："智库内涵丰富导致其概念的模糊性。"② 因此，既然智库的概念是模糊并且宽泛的，抽象的语言表述不能帮助准确地理解智库的内涵，对于智库特征的概括就显得尤为重要。

为了令模糊的概念呈现出较为清晰的轮廓，我们尝试从"非我"的角度去定义智库，即通过说明智库不是什么，进而帮助理解智库是什么。

第一，智库不是高校/科研院所。高校/科研院所偏重基础性学术研究而非应用性政策研究，研究成果对公共政策产生的影响是其正外部性（positive externalities）的体现。

第二，智库不是政党政府的研究机构。政党政府的研究机构"受部门层级关系限制"③，"其工作主要表现为自觉或不自觉地宣传和阐释政府政策"④，研究成果对公共政策产生的影响基本限于为"原生态"的决策披上理论的外衣。

第三，智库不是利益集团。利益集团从事研究工作并提出政策建议是为了维护和增进其所代表的集团成员的利益，研究成果（或观点倡议）对公共政策产生的影响更应该理解为是民主运行的结果。⑤

基于此，我们认为，智库是不依附于任何组织或个人的、自主运行、不以经济利益为取向的非营利组织，其成员以影响决策为主要目的，以公共政策为主要研究对象，或从事基础性学术研究，为应用性政策研究提供支持，以增进公共利益为基本价值取向。

（二）智库的构成要素与类型

1. 智库的构成要素

智库的构成要素主要包括研究者、营销者与管理者。

（1）研究者。智库是知识、智慧和思想的集散地。智库最根本的任务是发现现实社会中存在的问题，对这些问题进行深刻的分析，找到并提出适当的思想、理论、观点和对策，用以解释、克服、解决现实问题及其造成的困难。产生思想和观点是智库的第一要务。研究者作为智库构成的第一要素，其核心职能就是找问题，做研究，生产思想产品。

（2）营销者。智库与学术研究机构的最大区别在于，智库不仅要提出自己的思想和观

① James Mc Gann, *Academic to Ideologues: A BriefHistory of the Public Policy Research Industry*, vol. 25, (Political Science and Politics, 1992), 733 – 740.

② ［德］帕瑞克·克勒纳、韩万渠：《智库概念界定和评价排名：亟待探求的命题》，载《中国行政管理》，2014（5），25~28、33页。

③ 王绍光、樊鹏：《中国政策研究机构的基本情况》，观察者网，2013 – 11 – 06，http：//www. guancha. cn/wang-shao-guang/2013_ 11_ 06_ 160756. shtml？XGYD，2016 – 04 – 05。

④ 王健：《论中国智库发展的现状、问题及改革重点》，载《新疆师范大学学报》（哲学社会科学版），2015（7），29~34页。

⑤ 关于利益集团对公共政策的影响，可以参考罗伯特·达尔（1989）、阿瑟·本特利（1967）、托马斯·戴伊（1991）、查尔斯·林德布洛姆（1988）等人的经典研究。

点，其最终目的是要利用这些思想和观点去影响和改变社会（通过公共政策）。所以智库的一个重要任务就是建立多元且通畅的合作网络，并通过它与包括政府决策机构、学术研究部门、大众传播媒体（包括互联网）和民间组织等进行沟通与合作。智库的目标能否达成，在很大程度上取决于其网络是否足够强大和通畅。营销者作为智库构成的第二要素，其核心职能就是通过组织活动、发行出版物等方式建立并扩大合作网络，开展思想营销。

（3）管理者。智库组织的正常运转是实现智库目标的重要保障。管理者作为智库构成的第三要素，其核心职能就是借助管理手段，合理运用智库组织的各种资源，维持智库组织的正常运转。

2. 智库的基本类型

根据智库构成要素所发挥的作用，可以将智库分为三种类型。

（1）官方智库。官方智库具有天然的合作对象——政府：要么是政府机构的组成部门，要么由政府出资设立，或者主要承接政府委托的研究课题。官方智库生产的思想产品绝大多数属于自产自销，所以思想营销的任务比较轻。官方智库的研究任务主要是过滤信息、介绍新思想、对领导决策的理论化阐释等。相对而言，官方智库的管理者职能更为重要，组织内部的层级划分也更为清晰与严格。

（2）民间智库。民间智库的独立性最强，但是民间智库最需要考虑自身的存续问题，所以立场和视角最容易出现变化。民间智库可以被视为思想市场中没有"背景"的经营者，其三大构成要素所发挥的作用最为平衡：研究者需要生产更优质的思想产品，管理者需要更大程度地配置组织的各项资源，更倚仗营销者对于合作网络的开拓。

（3）高校/企业智库。高校/企业智库的组织结构相对松散，甚至并非是具备独立法人资格的实体，研究领域相对较窄但是专业性强。由于组织结构较为松散，所以管理者职能较轻；研究领域较为聚焦，所以营销者任务较为单一，但是对研究者最为倚重。无论是全职研究者还是兼职研究者，其工作内容并不完全是提供决策建议，很多对决策产生影响的研究成果是其本职工作正外部性的体现。

二、智库的发展与功能

（一）智库组织的发展历史

智库的雏形自古就已存在，古代决策者招贤纳士，并通过召对、会议、奏章、票拟、草制等形式广泛咨询贤才的意见。我国古代的著名"智库"包括孟尝君的三千门客、汉武帝刘邦的"汉初三杰"、唐太宗李世民的"凌烟阁二十四功臣"、康熙设置在乾清宫的南书房等。但是早期形态的智库与现代智库的内涵相去甚远。在古代，为决策者提供智力支持的贤才往往被称为幕僚，即帷幕中的谋士。一方面要求他们足智多谋；另一方面又要求他们不能随意抛头露面，人身依附的意味明显，符合封建社会的政治生态。所以从审慎的角度考虑，现代智库的源头应该从近现代历史中找寻。

理解智库的发展，应该把握好智库组织的发展与智库作用的演变这两条相互交织、相辅相成的主线。智库自诞生之日起，其所发挥的作用随着智库组织的发展壮大而愈发丰富，表现出领域扩大化、研究专业化、视野国际化的趋势。

现代智库的发展可以划分为四个阶段。

第一阶段，智库的早期发展阶段（20世纪初至第二次世界大战）。第二次世界大战爆发前，美国的政策研究所只有24个。第二次世界大战的爆发对于智库数量的增长起到了促进作用，为了满足各国政府战时策略的需要，以服务战时决策为主要任务的智库组织开始纷纷涌现。这一时期产生的智库包括美国的卡耐基国际和平基金会、英国的国防事务研究所、法国的外交政策研究中心、德国的基尔世界经济研究所等。

第二阶段，智库的转型发展阶段（20世纪40—60年代）。第二次世界大战之后，恢复并促进经济的发展、维护社会的长期稳定成为各国政府关注的首要任务。此时智库开始从战争期间的临时使命转型为国内事务导向研究，各国智库如雨后春笋般发展起来。

第三阶段，智库的迅速发展阶段（20世纪60—90年代）。在完成正规化转型之后，智库发展进入了快车道。此时世界智库发展的重头戏在美国，总体呈现出以下趋势：一是政策研究机构的数量迅速增加；二是研究领域分化并出现专业型智库；三是决策者愈发重视智库的作用，其对公共政策进程的影响越来越大。

第四阶段，智库的深度发展阶段（20世纪90年代—　）。伴随着全球化脚步的不断加快，各国之间形成了竞争与合作并存的微妙局面，重视软实力，谋求和平发展、互利共赢成为各国之间的共识。经济上的往来极大地推动了智库之间的交流与合作，智库成为文化软实力的象征以及各国政府的头脑先遣军。基于研究视野与活动范围的不断拓宽，智库逐步形成了面向国际事务、区域事务和国内事务的多层次体系。

（二）智库的功能及其在决策中的作用

从智库的发展历程来看，智库在国家的经济社会发展过程中发挥着积极的作用。概括而言，智库的功能包括以下三个方面：一是为政府提供战略服务。自智库这种组织形式成立之初，就发挥着参与重大政治、军事决策，为政策制定提供服务的作用。智库也因此被称为"第四部门"或者"第五种权力"。二是对社会的引导和教育功能。在政府决策及其执行的过程中，政府为了推动政策执行，获得公众支持，也需要借助专家的影响力来引导公众。同时，由于智库自身发展的要求，也要宣传自己的主张、扩大自身影响，在此过程中也发挥了教育引导和启发民智的作用。三是人才的储备库。西方的"旋转门"机制指的就是这种智库为政府和企业培育和输送人才的功能。精英荟萃的思想库源源不断地为政府储备和输送人才，不断使政府的观念得到更新，管理水平得到提升。

作为领导决策的有效推动力量，智库的作用体现在以下几个方面：

（1）发现并提出前瞻的政策问题。提出政策问题是决策的基础要件。而潜在的政策问题的发掘和把握则有赖于开阔的视野、综合的知识储备和敏锐的观察以及科学的预见。对即将或未来发生的具有重大影响的政策问题有预见、有准备，将是对政府提高决策水平和领导效能的一个积极推动。

（2）收集汇总信息，并进行科学分析。对问题的分析以及有关信息的收集处理工作，是决策过程中至关重要的环节。由于决策者的理性、知识结构等要素的有限性，依靠专业人士收集并处理海量的信息就成为现代决策的必要程序。而智库则因为其成员具有较高的知识层次、合理的知识结构和专业的分析能力而适合承担这项工作，并为决策的准确奠定基础。

（3）激发创造性思维。一般而言，智库的专家团队是高智商、高学历的群体。在决策的过程中，除了提出问题、分析信息之外，还能够提供坚实的理论支持和思想引领。通过专家的意见和建议，启发决策者的思维，对制订候选方案具有积极作用。

（4）制订可行性方案。随着社会政治经济的发展以及全球一体化进程的加剧，政策问题越来越复杂，决策给领导带来的挑战也日益增加。特别是我国目前随着政治、经济体制改革的进一步深化，各级公共组织的领导者面临的问题的复杂化、公众对公共部门决策能力的要求都在进一步提高，这就要求各级公共部门的领导者在决策时，在专家的帮助下，谨慎地制订可行性备选方案，并做出科学决策。

（5）政策推行的舆论引导。为推行政策而进行的舆论引导，即通过舆论传播影响并引导人们的观点、态度和动机并进而影响乃至控制人们的行为，使人们能够接受即将推行的政策及其带来的变化。以智库的专家权威来进行舆论引导，可以使公众在接收信息的时候更中立，更容易受到专家权威的引导。特别是在网络化时代，智库通过新媒体等方式进行舆论引导，不仅能够促进公众的理解和接受，同时也能起到在公共部门和公众之间沟通信息的作用，增加公共部门的公信力。

三、我国智库的现状及发展管理

在我国，有人将所有的社会科学研究机构都认为是智库，据此认为我国的智库约有1 600多家；有人仅将我国的民间研究机构视作智库，如此统计我国的智库数量不过几十家。由此可见，完全用西方智库的概念去界定我国智库是困难的，需要采取一个较西方智库概念更为宽泛的理解。

（一）我国智库的发展历程及现实困境

现代智库在我国的兴起应该以改革开放为起始，所以我国（现代）智库的发展史也可以视作一部改革史，其发展演进大体经历了以下五个阶段。

第一阶段，改革开放伊始，以中国社会科学院成立、党政军系统智库迅速发展为标志，我国智库体系初步建立；第二阶段，20世纪90年代初，以我国首批民间智库相继成立为标志，我国智库体系呈现多元化发展趋势；第三阶段，党的十六大召开后，以北京大学中国经济研究中心等高校智库蓬勃兴起为标志，我国智库体系基本成型；第四阶段，党的十八大召开前夕，以中国社科院实现功能转型、中国国际经济交流中心等一批民间智库大量涌现为标志，我国智库开始寻求转型；第五阶段，党的十八大召开以来，以25家机构入选首批国家高端智库建设试点单位为标志，国家开始大力推动新型智库建设。

纵观我国智库的发展历程，可以看出智库的地位与作用日益凸显，扮演的角色从幕后逐步走到了台前，功能的定位从社会科学研究机构向成为国家软实力的重要组成部分拓展，发挥的作用从注重决策的科学性向注重决策的科学性、民主性、法制性相结合跃升，发展的环境从相对封闭的决策体系向相对开放的决策体系转变。

我国政治体制尤其是决策体制的特殊性，决定了我国智库的发展相比西方，是一种非典型的实践。党的十八届三中全会提出"加强中国特色新型智库建设，建立健全决策咨询制度"，意味着智库建设迎来了又一个转折，同时也面临又一个春天。但是不可忽视的是，未来走向新型智库的道路上面临着诸多现实困境，主要表现为以下四对矛盾。

（1）内容与渠道的矛盾。智库除了要关注研究成果的质量，还必须努力拓展联系决策层的渠道，进而增加观点被采纳的机会，所以思想营销对于智库而言同样也是生产力。最理想的状态当然是内容与渠道两者齐头并进，而一旦"鱼与熊掌不可兼得"，则要面临偏重内容还是偏重渠道的选择。鉴于自古"文无第一，武无第二"，对社会科学研究成果的优劣进行比较是困难的，所以做到渠道独一无二要比做到观点出类拔萃更容易。这将形成一种选择性激励，导致智库倾注更多的精力和资金用于公共关系，而不是其核心业务——政策研究。长此以往将陷入呈递渠道越拓越宽，而内容质量越做越差的困境。

（2）建议与参考的矛盾。在网络时代，相对开放的信息环境大大增加了人们接触信息的机会，与之相伴，信息爆炸也同样带来了信息超载的困扰。为了应对信息超载，信息接受者往往倾向于依赖其固有的思路来处理信息。智库作为信息供给方，自然而然地产生了投其所好的偏好选择，以增加自己的观点在信息过滤机制下"幸存"的概率。"双盲体制"的产生似乎在所难免，决策者需要超越个人倾向的多元观点作为决策参考，但是智库在提供观点时却明显带有迎合的动机——首先研究决策者在各个场合的讲话，从中摸索意图，然后以决策者的意图为蓝本提出政策建议。最终的结果往往是决策者始终不能得到多元的决策参考，智库始终不能领会决策者的真实意图。在这种情况下，将如何分辨到底是智库在为决策者提供参考建议，还是决策者在为智库提供研究方向？

（3）基础与应用的矛盾。虽然从事基础研究不是智库的主要工作，研究成果也不是智库的最终产品，但是对基础研究的积累决定了应用研究的价值。缺乏对政治学、行政学等学科基础理论的学习，将会影响智库（成员）对于基本社会规律的认识，破坏社会的整体知识结构，最终导致公共政策质量的下降。由基础研究成果转化为政策的产出需要经过时间的积淀，所以从事基础研究需要具备相当的定力与担当，唯有"甘坐板凳十年冷"，方能"文章不写一句空"。因此，对从事基础研究的智库成员的激励就成为一个问题，同时，这一对矛盾也模糊了智库与科研院所的边界。

（4）市场与立场的矛盾。智库影响力是智库存在的基础，但是智库的政策影响力与社会影响力并不能统一，某种程度上两者之间甚至存在一种"跷跷板"效应：一旦研究成果成功转化成为政策（政策影响力增加），那么至少在相当一段时间内，智库将失去对其观点的冠名权，因此，政策影响力的极大化有可能造成社会影响力的极小化。作为相对独立运行的机构（主要是指人事独立和经济独立），缺乏社会影响力将难以获得可持续的资金注入与人才供给；而单纯依靠政府或某个机构的全额拨款，其价值中立又将难以体现。

（二）现阶段我国智库的发展管理

尽管我国目前智库的数目在国际上排在比较领先的地位，但智库的发展相对来说仍处于初级阶段。政府在充分认识智库的决策参考作用的基础上，应该处理好与智库之间的关系，通过加强法律法规等策略营造智库发展的良好环境，并通过理顺与智库之间的经费支持关系，推动智库的组织体制和运行机制改革，更好地对智库的发展进行管理，进而更好地发挥智库的功能。

1. 准确定位智库性质

第一，智库是独立于政府之外的社会组织。它以其知识应用和人才储备服务于政府决策，但从组织上又独立于政府，保持中立。组织上的独立是智库独立运行、独立开展研究的基础。只有独立的研究机制，才能保证其中立、公正、客观地做出科学的结论；也只有独立的开展研究，才有可能避免智库为了经济利益或者政治利益背离了为政府决策提供参考和建议的公共目标。政府可以充分发挥智库的决策建议的作用，以及为政策推行而进行的政策解读等舆论引导功能，但要尽量避免让智库成为政府政策的附庸。也只有如此才能够恰如其分地发挥智库的专家权，在智库的帮助下不断提升决策能力，建立并维护好公信力。

第二，智库应该是独立运行的市场组织。正如有学者将智库比作"思想商店"——"正是这样的思想商店，浓缩着政治和社会精英的政策主张，影响着政府的政策走向和世界政治的风云变幻"[1]。智库所生产出的思想和政策主张应该在市场机制的调节下，有序地供给政府和企业。在发挥其智囊作用的同时，获得自身的良性发展。

2. 理顺政府与智库的关系，确保智库的独立性和公正性

如前文所述，我国目前的智库大多是官方或半官方的，其身份的附属性决定了其研究和运行的过程必然受到政府意志的影响。例如，我国目前发挥重要决策咨询作用的智库组织多半是大学、研究院、研究所（中心）等，其经费来源于政府，更进一步，制约智库成员发展的职位、职称等因素也多受政府政策的影响。这种情况下的智库及其成员是很难保持真正的"独立"的。那么，其研究的公正性也必然受到影响。因此，在认识智库性质的基础上，保障智库的独立，一方面，大力发展民间智库；另一方面，理顺政府与大学、研究院所等官方、半官方智库的关系，在使用智库的知识成果时采取市场机制的调节方式，即通过支付咨

---

① 卢咏：《第三力量：美国非营利机构与民间外交》，241～242页，北京，社会科学文献出版社，2011。

询费用购买研究成果，最大限度地减小公共部门意志对智库的影响。

3. 建立健全有关法律法规，保障智库的建设有法可依、有序推进

这不仅仅是为智库的发展营造良好的外部条件，也是进一步规范智库的发展方向的有力保障。美国的智库行业管理是非常规范的，对从业人员的要求也非常严格，不但要求从业人员具备较高的专业知识，还要具备法律、心理等方面的知识。这种严格的规范管理为美国的智库发展积累了大量的人才储备，同时使智库行业的国际竞争力大大增强。我国目前可以借鉴西方国家的成熟做法，稳步简章立制，规范不同性质的智库的发展方向，使智库的专业化水平和综合性持续提高，以应对日益复杂和综合的决策咨询需要。

4. 进一步推动智库的内部管理体制建设，提高智库的专业化程度

政府通过政策法规的制定，推动智库的内部管理体制改革。由于我国目前大多数智库属于行政部门或者事业单位，因此，根据其性质和内在发展规律，深化改革，把握好发展方向，建立有效的运行机制和激励机制，将有效地激发智库的活力。完善成果评价和转化机制，建立智库的成果转化制度，提高转化效率。进一步深化研究体制改革，通过公开、公平、公正的招投标机制以及对政策咨询结果的反馈机制等措施，推动智库积极为决策参考开展有针对性的研究。

▢ 小结

现代组织的生存与发展越来越依赖于组织基本的长期目标和目的性决策的正确与否。一项正确的战略决策会给组织带来美好的发展前景，而一项错误的决策也可能给组织带来灾难性的后果。作为一位组织的决策者，必须为自己的组织寻找持续发展的目标和道路，这是其所处领导地位的职责所决定的。

决策在整个领导活动中居于中心位置，是决定领导事业成功与失败的关键。一个好的决策，需要科学的方法、合理的组织结构和高超的决策艺术。从组织的角度讲，它需要自己的决策者是一位具有战略思维的领导者，同时还必须具有强烈的危机意识，只有这样的领导者才能带领组织在激烈的竞争环境中取得生存与发展。

══ 案　例 ══

王妃之死与危机决策

1997 年 8 月 31 日，戴安娜王妃在巴黎死于一次意外撞车事故。英国人民对戴安娜王妃热心于慈善事业深感敬佩，因而对她的意外死亡悲痛至极。而女王伊丽莎白二世在王妃去世的当天只发表了一句话的声明："伊丽莎白女王和王子对此事深感震惊，也深表悲痛。"声明如此简单，没有一点儿人道关怀，看不出失去亲人的悲伤。结果，6 天

之内，伦敦报纸的头版头条都发布了民众的愤慨之情，质问："女王安在?"全世界数百万人都在哀悼："为什么不是她?"广播节目也在谈论公众对白金汉宫的"愤怒"。有人甚至公开质问：世上有什么人，尤其是为人祖母的女王，能对亲人之死如此冷漠?

女王低估了问题的严重程度和公众的情感。等她再向全国发布生动的、充满感情的演讲时，一切都为时已完。结果，她的声誉受到玷污，民众对君主制的支持也在一周之内跌落40%，这是现代史上从未有过的事。

点评

戴安娜王妃发生车祸从本质上讲是一个意外事故，这次事故与英国王室并没有直接的关系，公众迁怒于英王室似乎没有道理。但是，英王室的冷漠激怒了沉溺于悲痛之中的民众，人们无法理解一贯被称为"慈祥老祖母"的英女王为何对亲人的离世竟然表现得如此无动于衷。英国王室过于纠缠与戴安娜王妃过去的恩怨，忽视了戴安娜王妃在英国民众中的影响，忽视了民众的情绪，因而导致意外事故演变成大规模的王室危机。作为一个组织的领导者，必须具备判断形势的能力与意识，越是大规模的组织或著名组织的领导者，越应该具备这种能力与意识。因为，人们对组织的期待是成正比的，一个组织的规模越大，人们对其期待值就越高。因而，发生危机时，其杀伤力也就越强。这就是一次意外的车祸就能导致一次前所未有的"王室危机"的道理。

综合习题

一、名词解释

1. 领导决策　　　　2. 头脑风暴法　　　　3. 决策树法

4. 有限理性决策模型　　5. 渐进决策模型

二、判断题

1. 按决策问题的出现概率分类是程序性决策和宏观决策。（　　）

2. 按决策目标的数量分类是单目标决策和多目标决策。（　　）

3. 为决策中枢系统提供专门咨询服务的是信息系统。（　　）

4. 决策前景不属于领导决策要素。（　　）

5. 最佳原则不属于渐进决策模型的特点。（　　）

6. 最佳原则是有限理性决策模型的特点。（　　）

7. 有限理性决策模型的特点是满意原则。（　　）

8. 科学决策的第一步是确立目标。（　　）

9. 事物的实际状况与应有状况之间的差距是问题。（　　）

10. 缩小应有状态与实际状态之间的差距而制定的总体设想是决策目标。（　　）

----

11. 检测决策方案实施的情况与决策目标是否相一致的方法是决策追踪。（　　）

12. 运用同态模型的原理进行决策的方法是德尔斐法。（　　）

13. 危机决策的过程有危机控制阶段、危机持平阶段、危机解决阶段、危机消除阶段。（　　）

14. 有效避免危机的办法有树立危机意识、动态预测、构建危机应对机制、消除危机。（　　）

三、简答题

1. 简要说明领导决策有哪些特征。

2. 领导决策有哪些要素？

3. 如何认识领导决策的公正原则？

4. 决策实施过程中，可能出现哪些问题？

5. 头脑风暴法有哪些特点？

6. 德尔斐法的特点是什么？

7. 有效避免危机有哪些办法？

8. 危机发展要经过哪些阶段？

四、论述题

1. 什么是领导决策体制？科学的领导决策体制应该如何设置？

2. 什么是决策程序？科学决策主要包括哪些环节？

3. 什么是危机决策？危机决策过程分为哪几个阶段？

4. 如何认识危机与契机的关系？

第八章　领导思维与实践创新

通过本章的学习，了解思维的基本原理；基本掌握领导思维的基本原理；重点掌握思维创新的理论与方法、领导战略和领导决策过程中的思维特点，并能够从思维创新的角度对领导活动中的相关问题进行分析。

　📇　**内容提要**

本章在介绍思维及思维创新基本理论的基础上，主要探讨了领导活动中的思维与创新，分析了思维、思维方式与思维方法的含义，以及领导战略和领导决策的思维过程，并重点分析了领导思维创新的影响因素以及思维创新的培养途径。

第一节　思维的基本原理

一、思维的含义与特点

一般情况下，思维的概念有广义和狭义之分。狭义的思维仅仅是指运用概念、判断、推理等处理问题、做出决策的思维活动。广义的思维是泛指一切精神现象，包括人的感觉、知觉、表象，以及概念、判断、体力等一切观念形态和精神现象的总和。广义的思维与意识、精神等概念是同义的。从勒内·笛卡儿到现在我国的哲学教材，都是在广义上介绍思维概念的。

思维对象、思维主体和思维方法是思维活动中最基本和最主要的三个要素。思维对象是思维活动的原材料；思维主体是具有认识能力及相应思维结构的人；思维方法是思维主体对思维对象进行加工制作的方式、工具和手段。

一般来说，思维具有以下特点：

（1）物质性。思维活动是物质活动的一种形式，是人的中枢神经系统，特别是大脑受外界刺激而引起的一种高级神经活动。人脑是思维的器官，思维的物质性根源于思维器官的物质性。

（2）自觉性。由于大脑中已经储存了大量知识，并且具有自觉摄取知识的习惯，人脑对客体的反映具有不同程度的自觉性，思维活动也因此具有自觉性。

（3）历史性。伴随科学技术的发展和人类社会的文明进步，思维方式、思维方法以及思维能力都会得到不断的演变与提升，同时思维的发展又推动了人类认识世界、改造世界的进程。

二、思维方法

（一）思维方法的含义

思维方法是人们通过思维活动为了实现特定思维目的所凭借的途径、手段或办法，也就是思维过程中所运用的工具和手段。

（二）现代思维方法的特征

思维方法是思维的工具和手段，它的发展是同人类实践活动方式和科学技术的发展相适应的。当前，人类社会正在由工业经济时代向知识经济时代过渡。根据经济合作与发展组织的看法，知识经济可以理解为：以现代科学技术为核心的，建立在知识和信息的生产、传播、使用和消费基础之上的经济。知识经济时代促进了思维方法的发展，而现代思维方法也体现着时代发展的历史要求。现代思维方法的主要特征包括以下几个方面：

1. 系统性

现代思维方法本身构成了一个层次清楚、内容丰富的方法系统。从层次上看，有哲学思维方法、逻辑思维方法、一般科学思维方法、具体科学思维方法等；从基本种类上看，有抽象思维方法、形象思维方法、灵感思维方法等。另外，现代思维方法以高度辩证的系统思维方法为核心内容和本质特征。

系统论认为，系统是相互联系、相互作用的若干要素构成的有特定功能的有机整体，系统是普遍存在的。系统思维方法把系统的观点用于分析和综合事物，是系统性原则的运用，它最根本的特点是，始终把思维对象当作多方面联系、多要素构成的动态整体来研究，进而对思维对象之间及其与内外环境之间的作用与联系进行全面的把握和综合的分析。其基本原则主要包括整体性原则、有序性原则、动态性原则、等级性原则、发育原则、模型和优化原则。

时代的发展要求人类思维发生与之适应的重大变革，这种变革主要表现为思维的多维性、开放性和动态性。建立在现代科学方法论——系统论基础上的系统思维方法，从单纯认识事物的属性深入到对事物诸要素及其相互关系的认识，带来了思维方法上的重大变革。它使人类从"相关性""系统性""动态性""整体性"等新的思维视角上更加深刻地认识世界，充分体现了知识经济的融合、创新的时代特色和思维变革的发展趋势，成为知识经济时代根本性的思维方法。

2. 创新性

创新性不但是自古以来人类生产、生活实践的基本要求，也是现代思维方法适应知识经济时代发展规律的本质需要。知识经济是一种充分体现人类智慧与创新精神的经济形态，创新是知识经济的本质特征。

3. 定量性

定性思维方法以对事物的定性分析为基本思维过程，是根据事物的性质和属性认识、确定和判断事物的思维方法。定量思维，是与定性思维相对应的一种方法，它是伴随人类思维方式的变革和对事物的"量"的关注与重视，逐渐被普遍采用和广泛接受。定量思维方法把数量分析作为思维过程的基本组成部分，并强调数量分析是决策的依据。定量思维方法包含了一系列具体的操作方法。数学方法以其高度的抽象性、严密的逻辑性、结论的确定性，成为最主要和最根本的定量思维方法，此外，被广泛使用的方法还有计算机方法，实质上也是一种数学方法。

在实际的思维活动中，定性思维与定量思维是既对立又统一的两种思维方式。两者互为前提，又互为补充；相互规定，又相互转化。缺乏定量分析的定性分析往往是不确定的，不精确的，这种模糊性的认识很容易导致决策失误。而缺乏定性分析的定量分析也是肤浅的、抽象的，无法真实反映事物的属性。

三、思维方式

所谓思维方式，是指思维主体在实践活动的基础上借助于思维形式认识和把握对象本质的某种手段、途径和思路，并以较为固定的、习惯的形式表现出来。

思维方式体现了人们思维活动的基本特征，是一个由许多方面、不同要素构成的复杂系统。它包括思维的主观方面和客观方面。思维的主观方面主要是指思维主体的知识及其结构，思维主体的观念、语言、习惯、情感、意志、文化等精神素质，以及思维主体的思维形式、思维方法和思维程序等；思维的客观方面主要是指思维对象、思维的物质技术手段和思维的物质工具。其中，思维方法是思维方式的核心内容和具体体现，构成了思维方式中最实质、最基本的部分。

思维方式与思维形式有所不同，思维形式一般是指人们借助逻辑思维反映事物所采用的形式，如抽象思维、灵感思维、形象思维等。思维形式属于思维方式的范畴，是思维方式的一部分。

当前，我们已经进入知识经济的时代——一个以创新为本质特征的时代。知识经济是一种以新的发现、发明和创新的知识为基础，充分展现人类智慧与创新能力的经济形态。与其他经济形态相比，它更加依赖于知识的积累和应用，更加强调创新的作用。时代呼唤创新，创新源自思维。一切创新活动都是创新主体——人的思维活动的结果。因此，人的思维力是创造力的核心；思维创新作为一种高级的思维活动形式，已经成为人类社会发展的必然要求。

第二节　领导行为与领导思维

一、思维品质与领导行为

（一）领导行为的思维过程

领导思维存在于领导行为的过程之中。领导者在进行领导行为的过程中，无论是制定目标、分析环境，还是调动资源、控制活动进程，都是在思维的基础上开展的。领导思维过程主要分为三个步骤：分析和综合，比较和分类，抽象、概括和具体化。具体而言，分析是在头脑中把事物的整体分解为各种属性、各个部分和各个方面的过程；综合是在头脑中把事物的各种属性、各个部分和各个方面结合起来的过程。比较是在头脑中对事物之间的异同进行确定的思维过程，分类是将事物按不同的性质和特征进行归类的过程。抽象是在头脑中抽出同类事物的本质属性；概括是在头脑中把同类事物的本质属性进行综合，并推广到其他事物上；具体化是通过分析综合，将抽象概括过程中获得的概念与实际结合起来的过程。领导思维的过程就是对领导目标和环境进行分析，对各种资源、情势进行比较分类，并在综合各种分析的基础之上进行决策的循环过程。

（二）思维品质的含义与特点

1. 思维品质的含义

思维活动是全体人类共有的一种活动，但是不同个体思维活动的特点和方式却各不相同。人与人之间在思维活动中所表现出的差异，就是思维品质。

2. 不同层次思维品质的特点

（1）在揭示对象规定性与发展趋势程度的维度上，思维具有深刻性与肤浅性两极对立的品质。深刻的思维善于深入地钻研问题，善于透过现象发现本质，善于抓住主要矛盾，把握事物本质的、内在的特性。

（2）在解决问题所涉及的知识领域和所建立的思维通路多少的维度上，思维具有广阔性与狭隘性两极对立的品质。思维的广阔性是指能多方面运用知识、组织多种路径解决问题的思维品质。狭隘的思维者只能运用单一知识，建立单一的通路解决问题。

（3）在思维能否依据主客观环境的变化及时做出反应的维度上，思维具有敏捷性与迟钝性两极对立的品质。

（4）在思维路径的结构方式维度上，思维具有系统性与凌乱性两极对立的品质。思维的系统性，又称思维的逻辑性，指思维体系结构完整、层次清晰、思路连贯；思维的凌乱性，指思维体系结构混乱、首尾失调。

（5）在思维方式、方法及思维成果新颖程度的维度上，思维具有创造性与再造性两极对立的品质。再造性思维，是依据前人或他人的方式、方法进行思维，制造同类思维成果的思维品质。再造性思维是在学习的初级阶段广泛使用的一种思维方式，它与因循守旧、保守陈旧的思维是根本不同的。

（6）在对待他人思维成果的态度与方式的维度上，思维具有独立性和盲从性两极对立的品质。

（三）领导思维品质的功能

1. 领导思维品质是领导思维能力的综合反映，是实现成功领导的必要条件之一

思维品质是对个体思维特点的一种描述，这种描述不是孤立的，而是建立在思维方法、思维方式、思维技巧、思维深度等丰富的思维内容的基础之上的一种综合性描述。领导思维是影响领导行为的深层次原因，思维品质体现了领导思维的个性差异，是领导思维能力的综合反映，并且关系到领导活动的成败。

美国著名经济学家罗伯特·卡茨在《成功管理所需的基本技能》一书中指出，成功的领导是以技术技能、人事技能和思想技能为基础的。思想技能，是对组织内部各个要素的属性及联系的认知程度，以及对组织与环境相互作用的认知程度，实质上就是领导的思维能力。行动是基于思维而产生的，思想技能为技术技能和人事技能提供了思维的动力和基础。因此，思想技能，即领导的思维能力是实现成功领导的必要条件中最根本性的一个。

需要指出的是，好的思维并不是成功领导的充分条件，也就是说，有了好的思维，未必能实现成功的领导。但是，如果没有好的思维，领导是一定不能成功的。没有好的思维，不可能有对事物准确而深刻的认识和把握，当然也不可能具有良好的技术技能和人事技能，更谈不上成功的领导。

2. 领导思维品质是领导艺术的源泉和基础

领导艺术是建立在一定的知识、经验、智慧、才能、胆略的基础上的，综合运用领导理论、方式、方法，灵活、高效、有创造性地处理领导活动中各种问题的非规范化的技巧和才能。领导艺术在本质上属于领导科学的方法论范畴。但是，与领导活动中其他规范化的方式、方法相比，领导艺术通常是不可重复验证的，是一种非规范化的、非模式化的技巧和方法，具有随机性、多样性、灵活性等特点。

从本质上说，领导艺术根源于领导者的思维能力和思维水平，是其思维品质的反映和体现。领导者的知识构成和个性特征，是形成领导艺术的基本要素。同时，它们也是人类思维活动的产物，体现了不同思维主体的思维风格和思维能力。不同的领导者处理同一领域的相同问题，往往会运用迥然不同的技巧和方法，体现出强烈的个性色彩。这种极富个性化的领导艺术实际上是领导者内在思维品质的综合体现。周恩来总理是伟大的无产阶级革命家，也是一位卓越的政治家、外交家，他高超的政治领导艺术，正是源于他深刻、严谨、开放、灵活、睿智的思维品质。

3. 思维品质的训练是领导发展与培训的重要内容

与群体思维方式的相对稳定性特点不同，思维品质具有鲜明的个性化特点，具有良好的可塑性和发展性。

思维品质不是与生俱来的，它是气质、禀赋、智商等先天因素与后天的理论修养和实践锻炼相结合的产物。通过自觉的知识学习和实践训练，优秀的思维品质可以得到培养和强化，而不良的思维品质也可以加以纠正和改善。创造性是一种较高层次的思维品质，很多领导处理问题严谨周密，游刃有余，但往往缺乏创造性。对于这种情况，可以尝试通过专项训练提升思维能力。

思维品质的发展性表明，优秀的思维品质不是一蹴而就的，人们必须通过长期的学习和培训不断地加强、改善和优化，以适应环境的改变和实践的发展。思维品质的训练是一项综合的系统工程，包含了丰富的内容。例如，知识、经验的学习，思维的方法与技能，如何开拓思路，摆脱思维定式，等等。通过科学、系统、规范的训练，根据时代特点和实践发展的需要，改善和优化领导者的思维品质，不但可以提高他们的思维能力和领导艺术水平，也必将有助于领导活动的顺利进行和领导事业的成功发展。

二、决策中的领导思维

思维是主体把握客体在人脑中所进行的意识活动或精神活动，它既是认识活动又是认识结果。思维主体的思维方式、方法对于他的行动会产生直接的影响。不同的领导思维，意味着认识方式的不同，会产生不同的认识结果，从而导致不同的领导行为。以下，我们以领导行为中最主要和最基本的决策行为为例，分析领导思维的作用及管理方法。

（一）科学思维是科学决策的基础

决策广泛地存在于社会生活的各个领域，它不但是领导的基本职责和核心内容，而且贯穿于领导活动的全过程，成为领导学关注和研究的中心问题。通俗地讲，决策就是人们为了解决问题而出主意、想办法、做决定的活动过程。从思维的角度看，决策还是一种重要的思维活动和认识活动，包含了思维方法、思维技巧、思维品质等丰富的思维元素。思维—决策—行动，是人类社会活动的基本过程。

随着社会的发展，领导活动日益复杂，传统的经验决策方式已经难以适应现代社会发展的要求，决策科学化成为领导决策追求和探索的方向。"决策科学化"，又叫"科学决策"，是指运用科学理论、科学思维、科学方法，建立科学的决策体制和科学的决策程序，从而进行决策活动。"想"是"做"的先导。决策是行动的前提，又是思维的结果，是运用思维成果指导实践活动的过程。因此，没有思维，就不可能有决策。科学决策必然要建立在科学思维的基础之上。同时，科学思维的意义，不仅仅在于对认识活动的科学指导，更在于对实践活动的科学指导。作为人类最重要的社会活动之一，决策的意义就体现在它是由认识向实践转化的中间环节。因此科学的思维也只有通过科学的决策，才能真正作用于实践。

　　思维科学化帮助我们更加正确地认识世界，认识世界的目的则是为了有效地改造世界，而制定改造世界的目标和途径正是决策活动的基本任务。所以，决策构成了思维由认识层面向实践层面转化过程中的第一个环节。科学决策具有严谨、客观、高效、精确等特点，对决策人的思维能力和思维水平提出了很高的要求。不同类型的决策对思维科学性的基本要求是一致的，但所采用或主要采用的思维方式、思维方法、思维品质、思维形式等则是不同的。决策主体需要根据决策活动的具体要求进行适当的调整与组合。例如，对于常规性决策而言，主要采用常规性思维方式，按照已有的先例认识和处理问题；非常规性决策则更多地需要采用创造性思维方式，面对新情况、新形势，探索新的解决办法。当然，实际中的大量决策行为是兼而有之的，既包含常规性决策，又包含非常规性决策，这时，就需要综合运用两种思维方式，采用多种思维方法，在科学思维的前提下实现决策的科学化。

（二）决策过程中的思维方法

　　管理学家赫伯特·西蒙在他的决策理论中强调指出，决策不是一瞬间的活动，而是一个漫长的复杂的过程。作为一个过程，决策具有一系列相对固定的程序，包括发现问题、确定目标、制订方案、方案评估和方案实施五个阶段。决策的科学化是领导决策的基本要求，而科学思维是科学决策的前提和基础。因此，为了进行科学的决策，需要根据决策过程中不同阶段的特点，采用一系列科学的决策方法，这些决策方法就是科学的思维方法的体现和应用。

　　1. "发现问题，确立目标"的思维方法

　　美国著名领导学家彼得·德鲁克认为，有效领导者的决策不是从搜集事实开始，而是从确立一种使用性的准则——目标开始。如何科学、正确地确立目标，首先要从发现问题着手。发现问题是决策的起点，决策活动的起点也就是思维活动的起点。因此，发现问题就成为思维的起点。发现问题是一个主观反映客观、从实践到认识、从外界向头脑输入信息的过程。在这个过程中，必须尊重实际，从实际出发，遵循唯物主义的思想路线和思维方法。

　　深入细致的调查研究是正确反映客观存在、科学发现问题的前提。科学地调查和发现问题的方法，实质上就是科学的思维方法在领导活动中的具体运用。这些方法包括德尔斐法、表格征询法、回归分析法等。

　　问题，反映了应有现象与实际现象之间的差距。目标，则是指在一定的环境和条件下，在发现问题的基础上设定的希望实现的结果。目标是从问题中产生的，但目标并不是对问题的简单罗列，而是在对问题进行思维加工的基础上提炼出来的。对问题进行思维加工，主要是完成两项工作：一是要对问题系统进行分类整理，形成层次清晰、条理分明的问题系统；二是要准确把握问题系统的主要矛盾和核心要素，使目标切中要害，从而使问题系统得到整体性的解决。在这一过程中，需要运用一系列科学的思维方式和思维方法，如比较、抽象、分析、综合、归纳、演绎、系统论和系统方法、控制论和控制方法、结构—功能方法、模型化方法、创造性思维、纵向思维、横向思维、发散思维、收敛思维、反馈思维、超前思维等。

2. 方案制订和选择的思维方法

方案的制订和选择，是在发现问题和确立目标的基础上，为实现既定目标而寻找途径的过程。这个阶段思维活动的主要任务是：对决策目标的各个方面进行深入、具体、细致的分析和科学的预测，为实现目标提供一系列可供选择的方案。

制订方案是决策程序中的关键步骤，既要实事求是，尊重客观规律；又要锐意创新，富于想象力和预见力。在这一阶段，思维活动既要运用创新性、敏锐性和超前性的思维方法，借助想象、联想、灵感等思维形式进行"大胆假设"，又要采用冷静思索、严密推理、反复计算、定量分析等思维方法"小心求证"，确保思维的准确性和科学性。可见，方案制订的过程，是思维方法中的多种对立因素矛盾运动并趋于统一的过程。

方案选择，是对制订方案阶段提供的多个被选方案进行综合评价，在比较的基础上进行判断和筛选的过程。在方案选择阶段，思维活动的特点是：主要运用比较思维方法对被选方案进行效益分析、风险分析、价值分析、可行性分析等，从而判断出各种方案的优劣好坏。需要指出的是，思维的准确性和科学性是确保正确选择方案的重要条件，在思维方法上表现为注重定量分析思维方法的运用。

组织的领导者或决策者通常在方案选择的过程中起主导性作用，因此，方案选择过程中的偏好，在一定程度上也反映了决策者思维水平的高低和思维能力的差异。

3. 决策实施中的思维方法

选定方案后，就进入决策实施的阶段。从思维活动的角度看，决策实施就是把思维活动的产品化为具体实践活动的过程。一般说来，凡是意义比较重大、涉及范围比较广泛的决策方案，在普遍实施之前需要进行典型实验，以进一步明确其效果并加以完善。试点实验是保证决策取得最佳效果的重要环节。在实验中，需要灵活运用多种思维方法，把握一般和个别、普遍和特殊、全局和局部、整体和部分、共性和个性有机结合、辩证统一的思维方式，以验证方案的可行性。试点实验成功以后，方案就进入普遍实施的阶段。从方案的试点到方案的普遍实施，并不是简单的仿效，而是从个别到一般、从局部到全局、从特殊到普遍的转化和飞跃，这个过程既需要在思维上进行再创造，又需要从实践上进行再开拓。因此，试点阶段的经验并不完全适用于普遍实施的阶段，在思维活动中也需要继续进行新的探索与尝试。

4. 反馈过程中的思维方法

决策过程不是一个单向的发展过程，而是伴随着一系列多层次、多回路的反馈活动。错误的目标导致错误的执行，而科学的目标如果要得到正确的执行，就必须在领导活动中不断地进行分析和调整，这样才能确保它的顺利完成。反馈的目的就在于，对决策制定与执行过程中出现的缺陷、偏差和错误进行及时的追踪、调整和纠正，确保组织目标的顺利实现，并为新目标的制定提供依据。

决策过程中的每个阶段，以及各个阶段中的每个发展环节，随时都有可能出现问题和失误，反馈必须做到及时、准确。因此，反馈活动中的思维方法一般要具有高度的灵活性和准确性，同时，也需要具有一定的超前性，对可能出现的问题做出合理的预测，避免或减少决策过程中的失误。

第三节　领导战略与思维创新

在以上的小节中，我们分析了思维品质的含义、特点以及思维对领导行为的重要作用。毋庸置疑，在这个知识爆炸的时代，人类的思维能力随着科技的发展而大大提高，但与此同时，领导环境的日益复杂也对领导者的思维能力提出了严峻的考验。可以说，在当下飞速发展的社会中，每个组织都面临着挑战。能否在复杂的领导环境中得以生存和发展，很大程度上取决于领导者的思维能力能否适应环境的变化。在应对挑战的领导活动中，领导战略是至关重要的一个环节，关系到组织的发展方向和生存机会。因此本节将从领导战略的角度入手，分析领导思维创新的必要性以及创新思维的培养。

一、领导战略与思维过程

（一）领导战略的含义与特点

"战略"（strategy）一词来源于希腊语 strategos，其字面意思是统帅、指挥官，最早应用于战争或军事领域，其本意是指基于对战争全局的分析、判断而做出的谋划。20世纪60年代，战略思想开始运用于商业领域，并与达尔文"物竞天择"的生物进化思想共同成为战略管理学科的两大思想源流。现代社会，战略的应用范围不断扩大，已经渗透到经济、政治、文化等领域。

领导战略（leadership strategy），是指对重大的、带有全局性的或决定全局的决策和用人问题的谋划和策略。概括说来，主要具有全局性、长期性、层次性、稳定性、风险性和适应性六大特点。

（二）领导战略的思维过程

领导战略是一个体系，它由多种要素构成，主要包括战略目标、战略重点、战略步骤、战略方针四个要素，领导战略的制定主要是围绕这四个要素展开的。

1. 确定战略目标

领导战略目标是领导活动所要达到的预期目的，是整个领导工作的出发点和归宿。战略目标是战略的核心，它规定着领导工作的总任务，规定着领导活动的基本方向。领导活动就是战略目标的展开过程。

确定战略目标应当注意以下几个问题：

（1）战略目标要正确反映各方面的要求。在战略目标中，要把需要和手段、内情和外情、上情和下情、局部与全局、暂时与长远、经济效益与社会效益有机地统一起来。另外，在确定和实现战略目标的过程中，也要注意防止和克服那种重视"硬"目标，轻视"软"目标的错误倾向。

（2）战略目标必须是积极而又稳妥的。这里讲的积极，是指目标的前瞻性和相应的风险性，但因为战略目标关系着组织的发展和存亡，因此必须持慎重的态度，进行综合和充分的评估。

（3）战略目标是概括性与具体性的结合。概括的程度与组织的层次高低成正比。过于抽象的战略目标容易流于空洞；但过于具体的，则容易在变化面前毫无灵活性，同时也会限制下属的创造性。

（4）战略目标必须是明确的。首先，表述必须清楚无误。其次，战略目标各个方面的主次、轻重及优先顺序，必须是明确的。再次，主体和责任者要有确定性。最后，实现形式、标准及约束条件要尽可能明确。例如，目标实现的评估标准、成果形式、资源限制、完成时限等都要明确。应当指出，战略目标的明确性与战略的时间跨度有关。战略的时间跨度越大，其战略目标的某些方面的明确性一般就越低。

（5）战略目标应当是可以衡量的。完善的战略目标应表现为一系列指标体系，这有助于准确地评价各种实施方案和检验实践的结果。某些不易量化的目标，可采用一些适当的办法加以处理。

（6）战略目标应具有相对的可变性。战略目标一经确定下来，就不应随意更改。但事态的发展并不全如所料。战略目标除了应保持相对稳定的一面外，还应具有可变性。一旦原定战略目标的实现受阻，需要及时代之以替代战略目标，以避免或减少突变所带来的损失。

2. 选择战略重点

领导战略重点是指那些对领导战略目标的实现有决定意义、对领导工作全局有重大影响作用的环节。在选择战略重点的时候，必须通晓全局，找出那些对全局有决定意义的方面；必须明确战略目标，围绕战略目标的实现，找出其中最关键的环节。不同的局部和事物，在不同的情况下，都可能成为对全局有决定意义的方面。但就一般情况而言，可能成为战略重点的，多为以下几个方面：

（1）全局发展中的薄弱环节。一条锁链的强度不是取决于最强的那一环，也不是取决于各环的平均强度，而是取决于最薄弱的那一环。加强这些薄弱环节，从某种意义上说就等于加强了全局，往往成为提高整体效益的关键。

（2）阻碍全局发展的"瓶颈"。这个瓶颈有可能就是全局发展中的薄弱环节，但也可能是其他方面的问题。瓶颈部位，往往就是战略发展的突破口。打破瓶颈，应是实施战略的主要步骤。

（3）竞争中的优势领域。在竞争中，确定重点的优势领域应当是对战略的胜负有决定性影响的领域。优势是相比较而言的，以自己的优势领域为战略重点，也就是以竞争对手的劣势领域为战略重点。

（4）牵动全局的枢纽或主导性、带头性领域。它们是全局的枢纽，抓住了这个枢纽，就可以控制全局。

（5）纵向发展中的关键环节。例如，战略实施的开端和关键阶段，重大转变的关头，各个阶段的连接和转换，以及影响战略转变的关键部位等。

在领导战略实施的渐进过程中，战略重点是确定阶段性战略目标、具体战略方针和战略步骤的重要依据。随着战略重点的转移，它们将发生一定程度的改变，领导工作呈现阶段性。在一定的情况下，某些战略重点的转移，将成为领导战略的重大调整、质的飞跃的关节点。此时能否正确预见和把握它们的转移，是关系到能否及时制定和实施正确的领导战略的重大问题。

3. 拟定战略步骤

领导战略步骤是领导战略目标实现的必经阶段和战略活动的基本路径，是领导战略制定的重要内容和组成部分。战略步骤是战略目标、战略重点和战略方针呈现的阶段性，主要以阶段性战略目标为标志。

（1）战略步骤的划分。战略步骤的划分要依据实际情况而定，各个步骤在时序上的排列必须合乎规律。要明确划分各个步骤的不同任务，明确各个步骤在整个战略活动过程中的地位和作用，并据此规定各个步骤所要达到的目标，即战略目标体系中的分阶段目标。规划战略步骤，实质上就是要对一定的战略在时间上做出部署。因此，除了要明确每一步骤要达到的具体目标外，还要尽可能明确地规定每一步骤的起止时间和持续时间。

（2）战略步骤的连接与转换。领导者在制定战略的时候，还必须注意各个战略步骤的关系，特别要注意它们之间的连接与转换问题。战略步骤的转换是有条件的，要尽可能具体地阐明转换的条件。同一战略的各个战略步骤是互相区别的，但又是互相联系的，前一步骤是后一步骤的准备，后一步骤是前一步骤的继续和发展。因此，绝不能把各个战略步骤割裂开来。各个战略阶段的关系，各个战略步骤的连接与转换，对全局胜负有着决定性的意义，作为战略领导者不能不注意。

4. 提出战略方针

领导战略方针是为实现领导战略目标而规定的基本行动准则，是实现战略目标的基本方法和策略原则。例如，沿海开放带动西部开发，尊重知识、尊重人才等都是战略方针的问题，具有普通的指导意义。不同的战略目标，往往会有不同的战略方针；同一个战略目标，有时也可以采用不同的战略方针，一切依具体情况而定。战略方针是否正确，对战略的成败关系极大。因此，领导者对战略方针的制定必须十分谨慎，既要注意与战略目标保持一致又应注意各方针之间的协调。

（1）注意战略方针与战略目标的一致性。人们所选定的战略方针必须与战略目标相一致，必须有助于战略目标的实现。原则上说，战略方针的作用性质取决于战略目标，当战略目标发生错误时，战略方针越有效，其造成的危害后果越大。

（2）注意各个方针的协调性。不同的战略目标往往会有不同的战略方针，为了实现一定的战略目标，有时也可以采取不同的战略方针，必须注意各个方针的协调一致问题。战略方针系统必须具有一致性和完整性，这样才能发挥其应有的功能。否则，缺少了哪一方面的方针，哪一方面的行动就可能陷于盲动，并影响其他方针的贯彻实施。

（3）注意方针规定的明确性。在确定战略方针的时候还要注意其规定的明确性问题。战略方针的表述必须明确、清晰。否则，便会影响其有效性。

（4）注意方针的针对性。战略方针的针对性要强，即"对症下药"。要从本地区、本部门的战略目标、重点、步骤的实际情况出发，将其变为现实的措施、办法。

二、思维创新与领导实践

领导战略是事关全局或关键环节的特殊决策，这种决策的特殊性对决策者的思维能力提出了更高的要求：领导战略的全局性、长期性、层次性、稳定性、风险性和适应性等特点要求领导者的思维能力必须与之相适应，能够做到通观全局、放眼长远、反应灵活、决策果断。如何提高领导者的决策思维能力，已经成为摆在领导者面前的一个重要课题。

（一）思维创新的含义与过程

思维创新，是提高领导者决策思维能力的根本途径。

所谓思维创新，是指通过思维主体的大脑活动，运用各种思维的技能、技巧，对知识、信息进行加工处理，改变思维活动的模式或过程，获得新的思路、新的观念、新的方法、新的理论。

1926年，心理学家格林汉姆·华莱士提出了著名的创新思维四阶段论，他认为，创新思维包括准备期、酝酿期、豁然期和验证期四个阶段。在每个阶段里，直觉与灵感、顿悟都具有重要的作用。首先，在准备期，有助于人们敏锐地发现问题，打开思维创新的突破口。其次，在酝酿期和豁然期，有助于人们正确地选择目标、明确思路，开辟思维创新的途径和方法。最后，在验证期，可以帮助人们进行科学的预见，正确地把握事物未来发展的方向及其本质。

（二）思维创新的技巧与方法

1. 发散思维与收敛思维

发散思维和收敛思维是美国心理学家乔伊·保罗·吉尔福特定义的一组相对的思维形式。发散思维，又称求异思维，是一种向着各种不同的方向进行思考和探索的新前景，其追求多样性的思维。发散思维是一种多向性和开放性的思维活动，它承认事物的复杂性、多样性和生动性，在联系和发展中把握事物，从而大大地开拓了思维视野，扩展了创新视角，有效地促进了思维创新的产生。

发散思维有许多具体的表现形式，最主要的有多向思维、交叉思维和反向思维三种。多向思维主要是从正面发射出许多不同于原有解释的新颖、独特和富有想象力的思路；反向思维从相反的角度，特别是从自己的对立面的立场来考虑问题；交叉思维则打破了专业界限，把各种问题或领域进行交叉思考，体现了事物普遍联系和相互过渡的本质特性。

发散思维拓展了思维视角，而要进行思维创新，还必须集中有价值的东西，设定明确的目标，这就是收敛思维。收敛思维是以思维集中为特点的创新思维活动。它是创新者综合各种思维成果，在比较、分析、综合的基础上，根据一定的目标，按照一定的程序，将思维引向集中和深入的过程。除了具有上述鲜明的目标性以外，收敛思维还具有综合性的特点。收敛思维实际上就是以目标为核心，对原有的知识从内容和结构上进行有目的的选择和重组。这种综合不是简单的组合，而是具有创新性的整合。日本在 20 世纪 50 年代就提出"综合就是创造"的口号，甚至把它作为体制改革的指导思想。在收敛式综合思想的指引下，日本实行了引进和改进相结合的政策，取得了巨大成就。

在思维活动中，发散思维和收敛思维相互联系，相辅相成，并在对立中相互转化。发散思维是扩散性的思维活动，收敛思维是集中性的思维活动；发散思维以最大限度地扩展思维视角为特点，收敛思维则确定了思维关注的方向，明确了创新目标。

2. 垂直思维与横向思维

垂直思维，也称历时性思维，是指从历史的角度对同一事物在不同发展阶段的特性进行深入分析。横向思维，也称同时性思维，它截取历史的某一横断面，研究同一事物在不同环境中的发展状况及与其他事物的关系。垂直思维和横向思维都把研究对象置于特定的参照体系中进行比较性研究，但是两者的方法和思路却是迥然不同的，在思维创新中的作用自然也有所不同。

世界著名的思维训练专家爱德华·德·德波诺在《新的思维》一书中，以"挖井"做比喻，论述了垂直思维和横向思维两种思维方法的不同特点。他指出，垂直思维从单一概念出发，并沿着此概念一直深入，直到找到最佳的解决办法。但是，万一作为起点的概念本身就是错误的，那么由此开始的所有努力就是徒劳的。正如挖一口井，如果选址选错了，即使挖得再深也挖不到水。同样是"挖井"的事例，横向思维则会有不同的做法。根据横向思维，首先要确定井的正确位置，一旦发现位置错误，就会果断放弃，另寻新址。

创新也可以被看作一种思维领域的"挖井"活动，是在思维的世界里发现未知的新的思维源泉。在实际的思维过程中，垂直思维和横向思维两种思维方式是相互补充、交替使用的。但是在不同的思维活动和思维活动的不同阶段，主要采用的思维方式则有所差异。在思维创新的初始阶段，要求创新者具有灵活的思维品质、敏捷的思维速度，需要更多地进行横向思维，从而开阔视野，拓展思路，迅速捕捉创新线索。在思维创新的发展阶段，则要求创新者具备严谨性、深刻性的思维品质，对选取的研究对象进行深入的研究，对垂直思维活动也要相应地有所侧重。

3. 质疑思维

质疑，意味着一种思考、思索、探究的求知过程。不假思索、全盘接受的学习，永远不可能有所创新。善于发现和提出问题，是许多新事物、新观念产生的起点，也是思维创新的基本技巧之一。要实现创新，就需要对已有的认识进行批判性的独立思考，挑战权威，打破传统，才能从习以为常的观念和认识中发现新的思维创新元素。

4. 互动思维

前面介绍的思维技巧大都是从个体思维来考虑的，互动思维则是一种群体式的创新思维技巧。互动思维的基本思想是：个人在群体背景中与其他成员相互诱发，可以激发人的"发散思维"，使群体得到新颖的、富有创意的方法。在一个创新团体中，互动思维是相当重要的。同时，深入地理解和有效地运用互动思维技巧，对于培养和提升组织整体的创新能力，也具有重要而深远的意义。

例如，在决策中普遍应用的头脑风暴法，就是目前在世界范围内应用最广、影响最大的互动型思维方法之一。这种方法要求一组人员通过开会方式就某一待定问题出谋献策，群策群力，解决问题。头脑风暴法需要遵守自由思考、禁止评判、谋求数量和结合改善等会议原则，以确保最大可能地开发集体智慧。实践证明，头脑风暴法具有广泛的实用价值，这种方法主要是通过联想反应、情感激励和竞争意识三种方式激发创新思维。

第一，联想反应。在集体讨论中，每个新的想法，都能引发他人的联想，并产生连锁反应，产生一连串新的想法，为思维创新提供多种可能。

第二，情感激励。在集体讨论中，发言人不受任何限制，享有充分的发表个人意见的自由和权利。这种对个人参与意识和表现欲望的尊重与满足，是一种巨大的激励作用，有利于组织成员畅所欲言，集思广益，产生思维的创新。

第三，竞争意识。心理学原理表明，在有竞争意识的情况下，人的心理活动效率会增加50%甚至更多。头脑风暴法通过集体讨论的方式，辅之以正向的情感激励，从而营造了积极的竞争氛围，对每个人的思维活动产生了良性刺激，提高了思维创新的速度和效率。

三、领导思维创新的培养与开发

（一）思维创新的影响因素

培养思维主体的创新能力，必须先对思维创新的影响因素进行分析，并在此基础上把握创新能力的建构。

1. 目标

任何创新都是追求一定目标的活动，目标是激发思维创新的首要因素。在设定思维创新的目标时，要把握适度原则。目标往往有长远目标和近期目标之分。长远目标确立了个人或组织长期追求或终身追求的方向，近期目标则是个人或组织近期内所探究的课题和要解决的问题，二者的有机结合，构成了不断创造和探索的动机和动力。

2. 情绪，情感

积极而健康的情绪和情感对于激发思维创新起着重要的作用，这种作用主要体现在丰富健康的情感为思维创新提供了自由灵活的发展空间。现代心理学的研究表明，人在良好情绪和情感下的免疫力和思维能力，优于不良情绪和情感下的免疫力和思维能力。思维敏捷、活跃，想象力丰富，最容易激发起灵感、想象等直觉思维活动。而焦虑不安、悲观失望、情绪波动等负面情绪状态，则会降低人们的智力活动水平，严重制约思维创新的发展。

3. 意志

健康积极的情绪和情感可以刺激灵感的产生，推动思维活动实现突破性的飞跃与创新，而要克服创新过程中遇到的挫折和磨难，保持思维创新的持续发展，还必须具备优秀的意志品质。意志表现为个人或组织自觉地确立目标、拟订措施，自觉地调节或完善自己的行为，顽强地克服困难、实现目标的心理过程。在思维创新活动中，良好的意志品质主要表现为自觉性、坚毅性、果断性和自制性四个方面。

4. 知识，经验

知识也是思维创新的基础和前提。经验也是一种知识，由于尚未形成理论形态，往往表现为个人在实践中积累的精辟见解和高超艺术。创新者知识的深度、广度以及知识结构的合理度，直接关系到创新的成败和创新成果的大小。知识和经验是对以往思维创新成果的总结，调整知识结构，增加思维营养，可以推动思维的深化，使思维创新得到升华。单一的知识结构会限制思维创新的深入发展，而知识和经验越丰富，越容易进行广泛的想象和联想，调动多种思维方法进一步认识未知的事物。

同时，也必须看到，知识和经验本身并不等于思维的创新，如果运用不当，还可能妨碍思维创新活动。而已有的知识和经验是对已知现象的解释和总结，对新的思维创新活动中出现的新特点、新问题无法做出合理、有效的解释，有时还会在人们头脑中形成习惯性的看法和经验性的思维定式。所以，我们必须用辩证的态度对待知识和经验。既要尊重知识，尊重经验，通过不断地学习知识，积累经验，加强自身修养，又要善于思考，敢于质疑，勇于挑战，推动思维创新活动的深入发展和新的突破。

5. 性格

人的性格与思维创新的关系，是很多学者关注的研究问题。卡尔·罗杰斯认为，具有创造性的人应当具有三种品质：一是以开放的态度接受知识，不会出现思想僵化的情况；二是能够根据个人的标准评价局势；三是能够进行实验并接受不稳定的结果。

约翰·达西认为，创新人才应该具有22项基本的特质，但并不是每一个具有很高创新性的人都必须具备所有这22项特质，一个人具有的这些品质越多，他的创新能力就越强。这22项特质具体表现在以下这些方面：

（1）对问题的存在更敏感；

（2）具有较大的情绪波动的倾向，但对处理这种倾向有更强的自我控制力；

（3）在他们的思维活动中，既有分析思维又有直觉思维；

（4）能够以集中或分散两种方式思考问题，既能够解决其中有一个正确答案的问题，也能够解决有多个可能的答案的问题；

（5）有很强的决断力和坚持力；

（6）比平均智力要高，但又经常不算在"天才"之列；

（7）思维开放，乐于接受经验和新信息；

（8）对周围发生的一切有责任感；

（9）喜欢玩并有孩子气，能巧妙地应付环境的变化；

（10）能经常单独活动，特别是在孩提时代；

（11）爱对现状提出问题；

（12）善于独立做出判断；

（13）不太喜欢自己的冲动，而且很少隐藏自己的情感；

（14）喜欢按自己的计划行事，喜欢自己决策，无须太多的训练，喜欢自己体验；

（15）不喜欢与他人一道工作，喜欢对自己的工作做出自己的判断，而不是听取别人的判断，因此，很少询问其他人的看法；

（16）当遇到复杂、困难的任务时，先满怀信心地进行展望；

（17）当有机会陈述自己的观点时，常有最特殊的想法，而且这些想法常会引起别人的嘲笑；

（18）面对批评时，常喜欢坚持自己的立场；

（19）在非常的情况出现时，常显示出足智多谋；

（20）不一定是"最好"的学生；

（21）在一些词汇的使用上，常表现出非凡的想象力；

（22）很有独创性，他们的观点常常与别人的观点有着本质的不同。

（二）领导思维创新的培养途径

领导活动是任何社会组织所共有的社会现象，是面对未来的、有确定目标和方向的人群的集体活动过程。与其他一般性的社会活动相比，领导活动的成功发展除了需要遵循常规的社会行为规律和方法，还体现出更多的创新性。现代社会生产和科学的发展使开发创造性思维能力成为现代领导者更为紧迫的任务，因此，领导者需要不断地更新观念，重视创新思维能力的培养和开发。

1. 加强领导者个体的学习与修为

在现代社会，学习不再是人生某个阶段的任务和工作，而成为一个人终生的事业。正如英国教授、咨询专家查尔斯·汉迪在《非理性的时代》中所指出的，学习贯穿人的一生，除非我们终止它。新的技术革命把世界带进知识经济时代，科学技术不仅在速度而且在深度方面都达到了前所未有的发展水平。时代要求领导者不但要进行"终身学习"，而且要以更高的效率、更快的速度、更新的视角进行学习。因此，在思维创新的过程中，不但要积极地获取新知识、新经验，而且要学习如何"学习"，即有计划、有重点、有目标、有创造性地学。

思维能力是领导者素质的重要因素，创新思维能力是多种思维能力的综合反映与概括。无论是学识、才干的增长，还是修养、情感的提升，都必须以思维的发展为基础和前提。思维越具有创新性，思维能力就越强；思维能力越强，领导者的综合素养就越高。学习的过程就是培养思维创新能力的过程，加强学习不但有助于培养优秀的思维品质，增长知识和才干，而且有助于提升领导者的自然性影响力，提高领导者的威望和领导效能。

2. 加强思维训练，提高思维创新的有效性

在学习的基础上，有针对性地开展思维训练，锻炼领导者的逻辑思维能力和形象思维能力。加强思维训练要把握以下几个原则：

（1）思维的独立原则。敢于怀疑、勇于探索是独立性的第一要素。只有进行积极地探索，勇于质疑，才有可能提出新的观念、新的角度、新的方法，进而实现思维的创新。

思维创新是对传统认识的一种突破和超越。只有坚持一切从实际出发，实事求是，坚持思维的独立性，才能反映客观事物的真实属性，实现认识上的创新和突破。

独立思维，既包括独立地"坚持"，也包括独立地"应变"；既要善于学习和接受新鲜事物，又要敢于打破传统，挑战权威，更要勇于主动地否定自己，排除自身固有的思维习惯和思维定式。因此，在创新思维活动中必须增强思维的应变能力，善于根据情况的转变及时转换思路，更新观念，多方位、多角度地探索解决问题的方法和策略。

（2）思维的综合原则。这里有两个方面的含义。首先，任何思维创新都是在综合利用已有思维成果的基础上实现的新的进展与新的突破。其次，思维创新是一项复杂的劳动，成功的思维创新，取决于多种思维方法、思维技巧、思维品质的综合运用。

（3）思维的艺术原则。思维创新是思维活动的一种特殊形式，伴随有大量的"联想""直觉""灵感"等非逻辑、非规范性的思维活动，具有区别于常规思维活动的随机性。思维创新不仅要求了解和掌握一般思维活动的特点和规律，反映思维活动的共性；更需要对传统思维方法进行创造性的改造和开拓性的尝试，展示个性化的思维特点和思维方法。因此，作为人类思维活动的高级过程，创新性思维已经超越于一般的思维形式，是对思维方法和技巧的最高层次的把握，是一种富有艺术性的思维活动。

（三）建立鼓励创新的组织文化环境

领导者所从事的领导活动是一项特殊的社会管理活动，领导者的个人行为往往不能直接实现决策目标。正如赫伯特·西蒙所说，"长官"是决策者，而真正"开枪打仗"的则是士兵。领导行为与目标联系的间接性是领导行为模式的本质特征，同时也构成了领导思维创新区别于一般思维创新活动的特殊性，即领导活动中的思维创新不仅包括领导者自身思维能力

的提升，更重要的是建立鼓励创新的组织文化环境，进而激发组织成员的创新意识和创新活动。

社会文化环境对人们的创新活动有着重要的影响，但并不是所有的社会文化环境都能促进思维创新。"社会文化环境需要具有什么样的特征才能有助于思维的创新"，国内外学者对此进行了长期的研究和探讨。

著名的管理学家彼得·德鲁克指出，组织中应该具有鼓舞创新的政策。他认为，组织作为一个系统，在创新方面应当有所为，有所不为。详见表9-1。

表9-1 组织创新的有关活动

组织不该做的事情	组织该做的事情
• 不要企图投机取巧 • 不要分散精力，不要贪多求大 • 不要企图为未来创新	• 有目的、有系统的创新来源于对创新机会的分析和对创新机会来源的分析 • 创新活动是理性的，也是感性的 • 行之有效的创新，必然是简易且重点突出的 • 有效的创新是从小处起步的，它追求的不是形式的华美和规模的宏大，而是要尽力做好每个具体的事件 • 成功的创新所需要的必要原则是领先的地位

著名心理学家S.阿瑞提在《创造的秘密》一书中概括了9个有利于创新活动的社会文化环境因素，即①文化手段的便利；②对文化刺激的开放；③注重正在生成的而不只是注重已经存在的；④无差别地让所有人自由使用文化手段；⑤对不同观点的容纳；⑥接受不同的甚至对立的文化刺激；⑦在严重的压迫或专职排外之后获得的自由，或者哪怕是保持着适当的差别；⑧重要人物的相互影响；⑨对鼓励和奖励的提倡。S.阿瑞提特别强调的是第一个因素，即文化手段的便利是最根本的。他指出，"手段的便利也包括物质上的。比如使用科学设备"，"想促进创造力的政治领导人必须促进文化手段的存在与发展"，要注重和保障"无差别地让所有人自由使用文化手段"。

上述研究对我们开展领导活动、促进思维创新具有重要的启示作用。创新意识是指创新的动机、愿望和意图。创新意识是思维创新的逻辑起点，也是一切创新活动的出发点。作为一个领导者，自身首先要树立勇于开拓、积极进取的工作理念，强化创新意识。同时，还要成为组织文化的创建、维持与变革者，营造有利于思维创新的组织文化环境，塑造鼓励创新的核心价值，增强和巩固组织整体的创新意识，保持组织的有效运转和健康发展。

小结

人类社会发展进步的历史就是不断创新的历史，创新能力是人的能力中最宝贵、最重要、最深刻的一种能力。创新思维能力是创新能力的核心因素，也是一切创新活动的基础和前提。思维及思维创新的发展是指导和推动一切社会实践活动的重要力量。领导活动中的思维与创新是影响领导绩效、决定领导成败的关键因素。现代领导行为中的思维创新不但是衡量领导者领导艺术和领导能力的重要指标，而且成为推动和促进领导事业实现创新性发展的基础和前提。

■■ 案 例 ■■

专车新政体现政府监管思维的更新①

2015年10月份公开征求意见的《网络预约出租汽车经营服务管理暂行办法（征求意见稿）》（以下简称"专车新政"）已经"沉寂"近半年，近日再次引起关注。

最近两年，很大一部分人已经亲身体验到"专车"带来的便利。专车新政的新，究竟如何体现，直接检验着政府的社会治理能力与公共政策的良善与否。从2015年"五一"前后一些地方查封优步（Uber）办公室，到2016年两会上交通部长释放"对待新生事物，绝不能止步不前，墨守成规"的话语表述，说明专车新政思维从"管制"正在转型为"鼓励"。

只是，以怎样的方式去鼓励，成了问题。政府说，将新兴的专车纳入合法化，便是很好的鼓励，随之而来的则是专车新政中所释放的消息，对专车性质做个划分，强制变更私家车运营性质，以及强制规定专车的报废时间等，这一系列的做法便是合法化的表现。但问题是，合法对于政府和市场有一些偏差。在政府层面看来，有完整法律规定可以做的事情，才是合法的；而市场则始终秉持着，只要是法律尚未禁止的事情，就是可以做的。就专车而言，市场更希望专车新政之新，体现在法律规定中哪些事情不能做，而不是规定哪些车辆必须以怎样的身份才能做。

这两种思维推导出了截然不同的初衷和结果。政府理解的合法，将会以严苛的标准，限制专车这一有利于缓解交通出行现状的市场，它所站立的位置，考虑的是管理的便利性。而市场所期待的合法，则是希望出现了纠纷有法可依，期许以法律禁止之外的"宽松"继续释放市场的活力，它所站立的位置，是基于人们出行便利来考虑的。这种考虑，很可能对政府的监管提出新的考验，但政府与市场、社会之间的关系，从来都是政府监管不断适应市场和社会的变化，而不是社会和市场按照政府监管能力来运行。

于是，专车新政之新，必须体现在政府适应专车这种分享经济的监管之新，这种新，也不仅仅是立法等监管手段和方式的新，更多是政府监管思维的更新。

事实上，这种市场对监管变化的要求，已经不是监管者是否主动适应求变求新的问

---

① 马想斌：《专车新政体现政府监管思维的更新》，2016-04-27，http://guancha.gmw.cn/2016-04/27/content-19877061.htm，2016-04-29。

题了，而是必须要这样做才行。因为，从更广义的视野去看，监管层面可以以各种严苛的门槛限制专车等分享经济模式的发展，但无法阻挡其分享经济化的生活。就像专车对出租车行业的颠覆一样，未来新兴技术将把大量的传统工作分割为相互独立的任务，并在需要的时候将其智能化分配，而且每一个工作者的表现将被不断地追踪、评估并时不时受到顾客满意度的监督。可以预见的是，这样的生活方式没法阻挡。既然无法阻挡，那么就请拥抱吧，不管主动还是被动。

案例来源：华夏经纬网 2016－04－27

点评

专车新政的合法化途径，体现了政府理解的合法与市场期待的合法在初衷和结果方面的差异。在原有的制度框架和政策思路中，已经很难找到更好的解决之道。因此，只有对领导理念和领导思维进行创新性变革，才能更好地协调两者矛盾，兼顾双方利益，适应时代特点和满足经济发展的最新要求。

综合习题

一、名词解释

1. 思维
2. 思维方式
3. 思维方法
4. 科学决策
5. 思维品质
6. 思维创新

二、判断题

1. 思维的物质性根源于思维器官的物质性。（   ）

2. 思维样式是思维方式的核心内容和具体体现。（   ）

3. 同一时代的不同实践主体在思维方式上很少表现出个体差异。（   ）

4. 思维形式属于思维方式的范畴，是思维方式的一部分。（   ）

5. 现代思维方法的核心内容和本质特征是高度辩证的系统思维方法。（   ）

6. 知识经济的本质特征是创新。（   ）

7. 激发思维创新的首要因素是意志。（   ）

8. 思维创新的逻辑起点是创新目标。（   ）

9. 在思维活动中，发散思维和收敛思维是相互联系、相辅相成的。（   ）

三、简答题

1. 简述思维的特点。

2. 简述现代思维方法的三个主要特征。

3. 简述思维活动中的三个基本要素及其关系。

4. 如何理解"任何思维方法都是主观性和客观性的辩证统一"？

5. 简述头脑风暴法激发创新思维的机理。

6. 为什么知识、经验越丰富，越有助于思维创新活动？

7. 简述领导思维创新区别于一般思维创新活动的特殊性。

8. 列举思维创新的两个影响因素，并做简要分析。

四、论述题

1. 结合自己的工作实践，分析领导思维品质在领导活动中的作用和意义。

2. 结合具体的领导工作，讨论如何培养和开发领导思维创新的意识与能力。

第九章 领导关系与非正式组织

教学目的与要求

通过这一章的学习，学生应了解领导关系的类型；基本掌握领导关系的含义与属性、特点，非正式组织的含义与特征，领导角色的含义与特征，领导角色的分类；重点掌握领导关系的作用与影响，非正式组织与领导关系，竞争与合作的关系与区别，冲突与调适的内在关系，领导角色学习的主要内容。

内容提要

这一章主要介绍领导关系的基本原理，包括领导关系的含义与属性、领导关系的特点、领导关系的类型和领导关系的作用与影响；领导关系中非正式组织的重要作用；领导关系在其实践发展过程中体现的运动形态；领导者的角色问题。

在领导活动中，群体成员或社会成员之间必然会形成一种特殊的社会关系，即领导与被领导的关系。领导活动都是在一定的领导关系中发生的，领导活动的存在要以领导关系为媒介和条件，而领导活动又为领导关系的深入发展提供了舞台和依据；二者互为因果，相辅相成。

第一节 领导关系的基本原理

目前我国领导学界对领导关系的研究还停留在初步研究阶段，但领导关系在领导工作中的作用是举足轻重的，因此我们将首先对领导关系的基本原理做一初步探索。

一、领导关系的含义与属性

领导关系是指领导者在进行领导活动的过程中，领导者和被领导者及领导者和领导者相互之间发生、发展和建立起来的一种工作和感情交往的关系，即领导主体在领导活动中与组织系统中的其他成员发生的工作关系和非工作关系的总和。在整个社会的宏观范围内，领导关系是包括所有领导者与被领导者、领导者与领导机构、领导机构与领导机构之间的关系；在某一组织体系的微观范围内，领导关系就是领导者之间及其与所在组织之间的关系。

任何一种领导关系，都是自然属性和社会属性的统一。领导关系的自然属性，是指只要人类需要共同的劳动和生活，就需要分工协作，需要有人从事组织、指挥、协调和引导的工作，这是所有生产方式中一种普遍的、共同的规律。领导关系的社会属性，是指领导活动总是建立在一定的生产方式之上，直接表现了某种特定的人与人之间的关系，领导者总是代表和反映着一定社会掌握领导权力的阶级与集团的利益。领导活动的目标、目的，领导活动的方式、方法与领导活动中发生的人与人之间的各种关系都带有某种社会特点。

在领导关系的两重属性中，社会属性占据主导地位，决定着领导关系的本质，对领导关系具有重要的特殊意义。

二、领导关系的特点

领导关系作为一种特殊的历史现象有其自身的特点，领导关系的特点是对领导关系的历史与现实、对不同领导关系的共同特征的抽象与概括。

1. 客观性

领导关系的客观性，是指领导关系作为领导活动过程中人与人相互交往的一种现实结果，其形成与运动有着不以人们的意志为转移的客观必然性。

首先，领导关系的产生和发展都来源于人类丰富的领导实践，具有不以人们的意志为转移的客观必然性。其次，领导关系作为一种特殊的社会现象，一旦形成就具有相对的稳定性，自身运行也有其内在的规律性，人们对领导关系的认识和调控，归根结底是对领导关系客观存在的反映。最后，领导关系是一种与领导活动关系密切的人与人、人与群体或群体与群体之间的关系，具有闭合性，影响和制约领导关系的各种因素具有客观性，它们包括既定领导关系、领导体制、领导环境等。因此，对领导关系的改变也不是随心所欲的，是以各种客观条件为前提和基础的。

2. 社会性

领导关系的社会性，是指任何时代、任何社会的领导关系都是一种社会关系，是社会成员和社会团体中的权力主体与权力客体之间的关系。离开了社会，领导关系既不能存在，也不能发展。

领导关系的社会性表现在：领导关系必然受制于一定历史条件的经济关系、政治关系、思想文化关系、道德伦理关系，具有鲜明的社会特征和时代特点。领导关系的社会性，还表现在它与社会环境的相互作用上。

3. 动态性

构成领导关系的两极，即权力和服从都是不断变化的，使领导关系呈现动态性。导致领导关系发生变化的因素是多方面的，如领导体制、领导素质以及包括政治、经济、文化、意识形态在内的各种环境因素，其中最根本的是社会生产力的发展。随着生产力的进步，生产关系以及与一定社会形态相适应的领导关系，也必然随之而改变。

4. 强制性

领导关系的强制性主要基于使权力客体服从的需要。权力和服从是领导关系的实质。不论是何种类型的领导关系，总是伴有一定的强制机制，以保证被领导者服从。当然，并不排除被领导者的自觉自愿服从，也不排除领导者采取非强制手段，使被领导者就范。

5. 扩张性和渗透性

领导关系的扩张性主要表现在领导者对其权限和权力行使领域的扩张。权力是领导关系的存在前提，人类权力扩张的本能使得渗透性成为领导关系中普遍具有的一种趋势。渗透性既存在于正式组织内部，也存在于正式组织与非正式组织之间。

在正式组织内部，领导关系的渗透性主要表现为领导者与被领导者之间的非正式影响和"超范围""超权限"影响。例如，被领导者可以利用自己的知识、经历方面的优势，把自己的影响渗透到领导者的决策活动中。在正式组织与非正式组织之间，领导关系的渗透性表现得更为复杂和微妙。现实生活中，正式组织的领导者常常把自己的权力和影响渗透到非正式组织中去，以扩大自己的"关系圈"和"关系网"。同样，非正式组织中的领导者也通过各种方式和途径，把自己的权力和影响渗透到正式组织中去。

6. 复杂性

随着组织规模的不断扩大和组织成员的不断增加，领导关系的复杂性越来越突出。这不仅表现在领导者与被领导者之间的纵向关系上，而且表现在领导者之间的横向关系上。领导活动中的相互关系之所以会呈现出错综复杂的局面，是由多种因素造成的，除领导关系自身的多样性之外，还包括领导工作的职能交叉、利益得失、人与人的个体差异、外部环境影响等。

三、领导关系的分类

领导关系的演变和发展经历了一个漫长的过程，形成了一个多角度、多层次，内容和形式复杂而丰富多彩的社会关系系统，可以从不同角度、根据不同标准对其进行分类。

第一，从领导关系的历史形态划分，领导关系与人类社会形态的更替是一致的。随着社会历史形态的变化，领导关系相继经历原始社会的领导关系、奴隶社会的领导关系、封建社会的领导关系、资本主义社会领导关系和现代开放型社会领导关系五种类型。

第二，从领导活动的体制因素划分，领导关系主要体现为权力的集中与分散，具体表现为中央与地方关系、条条与块块的关系等。

第三，从领导活动的方式因素划分，领导关系表现为直接领导关系与间接领导关系、正式领导关系与非正式领导关系、指令性领导关系与非指导性领导关系、支持性领导关系与参与性领导关系。

其中，正式领导关系和非正式领导关系的划分具有广泛的适用性和良好的操作性，这里做一简要论述。正式领导关系是存在于正式组织中的领导者与被领导者以及领导者之间的关系。正式领导关系是一种法律化、制度化、程序化、规范化的领导关系。非正式领导关系是存在于非正式团体或组织中的一种领导关系，具有随意性与易变性等特点。

第四，从领导关系存在的空间结构划分，纵向来看，领导关系表现为一个环节，即领导者—被领导者的关系；横向来看，领导关系表现为层次结构上的区别，可以分为宏观领导关系和微观领导关系两大类别。

宏观领导关系是指存在于不同性质、不同类型的社会组织之间的领导与被领导的关系。宏观领导关系涉及的范围十分广泛，包括政府和企业的关系、政党和军队的关系等。

微观领导关系是指存在于个人之间以及个人与组织之间的领导关系。它既包括正式组织成员之间领导与被领导的关系，也包括非正式组织成员之间领导与被领导的关系。

第五，从领导关系的方向性上划分，可以分为上行领导关系、下行领导关系和平行领导关系三种。具体包括：上下级之间的领导关系；领导者与一般群众之间的领导关系；党、政、企不同组织领导者之间的关系；党、政、企不同组织领导机构之间的关系；领导集团中各成员之间的关系；领导者个人与组织之间的关系；领导者同亲属之间的关系；等等。

四、领导关系的作用和影响

领导关系对领导活动的影响分为正面效应和负面效应两个方面。正面效应，就是积极、友好、和谐的领导关系，它有助于调动领导集体的积极性和创造性，加强领导集体的团结和活力，促进领导活动的顺利开展和领导效能的提高。负面效应，就是消极、庸俗、内耗的领导关系，它严重干扰领导活动的正常开展，导致领导集体内耗丛生，降低了领导效能。良好的领导关系，能够形成良好的领导格局，使领导集体富有活力和创造力，从而创造出优秀的领导业绩。下面从以下几个方面进行具体分析。

第一，良好的领导关系能使领导集体内部形成优势互补，激发领导活力，增强领导集体整体的适应能力，优化领导格局。领导活力是领导集体的一种特性，它包括积极性、创造性的发挥和实施高效能的有效领导等。在一个领导集体中，全才型的领导者是很少的，领导集体往往是由不同类型的"偏才"组成的。良好的领导关系通过营造融洽、和谐的领导氛围，可以把领导集体中不同年龄、不同文化、不同专业、不同职能的领导者有机地结合起来，使他们各有其位，各得其所，各负其责，各献其能，发挥"$1+1>2$"的巨大整体能量。需要注意的是，所谓"互补效应"，不但是领导者个体"单项素质"的互补，更为主要的是完善领导集体整体结构的互补。同时，良好的领导关系还可以使组织中的不同成员正确理解在领导活动中客观存在的权力、地位的差别，摆正位置，调整心态，认真有效地做好本职工作。

第二，良好的领导关系有利于保证领导活动和领导事业的持续发展。领导活动和领导事业是不断发展的，而领导个体作为领导角色的职业生涯是有限的，领导事业发展无限性和领导者职业生涯有限性之间的矛盾，是影响领导事业顺利发展的一个重要因素。良好的领导关系不但能保证领导集体的稳定、和谐，而且能促进领导集体不断更新，并有助于领导集体在代际转换的动态过程中保持相对稳定的状态，保证领导活动和领导事业的延续，避免出现"人存事兴，人亡事废"的局面。

第三，良好的领导关系有助于提高领导效能。与领导素质、领导体制等因素不同，领导关系对领导活动的作用和影响具有综合性和复杂性。随着时代的发展和社会的进步，领导活动变得更加丰富多彩，任何一项工作的开展，都需要接收和处理大量的信息。因此，通畅的信息流通渠道和迅捷的信息交流方式越来越成为领导活动顺利开展的重要前提和基本保障。良好的领导关系能够有效整合领导活动中的各个方面，促进各种信息的交流，使各种领导资源得到有机的结合和充分的利用，塑造团结协作、同心协力的领导集体，提高领导效能，不但能够有效地解决现存的问题，而且具备迎接未来各种挑战的应变力。

总之，领导关系是对领导活动的综合反映，它产生于领导活动的实践，同时又直接制约着领导行为，直接导致某种现实的领导结果和社会结果。正确地把握和处理领导关系并加以充分合理的运用，有助于领导职能职责的履行和领导成功的实现。

第二节　领导关系与非正式组织

非正式组织是人们在交往活动中，由于有共同的兴趣、关系、感情、目标等而自发组织起来的组织。非正式组织可以在正式组织之内，也可以在正式组织之外，或是跨几个组织。在一个正式组织内部可以有多个非正式组织。非正式组织不总是处于稳定、平衡的状态中，而是处于不断地重组、调适的状态中。正式组织是为正式目标而建立的，没有考虑到人的需要的多样性。与正式组织不同，非正式组织的产生原因主要是源于人多方面的需要，因此非正式组织的产生和存在具有一定的必然性。

一、非正式组织的含义与特征

非正式组织是相对于正式组织而言的，比较而言，非正式组织是以成员的感情、兴趣、价值观、信息沟通等非工作性因素为主要联系纽带的，正式组织则是以工作为主要联系纽带的；非正式组织是以满足成员个人需要为主要目的的，正式组织是以满足组织需要为主要目的的；非正式组织无固定成员和明确职责分工，正式组织成员则相对稳定，分工明确。

非正式组织的形成原因不同于正式组织，因而在形式、功能等方面也有不同于正式组织的特点，主要有：一是自发性。非正式组织是自发形成的，所以总不是那么"正规"。它没有明确的成立与解体日期，没有严格的、正式的章程与规范，没有明确的等级与结构，甚至可能没有确切的目的与任务。二是不稳定性。由于形成是自发的，所以非正式组织的进入与退出都是自愿的，不必履行任何烦琐的手续，也没有严格的规章制度约束，合则聚，不合则散，非正式组织的稳定性自然较低。三是有自发的领袖人物且作用突出。非正式组织的领袖都是自发产生的，他的能力、威信一般超过其他组织成员，因而其在非正式组织中的作用及其对非正式组织中其他成员的影响力，通常也是非常突出的。四是非正式组织的归属感。由于非正式组织的形成与存在是自发的，它的进入与退出都是自愿的，所以只要这个非正式组织还存在，某一成员还在其中，他一般都有比较强的归属感。

二、非正式组织的分类

非正式组织是人类社会中普遍存在的组织类型，无论是正式组织还是非正式组织中都存在着大量形态各异的非正式组织，非正式组织的形成基础主要有六个方面：一是利益一致，二是价值观一致，三是兴趣爱好一致，四是个性相似，五是个体互补，六是背景相似。美国著名学者拉里·李维斯将其概括为以下五种类型：一是友谊型非正式组织。人们之间具有相同的兴趣和利益，团体凝聚力很大，存在时间较长。成员之间，多具有亲密的感情，相互之间的友谊是非正式组织形成和发展的基本因素。二是工作型非正式组织。这种类型是友谊型的扩大，人们之间的工作关系比友谊关系更为突出。这种类型的组织活动具有积极性，对领导者不易产生太大的敌意，如果注意与他们的沟通，将有助于领导活动的开展。三是同好型。这种类型是由具有相同追求、习惯或爱好的人们组成的，它有助于丰富人们的精神生活，消除工作的单调和疲劳。一般能够得到正式组织中领导者的支持。四是互利型。这种类型的非正式组织以利益作为存在的唯一基础，寿命一般较短。五是自卫型。拉里·李维斯通过研究发现，在正式组织中，如果领导者态度过分强硬固执，或损害他人利益，就会容易导致人们的联合抵制，形成自卫型的非正式组织。领导者应对这种类型的非正式组织给予足够的重视，谨慎处理。

此外，还可以从不同角度对非正式组织进行分类：按其形成原因可分为利益型、情感型、信仰型、亲缘型、爱好型等；按其影响结果可分为积极型、中间型、消极型和破坏型；按其构成情况可分为横向型（由级别、层次相同或工作性质一样的人组成）、纵向型（由不同级别、不同层次、不同职位、不同工种的人组成）和混合型（不分等级、层次的差异）。其中，与领导关系联系最为密切的是非正式组织中的纵向寄生型、纵向共栖型、横向进取型和横向防守型四种类型。

纵向寄生型非正式组织，其特点是成员多来自组织内部的各个阶层，彼此间提供的相互协助并不对称，即下级人员往往"寄生"在上级的权力保护伞下，享有利益，而不履行义务。这种非正式组织多是以某种裙带关系为基础的。

纵向共栖型非正式组织，其特点是成员多散布于组织系统中的不同阶层，就正式权力关系而言，多具有从属关系。成员之间具有高度的相互依赖性，即上级人员利用职权关照下级人员，而下级人员则尽力维护上级的权力和利益。这种非正式组织往往操纵组织舆论，左右行政决策，阻碍民主、和谐、健康的领导关系的形成和发展。

横向进取型非正式组织，其特点是成员多来自同一阶层，并打破了单位界限，它的主要目的在于改变机关中普遍存在的不合理现象，如工资制度、分配制度等。横向进取型非正式组织的成员一般具有较高的文化科学素质，富有正义感和社会责任感，思想解放，锐意进取，多属于组织中的少壮派或改革派。因此，这种类型的非正式组织有助于改变行政组织中思想守旧、僵化的现状和普遍存在的官僚主义工作作风，使行政组织保持健康、进取的良好发展状态。

横向防守型非正式组织，其成员多来自同一阶层，在正式权力系统中，彼此没有从属关系。这种类型的非正式组织是人们为了对付共同面临的某种威胁和挑战，而自然形成的一种非正式组织。

三、非正式组织与领导关系的互动作用

在任何组织或社会的构成中，非正式组织的存在既具有客观性，又具有必然性，许多组织目标和组织职能的实现都是直接通过或借助于非正式组织来完成的。由于非正式组织存在的广泛性和必然性以及在领导活动中所发挥的特殊作用，使其成为诸多组织类型中与领导关系关联最为密切、影响最为重要的一个因素，特别是在正式组织的沟通和指挥协调遇到问题时，非正式组织往往成为影响和制约领导关系的关键因素。

当非正式组织的组织结构和行为取向与正式组织保持一致或基本一致时，非正式组织往往发挥积极的作用，有助于营造良好融洽的领导关系。主要体现在：一是协调组织成员间的人际关系，缓和或改善领导关系中存在的问题；二是调节组织成员的心理情绪，有利于保持和创造组织内和谐的领导关系；三是促进组织目标的实现，提高领导效能。当非正式组织不配合正式组织的工作时，特别是非正式组织的领导行为与正式组织的领导行为发生严重冲突时，非正式组织就会发挥消极作用，破坏既有的良好领导关系，或者激化矛盾，使得已经出现问题的领导关系进一步恶化，最终阻碍组织目标的实现。

在领导活动中，作为领导行为主体的领导者不但要对正式组织进行科学的规范和有效的领导，而且要对正式组织中大量存在的非正式组织给予充分的关注和重视。对待非正式组织，应着重做好以下几个方面的工作：

第一，承认。对于非正式组织的管理，首先的和根本的就是要承认其客观存在的普遍性，承认其作用和能量对工作的影响，并将其列入管理范围，绝不能视而不见或放任自流。你不承认它，它照样存在；你不去管理它，它照样会发生作用。因此对非正式组织的无知或"鸵鸟"政策都是极其有害的。

第二，分析。在承认的基础上要对非正式组织的具体情况具体分析。从组织管理角度上说主要是分析其性质与组织目标实现的关系，究竟是有利或不利还是没有直接的利害关系。不要不加区别地一概认为非正式组织都是不利于组织目标实现的。

第三，利用。对于非正式组织的管理总的来说是堵塞不如疏导，禁止不如利用。人是有

逆反心理的，有时你越是禁止反而越是强化、激化，越是从外部给非正式组织增加压力，非正式组织内部的凝聚力反而越强。所以在管理中，一定要充分利用非正式组织，特别是对非正式组织领袖人物的利用。

第四，控制。毕竟非正式组织与组织目标的实现不可能完全兼容，因此其作用与强度无论如何不能超过正式组织，对此绝不能失控。如果一旦失控，出现非正式组织要超越甚至要取代正式组织的情况，那就应该毫不犹豫地采取断然措施，切勿养痈成患。

总之，对待非正式组织，要根据其特点和类型，坚持因势利导和区别对待的原则，进行合理的引导和规范，这不但有助于减少领导活动的阻力，优化领导关系和提高领导效能，同时也是检验领导者领导能力强弱和领导艺术及方法高低的重要方面。

第三节　领导关系的运动形态

竞争与合作、冲突与调适是领导关系的两种基本运动形态，在领导活动中只有处理好这两种形态之间的关系，才能更好地开展领导活动。

一、竞争与合作

（一）竞争与合作的客观性

竞争与合作作为领导关系互动行为的运动形态，实质上是构成领导关系的各种因素和力量之间的矛盾性与统一性的必然反映。领导关系中竞争与合作的存在，具有不以人们的意志为转移的客观必然性。

第一，从广义上说，竞争是指一切生物间的生存竞争，这是生物进化的普遍规律。我们这里论述的竞争则是狭义的，即社会互动类型意义上的竞争，它是专指人与人、群体与群体对于一个共同目标的争夺。人与人之间之所以发生竞争，一方面是因为人们有各种各样的物质和精神需要；另一方面是因为社会上的物质和荣誉不能满足人们的需要，同时又很难平均分配，只有通过竞争来分配数量有限的物质和荣誉。领导关系中存在竞争主要是由于领导关系各组成部分在客观上都有差异性和特殊性，与这种差异性和特殊性相联系的是相对独立性和自主性。这种特点决定了各组成部分在具有共同的群体利益和目标的同时，还具有不同的个体利益和目标。在群体成员追求各自利益和目标的过程中，必然存在着竞争。竞争不仅存在于领导关系的同级之间，而且存在于上下级之间。在开放、民主的领导关系系统中，上下级之间的平等竞争，往往导致领导关系的分化和重组。

第二，与竞争相对立的，是领导关系各组成部分之间的合作。合作是指两个以上的人或群体为达到共同目的，自觉或不自觉地在行动上相互配合的一种互动方式。如果说领导关系系统中各组成部分之间的差异性和特殊性决定了其竞争的客观性，那么领导关系系统中各组成部分之间的统一性和共同性决定了其合作的客观性。协同的基本功能在于最大限度地克服由于竞争产生的各种内耗，形成最大组织合力，最优化地实现领导目标。

（二）竞争与合作的矛盾性

竞争与合作的矛盾性是由竞争与合作的不同性质和功能决定的。活跃和富于变化是竞争的特点，它具有使系统不断发生变化的功能。这种性质和功能，既可能使系统发生积极性变化，也可能使系统发生破坏性变化。在领导关系中，竞争的破坏性往往造成系统的动荡和裂变，导致内耗现象的发生。

与竞争相对应的是合作。以内容为标准，合作可以分为目标合作、权力合作、信息合作、心理合作、利益合作等。无论哪种合作，其基本功能都在于最大限度地克服由于竞争而产生的各种内耗，保持系统的稳定性和凝聚力，最优化地实现组织目标。

（三）竞争与合作的统一性

竞争与合作不仅具有矛盾性，而且具有统一性。竞争与合作的统一性主要表现在：

第一，竞争与合作都能促进系统功能的充分发挥。与竞争相比，合作注重全局性和总体性，是系统保持相对稳定的力量，有利于系统功能的充分发挥。同时，竞争也能促进系统功能的充分发挥。作为一种社会激励机制，竞争可以激发主体多方面才能的充分释放，激发人提高自己的综合素质；作为一种适应社会的进化原则，竞争可以使个人和整个社会保持生机和活力。因此，领导关系中的适度竞争对于领导活动是大有裨益的，它通过激发人的积极性和创造力，营造积极进取的奋斗环境，提高工作效率。

第二，竞争与合作都能推动系统的有序化。与所有社会关系一样，领导关系也处于不断的变化过程中。其变化趋势分两种：一是从无序到有序、从低序到高序，即有序化；二是从高序到低序、从有序到无序，即无序化。一般来说，有序化代表事物前进的方向。领导关系建立之后，随着领导活动的进展而不断发展，其有序性在质、量两方面都不同程度地发生着变化。合作有助于系统的稳定和团结，有助于推动系统的有序化。表面看来，竞争是领导关系中的不稳定因素，但有差异才有秩序，竞争能够充分展现系统不同元素的个性和差异性，形成优胜劣汰的局面，为有序化的发展指明了方向。

第三，竞争与合作同时存在于领导关系中，它们既对立又统一，反映了领导关系运动的基本规律。合理的竞争并不纯粹是一种对立，它同时也包含着一定的合作和互助。抑制竞争，会限制个人本质力量的充分发展，限制个性的成长，限制进取精神的发扬，导致人格的自我萎缩，并最终导致社会行为效率低下。因此，在领导活动的实践中，领导者要积极采取措施，规范竞争规则，采用正当的合法手段，对竞争行为进行正确的引导和控制，大力倡导自由竞争、公平竞争和有序竞争。同时，还应建立一定的保护机制，对竞争行为中的弱者和失败者提供必要而及时的关怀和扶助。

二、冲突与调适

冲突和调适是领导关系的一种运动形态，领导关系是在冲突与调适的交替变化中不断演变发展的。

（一）冲突的基本含义

1. 冲突的概念

冲突是指两个或两个以上的社会单元之间，由于各自的目标、特点和利益的不同，所产生的对立态度或行为。这一定义包含三个要点：一是冲突可能发生于个人之间，也可能发生于群体之间；二是冲突是在目标和利益不一致的情况下发生的，如果目标和利益完全一致，则不可能发生冲突；三是冲突是一种动态的相互作用过程，只有单方面的态度或行为，即使十分激烈和极端，也构不成冲突。

冲突一般表现为对抗和目标受挫，这两种情况会同时发生。对抗在态度方面表现为冲突双方的相互憎恶、敌视和否定性判断，在行为方面表现为语言攻击、破坏活动甚至人身侵犯。目标受挫是结局性的表现，由于双方都把阻止对方实现目标看成自己的成功，所以冲突的结果往往是各自都目标受挫。冲突属于高对抗性行为。

2. 冲突的性质

冲突不同于竞争，它的特殊性质在于目标的不相容性。也就是说，冲突双方都认为对方的目标是己方达到目标的障碍，双方的目标是不可调和的。这种认识甚至不管事实上各自的目标是否真的不一致，只要双方认为如此，冲突就已经存在。可见，双方对目标所持观点及对这些观点的解释和发挥，在冲突中起着至关重要的作用。

目标的不相容性导致了双方在实现各自目标时行为的相互矛盾与牵制，直至把目标不同的另一方作为冲突的对象。在竞争中，参与的各方都具有相同的目标，都必须在相同的规则下采取行动，任何一方都不能以阻碍其他参与者的行动为手段来达到自己的目标。比如，学生在学习成绩上的竞争，只要学得好，都可以考出好成绩，大家的目标应该是一致的，并不存在冲突。但在争夺市场的商业行为中，如果市场份额有限，结果必然是此得彼失或此失彼得，那么就有可能导致冲突。实际上，冲突和竞争的区别只是在于，一方的行为是否会影响另一方目标的实现。在一个单位里，如果符合条件就可以晋升，那么大家都去努力竞争就行了，但如果限制晋升的名额，情况就发生了变化，冲突随时可能发生。这种区别表明，要防止竞争由激烈而演化为冲突，领导者必须注意设法消除目标中的不相容因素。

从现代的观点看，冲突本身并无所谓好坏，正常、健康的群体行为不在于没有冲突，或一味地消灭所有的冲突苗头，而在于巧妙得当地处理冲突，并把冲突维持在一个最佳水平上。

冲突的积极作用主要表现在它可以有效地克服停滞、自满、僵固、保守的情绪，冲击"万马齐喑"的沉闷局面，促进新观点、新建议的产生，提供更多可供选择的策略、方案，引导出变革的结果。而且在冲突的过程中，各方思想和意见都不得不以最快捷的方式做最清晰的表达，这样其弱点便难以掩饰，有助于及时更改，同时也加快了解决问题的速度。总之，任何冲突都可能导致消极的或积极的后果，实际的结果如何，就看领导者的处理水平了。

3. 冲突的类型

从冲突的规模来看，可以把冲突分为两类，即个体冲突和群体冲突。个体冲突包括个体的自身冲突和个体与个体之间的冲突。比如，个体的角色冲突，角色指个体的特定社会地位及有关的行为标准和期望值；当一个人的多重社会角色之间的要求不一致时，就会发生角色冲突。个体自身冲突还包括目标冲突，当个体面对两个具有同等诱惑力而又不可兼得的目标时，或当个体遇到一个既欲趋之又欲避之的目标时，这种个体内心的取舍冲突，其实隐掩着社会目标的更大冲突。除了自身冲突之外，个体与个体之间的冲突也属于个体冲突，其范围仅限于个体之间，不会对群体造成全局性影响。规模较大的冲突是发生在个体和群体之间或群体和群体之间的。虽然在个体与群体的冲突中，冲突的一方只是个体，但这类冲突的影响面比较大，从整体上牵动着群体，其后果也远非个体冲突所能比较。而且，个体敢于同群体相抗争，不是个体有超群的能量，就是矛盾已达到相当尖锐的地步，因此这类冲突往往以十分激烈的形式爆发，很值得我们警惕。群体与群体的冲突一般规模都比较大，冲突双方为了各自的利益，总要动员起大量的人力物力投入抗争，一决雌雄。

从冲突的表现形式来看，我们可以把冲突区分为四种类型：一是目标冲突。双方目标的相互抵牾，甲方要想实现自己的目标，必然伤及乙方利益；乙方要想实现自己的目标，也必然会伤及甲方利益。二是认识冲突。对同一件事情持有对立的观点，彼此都认为真理在自己一方手中。三是情感冲突。双方的不同认识表现在态度上，具有鲜明的爱憎色彩，由分离而至憎恶、敌视。四是行为冲突。双方都采取实际手段直接去阻碍对方目标的实现，表现为人身或物质利益的伤害。在一般情况下，这四种类型的冲突表现形式是依次出现的，行为冲突是冲突的最高表现形式。

（二）产生冲突的原因

个体冲突与群体冲突有各自的产生原因。

1. 个体冲突产生的原因

个体心理冲突主要是指个体自身所面临的不同形式的冲突。常见的个体心理冲突主要有以下几种：

第一，个体目标冲突。社会性规范了人以群体形态存在的一般意义，而人的社会行为不但具有遵循社会一般准则的基本义务，还具有体现个性行为、寻求个体价值的需要。不同个体的价值标准是不同的，价值标准决定个体的目标选择。个体目标不是无条件实现的，它受到个体才能与努力程度以及客观环境等多方面因素的制约。当个体在选择和实现个体目标的过程中出现问题时，就会发生个体目标冲突。

第二，个体角色冲突。在组织系统中，每一个成员都占据一个相对固定的位置，并按照职位的规范与其他个体发生互动行为和交互关系。根据实际的工作需要，组织中的每一个个体需要在不同的关系情境中扮演不同的角色。管理心理学认为，角色冲突有三种表现形式，角色外冲突、角色间冲突和角色内冲突。角色外冲突，指的是发生在两个或两个以上的角色扮演者之间的角色冲突；角色间冲突，指的是发生在同一个扮演者所扮演的不同角色之间的冲突；角色内冲突，指的是发生在角色扮演者所扮演的同一个角色内部的冲突。这里谈到的个体角色冲突，是针对同一行为主体而言的，因此只包括角色间冲突和角色内冲突两种情况。

第三，个体之间冲突。人们的知觉方式、性格、气质、行为趋势都是十分个性化的，仅仅这方面的差异，就足以酿成冲突。有的人喜欢用自己的固定模式去看待别人，不符合自己眼光的就看不惯，就横加指责。例如，有些老年人容易由自己的生活经历形成一套看人看事的标准，往往同青年人发生冲突，这就是所谓的"代沟"；有的人脾气暴躁，办事风风火火，他们同性格内向、沉稳谨慎的人相处就很难合拍；有些人的行为趋势是进攻型的，好寻衅生事，好攻击别人，属于好斗者，在这种人周围总是冲突不断。个体差异尽管不是冲突的根本性原因，也应该引起管理者的重视和每一个人的自省。

第四，个体与群体冲突。个体与群体的关系是一种社会契约性质的关系，个体需要服从群体的意志和目标，而群体也需要满足个体价值实现的要求和期望。当双方的利益和要求所保持的平衡状态被打破时，就会在个体与群体之间引起冲突。个体与群体的冲突模式主要表现在三个方面：一是组织期望过高，过分强调整体利益，强调组织目标的实现，要求成员完全放弃个人目标。在这种条件下，个体往往缺乏积极性、创造性，消极怠工，导致组织期望和组织目标的衰落。二是个人过于自信甚至自负，自我设计超前，对组织目标不屑一顾。三是组织和组织成员的期望都高，但在方式、方法上存在较大差距。当然，在双方期望都比较高的情况下，也有可能通过有效的沟通达成平衡，避免冲突的发生。

2. 群体冲突产生的原因

第一，目标因素。不同的价值观和不同的目标追求，是导致冲突最内在的原因。比如，直接从事生产、销售的经营部门与研究开发、法律咨询等的参谋部门，虽然在同一个单位，但是前者的目标在于日常产值和经济效益，后者的目标在于长远发展的规划和保证；前者表现出对单位较强烈的认同感和忠诚，后者则更倾向于把自己归为专家群体而同单位保持一定距离。这些差异的存在使得以上两种部门之间总有冲突的张力。在一般单位里，人事部门强调人才的培训和储备，业务部门重视的却是任务和产品，这里面就有见人还是见物的价值观冲突。最典型的情况常发生在医院里，管理人员从效益成本出发要求先交钱后看病，而医生、护士往往以救人为天职却忽视了经济规律。以上事例说明了价值观和目标冲突存在的普遍性。

第二，资源因素。群体为实现目标需要利用各种资源，包括资金、设备、人员、原材料、能源、空间场地等。如果资源丰富充足，或者资源的分配公平有效，那么冲突是不会发生的。但是现在人们已经认识到，地球上的各种资源都是有限的，因此对于资源的争夺，势必成为产生各种冲突的根本原因。实际上，各群体及个体之间的冲突，绝大多数是由资源因素引起的，这是一种现实的利益冲突。资源分配不公的问题，同样是不可能一劳永逸地解决的，旧的矛盾解决了，新的矛盾又会出现。只要资源匮乏存在，分配中的冲突就是不可避免的。

第三，责权因素。如果说资源因素是造成冲突的客观因素，那么责权因素就是造成冲突的最典型的主观因素。责权因素引起冲突的可能性有三种情况：一是责权不清。正常运行的组织或群体一般都是分层级管理的，每一层级和平行部门都应该有明确的责任和权力。如果管辖权限不清，相互作用的规则模棱两可，有了成绩彼此争功，出了问题互相推诿，冲突便在所难免。二是权力不均。群体中的权力分布不均是冲突产生的原因之一。群体中或群体间的权力均衡，使相关各方都对另一方具有某种权力，彼此处于相互依赖的对等地位，这会抑制冲突的产生。但如果一方权力过小并为此感到不平，它就可能对现状提出挑战。三是责权逆转。人们如果按照规定的地位层级开展工作，地位较低者服从地位较高者，是不大容易发生冲突的。但是由于工作设计的原因，有时在实际操作中地位较低者会向地位较高者发号施令，甚至控制地位较高者的工作。这种责权逆转一旦被失权者认识到，冲突便是不可避免的。

第四，信息沟通因素。有相当数目的冲突是由误解造成的。虽然这类冲突与根本目标、利益的对立所引起的冲突有本质的不同，也就是说，一旦误解消除，冲突便会平息，但是这类冲突所造成的损失和影响，使我们不能不重视对其起因的认识。信息沟通不畅或错误信息的误导，是误解产生的直接原因。当然，我们不能要求信息传播做到尽善尽美，毫厘不差，但是现代社会的信息化程度已越来越高，减少因信息沟通障碍所造成的损失既是必要的，也是现实可行的。同时，我们还应该警惕人为制造的虚假信息，不要落入恶意挑起的无端冲突的陷阱。

第五，结构因素。有关研究结果表明，群体结构方面的因素与冲突有一定关系。群体规模越大，发生各种冲突的可能性就越大。其原因可能在于，规模大了，层次就多，分工也越多，信息传播的渠道就更为交错复杂，这些都增加了冲突发生的机会。扩大下级人员对上级行为的参与也有可能使冲突增加。扩大参与原本是为了融洽上下级关系，满足下级人员被尊重和发挥创造力的需要，使冲突减少。可是这种结构性变化的结果却恰恰相反，冲突反而趋于上升。其原因在于，参与程度越高，下级代表不同见解的可能性就越大；参与者的创造力发挥越充分，表现出来的个性特征就越强烈；而且参与者的意见未必都能被采纳，这有可能引起负面效应。但是研究者也发现，扩大参与引起的冲突未必都有害，在很多情况下这种冲突激发了群体活力，增加了群体绩效，其积极作用往往大于消极作用。

（三）调适和冲突的解决

1. 调适的含义

和冲突相对立的是调适。调适是以不同的方式调节或缓和人与人、群体与群体之间的冲突的一种互动方式。针对冲突的具体调适方式有和解、妥协、容忍、调节和仲裁等。在冲突的调适处理中包含有两种因素：合作意向，即关心对方利益的程度；固执意向，即执着于自身利益的程度。这两种因素的不同组合，构成了调适处理冲突的五种行为模型：一是回避型。合作意向与固执意向都很低，对自身利益和对方利益都不感兴趣，采取回避冲突的行为方式。二是争斗型。缺乏合作意向，固执于自身利益，倾向于战胜对方并牺牲对方利益。三是克制型。合作意向很高，宁可牺牲自身利益而使对方达到目的。四是妥协型。两种意向都取其中，试图通过交换的方法使双方都做一些让步，并都得到部分的利益满足。五是协作型。合作意向和固执意向都很高，对双方利益都给予高度关注，力求通过协商和各种积极的措施保证双方利益的实现。

2. 调适的原则与方法

在解决冲突问题的时候，要坚持区别对待的原则，根据冲突类型的不同，采取相应的解决办法。下面针对实际的领导工作，介绍几种解决冲突的原则和方法。

第一，中庸原则。这一原则追求稳定，注重维持现状。用这种管理原则解决冲突，就是使事物"和"。主要有下面几种方法：一是理顺法。强调冲突中双方共同的方面，不强调差异。二是增加接触法。扩大群体成员的接触以增进了解，克服偏见，进一步解决冲突。三是协议法。在无法完全协调时，求同存异，使双方都有一定的允诺和让步，表面解决冲突。这种冲突解决办法要看其发展。四是扩大资源法。这种方法对解决因资源有限产生的冲突比较有效。五是缓冲法。设立一些中介机构和中介人员，缓冲双方的冲突。六是更高目标法。确立一个必须合作的更高目标，以缓和矛盾，解决冲突。

第二，无为原则。这一原则来自老子"无为而治"的观点，但老子的"无为"不等同于对事情不做准备和处理，他提出"早服""不盈"，即早做准备以及做事不要做得太圆满。根据这一原则，解决冲突的办法有如下几种：一是不干涉法。相信群体冲突有一个内部调节机制，可以在一定矛盾发展水平上自行启动去解决问题。二是避开法。在短期内避免冲突发生的方法。三是预防法。在事情发生之前进行防范。

第三，竞争原则。这一原则是真正去解决冲突本身，面对问题，迎难而上，但要讲究一定的策略。香港中文大学教授闵建蜀以竞争原则为基础提出了几种办法：比较；选拔好的领导；上下同心；选好人，搞好授权工作；战略上打击敌人，出奇制胜；谨慎，稳扎稳打；主动出击；速战；迂回。

3. 领导关系中解决冲突的基本方法与过程

随着组织行为学、政治学、社会学、行政管理学、管理心理学等学科的发展，冲突问题的研究得以进一步深入和完善。根据冲突发生的具体原因和运动形态，可以采取不同的解决方法。下面，就缓解和规避冲突的基本方法和过程进行一般意义上的介绍和分析。

第一，整合群体目标。群体的目标一般有以下几种情况：一是各成员之间无统一的目标；二是各成员之间的目标基本相似，但与群体的目标很不一致；三是各成员与群体的目标基本一致，但不完全重合；四是各成员与群体目标完全重合；五是群体目标与组织目标完全重合。领导者在协调领导关系时，首先要对不同群体的目标进行分析和归类，找出他们与组织目标之间的异同，尽量使群体目标与领导活动的总体目标不发生冲突或保持基本一致。

第二，合理确立群体行为的规范，限制冲突。群体规范是指群体所确定的行为标准。群体规范主要有风俗、文化、语言、舆论、公约、时尚等行为规范及各种不同的价值标准。群体规范可能是群体内部正式规定的，但大部分是在群体中自发形成的，并且能够为群体每个成员所公认，并潜移默化地影响到个人的行为及人格的发展。

一致性是群体存在的重要条件，这种一致性具体表现为群体成员在行为、情绪和态度上的统一。群体成员在相互作用的互动行为中，彼此接近，相互趋同，在模仿、暗示、从众、服从等心理因素的影响下，形成了群体规范。群体规范一旦形成，就会反过来对群体发生作用。这种作用具有的特点是：存在的广泛性，作用的持久性，对成员行为影响的深入性和直接性。

概括来说，群体规范的基本作用主要有：一是维系群体整体性的作用。群体的存在形式是它的整体性，这种整体性主要是通过群体规范来确立和维护的。"没有规矩，不成方圆"。群体规范是群体成员行为、感情和认知一致性标准的集中体现，是群体赖以存在的基本规则。可以说没有群体就没有群体规范，而没有群体规范，群体也就不复存在。二是认知的标准化作用。群体规范规定了成员应遵守的认识与评价标准，有助于成员形成共同的看法和意见。三是行为的定向性作用。这种作用主要体现在划定了成员活动的范围及制定了成员活动的基本规则。四是惰性作用。这是群体规范消极的一面。规范是对行为的一种约束，它在保持组织稳定和一致的同时，也把人们的行为限制在一个中等水平上，使人们习惯于在规定的范围内思考、活动，不利于人们的积极性和创造性的发挥。

领导者在协调领导关系的过程中，应根据领导活动的实际情况和不同群体的特点制定群体规范。在制定群体规范的时候，要避免生硬和脱离实际，除了采取正式规定的形式，还要积极探索多种非正式形式促进群体规范的自然形成。

第三，加强沟通，增进了解，促进冲突的解决。在领导活动中，沟通具有不可取代的重要作用。没有沟通就无法领导，领导必须沟通。同样，没有沟通也无法建立和保持良好的领导关系，沟通是有效地解决冲突和避免冲突的根本方法和首要前提。沟通又称联络或通信，指的是一种信息交流，主要包含两个方面的意义，即意义的理解与传递。事实、情感、意见观点和价值取向构成了沟通的基本内容。

沟通内容广泛，形式多样，最根本的是语言沟通，包括口头语言、书面语言、电子语言以及其他信息符号。非语言沟通是沟通的另一种重要类型，包括表情、姿势、形体动作、身体距离等。有证据表明，寻找生理线索对了解一个人的情况有重要作用。一般来说，语言沟通和非语言沟通是同时进行的，它们表达的信息是一致的。如果不一致，人们更倾向于认为非语言沟通表达的信息是真实的。

沟通的功能可以从不同的角度来分析。从领导关系的角度来看，有效的沟通把组织中包括领导者在内的所有成员联系起来，使他们相互理解，相互支持，团结一致，减少了彼此间的隔阂和误会，有助于建立稳定、和谐的领导关系，进而促进领导工作的顺利进行。具体说来，沟通主要有四项功能：一是控制。沟通通过有效的方式控制成员的行为，使他们遵守组织的权力结构和群体规范，服从组织利益，按照组织的要求工作。二是激励。在实现目标的过程中，沟通通过建立持续的反对和采取积极的宣传攻势强化组织目标，激励所有成员的工作热情和责任感。三是情绪表达。沟通提供了一种情感的表现机制，满足了人们的心理需要。四是信息。沟通为领导者进行决策等活动提供所需要的信息。

第四节　领导角色

在不同层面和不同情境下发生的领导关系中，领导者需要变换多种角色。领导关系的发生、发展过程实际上就是领导者在领导活动中进行角色建立，根据不同的角色需要完成角色行为、获得角色认同、满足角色期待的过程。因此，领导者在领导活动中能否根据实践需要准确地扮演领导角色，是建立和谐、融洽的领导关系的前提和基础。

一、领导角色的含义与特征

（一）领导角色的含义

"角色"，本是戏剧中的名词，指演员扮演的剧中人物，后来，这个名词被其他社会科学借用。社会角色是指与人们的某种地位、身份相一致的一整套权利、义务的规范与行为模式。它是人们对特定身份的人的行为期望，构成社会群体或组织的基础。领导角色也是如此，在组织或群体中，它处于显著位置，人们总是期望领导者能明晰自己的权力与责任，善于根据角色要求行动，起到楷模作用。领导角色是指符合领导者个人的社会地位及其义务要求的行为模式。这个概念包括领导角色规范——社会对领导角色行为的规定；领导角色期待——社会对领导角色行为表现的要求；领导角色知觉——领导个人对社会角色的认识，对角色规范的认同；领导角色实践——领导角色行为。

领导角色是一种典范，是领导者安身立命的基础，也是行为处事的依据。在同一时代，领导者往往扮演多种角色，形成角色集；在不同的时代，领导者的角色集也不相同。总的来说，领导角色由内外两个系统组成。外在系统包括领导者所处的时代背景和社会特征，领导者所在的组织环境，领导者和被领导者之间的关系，尤其是权力的渊源，这些因素构成领导者的外在决定条件，它们将支持或者制约领导者的行为，决定领导者的先赋角色，也决定着领导者的规定性角色。领导者应该协调好这些角色要素，否则其角色存在的基础就会受到损害，甚至导致角色失败。领导角色的内在系统包括领导者的自身素质、角色认知和自我期望，这是领导者角色扮演的内在质的规定，也构成角色行为的内在动力，从而促使领导者去更好地扮演自觉角色。许多研究表明，在扮演那些没有严格确定的开放性角色时，领导者的"内在自我"起着决定性的作用。

（二）领导角色的特征

1. 角色的特征

角色的特征主要表现在以下两个方面：

第一，角色是社会属性和个人选择的统一。所谓社会属性，是指角色首先是个体行为对社会期望与社会要求的满足。人类所扮演的各种各样的角色，不是凭空产生的，是适应社会需求的结果。角色的自我选择特性主要包含两个方面的含义：一是角色选择在受社会条件制约的同时，在很大程度上是个人选择的结果；二是角色行为的执行和角色功能的实现，是通过每个人的角色实践来完成的，体现了鲜明的个性色彩。

第二，角色是权利和义务的统一。每个人在接受社会服务的同时，也具有为社会服务的义务和责任。只要是真正社会化的人，就必须承担一定的义务。人所履行的对社会的义务和责任就是个人角色行为的一种体现。因此，角色是为主体所认同和被社会所限定的有关个人行为中权利和义务的综合。

2. 领导角色特征

在了解角色特性的基础上根据领导者的特定社会和组织地位，我们再来看一看领导角色的特征。

第一，导向性。领导角色的主要特征是率领和引导下属朝着一定的目标前进，即发挥导向性作用。在领导活动中具体体现为领导活动目标的科学制定、领导方法的把握、领导决策的追踪修正、领导过程中的变化调整等。

第二，服务性。领导角色的服务性特征，不仅要求领导者全心全意为本群体成员服务，而且要求领导者通过为下属完成任务创造有利条件来实施领导。在美国的企业界有一种"经理助手说"，认为经理如果把帮助下属工作视为重要职责去考虑，他就是一个有效的经理。下级要完成上级的任务，往往必须有上级给予的支持和帮助。

第三，感染性。领导者的领导效力，不仅取决于权力的运用、才智的发挥，而且领导者的一些习惯、嗜好也会在群众中产生很大影响。因此，英国萨里大学的教授约翰·艾德欧认为，领导就是榜样。领导角色的感染特征，一方面要求领导者必须敏于行，慎于行，善于行；另一方面也要求领导者时时努力提高自己的素质，借以形成自己的人格凝聚力、渗透力、组合力和向心力。

第四，非我性。领导者要想胜任领导角色，必须首先完成自我的超越。任何一个领导者，并非天生的领导者，他们走向领导岗位伊始，只能说是一种社会角色的变化。领导角色要求他在才能、气质、作风等方面，都必须超过以往的"自我"，不断地进行自我完善和提高，对领导过程中的各种情况做出科学的反应。领导活动既体现领导者个人的意志，又不以领导者的个体意志为转移；既允许领导者个性的存在，又不容许危害群体的个性存在，否则将被群体所淘汰。

第五，多重性。领导角色的本身，是一个"角色丛"：当他与下属成员发生联系时，他的角色是"领导"；当他与其他社会成员发生联系时，他的角色是"公民"；当他与上级发生联系时，他又成为"被领导者"。即便在与本单位群体组织成员发生联系的过程中，领导角色也是一个"角色丛"，同时充当多种角色，每种角色对领导者都有着为社会心理所接受的独特的规范要求。

二、领导角色的分类

在近现代社会的政治领域和经济领域中，领导者或扮演政治家一类的角色，或扮演企业家一类的角色，或者兼而行之，这需要他们凭借自己的实力和努力，通过竞选、考试和自我创业等方式来实现内在自我期望，确定自己的社会角色。在政治领域，领导者的行为模式可以分为两类，一类是变革者的角色，通过改革或革命，将人们的思想提升到最高境界，同时也改进完善政治制度；另一类是交易者的角色，他们以政党领袖、立法或行政部门的领袖身份在政治市场上进行交易行为，追随者可以得到安全、收入和一定程度的民主自由等。现代社会最大的进步在经济建设方面，在经济建设过程中，领导者需要扮演企业家、经理等新角色。社会越发达，领导角色就越复杂，因为社会发展要求领导者在继承传统的基础上不断创新。从不同的学科角度分析，领导者也扮演着不同的角色。

（一）政治学范畴的领导角色

从政治的本质和领导的基本职能出发，领导者是利益的分配者，按制度经济学的说法，是"分蛋糕的人"。领导的权力从政治本质而言，即主管利益和各种资源；各层级领导处于各个利益分配的环节，按其职权范围分配给下属利益；下属对领导的服从实质上是对利益的追求，这种利益是生活资料、发展资料及其他物质利益，也包括出于追随楷模而获得的心理满足。从利益分配的角度，领导者也可以说是扮演裁判的角色，协调利益分配的不公平情况，调解利益纷争。

（二）社会学范畴的领导角色

从马克斯·韦伯的科层制来看，领导者是控制者和施令者，制定对下属的各项要求并提出期望，不断鼓励下属向要求前进。从社会角色理论出发，领导者是导演，按政策和实际需要"三定"，即定职能、定机构、定人员，构思组织发展脚本；物色所需演员，使其不断适合表演要求。从社会互动理论出发，领导者是信息中转站的信息员，领导掌握更高层次的信息资源；以领导为中心形成信息的传播网络。

（三）心理学范畴的领导角色

从伯尔赫斯·弗雷德里克·斯金纳的强化理论出发，领导者是"双面人"：正强化时，如表扬、奖励等，能让下属感激不尽；负强化时，如批评、惩罚等，能让下属痛哭流涕。从卡尔·R. 罗杰斯的人文主义现象角度出发，领导者是心理医生：领导者需要尽可能多地了解下属的心理动态，根据下属的心态进行治疗和调节。[①]

三、领导角色的学习

（一）角色学习的内容

角色学习是指组织成员掌握社会理想角色的行为准则、技能，提高角色认知水平，缩短与理想角色的差距的过程。

角色学习的内容由扮演角色所需要的知识和技能来决定，主要包括角色义务、角色权利、角色行为规范，以及角色的情感和态度。其中，角色义务、角色权利和角色规范称为角色学习中的"硬件"，而角色情感和角色态度称为角色学习中的"软件"。

第一，角色义务、角色权利和角色规范。角色义务、角色权利和角色规范是构成角色的基本要素，也是角色学习的主要内容，并且特性比较稳固。角色义务、角色权利和角色规范具有不以角色扮演者的意志为转移的客观性，它们是由社会分工及其他社会因素规定的，不受角色扮演者本身素质的影响。领导者的角色义务内容广泛，可以简要地概括为下面几大类型：决策方面的角色，包括领导者、故障排除者、资源分配者、谈判者；信息方面的角色，包括信息接受者、信息传播者、发言人等。领导者的角色权利则是以领导权力为基础建立的，在领导活动中体现的权利的总称，如决策权等。领导者的角色规范是对组织内部的分工情况、组织制度、组织目标以及领导者的领导层级等多种因素的一种综合体现，随着情况的变化，领导者的角色规范也会出现不同程度的改变，因此，领导者在学习和运用角色规范的时候，要结合具体的领导情境，准确掌握它的变化。

第二，角色情感和角色态度。社会期望角色扮演过程具有应有的情感和态度，角色情感集中反映在个体对于所扮演角色的角色义务的责任感。组织中的每个成员都需要对组织具有强烈的责任感、荣誉感和主人翁意识，积极的角色情感是促进组织发展的有效动力。领导者不但自身要培养和强化角色情感，而且要营造良好的环境氛围引导组织中的其他成员建立和增强角色情感。

角色态度是角色扮演者在角色行为中的心理准备。人们在社会生活中要与他人交往，在交往活动中会有一种心理上的准备。当人们在以一种角色和他人交往时，必然会产生一种角色交往所需要的心理准备状态，形成角色态度。心理学实验证明，被试者心理上的准备状态即角色态度支配着个人的记忆、判断、思考、选择，对被试者的行为效能、目标达成具有影响。所以，调整和改善自身的角色态度，是包括领导角色在内的角色扮演者在实施角色行为之前必须进行的准备工作。

[①] 朱立言：《行政领导学》，52 页，北京，中国人民大学出版社，2002。

（二）角色学习的特点

第一，实践性。社会角色是社会规定的个人行为模式，角色学习的内容具有很强的实践性和操作性。角色学习的内容来自于实践的需求，而角色学习的成果和效能也必须在具体的实践中进行验证。

第二，互动性。任何一种角色都是在与其他角色的相对状态中体现它的存在意义的，同时角色实践的过程也必须是在与其他多种角色的交流和互动中完成的。因此，角色学习，不仅要学习该角色的角色内容，还要学习与之互动的角色内容。角色学习的目的，是为了正确进行角色交往。了解交往双方的角色内容，是保证角色交往顺利进行的重要条件。

第三，连续性。角色学习的连续性主要包括三个方面的含义：一是社会成员在社会活动中需要扮演多种角色；二是随着社会实践舞台的变化，角色本身也在不断地发展变化，体现为角色自身发展的连续性；三是社会的发展变化使新的角色层出不穷。

第四，综合性。角色学习的内容不是彼此割裂的，它们统一于角色交往的实践过程，在指导个人行为的过程中有机地联系在一起。因此，角色学习具有综合性的特点，需要全面掌握角色学习规定的内容。此外，在进行角色学习的时候，不但要分别学习角色内容的不同方面，而且要善于把几个方面联系起来理解和学习，做到融会贯通。

（三）通过领导角色学习建立角色知觉

领导者是进行领导活动和建立领导关系的行为主体，领导者扮演的角色是一种特殊的社会公众角色。领导者不是天生的，领导者要想成功地扮演领导角色集，首先要"入戏"，即要有明确的角色知觉。

所谓领导角色知觉，就是在取得领导地位以后，领导者对领导角色在权利、义务、职责和社会期望等方面的自我意识和自我认识。角色行为的效果，很大程度上取决于角色承担者对角色内涵意义的自我意识和理解，也就是说，角色知觉在一定程度上影响甚至决定了领导者的角色行为选择。不同的角色行为选择引起不同的行为后果，必然形成不同形态的领导关系。因此，领导角色知觉的建立是维系和优化领导关系的前提和基础。同时，友好和谐、积极进取的领导关系也有利于领导角色知觉的发展和提升。

知识经济时代对领导者的角色知觉提出了新的要求，领导者应该在角色学习中适应这种新的角色要求。知识经济时代知识取代资本成为领导权力的渊源，领导者运用知识的技巧也就是运用权力的技巧，领导者应该在知识和信息的生产、分配和使用的过程中起主导作用。最新研究表明，在新时代领导者应扮演以下三类角色：

第一，领导者应是知识、经验和智慧的传播者，这种新角色被称为"教师""师傅""教练"和"导师"等。在当代，领导者作为"教师"的作用非同以往。知识经济不仅引起生活方式和生产方式的变革，也引起教育方式的变革，传统的"在校教育"将转变为"在职教育"，大学公司化，组织大学化，学习的意义更加广泛。

有研究者认为，"数字时代"的领导者不再是去下达命令，而是要负起学习的职责，建立起有利于学习的组织氛围，保持组织的竞争优势。领导者扮演教师这个角色时，视下属如学生，帮助下属认识学习的重要性，建立正当的学习动机，确定学习的目标。并且，领导者要尽量鼓励下属，培养竞争和合作的学风。在教学过程中，把知识和智慧传授给下属，并督促他们敢于冒险尝试应用这些新知识，然后总结实践的经验与教训。通过教育和实践，领导者将提高下属的能力。

把领导者比作教练，是由于赛场和职场之间有很多共同之处。领导者和教练一样，通过自己的下属获得成功。作为教练或者领导，都应该有全局观念，都要通盘考虑，合理调配组织的全部资源。要达到这个目的，他们都要熟悉下属，并根据其特征来使用，扬长避短。作为教练，需要指出并帮助下属改正缺点和不足之处，乐于给下属以工作和进步的机会。尤为关键的是，他们都注意培养下属的团队精神。当然，把领导比作教练还有强调实践和训练的重要一面。

领导者作为导师更应该侧重在价值观念、心理状态以及精神信仰等方面引导下属，领导者作为师傅则更强调领导者的单个传授、言传身教和耳提面命。这类角色将为领导者奠定权力基础，领导者和追随者之间的联系将更加紧密。领导者作为下属的导师，甚至社会公众的导师，必须具有正确的价值观念。例如，坚持社会正义，坚持为人民服务，反对腐败，在精神上、思想上引导社会公众和追随者。这就要求领导者不但要精通业务，能够在下属需要时进行示范，纠正下属所犯的错误，还要熟悉下属的优缺点，能够容忍下属的缺点，并在恰当的时候给予帮助。

第二，领导者应该联合群众，设计组织，成为变革的控制者，这类角色常被称为"设计师""社会建筑师"和"组织缔造者"等。在今天，国家和社会逐渐融合的趋势要求领导者不仅要注意国家和政府的需要，而且要关注社会的需要，这样，才符合公共性的需要。当代社会知识以惊人的速度发展，组织也必须跟上这个速度并持续变革。作为设计师，领导者应该熟练设计组织，善于解散组织和重构组织，并在这个过程中不断创新。彼得·圣吉认为，学习型组织能够达到上述目的。组织设计师要设计出组织的政策、策略和系统，重要的设计工作包括整合愿景、价值观、理念、系统思考以及心智模式这些项目，更广泛地设计组织，就是要尽可能整合资源、科学规划目标并调动成员实现这一目标，就是要整合所有的学习修炼。

面对变革所带来的混乱，作为设计者不能抱着应急的想法，头痛医头，脚痛医脚，而是要考虑组织的各个方面。重塑组织不是再设计一台机器，也不是再造组织金字塔，更不能把追随者和下属看成"经济人"，而是从广泛角度去设计组织。不仅要设计组织的表层，如结构、战略和奖励系统，而且要考虑组织的深层，包括文化、价值观和精神。作为设计师，领导者可以从团队组织、虚拟组织、无边界组织、女性化组织等新形式中获得启发，设计出更有弹性、更灵活的组织。

第三，领导者应该传播领导技能，做未来潜在领导者的培养者，这类角色被称为"领导铸造者""栽培者"和"超级领导者"等。在历史上，有"事必躬亲"型领导者，也有"垂拱而治"型领导者。前者事无巨细必亲自躬行，以致日理万机，这往往会影响下属的积极性和创造性，绩效并不见得好；后者"劳于求人而逸于治事"，无为而治，下属会努力把工作做好。安德鲁·卡内基颇精此道，他的墓志铭对他做了如此总结："长眠于此的逝者曾将更优秀的员工吸引到其服务之中，而不仅仅是其个人本身。"

　　培养下属使之得到晋升和发展的人可以称为领导铸造师，对于组织来说，这是一个重要的职衔。他应该创造更好的环境让追随者成长，成为新的领导者。要达到这个目的，领导学者华伦·班尼斯认为要让下属接触各种领导模式，从好的和坏的领导者的对比中学习，从那些做事极端的领导者身上学习，熟悉领导技巧。在适当的时候，分派给下属以挑战性的任务，以适度的压力促进他们成熟。通过这种过程，领导者为组织铸造大批领导者，可以减轻领导者的负担，使领导者从日常烦琐的杂事中解脱出来，集中精力和时间思考重要的问题，这样，领导者就分身有术了。有了一支强有力的领导队伍分布在组织的各个层面，领导者就能"任凭风浪起，稳坐钓鱼船"，从容面对纷乱的变革，追求卓越。

　　把领导者比作栽培者，是由于二者在许多方面相同。栽培者播下种子，精心养护，会有更多收获。领导者把那些潜在的领导者视为"种子"，加以栽培，使其能顺利发展，成为未来的合格的领导者。对于未来领导者的发展问题，有两种观点，一种是达尔文式的选择观点，让潜在的领导者"物竞天择，适者生存"，这容易造成过度竞争的局面，扼杀人才，造成领导人才的断层，不利于组织的长远发展；另一类观点是农业式的培养观点，认为领导能力是可以学习的，领导者是确定那些"能从经历中学习的人"，然后教会他们所必须学的，给他们以挑战性的任务，并帮助他们成功。培养"种子"领导者可以保证领导者代际之间的稳定性，当领导者缺任时，"薪尽火传"，"种子"领导者已经能承担重任，这对于维护组织的长远竞争优势是很关键的。

　　在组织中，不可能所有成员都能走上领导岗位，成为领导队伍中的一员。对于一般的追随者，领导者也应注意培养其领导能力，让下属自己领导自己，自我激励，自我计划，自我监督，自我评估，自我设计职业生涯和事业发展道路，促使追随者由依赖外部领导向独立转变，这就是自我领导。在这个意义上，领导者就成了超级领导者。超级领导者并非要取消领导者，而是要充分发挥追随者的积极性和创造性，使其分担领导者的部分职责，从而更能扩大领导者的业绩，强化领导者存在的基础。

🗂 小结

　　领导关系是领导主体在领导活动中与组织系统中的其他成员发生的工作关系和非工作关系的总和。领导关系作为一种特殊的历史现象有其自身的特点，对领导活动有着很大的影响。人是领导关系中的核心，因此研究领导关系就必须研究非正式组织在领导关系中的作用和影响，因为非正式组织的存在更具有人性化的色彩。领导关系是不断发展变化的，其运动形态主要体现为竞争与合作、冲突与调适。在不同的领导关系形态中，领导者在领导活动中能够根据实践需要准确地扮演领导角色，是建立和谐、融洽的领导关系的前提和基础。

━━ 案 例 ━━

合作与竞争

某局 S 处与 Y 处的正处长马上就要退休，组织部门拟在这两个处的副处长中选拔两位正处长。通过考察和反复权衡，S 处有两位候选人 A 和 B，Y 处有两位候选人 C 和 D。初步确定候选人后，组织部门开始找这四位候选人分别谈话，S 处的两位候选人 A 和 B 能力都很强，但由于平时两人就有一点儿隔阂，所以谁也不服谁。结果在谈话过程中都不同程度地表现出对对方的不满，并且都向组织部门暗示如果提拔对方，自己将很难与其合作；而 Y 处的两位候选人 C 和 D 由于两人平时关系就很好，工作中互相配合，所以在谈话中都对对方的优点给予肯定，并且表示不管谁担任正职，自己都将一如既往地与其搞好合作。上级领导和组织部门通过对考核结果的认真分析与研究，做出了这样一项决定，任命 C 为 S 处的正处长，A 继续留任 S 处的副处长。D 任 Y 处的处长，B 调任 Y 处任副处长，并且分别找 A 和 B 谈话，要求他们配合好新任处长的工作。

点评

在面对提拔时，A、B 和 C、D 每两个人是一种相互竞争的关系，因此在与组织部门谈话时展现个人所长无可厚非，但他们在竞争的背后还存在一种合作关系，那就是如何齐心协力地搞好领导工作。因此，他们不仅要看到职位的竞争，更要看到工作中所需要的密切合作，没有良好的合作，领导工作将如何开展？所以上级和组织部门的做法是正确的，A 和 B 的结果也是他们"咎由自取"。

📑 综合习题

一、名词解释

1. 领导关系　　　2. 领导关系的自然属性　　　3. 领导关系的社会属性

4. 非正式组织　　5. 冲突　　　6. 领导角色

7. 角色冲突

二、判断题

1. 领导关系是自然属性和社会属性的统一。（　　　）

2. 在领导关系的两重属性中，自然属性占据主导地位，决定着领导关系的本质。（　　　）

3. 离开了社会，领导关系既不能存在，也不能发展。（　　　）

4. 权力和命令是领导关系的实质。（　　　）

5. 领导关系对领导活动的影响分为正面效应和负面效应两个方面。(　　)

6. 冲突等同于竞争。(　　)

7. 非正式组织也是组织，组织都有自己的首领，因此非正式组织的领袖是由组织任命产生的。(　　)

8. 非正式组织不是因为完成组织任务而是自发产生的，所以领导者不应该承认非正式组织。(　　)

9. 冲突是由于利益不同而产生的对抗性行为，因此冲突只有消极作用。(　　)

三、简答题

1. 简述领导关系的特点。

2. 简述领导关系客观性的主要内容。

3. 简述竞争与合作的客观性。

4. 简述冲突产生的主要原因。

5. 简述领导角色的主要特征。

6. 简述非正式组织的特征。

四、论述题

1. 试论竞争与合作的矛盾统一性。

2. 结合实际论述领导关系的作用与影响。

3. 结合实际论述非正式组织与领导关系的互动作用。

第十章　领导选材与用人

教学目的与要求

通过学习使学生了解人力资源的含义与特征，明确现代领导者应该树立正确的人力资源观念；基本掌握领导选材的原则与方法，领导用人的含义与特点、原则与方法；重点掌握领导用人的心理误区分析。

内容提要

本章主要内容包括人力资源的含义与特征，领导者应树立的正确的人力资源观念，这是领导者选材用人的理论基础。并在这一理论基础上阐述了领导者选材用人应遵循的原则和方法，以及在实践中领导用人的心理误区分析。

"治国之道，惟在用人"，选材用人是领导者的基本职能之一。领导者能否做到知人善任是领导工作成败和事业兴衰的关键。在经济全球化和社会信息化的冲击下，国际化的竞争说到底是人才的竞争，更是领导人才的竞争。因此，对领导选材用人的研究就显得格外重要。

第一节　领导选材与用人的理论基础

人力资源理论是新技术革命兴起以来，人类社会经济、政治和社会生活发生的变化在人事管理上的直接反映。人力资源理论不仅从根本上改变了人事管理的构成理念和发展内涵，而且极大地丰富了人事管理的运行过程和技术手段。作为一名现代领导者，必须掌握人力资源的基本理论，在此基础上充分发挥好领导的选材与用人职能。

一、人力资源的含义与特征

（一）人力资源的含义

现代人力资源管理的理念与价值，是建立在20世纪中叶以后西方经济学家对"人力资本"理论论证的基础之上的。美国的经济学家西奥多·舒尔茨在人力资本理论领域做出了重大贡献。他的著作《由教育形成的资本》和《人力资本投资》等，比较全面、系统地提出了人力资源的发展理论以及人力资源对经济增长以及社会进步的巨大意义，奠定了现代人力资源管理的基础，被公认为"人力资本理论之父"。1979 年，他因此获得了诺贝尔经济学奖。

人力资本理论的基本思想是：其一，单纯从自然资源、资本资源和技术资源这些生产要素的投入来看，人们无法解释现代社会生产力提高的全部原因。有一个极为重要的生产要素被以往的经济学家们遗漏了，这个要素就是人力资本的投入，它对人类社会的进步具有决定性作用。因此资本总体上可以分为物质（货币）资本和人力资本两大部分。其二，人力的取得不是无代价的，其成长过程需要消耗各种稀缺的资源，也就是说，需要消耗资本投资。人力投资是对获得人的知识、能力和素质付出的各项货币形态的开支，人力即是投资的结果。因此，并不是一切人力资源都是最重要的资源，只有通过一定方式的投资，掌握了知识和技能的人力资源才是一切生产要素中最重要的资源。人力，即人的知识和技能是资本的一种形态。其三，人力投资的结果是将货币资本或财富转换为人的知识和能力形态，使人力与其他商品一样，具有了价值和使用价值。人力资本投资的核算集中体现在人力资源身上的知识、技能、资历、经验、工作熟练程度等因素。当人的素质既定后，人力资本则可以表现为从事工作的总人数以及劳动力市场上的总工作时间。其四，人力投资的目的是要获得投资收益。人力资本投资的收益率要远远高于其他生产要素的投资。

在西奥多·舒尔茨之后，人力资本理论得到了长足的发展，著名的理论还有加里·斯坦利·贝克尔的"人力资源的微观经济分析理论"，爱德华·富尔顿·丹尼森的"人力资源的经济统计分析理论"，以及 20 世纪 60 年代后兴起的工具性、方法性的人力资源研究领域，包括人力资源的会计学、教育经济学、家庭经济学等。人力资本理论带来了整个人事管理的价值革命，人们对传统的人事管理模式和理念进行了创新，开辟了现代人力资源管理的新天地。正像著名的管理学家彼得·杜拉克在《亚洲华尔街日报》撰文的题目那样——《传统的人事部门，再见！》

虽然现代社会的人们对"人力资源"这个术语的内涵定义并不一致，但总的思想倾向是清楚的，都是把"人力"看作生产性要素资源。就资源体本身而言，它只是在生产过程中才具有意义，也就是可以转化为社会的物质财富，而只有通过人的劳动，自然资源才能够实现从资源到财富的转化。因此生产要素资源包括物质资源和人力资源两部分，人力资源是其中最宝贵、最重要、具有决定性的资源。从广义的角度讲，"人力资源"就是一个国家在一定时期、一定范围内能够作为生产性要素投入到社会经济活动过程中的全部劳动人口的总和；从狭义的角度讲，"人力资源"也就是一个经济组织内在生产过程中能够有效利用的劳动力总量。

（二）人力资源的特征

人力资源管理的目的在于把实现社会管理职能的有效性同人力资源要素的特殊性有机地

结合起来。因此，首先必须清楚地认识和把握人力资源的特征，有针对性地开展人事管理活动。概括起来说，人力资源有以下几个主要特征：

第一，能动性。这是人的本质属性，是人力资源区别于物质资源的根本所在。所谓能动性，就是人能够自觉地认知自然、认知社会、认知自身，并用这种认知支配自己的行为，主动地把认知的东西转变为现实的存在。正是由于人所具有的能动性，才有自然资源向物质财富的转化，也才有社会的生产过程。在社会管理活动中，人力资源的能动性是社会职能的前提条件，只有充分发挥人力资源的能动性，才能更好地实现社会的发展和进步。

第二，增值性。这是人力资源的真正意义所在。社会生产过程不仅要创造价值，而且还要不断地追求价值的增加，物质资源在其转化过程中，只能够做到价值的平行转移，要实现资源转化的增值，只能通过人力资源来达到。特别是在现代市场经济条件下，人力资源的增值效用更加明显，而且内在素质不同的"人力"对增值的数量和质量也有很大差别。管理人员的增值性集中体现在管理活动的创新作用上，即根据社会发展实际和趋势的需要，变革现行的各种社会关系，创造新的管理方式和人的行为模式，促进社会的不断进步。

第三，开发性。人力资源的增值性作用主要是基于人的能动性，而能动性则根源于人的认知能力以及认知对行为的支配能力。人的认知能力，即人的思维能力不但具有先天性，更具有后天性（社会性），也就是说可以培养，可以调动，可以发展。更重要的是，人力资源不是一次性的转化资源，而是可以连续投入生产过程，不断地进行转化的。人力资源的能力开发具有累积效用，每一次开发所激起的潜在能力都会成为后续行为的内在素质构成。因此，在使用人力资源时，更需要持续不断地开发人力资源的潜在能力。

第四，时效性。人的能动性发挥，在不同的生长阶段、时间、条件下有很大的不同，也就是说，人的能动作用要受到生理和心理变化的影响。任何人都有自然的生长过程，从童年、少年，到青年、中年，再到老年，不同生长阶段的生理和心理都有不同的特质，在生产过程中的转化作用也有很大差别。管理者在管理过程中不仅需要人力资源在其生理和心理最具有生机活力的时候发挥作用，也需要把人的生理、心理的状态同知识储备和经验积累的程度有效地结合在一起。

第五，消耗性。人与物质资源还有一个最大的不同，人是要消耗物质的，也就是人要吃、穿、住、用，而物质资源不存在这个问题。就一个社会来说，要保证人的生存，就要提供必要的衣、食、住、用的物质产品；而对于一个生产组织来说，如果让人闲置在生产过程中，同样也要支付维持生存所必需的费用。使用人力资源是对社会性物质财富的消耗，因此，必须根据社会发展的需要来确定人力资源的使用额度，尽可能减少人力资源的闲置和浪费。

二、领导者的人力资源观念

（一）人力资源管理的含义

对一个组织而言，人力资源管理是指在合理制订人力资源计划的基础上，运用相关手段和方法，实现组织岗位与员工的合理匹配，并通过一系列管理手段，提高员工的素质，激发员工的工作动机，协调各方面的关系，充分调动员工的工作积极性，以保证组织目标的实现。在现代社会，人力资源管理对提高社会生产力水平具有关键性的意义，这主要体现为以下几点：

第一，人力资源是社会生产力的第一要素。社会活动首先必须有人，才能有社会活动过程，在社会事务管理过程中，必须投入一定的资金、物质和技术手段等要素资源，但是，这些要素资源也只有在人的掌握和使用下，才能发挥其应有的作用。道理很简单，在资金、物质和技术手段以及人力等要素资源中，只有人力资源才具有能动性，其他要素资源只有在人力资源的作用下才能应用到社会活动的全过程，才能显现出其自身的价值。也只有人力资源才具有增值性的特点，才能最大限度地发挥各种要素资源的使用效益。

第二，人力资源状况决定社会生产力的水平状况。正因为人力资源是社会生产力的第一要素，而人力资源本身的利用程度又受到人的内在素质和外在环境的影响和制约，所以能否拥有高素质的人力资源构成，就必然会在很大程度上影响着社会事务的管理和效果。具体说来，社会成员的思想觉悟、道德品质、责任意识、业务知识、工作态度、处事方法、活动技能和行为规范等，能否适应和满足社会发展的需要，直接关系到社会的发展和进步。

第三，人力资源对社会生产力的影响是能够优化的。人力资源与社会生产力水平之间的联系并不是一成不变的，是可以通过采取科学的方法，最大限度地发挥人力资源对提高社会生产力水平的积极作用的。社会在对人力资源的使用过程中有很大的选择空间，可以通过择优的原则选用社会人力资源中的优秀人才。人力资源的使用和增值作用与外在环境状况有着密切联系，社会可以通过改善环境条件或者采取必要措施，使人力资源与外部环境的联系达到最佳状态，从而促使人力资源最大限度地发挥能动作用和增值作用。此外，人力资源的内在素质是可以改善的，经过培养训练是可以提高的。这正是人力资源管理要解决的问题。

（二）现代领导者的人力资源开发新观念

1. 人力资源管理与传统人事管理的区别

人力资源管理绝不是一组人事管理活动的简单集合，而是要协调地管理组织的人力资源，配合其他资源的利用来实现组织效率和公平的整体目标。美国学者对人力资源管理目标的看法是：一是建立员工招聘和选择系统，以便于能够雇用到最符合组织需要的员工；二是最大化地发挥每个员工的潜质，既服务于组织的目标，也确保员工的事业发展和个人尊严；三是保留那些通过自己的工作绩效帮助组织实现目标的员工，同时排除那些无法对组织提供帮助的员工；四是确保组织遵守政府关于人力资源管理方面的法令和政策。可见，人力资源管理有两个主要目标：广义目标是充分利用组织中的所有资源，使组织的生产水平达到最高；狭义目标是帮助各个部门的直线经理更加有效地管理员工，具体而言就是人事部门通过人事政策的制定和解释，通过忠告和服务来完成这两个目标。

如前所述，人力资源管理概念的使用，是建立在全新的理论与管理思维之上的，它带来的是人事管理理论和实践观念的全面更新。

第一，在传统人事管理看来，人只是一种成本或生产、技术要素，是对组织资本资源的消耗；而人力资源管理则将人本身看作资源，与其他物质资源的一次性开发、使用不同的是，人力资源可以被持续不断地开发和有效使用。它本身就能够给组织带来巨大的投资回报率和效益。

第二，传统人事管理一般将组织的成员看成被动的工具，他们的存在无非是满足组织的需要，与组织和工作相比，人的地位是附属性的。因此，在人事行政管理的过程中，组织比较强调管制、监控等方面的功能。而人力资源管理将组织中的人视作组织发展的主体。人与工作相比，具有广泛的能动性。他们身上形成、积累和可以继续开发的知识和技能，能够使他们主动地适应不同工作种类与性质的需要，完成组织的工作任务。因此，人力资源管理注重的是塑造组织人才成长的环境，尊重员工主体地位的态度和发展激励、保障、服务、培训等引导性、开发性的管理功能。

第三，传统人事管理的内容比较简单，主要从事录用、考核、奖惩、工资等管理活动；人力资源管理的内容则大大丰富了，不仅包含传统人事行政管理的基本内容，而且适应现代社会发展和人力资源发展的需求，重视和增强了一些新的管理内容，如公共部门人力资源的预测与规划、人员测评与人员甄选、人力资源的开发培养、人力资源投资收益分析等，这些新内容也使人力资源管理与组织发展紧密地结合在了一起。

第四，传统人事管理强调的是组织成员的现状，它比较注重现有人员的使用，而不重视其素质的进一步开发；人力资源管理不仅强调人力资源的使用，也非常重视人力资源的开发，一方面要充分发挥现有人员的智慧才能，同时还要充分挖掘现有人员的潜能，使其在未来发展中具有较大的弹性，这就是现代人力资源管理的"全方位拓潜"的功能。[①]

2. 领导者公共人力资源开发新观念

在搞清楚人力资源管理与传统人事管理的区别后，现代领导者应树立人力资源开发的新观念。公共人力资源开发是指为科学、充分和有效地发挥公共人力资源在工作过程中对社会进步和经济发展的积极作用而进行的资源配置、素质提高、能力利用、开发规划和效益优先等一系列活动相结合的有机整体。因此，领导者为了科学、充分和有效地发挥公共人力资源的积极作用，就应当树立正确的公共人力资源开发新观念。

第一，确立人力资源是第一资源的观念。在自然资源、人工资源和人力资源这三种资源中，人力资源，尤其是高层次的人力资源是科学技术的载体，是把科学技术转化为现实生产力的中介，应把其当作第一资源，即最宝贵的资源。

第二，确立人力资本的观念。人力资源作为特殊的主体性资源，不仅有认识其他资源的能力，还有自我认识的能力；不仅有开发其他资源的愿望和动机，还有开发自我的愿望和动机。因此，人力资源也可以被认识并被看作开发对象，从而转化为人力资本。而人力资本的

---

① 孙柏瑛、祁光华：《公共部门人力资源管理》，7 页，北京，中国人民大学出版社，1999。

重要性正如美国学者所说："所有资本中最有价值的是对人本身的投资。"[1]

第三，确立人才商品化的观念。在计划经济体制下，人才不是商品，是不允许进入市场自由流动的，一次就业就定了终身，这就造成了人力资源的巨大浪费；而在市场经济体制下，必须要确立人才是商品的概念。人才不仅具有一般商品的属性，可以进入市场按照价值规律自由地交换，而且有其自身的特殊性，即人才作为一种特殊的商品，所有权和使用权可以相对分离，所有权始终属于个人，而使用权可以由买方以一定的方式拥有。

第四，明确人力资源开发的特殊性。由于人力资源具有能动性，所以衡量人力资源开发的程度如何，就要看它对人的能动性、积极性调动发挥得如何。人力资源的开发不仅是使用与消耗的过程，也是一个发展与提高的过程。

第二节　领导选材的原则与方法

领导人才是最重要的人才，其能力和品位常常直接构成一个群体、组织、民族、国家或社会的核心竞争力和关键性实力。在当今现实社会生活中，群体、组织、民族、国家或社会之间的相互较量和竞争往往最终体现在领导者之间的相互较量和竞争上。因此，对于一个社会系统来说，领导人才是决定其兴衰成败的决定性因素。

一、领导选材的原则

领导选材的目的是选到组织事业所需要的各种人才，并把他们合理地安置在相应职位上，实现人与事的科学结合，以推动事业的发展，达成组织的目标。为此，在领导选材的过程中，应遵循以下原则：

第一，因事择人。所谓因事择人，就是以事业的需要、职位的空缺为出发点，根据职位对人员资格的要求来选拔人才，由此做到以事定职，以职选人，人事相宜。否则，如果因人设事，为人择官，就不能保证事得其人，人尽其才，造成大材小用、小材大用或者机构臃肿、人浮于事的结果。

第二，公开公平。所谓公开，是指在选拔人才时要公告通知、公开进行，即将空缺的职位及其所需要的人才资格通过网络、报刊、广播、电视等新闻媒介向社会公布，并将最终结果也晓之于人，接受群众监督。公平是指凡具有应聘资格的公民，便具有平等的参与权利与机会，而不受种族、性别、年龄、出身等诸方面的限制。坚持公开公平原则，一方面可扩大选拔人才的范围，另一方面可增加选拔工作的透明度，便于实施民主和公开监督，防止不正之风的产生与蔓延。

---

[1] ［美］加里·贝克尔：《人力资本》，梁小民译，5页，北京，北京大学出版社，1987。

第三，竞争择优。在领导选材过程中，坚持竞争择优的原则，就是指在公开公平的前提下，让求职者依靠自身的素质进行竞争，用人单位择优选拔人才。遵循这一原则，拓宽了选才的视野，使用人单位能够在更广阔的范围内享有充分地挑选人才的权利，在选材过程中坚持这一原则，应将竞争贯穿于选材工作的各个环节，即从报名、资格审查，到笔试、面试，以及考核、体检等。要使求职者"过五关，斩六将"，始终处在一种激烈的竞争状态，层层筛选后根据工作的需要，择优选拔合适的人才。

二、领导选材的方法

为了发挥领导人才的作用，最充分地开发利用这种宝贵资源，尽量避免领导人才的浪费，防止和消除组织人事工作的主观随意性和权力异化现象，确保领导者和领导人才始终朝着正确的方向发展，必须实施正确的领导选材方法。选拔人才是用人的前提和基础，领导者能结合自己组织的实际情况，灵活正确地使用选拔人才的方法，无疑能挖掘、招揽大批人才，以下简单地介绍几种选拔人才的方法。

1. 竞争考试法

利用考试来发现识别人才可以说是中国古代的一种创举。自隋唐开始采用的科举考试连绵延续了1300多年，"开科取士"为各朝各代沿用不废。考试体现了择优录用、公开平等、内行管理的原则。西方一些国家选用文职人员的一个重要方法——考试录用制，以及我国现在实行的公务员录用考试制度，就是借鉴了古代科举考试的基本精神。虽说考试本身具有一定的弊端，但从实际情况看来，它的存在具有一定的合理性，依然具有重要的现实作用。

2. 竞争上岗法

竞争上岗法是我国近几年来采用的选拔人才的方法，就是将一部分空缺的司、处、科等级别的职位面向全社会进行公开的竞争上岗。近年来我国在深化人事制度改革、引入竞争激励机制、完善公务员制度、建设一支高素质的专业化国家行政管理干部队伍方面进行了不懈的努力，加快了干部制度改革步伐，扩大民主，完善考核，推进交流，加强监督，破除一切不适合发展的观念，营造有利于人才竞争的氛围，特别是在干部能上能下、能进能出方面取得了较大的进展。

3. 绩效考核法

绩效考核法是从最终社会效益出发，对人才实绩的大小好坏进行客观的评价，同时也是对预测结果的检验。绩效考核法有排列法、比较法、成果对照法、尺度评定法、个人申报法和行为考核法。在具体的实施过程中，应把握住几个要点：考核量表的设计要科学、合理；应选择对被考核人熟悉的人充任考核者；最后的汇总统计要认真、准确，以便做定量比较。此种方法将考核与学习有机地结合在一起，容易进行定量比较，能正确地反映出人才的实绩。

4. 荐举法

荐举法包括自荐、领导推荐、专家推荐和群众推荐等多种方法。

第一，自荐。对于自荐，应严格地区分它与伸手要官的不同：伸手要官者，是挖空心思地投机钻营，从歪门邪道入手获取职位；而自荐者往往是经过深思熟虑，权衡才能，认为自己能为社会做出一定的贡献，并有施政措施，才向领导和群众提出。历史上战国时期的毛遂自荐已是千古美谈，所以，应当允许、鼓励这种行为，给人才创造脱颖而出的环境和条件。

第二，领导推荐。这一形式主要通过两个途径实现：一是领导深入基层，通过接触群众，发现人才；二是领导在下属中推荐人才。对于领导的这种意见，应充分重视，因为各级领导比较了解自己下属的基本情况。但为防止个别领导的主观武断和裙带之风，应通过严格的组织程序进行操作。

第三，专家推荐。如要选拔从事某种专业方面的人才，可请这方面的专家和同行来推荐和评议。因为他们能够对他的业务能力和水平做出富有见地的恰当评价。但这种评价不应公开，应该严格保密，才能达到预期的效果。

第四，群众推荐。这种方法具有涉及面广、信息量全的优点，是对以上三种荐举法的有效补充。

5. 群众评议法

群众评议法是在识别和考察人才的过程中，广泛地征求大多数群众的意见，以求对人才取得全面、深刻的了解。群众评议法分为民意测验和民主选举。在实施当中，应注意将群众评议和组织考察结合起来，防止民意偏差和被扭曲。

6. 考察法

考察法是某一层级的领导或专门选拔部门（如组织部）工作人员通过面对面的谈话、组织座谈会、一起从事某种具体工作等各种方式，对被考察者的德行、工作实绩、才识智慧、气质性格、身体状况等各方面的情况，进行直观式的考察和评议。这种方法简便、直接并且易操作，信息由于不需传递，因此具有失真较少的优点。

7. 信息网络法

信息网络法是信息网络社会识别人才的一种特色方法。由于我国国情的特殊性，各地的人才情况存在差异性和不均衡性，有的地区的人才素质高，有的地区的人才素质低；有的地区的人才资源丰富，而有的地区的人才资源匮乏。建立起人才信息网络，使人才在更大的范围内流动，不仅大大提高了人才的利用率，而且使人才资源得到最优配置，也极大地提高了工作效率。

第三节　领导用人

人是一种唯一能够扩大资源的资源。由于人具有创造力，所以人是唯一能增长和发展的资源。因此，如何发挥人的创造力，便成为领导的关键。领导的根本任务就是要充分开发和使用这种最宝贵的资源。

一、领导用人的含义和特点

领导用人是指领导者科学合理地使用人力资源中的人才资源，以做到人事相宜，相得益彰，这主要包括两方面：一是用得准确，即用当其位，使其担负的职责与其才干正好相匹配；二是用得及时，即用当其时，使其能在年富力强，能够发挥最佳作用时，担负起相应的工作。

领导用人主要有以下几个特点：

第一，关键性。领导在考虑人事问题的时候，应着眼于关键层次、关键岗位、关键任务、关键时刻的人事安排上，力求保证这些关键性的人事安排能够及时准确。而对于非关键性的人事安排，则应该让具体的组织人事部门来处理。

第二，覆盖性。领导要对组织的整体加以调控，不能有调控不到的"盲区"。

第三，灵活性。由于人才具有层次性，因此领导在对人才的使用过程中，应当区别对待。对一般人才的使用，宜采取"阶梯式"，即从基层工作做起，一级一级地提升上来。而对于特别优秀的人才，则应当灵活掌握制度，必要的情况下敢于破格提拔。这样既能有效地保护和使用优秀人才，也能更好地促进工作的进行。

第四，争议性。领导在重用优秀人才的时候，往往会引起人们的不同看法，使之成为有争议的人物。特别是对于破格提拔的人才，争议性更大。所谓"木秀于林，风必摧之"，说的就是这个道理。但有争议并不就是坏事情。不要只是在那些无争议的人物中去物色干部，也不要因为有争议就不敢使用。对于那些确有真才实学、德才兼备的优秀人才，纵然争议很大，也应该大胆地使用。

第五，动态性。组织是一个动态的系统。从组织外部来看，周围的环境处于不断变化之中；从组织内部来看，组织的规模可以扩展也可以收缩，组织的结构可以调整，组织的目标也可以改变。因此，组织的用人问题，也应该是一个不断调整的动态过程，而不是凝固不变的静态过程，要做到能上能下，能进能出。

第六，准确性。关键性的人事安排，对全局的工作起着至关重要的作用。用人得当，可以使工作进展顺利，得到加强；反之，用人不当，则会给工作带来巨大的甚至是毁灭性的损害。因此，领导在用人的过程中，不但态度要积极，而且做法要更慎重，要能够做到知人善用。

二、领导用人标准与用人制度

领导者要选准用好人才就必须坚持正确的用人标准，严格执行用人制度。

（一）领导用人标准

用人标准，就是用人尺度。我们党一贯坚持的用人标准就是"德才兼备"。毛泽东曾经指出，我们一方面要反对空头的政治家，另一方面又要反对迷失方向的实际家。这就是说，在任何时候，领导用人都要反对只讲政治标准，不讲业务标准；或者只讲业务标准，不讲政治标准。领导真正需要的人才要政治与业务统一，德与才统一，也就是要德才兼备。

坚持德才兼备的用人标准，必须要正确理解这一标准的含义。

德，主要是指人的政治观点、政治立场、思想作风、道德品质、工作态度。这是对人才政治素质的高度抽象和概括。才，主要是指人的知识和才能，具体包括才识、才能和才学三个方面。才识，主要是指有胆有识，有科学的预见性。才能，即能力和技能。作为一个人才，应具备良好的感知力、观察力、记忆力及思维能力、想象能力和调查研究能力、分析判断能力、决策能力、组织指挥能力等。才学，是指学问和知识。才学是才识、才能的基础。这三个方面有机地结合在一起，体现在一个人身上，就是他的思想水平和工作能力。

德和才两方面是不能割裂和偏废的，既不能重德轻才，也不能重才轻德。有德无才，不成其为人才；有才无德，不是真正的人才。因此，领导用人必须坚持德才兼备的标准。

(二) 领导用人制度

用人制度化是现代社会发展的一种趋向，就是将由国家法律确定的人事关系准则和领导用人行为规范逐步系统化、定型化。我国政府的领导用人制度主要是指党政干部选拔管理制度，它是指政府人事关系准则和施政行为规范的固定化形态，是指政府部门对公职人员的录用、变动、流动、考核、激励、监察、培训、待遇、保护、退休等主要环节依法实施科学管理的制度总和。用人制度的有些内容在本书的有关章节都有所涉及，现介绍用人制度的几项主要内容。

考核制度是指对一定职位的人才的德才素质、工作能力、工作表现和工作成绩所进行的考察、审核和评价的一项制度。考核的内容主要包括德、能、勤、绩四方面。

奖惩制度是指对有突出成绩的人才给予物质奖励或荣誉奖励，对犯错误的人给予必要惩处的一种制度。奖励的方式主要有三种：荣誉奖励、物质奖励和晋升奖励。惩罚的方式主要有三种：党纪处分、政纪处分和司法处理。奖惩必须分明，恰当及时。

回避是借用程序法的一个法律概念。干部回避制度，是指避免领导者及其近亲或直系亲属在同一个单位从事有从属关系或有监督关系的工作的一种制度。实行这种制度的总原则是：有夫妻、夫妻双方三代直系血亲及儿女姻亲关系的工作人员，不得同时在有直接领导关系或直接监督关系的单位担任领导工作。在执行公务时，凡涉及以上血亲关系的人员应该回避。

任期制度是指规定某些职位的工作人员其任职起止期限的制度。任期届满后其职务、职权、职责自然取消，它是终身制的对称。

三、领导用人的原则和方法

(一) 领导用人的原则

用人原则是领导用人成败的关键。因此，领导者在用人的过程中应坚持以下几个用人原则：

第一，峰区年龄原则。人的才能和人自身一样，从萌发到鼎盛再到衰退，整个过程表现为一个抛物线过程。人的一生中存在才能最佳期，一般来说，是 30~45 岁。这一时期，是人的精力最充沛、思维最发达、体格最完善的时期。所以，在这一时期起用人才，就能避免人才的浪费，使投入产出比达到最优化。

第二，扬长避短原则。一方面"金无足赤，人无完人"，看准人的长处加以利用，是合理用人的真谛所在。唐太宗《帝范·审官篇》中的一段话"智者取其谋，愚者取其力，勇者取其威，怯者取其慎"便生动地说明了这一道理。另一方面，避人之短不是说不看或看不到人的短处，而是说在用人时不要老盯着人的短处，要想方设法在限制其短处起作用的同时尽量弥补其短处，从而促使其长处得到正确而充分的发挥。

第三，量才任职，职能相称原则。做到这一点的前提是首先对各种职位的具体要求、任务和职责等有一个明确详细的规定，为量才任职设立一个客观的标准和依据，然后正确鉴别人才的类型、特点、层次，并按能力大小分别安排相应的职位。如发现职能不对应者，应果断调整，该升的升，该降的降。同时，要做到职、责、权三位一体，互相统一，使人才在其位，有其权，负其责，尽其能。

第四，诚信不疑原则。既然根据人才的特点把其放到了合适的位置上，就应该对其给予充分的信任，让其大胆地展开工作，创造业绩。心理学研究证明，每个人都有自尊心，当他的自尊心受到尊重时，他的才智将能够得到充分的发挥。尊重和信任是用人的前提，如果领导者既要用一个人，而又不充分信任他，就会使下级在工作中缩手缩脚，并导致下级产生离心倾向。同时，信任下级也是领导者自信的表现。

第五，明责授权原则。明责授权就是明确责任，并根据其所担负的责任授予其相应的权力，从而使每一个层次的人员都能有其职，尽其责，使其智，成其事。领导者在授权时应首先考虑单位或组织的规模，授权范围应视领导者能够弄清问题并做出正确决策的范围而定。还要看单位或组织业务活动的性质，专业性越强越应授予更大的权力。

第六，环境适应原则。人总是生活在一定的自然环境和社会环境之中，任何人才的创造力的发挥程度都要受到外部客观环境的影响和制约。这一原则首先要求领导者在用人时要审时度势，视环境而定。例如，曹操在《论吏士行能令》中指出"治平尚德行，有事尚功能"。其次，要求领导者要为人才作用的充分发挥创造良好的环境，即要创造一个尊重知识、尊重人才的环境；要创造一个民主的宽松的政治环境与彼此信任、关怀和友爱的人际环境；要创造一个人才能够施展才能的平等的机会和权力的环境；要创造一个能够提供继续学习、进一步发展机会的环境。

第七，幅度适宜原则。领导幅度即用人的数量标准，就是指领导者直接领导的人数，或者领导者可直接下达命令发出指示并直接向他汇报、对他负责的人数。领导幅度有一定的变化幅度，称为领导幅度的弹性，其大小取决于组织的目标是单目标还是多目标，组织的功能是单一的还是多样的，领导者个人素质的优劣，以及组织的完善程度和规范化程度。

第八，用养并重原则。即领导者不仅要用才，更要爱才、护才、养才，以避免人才的浪费与搁置。这就需要建立一套完整、配套的人才保护培养制度，这一制度应主要包括鉴别系统、监督系统、服务系统、使用系统、培训系统和保障系统，以解决人才的后顾之忧，为其不断成长与成熟创造条件。同时，在用才、养才的过程中，要注重对潜在人才的培养与开发，使人才辈出而不会后继乏人。

第九，流动原则。在现实的工作环境中，人才如果长期被固定在一个单位、一种位置，就很容易使人故步自封，因循守旧，产生惰性和习惯势力，甚至造成错综复杂的关系网络，助长不正之风。人才的合理流动，有利于增强人才活力，形成人才优势效应；同时可以有效地防止不良现象的发生。

(二) 领导用人的方法

人才选拔出来后，如何使用，是领导者在用人过程中最关键的环节。要达到使用人才的目的，就要采用正确的用人方法。我国目前人才使用中主要采用以下几种方法：

第一，试用法。在政府干部经考核合格，正式任命之前，必须经过一个试用期。在试用期里进一步考察。这种考察，具有双重意义：一是经过考察，若该人符合上岗的要求便可以正式任命；反之，经过一段时间的实际考察，如不能胜任，便可辞退并改选他人。二是对于被考察者来说，通过试用期，来调整自己的心理、生理状况，以检查自己能否适应新的岗位。如能适应，则在这个岗位上干下去，为组织干出一番事业来；如不适应则可另谋岗位。建立新任职的干部试用考察制度，对领导者来说，可以避免发生考察人才不周全的错误。

第二，委任法。委任法就是指领导者和组织人事部门经过一系列考核后，决定人选并安排其上岗任职的方法。这个方法容易受主观因素影响，较多地反映了领导者的意图。如实施不当，易造成用人的失误。但只要领导者和领导机关的工作人员工作认真负责，坚持实事求是的作风，坚持实施正规的制度流程，那么这种方法就是有成效的。

第三，聘任法。这个方法是以人的工作实绩来衡量人的实际能力，有利于打破"铁交椅"和"铁饭碗"，有利于开展人才竞争，以充分发挥人的潜能。如果人才受聘后在岗位上干得出色，便可以继续聘用；如果政绩平平，则可解聘。

第四，选举法。这种方法能比较好地体现人民当家做主的权利和反映人民的心愿，尤其是对选拔任用基层干部更有优越性。但由于受到群众文化素质和民主意识等方面的制约，就会产生这样一个问题：得票多少并不一定能说明领导者的优劣。有时一些德才兼备、坚持原则、实绩卓著的人，不一定得票多。因此，在对选举方法进行改进与完善的同时，要逐步提高人民群众的文化素质与民主意识。

第五，晋升淘汰法。晋升是指提高人才的职务和改变人才原有的级别，使其职责加重，地位提高。其具体的种类有：一是提拔在原工作岗位上表现突出、成绩卓著的人才担任领导干部，这样可以调整领导班子的合理结构，促进领导群体内的更新；二是聘任人才担任专职职务，有明确的权责和一定的任期，在任期间领取相应的职务工资；三是提高工资级别，由人才管理部门根据人才的成绩和资历来确定新的工资等级；四是提高人才的政治待遇。科学健全的晋升方法，能调动干部的积极性、主动性和创造性。与晋升相对的是淘汰，也就是将不称职的干部罢免、降职。如果只任不免，只升不降，就会形成死水一潭，导致干部队伍缺乏生机与活力。所以晋升与淘汰的方法要同时运用，要形成一种能上能下、能出能进的良好局面。

四、领导用人的心理误区分析

用人，是一种艺术，是指领导者在用人活动中，面对复杂多变的领导客体，充分发挥主观能动性，巧妙选择最佳行为方式的计谋和策略。然而，由于艺术的发挥具有强烈的主观能动性，领导者在用人时一方面可能慧眼识英才，更好地促进工作的发展；另一方面也可能由于认识上的偏颇与情感上的倾斜或习惯势力的干扰，而陷入用人的心理误区，以致人事双失。概括地说，领导用人的心理误区主要表现为：晕轮效应、投射效应、相互回报心理、嫉妒心理、首因效应、近因效应、偏见效应、马太效应和戴维观象。

（一）晕轮效应

所谓晕轮效应，是指人们在判断别人时，容易产生一种主观倾向：首先把人分成"好的"和"不好的"两部分。当一个人被列为"好的"部分时，便把一切好的品性加在他的身上。相反，如果一个人被归于"不好的"部分时，又容易把一切不好的品性加到他的身上。

美国著名的心理学家所罗门·阿希曾做过一个实验：给被试者看一张列有聪明、勤奋、灵巧、坚定、热情五种品格的卡片，要求被试者想象一个具有这五种品格的人的形象。被试者普遍认为这种人是一个理想的友善的人。然后，所罗门又把表格中的热情换成冷酷，要求被试者再设想一个合适的形象。结果发现，被试者普遍推翻了原有的形象，并想象出了一个截然相反的形象。这说明，热情—冷酷起着"晕轮"的作用，它掩盖了其他品格，决定着人们看待别人的总体印象。

（二）投射效应

所谓"投射效应"，是指人们往往有一个强烈的倾向：当他不知道别人的情况（如个性、爱好、思想等）时，就常常认为别人具有与自己相同的特性。或者说，当他需要判断别人时，就往往将自己的特性"投射"给别人，想象其他人的特性也和自己的特性一样，即常言所说的"以己之心，度人之腹"。

"投射效应"是一些人用来判断别人、处理信息的简单方法。但很显然，这种看法容易产生两个缺陷：一是可能高估了别人与自己看法和想法的相似性；二是可能高估了别人在个性、爱好、品德等方面与自己的一致性，甚至于"以小人之心度君子之腹"。

当领导者个性品质较好、品德高尚时，容易把别人想得过好，而放弃对下属的教育、督促，或提拔一些不太优秀的人。当领导者个性品质较差、品德低劣时，容易忽视那些值得提倡的好人好事，甚至把这些看成虚假的表现，从而导致在奖惩上失度或者颠倒是非，使真正优秀的下属得不到鼓励和提拔，这些都是投射效应在用人上的体现。

（三）相互回报心理

相互回报心理也叫相互回报行为，它是指社会上的人往往有一种倾向，即喜欢那些他自认为喜欢他的人，讨厌那些自认为讨厌他的人。

相互回报行为的前提是人们对于信息的感认。由于人们的行为是十分复杂的，人们透过信息对别人的动机和行为的感认，有时候可能正确，有时候也可能是错误的。由于主观感认与他人动机的不一致性，以及对信息判断的着眼点（短期或长期）的差异性，因而在相互回报行为中，常会出现"一厢情愿""以怨报德"或"以德报怨"等例外现象。

相互回报行为具有两重性。积极的相互回报行为，有助于人们相互关心、相互爱护、相互帮助、相互支持，有助于领导班子的团结和人际关系的和谐。值得警惕的是消极的相互回报行为。例如，进行权钱交易，你给我行贿，我给你官做；拉帮结伙，你对我封官许愿，我对你无原则跟随；或互开后门，我安插你的儿子，你安排我的女儿；或别有用心地相互吹捧，你投我以桃，我报你以李……这一切，都是市场经济等价交换原则侵入人际关系和劳动人事工作领域的典型表现，轻则产生不正之风，重则导致领导班子的腐败。

（四）嫉妒心理

嫉妒心理是人们在相互类比中产生出的一种消极有害的心理，即对才能、名誉、地位或境遇超过自己的人心怀怨恨。"同类互比"行为是人类的天性之一，人们不论是对个人还是对团体，也不论对自己还是对别人，都会进行同类对比，即通过与其他同类人的比较，来确定自己的现状和社会位置。这也叫人际相互比较行为。

当自己比别人弱，别人比自己强时，正确的自我提示，会导致找出自我差距，进而向别人学习的积极行为；而错误的自我提示，会导致灰心丧气或诱发出强烈的嫉妒心理，结果引起别人反感，造成自身孤立。

嫉妒心理是十分有害的：一是影响领导班子团结；二是影响优秀人才脱颖而出，如"武大郎开店"，容不得功高（才高）盖己；三是会导致嫉贤妒能，排除异己，打击先进，压抑人才，破坏人力资源的合理开发；四是会导致奖惩不公，升降失准，该奖者不奖，该提拔者不提拔，失信于民，损害人力资源的管理；五是会形成对改革者的压力，所谓"枪打出头鸟"，反对冒尖，排斥对领导提出不同意见的人等，往往使领导者自觉不自觉地被嫉妒心理驱使，而成为阻碍改革的人。

（五）首因效应

所谓首因效应，是指对人的看法过多地依赖第一印象，因此往往形成错误的心理定式。

心理学家曾做过一个实验，给两组大学生看一个人的照片。在看照片以前，对其中一组大学生说，照片上的人是一个屡教不改的惯犯；对另一组大学生说，照片上的人是一位著名学者。然后让这两组大学生分别从这个人的外貌来说明他的性格特征。结果两组大学生对同一张照片上的同一个人做出截然不同的解释：第一组大学生说，此人深陷的目光隐藏着险恶，高耸的额头表明他死不悔改的决心；第二组大学生说，这个人深沉的目光表明他思想深刻，高耸的额头表明他在科学道路上探索的坚强意志。这一实验说明了第一印象对于社会知觉的重要影响。

显然，仅从第一印象看人，带有很大的表面性、片面性和"先入为主"的特点，它产生于人们的知觉因素与情感因素的结合，并使人们形成心理定式，从而影响人们以后对人的评价。

（六）近因效应

所谓近因效应，是指过多地依赖最近的表现对人做出评价，而不考虑他的全部历史和一贯表现的一种现象。比如，平时工作积极、认真负责的职工，近来经常出现迟到早退等反常现象，领导不经过周密的调查，就把原来准备提拔其为科长的机会给了他人。而实际上，此职工是由于近一段时间身体不适，每天都在医院治疗，所以每天都出现了迟到早退现象。这就是近因效应所带来的误差，它容易被别有用心、投机钻营的人所利用，积极表现于一时，取得领导好感，谋求个人的晋升或其他实际利益。

（七）偏见效应

所谓偏见效应，是指从某种错误的观念和偏见出发，纯主观地做出对人的判断的一种现象。偏见效应容易使人产生偏见，如"年轻人都富有激情，老年人都是保守的""小偷都是穷人""小孩子不会是骗子"等。这在人才使用中往往使决策失误。

（八）马太效应

所谓马太效应，是指对已有相当知名度的人给予的荣誉越来越多，而对那些尚未出名的人则往往忽视他们的成绩，或不承认或贬低其价值的一种常见的不合理现象。

马太效应是由科学史研究学者罗伯特·莫顿在1973年首先提出的。其之所以被称为"马太效应"，是因为《马太福音》第25章中有这样两句话："因为凡有的，还要加给他，叫他多余。没有的，连他所有的，也要夺过来。"

在社会中，马太效应处处可见。名家的末流之作，刊物也予以发表；而不出名的小人物的血汗结晶，即使有真知灼见，也往往明珠暗投。在组织内部，往往在领导头脑中只有几个突出的知名人物，选劳动模范是他，选积极分子是他，选优秀党员是他，选人民代表还是推荐他；而一些尚不知名的普通员工，尽管做出了相同或更好的成绩，也往往得不到承认和重视，在领导者视野中见不到他，因此无法脱颖而出。

（九）戴维现象

英国化学家汉弗莱·戴维发现了订书匠法拉第在化学上的潜能，并将其精心培育成才，使法拉第名声大振。但此后汉弗莱·戴维却开始贬低法拉第。他身为英国皇家学会的会长，是唯一投票反对法拉第参加皇家学会并成为会员的人。由识别和培养千里马的伯乐，转而变成处处限制和妨碍千里马奔驰者，这种情况带有一定的普遍性，被叫作"戴维现象"。

在我国现实情况中，由于利益上的冲突，或者价值观的扭曲，或者人际关系的失衡，也存在类似的现象：领导从提携青年干部到压制青年干部，学者从指导和培养高才生到贬低和排斥这些崭露头角的新秀。这种现象成为人力资源开发和使用方面不可忽视的问题。

凡此种种，都是因违背了科学合理的用人原则，而最终导致人才的流失与事业的失败。而要走出这些误区，我们应从以下两方面着手：一是不断提高与完善领导者的自身素质，通过自我学习或组织培训，提高其道德修养，端正其思想认识，规范其领导行为等；二是将人才使用原则逐渐制度化，以减少领导用人的主观随意性。

小结

选材用人是领导者的一项重要职能，现代领导者要想选好材，用好人，就必须树立人力资源理念。人力资源理论是新技术革命兴起以来，人类社会经济、政治和社会生活发生的变化在人事管理上的直接反映。领导人才是最重要的人才，对于一个社会系统来说，领导人才问题是决定其兴衰成败的决定性因素。因此，领导者应遵循一定的选材原则，运用科学的方法选材，在选好人才的基础上再遵循一定的原则采用科学的方法用好人才。

案例

人才就是资本

美国人的用人方法中有一点就是重金招聘，即给予被招聘者以优厚的待遇，以吸引其应招。1945年，盟军攻克柏林，在苏军把德国的机械设备运回国的同时，美国政府却派了一批飞机赴德国，把大批德国高级科学家和工程技术人员作为战俘运回美国，经考核后以高薪聘用。这些科学家对美国第二次世界大战科学技术的发展，起到了很大的作用。美国通过重金招聘人才确实是非常厉害的一招，它使得美国人才济济，并发挥了巨大的作用。众所周知，亨利·阿尔弗雷德·基辛格是犹太人，兹比格涅夫·布热津斯基是波兰人，等等。他们都是美国显赫一时的政治家。美国的科学家移民就更多了，轰动一时的阿波罗登月计划，在参与其事的高级工程师当中，有相当部分的外国人，其中三分之一还是炎黄子孙。

点评

人才是一种资源，而且是一种可以增值的资源。第二次世界大战美国的发展，不仅仅是因为它发了战争财，吸引了全世界的资本，更重要的是它网罗了全世界很多的优秀人才，这才是其发展的关键所在。选好人才，用好人才，这是一种一本万利，甚至是无本万利的买卖。全世界很多优秀的大学生、研究生，在他们已经具备了一定实力的时候，到美国以后还是要从头再来，奋力拼争，而美国则因此收获了大量的人才资源以及因此而产生的在经济、科技、文化等方面的产出。

综合习题

一、名词解释

1. 人力资源　　　2. 人力资源管理　　　3. 首因效应
4. 近因效应　　　5. 戴维现象　　　　　6. 马太效应

二、判断题

1. 增值性是人的本质属性，是人力资源区别于物质资源的根本所在。（　　）

2. 人力资源是社会生产力的第一要素。（　　）

3. 对于一个社会系统来说，领导人才问题是决定其兴衰成败的决定性因素。（　　）

4. 因人设事，为人择官，就不能保证事得其人。（　　）

5. 考核人才是用人的前提和基础。（　　）

6. 人力资源不同于物质资源，人力资源具有增值性特征。（　　）

7. 现代社会讲究效益，所以领导只用人才，不必养人才。（　　）

三、简答题

1. 简述人力资本理论的基本思想。

2. 简述人力资源的特征。

3. 简述人力资源管理对提高社会生产力水平的意义。

4. 简述人力资源管理与传统人事管理的区别。

5. 简述领导选材的原则。

6. 简述领导用人的特点。

7. 简述领导用人标准的主要内容。

8. 简述公共人力资源开发新观念的主要内容。

四、论述题

1. 试论领导的用人原则。

2. 结合实际分析领导用人的心理误区。

第十一章 领导效能与执行力

🗖 教学目的与要求

通过本章的学习，使学生了解领导效能理论；基本掌握领导效能的含义、特点与类型，领导效能测评的含义与意义，测评的内容，测评的方法与程序，领导执行力的含义与构成，当前领导执行力存在的弱化表现问题与制约因素；重点掌握领导效能测评的原则及如何建构领导执行力。

🗖 内容提要

这一章主要介绍领导效能的基本原理，即领导效能的含义、特点与类型，在此基础上对领导效能的测评做一初步介绍，主要包括领导效能测评的含义与意义、测评的内容、测评的原则与程序和测评方法。效能的提高依赖于良好的执行力，因此本章最后对领导执行力问题做了进一步分析与探讨。

领导效能既是领导活动的出发点，又是领导活动的归宿，是反映领导者能力和领导活动成效的综合性指标。作为领导科学的核心内容之一，对领导效能的研究以及在此基础上进行的领导者的发展与培训，不仅具有深刻的理论意义，更具有重要的现实意义。

第一节 领导效能概说

领导者要在领导活动中取得良好的效能，就必须对领导效能有一个科学的认识。因此，我们首先要探讨领导效能的含义与特点、领导效能的类型，掌握领导效能理论的主要内容，为正确开展领导效能的测评创造条件。

一、领导效能的含义与特点

(一) 领导效能的含义

从一般意义上说，效能是指事物所蕴藏的有利的、有效的、综合的作用和效应。从领导学的角度上理解，效能是指领导活动目标及其实现的程度，包括效和能两个部分。效是指领导在实现领导活动目标中所达到的效率、效果、效益的综合反映；能是指领导在实现领导活动目标过程中所显示的能力。因此，总体来说，领导效能是指领导者在实施领导活动的过程中，实现领导活动目标的能力与所获得的领导效率、领导效果、领导效益以及所引起的组织状态、组织环境与组织关系的有效变化的系统综合。

在这个系统中，领导效能主要包括以下几个要素：一是领导能力。领导能力即领导者的行为能力。它以领导者的身体、心理、知识、经验等综合素质为基础，是领导者行使领导权力、承担领导责任、胜任领导工作、完成领导任务所必备的基本条件。二是领导目标。领导目标是取得领导效能的前提，它和取得领导效能的途径——领导效率结合起来决定领导效能的大小。领导目标是领导效能的中心线，实现领导目标的程度是衡量领导效能的尺子。三是领导效率。领导效率一般是指领导者从事领导工作的产出同所消耗的人力、物力、财力等要素之间的比率关系。领导效率主要受领导者的能力、工作态度、领导环境以及下属的素质与能力等条件的影响。四是领导效果。领导效果是领导活动对象化的直接反映，是通过领导效率所取得的直接结果，是领导效率向领导效益转化的中介体，领导效益要通过领导效果这个中介才能实现。五是领导效益。领导效益是指领导活动的最终效果，带有社会性、公益性与长远性，主要表现为政治效益、经济效益、文化效益、人才效益与社会效益等，是一个综合性的指标体系。

从以上对领导效能的含义及其内容的分析中，我们可以看出，领导效能是一个复杂的、广泛的综合性体系，这其中既包括定性的要素，也包括定量的要素。在对领导效能的研究中，我们既要高度重视对其定量要素进行分解式的量化分析，以提高对其的科学性与操作性研究；同时又要兼顾对其定性要素进行深入的理性分析，以强化对领导效能的历史性与社会性研究。也就是说，领导效能是以上各种要素的综合，要全面分析这些要素在取得领导效能中的作用，才能准确地反映领导效能的高低。比如，领导效果和领导效益综合起来才能反映领导效能的高低，但两者不是直接数量相加，看效能光看效果不行，也就是说光有定量分析是不够的。效果显著，效益不一定好，目标错误时，效率越高，直接效果就越明显，而效益则越差，因此还应做定量分析。但没有无效果的效益，没有效果，效益失去载体，所以也不能不看效果。

（二）领导效能的特点

领导效能作为一个复杂的、广泛的综合性体系，其特点主要表现在以下几方面：

第一，综合性。领导效能的高低优劣取决于多种因素：首先，包括领导者的自身因素，如领导者的身体素质、心理素质、政治素质、能力素质、业务素质、认识水平、领导能力、组织能力、管理能力、协调能力、创新能力、自律与自控能力等。其次，包括领导群体的因素。比如，在领导群体中，是否贯彻执行民主集中制，领导群体结构是否合理，集体领导与个人分工负责制是否健全，领导群体是否团结一心、步调一致，是否有健全的权力运作与监督机制，是否与人民群众建立了密切联系，思想政治工作与激励机制是否有效等。再次，包括被领导者的自身因素。比如，被领导者是否明确意识到自己的主人翁地位并担负起相当的责任，发挥相当的作用；被领导者对领导的态度如何，即是否响应、接受并服从领导；被领导者能否正确地对待并评价领导者的功过是非，进而正确地对待领导者，理解、信任并支持领导者的工作；领导者与被领导者是否形成一种齐心协力、团结互助的良性关系等。最后，包括领导活动得以进行的客观环境因素，如自然环境、政治环境、经济环境、文化环境、社会环境、机构环境等。

第二，社会性。一方面，领导活动作为一种有组织的社会活动，是社会活动的有机组成部分，这就使领导效能不可避免地受到各种社会因素的影响与制约。环境决定领导工作的成败，影响领导效能的高低，领导工作的成败得失在很大程度上取决于环境条件的好坏。相对而言，在客观条件比较好的地区、单位和部门从事领导工作，就比较容易出成绩；相反，有时领导工作却因为自然灾害等不可抗拒的因素而难免失败。另一方面，领导活动作为一种有目的的社会活动，其最终目标是为促进整体社会的发展服务。例如，在强调可持续发展的今天，衡量领导效能不仅要看本部门的经济效益，还要看它的社会效益，看它是否符合可持续发展的要求。这就决定了领导效能具有很强的时代性特征，它不仅要适应所处社会与时代的发展要求，而且要反映并提升所处社会与时代的发展水平。

第三，历史继承性。领导效能所反映和体现的，总是在某一特定的时间和空间里，某一个领导者或领导群体率领被领导者，在一定的环境与条件下改造客观世界所取得的工作成果与所释放的领导能力。然而，这些成果的取得，无不是建立在前人或前任已进行的工作或已创造的条件的基础之上的，同时现任领导者或领导群体在某一特定的时间和空间里所取得的成果，又会为后来者创造条件，提供契机。因此，领导效能一方面是阶段性的，另一方面又具有历史继承性，呈现出环环相接的螺旋式上升，经过日积月累，最后达成其终极目的。

第四，主观与客观统一性。总体来说，领导活动必须首先在一定的自然与社会环境中进行，因而领导效能的取得必然受到所处客观环境的影响与制约。同时，根据马克思主义的认识论，人具有改变客观世界的主观能动性，在一定的时期和一定的条件下，在人们认识并掌握客观世界规律的前提下，是可以利用并进一步改造客观环境因素的。因此，领导者或领导群体在充分调动被领导者与人民群众的积极性的情况下，实施科学领导，是可以使客观环境为创造良性的领导高效能而服务的。

第五，动态变化性。一方面，领导群体或个体的绩效随着时间的推移而不断变化；另一方面，人的主观行为对社会经济发展的作用需要一定的时间才能显示出来。因而，领导者在不同的时间其工作效能是有差异的。据美国组织行为学家的研究，在一周五天的工作时间里，往往是周一的工作效能较低，因为刚刚度完周末，精力尚未完全集中到工作上来；周五下午的工作效率也较低，因为很可能会因考虑到周末的安排而对工作心不在焉。即使在一天里，工作效能也有高低之分。因此，要准确评价一个领导者的效能，必须对他在一段时间内的效能进行多次的评价和衡量，并且要根据工作性质的不同而改变效能评价的次数。

第六，形式多样性。从事不同类型工作的领导者，其工作结果的表现是不同的，因而其工作效能的表现形式亦有很大的差异。在进行效能评价时，应考虑不同类型领导者的特点。例如，教育部门领导者和政府部门领导者效能评价的指标就各不相同。一般而言，对于公共领导者的效能考评应注重分等而不强求定量。

二、领导效能的类型

根据不同的层次与标准，领导效能可以划分为不同的类型。之所以对领导效能进行分类研究，是为了能够对领导效能形成一个全面、深刻而清晰的认识。

1. 根据领导效能层次的不同来划分

根据领导效能层次的不同，我们将领导效能分为宏观领导效能与微观领导效能。

所谓宏观领导效能，是指领导活动在社会整体中所达成的效能，主要包括以下几种：一是政治效能，即领导者以国家权力为后盾和威慑，并通过自身的努力，约束和率领被领导者与人民群众，达成既定的共同目标的效能。二是经济效能，即领导者能够对经济生活施以有效的影响，从而维护生产经营秩序，并通过对经济制度的维护和创新使社会生产率大为提高，社会生产力迅速发展。三是文化效能，即领导者通过对意识形态的调控，增强整个社会的向心力与凝聚力，消除异端思想的过度发展，提升整个社会的文化水准和精神风貌。四是社会效能，即领导者有效地保障绝大多数社会成员的社会利益，提升社会福利水平，改善环境保护设施等，从而满足绝大多数社会成员的需要。

所谓微观领导效能，是指领导者在领导活动的具体过程中所体现出来的效能，主要包括以下几种：一是决策效能。决策效能体现在领导决策的及时性、正确性和可行性上。二是用人效能，即领导者选配人才的科学性和使用人才的有效性。三是办事效能，即领导者在领导活动的各个环节（指挥、计划、组织、协调、沟通等）中，处理事务的能力、效率和效益。四是时间效能，即领导者在单位时间内所完成的工作量，是衡量领导者科学管理与利用时间的尺度。五是组织的整体贡献效能。它是领导者的办事效能、用人效能与时间效能的综合体现，是衡量领导效能高低的最重要的尺度，领导效能最终体现在对组织的整体贡献的大小上。

2. 根据领导效能性质的不同来划分

根据领导效能的性质不同，可将领导效能分为正效能与负效能。无论是宏观领导效能还是微观领导效能，都有正负之分。领导正效能即领导者所从事的领导活动与社会经济沿着同一方向前进，并对社会经济发展最终起到促进作用。领导负效能即领导者所从事的领导活动与社会经济沿着相反方向行驶，并对社会经济发展最终起到阻碍作用。例如，在经济发展过程中，为了保护本地区、本部门的利益，乱设关卡，乱收费等。

三、领导效能理论

对领导效能的研究，可以从不同角度去进行。比如，从静态上研究领导者的素质或群体结构以及领导机制，从动态上研究领导者的行为方式，从系统论的角度研究领导效能与系统环境的关系等。总之，对这些不同方面的研究构成了领导效能理论的主要内容。然而，比较客观地说，成熟的领导效能理论是产生于现代西方国家的，这其中尤以弗雷德·菲德勒在其专著《领导效能新论》中提出的封建制领导效能理论、层峰式领导效能理论和权变领导效能理论三种理论最具代表性。

（一）封建制领导效能理论

历史悠久的封建传统认为，领导是一种领导者与被领导者之间的个人关系。这种理论具有以下的鲜明特征：

第一，此种理论注重对领导者个人特质的研究，具有浓厚的宗教色彩。对领导者的近乎宗教式的崇拜，导致了这一时期的理论注重对领导者个人特质与领袖人物超凡魅力的研究，以便把领导者从他们的追随者之中划分出来。

第二，随着领导实践的演进与领导学理论研究的发展，早期的领导特质理论逐渐遭到质疑，其有效性被否定，而从行为主义的角度探讨有效的领导行为模式则成为理论研究的重心。将领导者行为分为人员取向的"关怀型行为"和任务取向的"结构型行为"。但随后的事实与研究却证明：关怀型行为与群体的内聚力和成员的满意感有关，与领导效能却相关甚微。

第三，到20世纪30年代末，人际关系方法被应用于领导学的研究之后，领导效能理论的研究也随之取得了突破性的进展。根据下属的参与程度对领导方式加以分类，将领导方式分为独裁型、民主型与放任型，并进一步认为民主的、参与的行为可以使下属感到自己的责任，进而提高群体与组织的整体效能。

总之，封建制领导效能理论作为早期的理论，虽然对领导效能理论的整体研究做出了突出的贡献，但同时又体现出严重的不足，即它只注重从人的角度，包括从领导者的个体特质与被领导者的表现，来对领导效能进行研究，却忽视了组织结构与制度以及组织环境的因素。

（二）层峰式领导效能理论

恰恰与以个人关联为基础的封建传统相反，层峰制领导效能理论主要关心的是组织结构，包括组织的沟通系统、工作与任务的设计等问题。领导者的职权被控制在一定范围之内，工作、工作条件、绩效标准和对工作不满的程度都有明确规定。此种理论对领导效能的评价是建立在实现组织目标的客观基础之上的。

当今最具代表性的层峰式领导效能理论中的结构理论认为，领导效能取决于组织的特性而不取决于组织中领导者的特性，组织中有各式各样的"领导替代物"存在。也就是说，组织中健全的任务与结构以及有职业文凭和受过专门训练的人员，可以完全取代领导者，使其成为摆设。这些"领导替代物"的知识可以使我们能够创造一种这样的环境：允许信息的畅通，有效地制定决策，并且在没有特定领导者的情况下运用权力。

这些不带任何感情色彩与偏见的办法对领导效能的研究贡献很大。毋庸置疑，在组织结构、工作任务明确划分的情况下，领导者更容易出色地完成组织任务。然而，如果彻底否定领导人格特点的作用，不可避免地会影响领导效能研究的科学性与完整性。同时，层峰式领导效能理论也忽视了对领导环境的研究，以至于将领导者与组织结构完全分裂开来。

（三）权变领导效能理论

权变领导效能理论实际上是一种试图将封建制领导效能理论与层峰式领导效能理论合二为一的理论。1964 年，权变模型的问世，引起了领导学研究领域中各学派的强烈反响。这个模型描述了具有特定人格的领导者在一定的组织环境中发挥作用的条件，阐述了领导者的效能或者组织的效能依赖于（或者说"取决于"）两个主要的因素：一是领导者的动机结构或领导者的风格，二是领导环境给领导者提供的控制或影响程度。此后的许多理论都是建立在权变领导效能理论这一基础之上的。它的主要内容是，领导者要有动力，要得到群体成员的支持，要与他的直接上司保持良好的关系，如此才能取得较好的效能。

综上所述，封建制领导效能的取得是建立在领导者与追随者个人关系的基础之上的，这种观点在 20 世纪引起了学界对领导特质和领导行为的探讨。而层峰式领导效能的取得与封建制的领导效能取得是截然相反的，它忽视领导者与追随者的个人关系的作用，而强调组织结构与条件的影响。权变的领导效能取得则是建立在综合了以上两种效能的基础之上，指出在一定条件下，领导者与群体成员的能力及与工作相关的知识对有效的领导效能的作用。[①]

（四）交易理论

除了以上介绍的弗雷德·菲德勒所提出的三种经典的领导效能理论外，还有一种理论在西方的影响也是比较大的，这就是交易理论。

交易理论认为，领导是指一个领导者与下属相互影响，并进而实现使每个成员最大化收入和最小化成本的共同目标的动态过程。领导是一个交易，是对社会交换的反映，领导为下属提供收益，降低成本，并与之交换，使自己也得到相应的好处，以共同实现组织目标。

交易理论重点在于强调在一个相互创造的环境中，领导者与下属的相互作用和交易，而不是简单因素的组合。领导是一个复杂的相互平衡的交易过程，这一过程可以被领导者与下属或者环境所改变。例如，下属会改变对领导的期望，而领导又会改变或影响下属的行为，这些改变最终会导致重新设定环境，如此循环往复。

总体上看，西方的领导效能理论具有两重性。一方面，西方的领导效能理论具有一定的科学性，特别是在研究方法上，注重定量分析与研究，进行科学的定义与分类，从而使得领

---

① ［美］弗雷德·菲德勒、［美］约瑟夫·E. 加西亚：《领导效能新论》，何威、兰桦、冯舟龙等译，23～35 页，北京，生活·读书·新知三联书店，1989。

导效能理论研究能够不断深入，最终形成逻辑严谨的理论体系。从内容上看，西方的领导效能理论在很多方面，也反映出客观的现实与过程。另一方面，西方领导效能理论具有一定的狭隘性，它绝大部分是对单个组织或部门的研究，缺乏社会性的视角，没有深入到社会关系的本质。

而我国至今没有比较成熟的领导效能理论，我们应该在正确分析西方领导效能理论的基础上，结合自身的实际，去粗取精，扬长避短，着眼于整体，立足于局部，逐渐发展出有利于提高社会主义领导艺术的领导效能理论与方法。

第二节 领导效能测评

严格考核和正确评价领导效能，不仅是提高领导工作水平的重要途径，同时也是领导科学研究的重要内容。伴随着领导理论与实践的发展，领导效能测评在整个领导活动过程中已经成为一个相对独立的完整领域，拥有自成一体的测评内容与标准、科学方法与程序，并形成了制度化的体系。其对领导效能的提高、领导活动的科学化以及领导科学的建设都具有重要的意义。

一、领导效能测评的含义与意义

（一）领导效能测评的含义

"测评"，从字面含义来看，"测"即"测量""测试"，"评"即"评价""评定"，领导效能测评即特定的测评主体根据一定的标准，遵循一定的原则，按照一定的程序，通过一定的方法，对领导者实施领导活动的能力与效果进行综合测试与评价的过程。

在这里，测评主体即指设计与主持整个领导效能测评活动的人员或机构。测评主体可能是一个人或几个人，也可能是一个团体或一个机构。而领导者则是测评客体，是测评所作用的独立存在的实体。测评对象则是测评客体即领导者的某些属性特征，这些属性特征是多方面的，包括个人修养、工作绩效等。

（二）领导效能测评的意义

按照领导现代化与科学化的要求，加强对领导效能的测评，并使其日益规范化与制度化，便成为一项紧迫的任务。它对提高领导水平、优化领导结构，并最终提升领导的科学化程度都具有重要的理论意义与现实意义。总体来说，对领导效能进行测评的重要意义主要表现在以下几个方面：

第一，领导效能测评是一切领导活动的出发点与归宿。领导者所从事的一系列领导活动都以追求领导效能为出发点，并将这一追求自始至终贯穿在领导的全过程和各个方面。然而，对领导效能的追求不是盲目的，它是建立在对领导效能进行科学测评的基础之上的。只有以领导效能为中心，对各种相关因素进行综合分析，才能使对领导效能的追求建立在客观而坚实的基础之上，即良好的开始是成功的一半。从而在这个良好的基础上，及时对此后的各项领导活动进行总结与评价，以避免走弯路，从而多出成绩。

第二，领导效能测评是衡量领导活动成败得失的标尺。领导者能力的强弱与领导活动的科学化程度，最终都要通过领导效能测评这把标尺综合表现出来。领导效能是领导者、被领导者以及客观环境等相关因素在内的相互作用的结果，要对诸如领导者的品德修养、人际关系、工作成绩等各个方面进行综合而客观的考核与评价，就必须借助于领导效能测评这把标尺，以避免只是抽象而笼统地做一些评语。

第三，领导效能测评是改善领导者素质和提高领导水平的重要环节。通过科学的领导效能测评，领导者之间的效能差别就会被客观公正地反映出来，进而就可以区分出先进与后进，优秀、称职与不称职，在领导系统内部形成激励先进、鞭策后进、淘汰不称职者的机制。这样，一方面使效能优良的领导者有一种成就感与荣誉感，以再接再厉；另一方面使效能不高的领导者有一种危机感、紧迫感与压力感，以奋起直追。如此下去，就会在全体领导者之间形成一种见贤思齐、学有榜样、赶有目标、积极进取的良好氛围，进而提高领导者的整体素质与领导水平。

第四，领导效能测评是正确使用与科学培训领导者的重要依据。伴随现代社会的飞速发展，人类已经进入知识经济与信息全球化的时代，终身学习观念日益深入人心。在这方面，领导者更应起到表率作用。一般情况下，领导者是通过科学培训来贯彻终身学习这一观念的。对领导者进行科学培训，即针对领导素质与能力上的欠缺以及工作过程中的薄弱环节，针对现有状况与新的形势要求的差距，进行观念、知识与技能的更新与强化。然而，这一切都是建立在对领导效能进行科学测评的基础之上的。培训工作的效果是与测评息息相关的。只有认真搞好测评工作，才能保证培训工作的针对性与有效性。

第五，领导效能测评是对领导活动进行民主监督的有效途径。现代民主政治的发展，对领导活动的公开化与透明度提出了日益迫切的要求，并认为有必要对其进行监督。而领导效能测评就是对领导活动进行监督的一种有效途径。通过建立一整套科学合理的领导效能测评的指标体系，开展规范的测评活动，并将测评结果公之于众，这无疑会对领导者形成一种无形的压力，并起到促进作用，也使领导活动的公开化与透明度有了一定的制度保证。因此，加强和完善科学的领导效能测评工作，是逐步推进和扩大社会主义民主的重要内容，是动员广大人民群众参政议政的制度化渠道之一。

二、领导效能测评的内容

由于领导效能本身就是一个复杂的综合系统，因此领导效能测评的内容必然也是广泛的、丰富的。在这里，我们将其归纳为领导者的德、能、勤、绩四方面。

第一，对领导者之德的测评，即对领导者的道德、品质、作风、修养等方面的测评。主要包括：领导者作为党的干部与人民的公仆，在政治态度上，是否忠于党、忠于人民，是否认真贯彻党的各项路线、方针与政策，是否有效执行了国家的法律、法令、法规与制度等；在道德品质上，是否具有高度的使命感与责任感、勇于维护党和人民的利益、自觉遵纪守法、遵守社会公德、恪守职业道德等在工作作风上，是否实事求是、坚持原则、尽职尽责、公正廉洁、关心下属和群众等；在个人修养上，是否诚实、宽容、热情、乐观、坚强、积极进取等。

第二，对领导者之能的测评，即对领导者的文化程度、业务水平、工作能力以及身体素质与心理素质等方面的测评。主要包括：在文化程度上，领导者是否能紧跟时代的步伐，及时补充自己的知识，更新自己的知识结构，尤其是在信息化与网络化时代，领导者更应补充有关外语与计算机方面的知识；在业务水平上，是否精通自己所在领域的专门知识，以成为学者型与专家型领导；在工作能力上，是否能够果断决策，用发展的眼光制订具有前瞻性的计划，并在领导过程中进行有效的协调与沟通，勇于开拓创新等；在身体素质方面，由于领导者身肩重任，公务繁杂，就要求他们具有健康的体魄与充沛的精力；在心理素质方面，由于领导者面临瞬息万变的环境与错综复杂的矛盾，就要求他们具有稳定而从容的心态，果敢而乐观的精神，以及敏锐灵活的应变能力。

第三，对领导者之勤的测评，即对领导者的事业心与工作态度的测评。主要包括：在事业心方面，领导者是否具有强烈的事业心和恪尽职守、不懈不息的勤奋精神。在工作态度上，是否任劳任怨、精益求精、勇于创新、密切联系下属与人民群众等。

第四，对领导者之绩的测评，即对领导者的工作实效的测评。对领导者之绩的测评是领导效能测评的内容中最重要的一个环节，工作实绩是领导者实际为社会做出的并得到社会承认的劳动成果，是领导者的德、能、勤的综合与最终反映。对领导者之绩的测评，在微观方面主要包括以下几种内容：一是工作数量，即领导者在特定的时间内，完成的工作量。考评工作数量一般需要量化，以领导者在特定的时间内所处理的事务作为基础。二是工作质量，即领导者完成的工作在组织与公众中的满意度如何，是否具有创造性、科学性与艺术性。三是工作效率，即领导者所取得的工作成果与所消耗的人力、物力、财力的比率。在竞争激烈、变化迅猛的现代社会，领导者必须追求工作高效。对业绩的测评同时也要关注宏观方面，根据领导者的不同领域和职责进行有针对性的、宏观与微观相结合的测评。

三、领导效能测评的原则与程序

(一) 领导效能测评的原则

领导效能测评是对客观存在的领导效能状态的主观反映和认识，测评与测评对象的关系，就是反映与被反映的关系。因此，测评的基本原则和总要求，就是"实事求是，客观公正和民主公开"。实事求是，即反映与被反映的东西相一致。当我们实际地进行了一次测评之后，我们必然会提出这样一个问题：测评的结果是否真实地反映了被测评者的实际状况？如果不能够如实地反映客观情况，甚至还歪曲了客观事实，那么这样的测评就是缺乏科学性的，它只会给领导活动带来负效应和恶劣后果。实事求是地测评领导效能首先必须要客观公正，即反映领导效能的情况，必须全面、真实，避免片面性，测评要严格按规定的标准进行，不应受测评者个人的爱好及人际关系上远近亲疏的影响。其次，测评必须是在民主公开的气氛中进行，即通过民主评议、民意测验和上级领导及组织部门代表参加的测评方式，公开地对被测评者进行评议。

要真正准确地对领导效能做出测评，是一项十分复杂和困难的任务。领导活动虽然也有其常规性的一面，但更多的是含有大量的创造性因素在内，而创造性活动所引起的效果，不像流水线上的产品那样容易检验和测定。尽管如此，我们仍然应该要求尽可能准确而全面地对领导活动的效能进行测评。在"实事求是，客观公正和民主公开"这样一个总原则和总要求的指导下，我们还要根据具体情况，在领导效能的测评工作中，坚持下列原则：

1. 主观测评与客观测评相结合的原则

在现代社会中，领导者带领一个组织为实现特定目标而采取各种行动时，其所处的环境是很复杂的，不同的领导者和不同的组织所面对的客观条件往往有很大的差异。体制因素、政策因素，以及其他各种因素，都能够造成这种差异。领导者作为领导活动的主体，是领导效能高低的关键性因素，这是毋庸置疑的。但任何领导行为都只能在特定的环境中发生和进行，因此其所取得的效能的高低与领导者所处的环境直接相关，这一点我们必须承认，否则就违背了辩证唯物主义。所以，我们在领导效能测评过程中，既要测评领导者开展领导活动的主观能动性，又要分析领导者实施领导活动的客观环境，坚持主观测评与客观测评相结合。

坚持主观测评与客观测评相结合的原则，具体地说，一是要分析时间因素。在一般情况下，领导者的工作都具有承上启下的性质，他的工作只能是时间发展过程中的一个阶段。在评估领导者工作效能时，不能不分析他继任时前任留下的基础以及这些给后任留下了什么影响，尤其是实行任期责任制的情况下，这一点更显重要。二是要分析空间因素，如资源、气候、交通情况等。水平相近的领导者付出同样的主观努力，所取得的效能不见得一样，甚至会相差悬殊，这与空间环境的制约性有很大关系。从事经济工作的领导者，这个问题更为突出。三是要分析人力资源因素。对一个领导者来说，上级组织对他的工作是否支持，给他配备的助手是否得力，他所在的班子结构是否合理，他所领导单位的员工整体素质如何，都影响其领导效能的取得。

2. 静态测评与动态测评相结合的原则

领导效能总有相对确定的表现形态，这是效能的静态属性。相应地，我们总是要从某个确定的视角或横截面上去反映领导活动的效能，这是测评的静态属性。必须要有这静态的一面，我们才可以把握住效能的特定形态，才可以比较出某人的成绩大，某人的成绩小。但是领导活动又是连续的、发展的动态过程，其中每一阶段上相对静态的效果又都必然带有并且必须反映出发展的过程性，它与此前的发展和此后的发展都有深刻的内在联系。这就是效能的动态属性。它相应地要求我们的测评工作要有动态眼光，因为必须要有动态的考察，才能使我们理解静态效能的真正意义。动态测评与静态测评两方面需要结合起来，即从静态把握动态，从动态理解静态。

比如，考核一个单位各项指标的完成情况，这就是所谓静态测评。但是，这样还不能发现成功与失误的原因何在，经验教训和改进方向何在。因此，静态测评必须与动态测评相结合，回溯领导过程，进一步考察领导者的德能表现和勤勉程度，辩证地分析能力与效能之间的关系。这样才能找到领导过程中哪一个环节是成功的，哪一个环节出了问题；领导者哪一方面能力较强，哪一方面能力较弱。

3. 直接测评与间接测评相结合的原则

领导活动作为一种复杂的创造性活动，涉及许许多多的复杂因素。它使领导活动的效能常常不是表现为单一形态，而是表现为包含着直接效果和间接效果在内的复杂的"效果集"。这种情况，就需要我们在测评中把握好直接与间接的辩证关系。如果直接效果和间接效果都好，可谓锦上添花，是良性反应，那么需要做的就是充分反映成绩。但这种一片大好或者反过来一塌糊涂的情况是不多见的，常见的倒是直接效果与间接效果不能一致，这就需要具体分析。

一种情况是直接效果好而且大，间接效果不好但是较小。这时候我们说，效果好，但有点儿副作用。只要这个副作用在可以容忍的限度内，它就被看作必须付出的一种代价。在这种情况下，直接和间接的问题就是一个分清主次的问题。如果间接的坏效果完全抵消了甚至超过了直接获得的好效果，我们就需要对单位效果给予重视。人类在改造自然获得发展的同时，也严重地破坏了大自然，这种直接与间接两重效果的尖锐矛盾构成了人类今天面对的一大困境。直接与间接的问题常常也表现为眼前利益与长远利益的关系问题。我们在改革中出现的许多追求短期效益的行为，就是领导者只追求眼前效果，不顾长远利益甚至不惜以破坏长远利益为代价而导致的后果。同时，也与我们在测评中只以直接效能为评价依据的片面做法有关系。

就一般意义而言，领导活动总是重追求直接效果的，因此测评工作重视直接效果，一般地说也没错。但是，人类社会实践中矛盾的复杂性和特殊性，决定了我们必须同时兼顾到直接效果与间接效果两个方面。

4. 定性测评与定量测评相结合的原则

任何事物都是质和量的统一。领导效能测评是对领导者总体情况的认识和评价活动，必须遵循人类认识发展的一般规律，按照从定性测评到定量测评，再到更高层次的定性测评，验证最初阶段测评的可靠性和准确性，最终对领导个体的类别、等级进行划分，对领导群体总的状况及其未来发展趋势做出预测和推断。定性测评是指测评主体在民意测验、问卷调查、个别谈话与查看资料的基础上，主要根据经验和印象，对被测评的领导者的素质与效能的质的方面进行评价和确定的一种方法。定量测评是指测评主体运用现代科学知识与方法，将领导者的德、能、勤、绩分解为若干个指标，并根据各种具体指标，对领导者的德、能、勤、绩进行计量论质、评级计分，从而在数量上相对精确地反映领导者的效能，并利用电子计算机对测评结果进行整理、计算分析。

定性测评是定量测评的基础，定量测评是定性测评的深化和精确化，只有把两者结合起来，才能使测评工作科学化。传统效能测评偏重定性而忽视定量，这种局限造成难以准确把握测评的真实效果，在加强监督评价工作的今天，亟待调整。

5. 整体测评与局部测评相结合的原则

我们在测评领导效能时，不但要看到局部，而且要看到整体。这意思是说，每一个特定的效果状态，我们都可以而且应该把它放到一个更大的系统背景中去加以考察评定。每一个组织都有自己"局部的"利益要求，但是它所属的大系统也会有更高一级的整体利益要求。这两个层次、两个方向的利益要求可能一致，也可能有矛盾。解决矛盾的基本原则是在服从整体利益的前提下尽量兼顾局部利益。因此，我们在测评领导效能时，就需要从局部和整体两个角度分析。

在领导效能测评中坚持整体与局部相结合的原则，一方面有助于领导者树立整体观念、全局观念，自觉地以整体利益和全局利益为重，在完成本部门、本组织的任务与目标的同时，促进整个社会主义建设事业的发展；另一方面有助于政令畅通、上下一心，克服地方主义与本位主义思想，改善"上有政策，下有对策"的局面。

（二）领导效能测评的程序

领导效能测评作为一项系统性工程，其进行必须遵循一套完整的程序与步骤，以确保有效性与科学性。总体来说，领导效能测评的程序主要包括以下几个环节：

第一，舆论宣传与组织准备。要想使领导效能测评真正成为一项科学化与制度化的活动，并成为每一位领导者的自觉行动而长期坚持下去，首先必须依赖于对这项工作的重要性的充分认识，而这就要借助于一定范围内的舆论宣传与思想动员工作。借此机会讲清楚测评的必要性与重要性，以端正领导者的思想态度，扫除一些不必要的顾虑。同时，也要将测评中将要运用的具体方法、手段、标准，以及时间安排等公布于众，以期相互的配合和监督。其次，要进行组织准备，即将测评工作人员的组织方式、机构设置、工作纪律等确定下来，必要时需要对有关人员进行理论上与方法上的短期培训。

第二，内容确定与方法设计。内容确定与方法设计即根据测评客体的不同情况，以及测评要达到的不同目的，确定测评的具体内容和指标体系以及采取的不同方法。在这个环节上，要避免测评内容与指标体系的机械性，即按照同一套内容和指标体系测评不同层级、不同系统、不同岗位、不同职务的领导者，使测评失去针对性与应用性。因此，我们要不断总结经验，在深入调查研究的基础上，制定出科学合理、具有针对性的领导效能测评的内容与指标体系，为测评的客观公正性和有效性提供充分的保证，从而在此基础上设计并使用正确而高效的方法。

第三，自我总结与下属评议。自我总结即要求被测评的领导者按照实事求是的精神，将自己在测评所规定时间内的德、能、勤、绩等方面的基本表现写成书面材料或进行口头汇报。在总结时，要重点说明工作成绩，同时也要客观地剖析自身存在的缺点与不足，并提出今后改进的办法和努力的方向。下属评议则是从被领导者的角度，根据特定的标准，给领导者在德、能、勤、绩等方面的基本表现做出评价并提出相应的建议。

第四，综合分析并做出结论。综合分析即负责测评工作的组织和人员，本着客观、慎重、全面、负责的精神，将被测评的领导者的自我总结与下属评议同平时的日常表现与测评记录联系起来，进行综合的比较、分析和归纳，从定性与定量两个方面，对被测评的领导者在特定时期内的各方面表现做出全面、概括、准确的书面评语。

第五，结论反馈与复核修正。测评结论一般应坚持反馈给被考评的领导者，之所以如此，首先，对领导者成绩的肯定可以激励其再接再厉，激发其更上层楼的信心与勇气。其次，对领导者缺点与不足的暴露可以及时引起他的警醒并起到一定的鞭策作用。最后，可以尽量避免可能发生的误评。复核修正则是一种必要的补充性程序，即将反馈结果与原有结论相对照，对有争议的部分进行更深入的调查与了解，以维持或修正原有结论。通过这一环节，可以进一步增强领导效能测评的全面性、科学性与透明性。

第六，结果公布与资料存档。结果公布即负责测评工作的组织和人员根据初步结论和复核修正的结果，最终确定被测评的领导者的效能，并将这一结果公之于众，以便于群众监督，并将这一结果作为对领导者予以表彰、升迁、调整或者惩罚的依据。资料存档即将整个测评工作中最后形成的书面或电子资料做适当的技术处理后，分类归档，妥善保存，以便为此后的测评做参考，使领导效能测评工作精益求精，形成日益完善而科学的系统。

四、领导效能测评的方法

领导效能测评的方法内容丰富，种类繁多，根据领导工作的不同内容、层次和性质，不同系统和部门，不同地区和单位，应分别采用与之相适应的测评方法。我国各级人事组织部门以马克思主义的唯物辩证法为指导思想，以实现领导效能测评的科学化、民主化与制度化为目的，在领导效能测评过程中，不断地进行实践探索与理论总结，逐渐形成一套融汇古今、兼采中西的测评方法。

（一）调查研究法

调查研究法是一种比较传统，大家都比较熟悉，也是我们党历来比较重视并经常使用的一种方法。即测评主体在领导效能测评过程中，通过各种方式，包括典型调查、抽样统计等，对被测评的领导者的周围环境及其自身表现进行调查了解并做出一定的判断。

这种测评方法适用的范围非常广泛，对各级各类的测评活动都是适合的，测评的成本也不是很高，既省时又省力。但运用此办法，要注意以下几个问题：首先，调查要有的放矢，不能心中无数，只是走过场。其次，调查要持之以恒，随时都要留心留意，因为一次调查往往不能真正说明问题。比如，有的单位或个人可能事先为应对调查做一些隐瞒问题的工作等。最后，调查之后必须对有关情况进行细致的研究，并得出实事求是的结论。测评主体要具备发现问题与解决问题的信心与决心，而不能只抱着完成任务的态度。

（二）民意测验法

民意测验法是现代民主社会日益广泛使用的一种测评方法，即通过投票法、对话法与问卷法等方式对被测评的领导者进行评议，以获得其某一方面或总体情况的方法。

投票法是指由测评主体对被测评的领导者的效能按照优秀、良好、较好、一般、较差等几个层次进行投票表决。这种方法可以在组织中的全体人员之中实施，也可以只在部分代表中进行。

对话法是指找个别人谈话或找几个人开小型座谈会，以面对面的形式直接了解对被测评的领导者的评价。这一方法的明显优点是亲切、灵活、反馈及时；缺点是范围不够广泛，并且有可能引起紧张与顾虑情绪。因此，运用投票法必须具备一定的技巧，既不能给谈话者设框框，做暗示，又不能妨碍其表达真实想法。

问卷法则是将测评问题分级分类列表后，做成规范的问卷分发给相应的组织成员，并在他们按照要求答完之后收回，由测评主体进行信息与数据综合。这一方法的有效性依赖于问卷设计的科学性与回答者态度的认真性与客观性，其明显优点是范围广泛，信息规范，可以避免对话法中可能产生的紧张与顾虑；其缺点是不容易了解回答者的认真程度与真实态度。

领导测评离不开被领导者与其他有关人员的支持、配合与参与，坚持民意测验法，就可以将领导者及其活动置于被领导者与其他有关人员的经常监督之下，有利于激发领导者的事业心与责任心，有利于密切与被领导者和公众的关系，有利于全面、客观、公正地评价领导者的是非功过，从而进一步准确地选拔和任用领导人才。

（三）目标测评法

目标测评法也称目标对照法，即由测评主体按照领导活动中预先设定的目标或指标体系，检查其完成情况，从而评定被测评的领导者的工作成效的方法。

目标测评法在整个领导效能测评的方法体系中具有基础性意义，渗透于各种测评方法之中。因为各种测评方法在本质上都是以不同方式、从不同角度去对照目标实现的程度，并在此基础上寻求实现目标的最佳途径。由于目标具有可分性、层次性、阶段性与综合性的特点，所以目标测评可以从内容上、层次上和时间上分项、分层、分段地进行，以避免目标同一。

使用目标测评法的前提条件是各个组织与单位不仅要为本组织与本单位制定规范、综合和全面的整体目标，还应为领导者制定分项、分层、分段的具体目标，以形成组织的目标体系。

值得注意的是，在这个目标体系中，总目标与次级目标之间应该具有同构关系，即二者之间必须确有密切的内在联系，以证明次级目标的实现是为总目标的实现做准备与铺垫的。同时，在这个目标体系中，总目标与次级目标都同时既有质的方面的要求，也有量的方面的要求，而要使目标测评能确保客观性与科学性，就必须对各项目标做尽可能的量化。而无法量化的目标则要力求详细阐明其性质、特征以及完成期限和途径，以提高其可测评的程度。

在具备了上述的前提条件，即制定了规范、综合、明确和全面的目标体系之后，就要严格按照各项、各层、各段的目标进行测评。在测评过程中，具体可以采取成果汇报的方式，即由被测评的领导者做述职报告，或由测评主体汇集有关情况和统计资料进行通报，同时组织被领导者与群众参加评议，以取得真实、全面和公正的测评结果。

实行目标测评法，实际上就是观察和评价领导者制定和实现目标的能力与效果，这种测评方法能够促使领导者自觉地把制定和评价目标作为经常性的活动，不断检查工作进展情况，及时纠正偏差，以避免或减少领导活动过程中的损失与错误。

为在实际操作中有效地使用这一方法，有以下两方面的问题要加以注意：一方面，在使用这一测评方法时，应当注意考虑那些领导者无法控制的因素对实现领导目标的影响，如不可预期的突发事件与重大的政治变故等，这样才能增加测评结果的客观性。另一方面，在使用这一测评方法时，一定要严防"目标替换"的现象发生，即以领导者决策范围之外的目标替换领导者所要追求的目标。要防止这一现象的发生，就必须如前所述，严格保持总目标与分目标的同构性，使得分目标的实现是为总目标的最终实现服务的，而不应有悖于总目标的追求。

（四）比较测评法

比较测评法也称相对比较法，即在常规的测评中加入比较因素，通过选择一定的参照系来对比评价领导者效能的方法。

任何领导活动都处于纵横双向的广泛联系之中，因此在使用比较测评法时，可以从纵横两个方向上进行。纵向比较主要包括现在与过去进行的比较、现在与可预测的未来进行的比较、此次测评情况与上次测评情况进行的比较、完成任务的进度与既定目标进行的比较等。横向比较主要包括在同类地区、部门或单位之间的领导者或领导集体之间进行的比较，在不同地区、部门或单位的同类或同级的领导者或领导集体之间进行的比较等。

综上所述，比较作为确定和评价领导效能的重要方法，可以从多视角、多层次与全方位进行。采用这一方法，既可以有说服力地评定领导效能，又能促进被测评的领导者或领导集体在相互比较中发现彼此的优点与不足，从而取长补短，扬长避短，精益求精，最终提高领导的总体效能。在使用这一方法的过程中，需要注意的一点是必须谨慎选择用来做比较的参照系，以增强可比性与科学性，而不可生搬硬套，牵强附会。

（五）模拟测评法

模拟测评法是一种比较直观的测评方法，具体来说就是让被测评的领导者进入一个模拟的工作环境，要求他按照既定的条件进行模拟操作，同时运用多种方法观察他的行为方式、心理素质、反应能力等，并根据这些观察的结果来评价他的领导效能。这一方法目前已经成为流行于欧美等发达国家的挑选和训练领导与管理人员的重要方式。

模拟测评法具体包括以下几种方式：

第一，公文处理。这是一种最基本的模拟测评法。其内容可以包括调整职能机构、协调人际关系、制定长远规划、处理日常公务、决定引进方案、分析财务报表、管理调度物资等。测评主体通过被测评的领导者完成工作的情况来测定其各方面的能力。

第二，模拟会议。其是将 5~6 名被测评的领导者编成一个小组，给定一个会议主题，进行无领导小组讨论。要求每个人都要发表意见，讨论结束后每个人均以主持人的身份做一个会议纪要，就讨论的主题做出决定并阐明理由。整个过程由测评主体观察评价，以对被测评的领导者分析问题与解决问题的能力做出判断。

第三，即兴发言。其通过答辩会或记者招待会等方式进行，即兴发言的题目应根据被测评的领导者的情况而精心准备，每个人一般应选择两个以上的题目进行发言。通过即兴发言，可以了解被测评的领导者的知识面、思维能力、语言表达能力、外语水平以及对本行业的熟悉程度等方面的情况。

第四，情境模拟。这是心理测试中经常采用的一种方法，即测评主体根据相关的理论，设定一个有异于日常环境的特殊情境，这一情境一般情况下是封闭的，测评主体在这一情境之外对被测评的领导者的各种反映进行观察和评价。这种方法一般用来测评领导者的应变能力与心理承受能力等。

使用模拟测评法的优点在于可以将各种工作难题集中起来，充分观察被测评的领导者的各方面能力。但在这一方法的使用过程中要注意解决好以下两个问题：一方面是测评主体的组成要合理，即不仅应该包括组织人事部门的干部与工作人员，同时要包括相关领域的专家与学者，以保证测评的科学性；另一方面是模拟测评内容的设计要科学合理，具有相似性、先进性、适用性和动态性，以切合实际，便于操作。

综上所述，领导效能测评方法是多种多样的，是一个丰富繁杂的有机体系，在选择和使用各种方法时，必须从实际出发，具体问题具体分析，讲求针对性、适用性与有效性，并在理论与实践总结的基础上不断发展并形成新的测评方法，以使领导效能测评方法体系日益充实与完善。

第三节　领导执行力

取得领导活动的高效能必须有较强的领导执行力，领导执行力在整个领导活动中起基础性作用。没有较强的领导执行力，再好的制度，再好的决策，再好的思路，再好的远景规划，都将成为纸上谈兵。正如管理学中格瑞斯特定理指出的：杰出的策略必须加上杰出的执行才能奏效。现实中，领导执行力存在着某种程度的弱化或缺失，以致党和国家的一些好的执政理念、方针、政策都难以落实兑现。

一、领导执行力的含义与构成

（一）领导执行力的含义

执行力就是在既定的战略和愿景的前提下，组织对内外部可利用的资源进行综合协调，制定出可行性的战略，并通过有效的执行措施从而最终实现组织目标、达成组织愿景的一种力量。执行力包括执行的意愿、执行的能力、执行的程度。执行力是一个变量，不同的执行者在执行同一件事情的时候也会得到不同的结果。执行力不但因人而异，而且还会因时而变。如果想要解决执行力的若干问题，就必须先剖析影响执行的因素，然后再找其方法，这样解决问题自然就会变得清楚些，容易些。

领导执行力是组织执行力的基础和核心。领导执行力，是指领导者通过运用各种资源，在对政策和决策准确理解的基础上，有效地对政策和决策进行宣传，科学地执行政策和决策的实施，及时对政策和决策的执行进行监督和检查，将政策和决策理论的内容转化为实际的影响，以实现既定政策和决策的一种能力和力量。领导执行力有广义和狭义之分。广义的领导执行力既包括执行过程中的实施能力，也包括执行前的理解、宣传能力和执行后的监督、检查能力。狭义的领导执行力是指领导者在政策和决策的执行过程中的运筹能力和控制能力。

领导执行力的实施要站在整个组织的层面上，不能因为个人的利益影响组织的整体利益，永远要以大局为重，只有这样才会形成组织的领导执行力，从而形成组织的竞争力。领导执行力是一个动态循环的过程，领导者要根据环境、条件的变化不断调整和改变领导执行力，需要根据领导环境、领导决策、领导目标、领导任务、人员安排等的变化进行及时的调整。任何的领导执行力都必须是合法的，都要依法进行，任何领导者都没有超越法律的特权。领导执行力要对决策的执行具有前瞻性，没有远见的领导执行力，在本质上讲不是领导执行力。

（二）领导执行力的构成

按照政策和决策的执行过程，领导执行力可分为理解力、宣传力、实施力和监督检查力。

理解力，是指领导者正确理解上级制定的政策和决策的内容、实质的能力和力量。领导者要认真学习和理解上级制定的政策和决策，正确理解政策和决策的内容、适用范围和执行条件。理解政策和决策最重要的是理解其制定的本质和意图，从而为更好地执行政策和决策奠定基础。

宣传力，是指领导者将政策和决策的内容和实质向下属和公众进行宣传解释的能力和力量。政策和决策的执行需要政策和决策信息的宣布和传播，因为只有对政策和决策进行有效宣传才能对政策和决策进行有效执行。让广大群众认识到推行的政策和决策与自己的历史任务或切身利益密切相关，使他们认同并自觉地接受政策和决策，为政策和决策的有效执行奠定基础。

实施力，是指领导者通过实践活动、具体步骤将政策和决策变为现实的能力和力量。领导者在贯彻落实上级政策时，不仅要端正态度、坚定信心，而且还要积极行动。如果上级的政策和决策传达到基层后，领导者消极执行上级的政策和决策，那么再好的政策和决策也会失效。所以，要提高领导者执行政策和决策的积极性和行动力。

监督检查力，是指领导者根据工作目标和任务对各单位、各部门以及个人进行监督、检查、总结的能力和力量。监督是领导活动的重要内容，它贯穿于领导工作的始终，领导者在履行监督职责的同时也要自觉接受监督。检查主要是对领导执行工作产生的结果的检验。总结是在监督、检查的基础上，对监督、检查的结果进行分析和研究，得出关于领导执行工作的基本情况。

二、领导执行力弱化的表现与制约因素

（一）领导执行力弱化的表现

第一，象征式执行。在执行政策的过程中，领导者只重视做表面文章和形象包装，而忽视了深层问题的解决。这种领导执行，把主要把精力集中在短期目标上，只为了提高自己的政绩，却没有把政策和决策目标落到实处。

第二，替代式执行。在执行政策过程中，领导者在执行上级政策和决策的过程中，用自己的一套政策替代上级的政策。这些领导者对符合自身利益的政策就充分利用，对不符合的就予以曲解变形，并用是否符合自身利益作为标准来决定对政策和决策执行的态度。这种执行情况严重损害了政策和决策的权威性和合法性，严重影响了政策和决策的执行和落实。

第三，附加式执行。在执行政策过程中，领导者在执行上级政策和决策的过程中，人为附加了与原政策和决策目标背离的其他内容，使政策和决策的执行超出了政策和决策的基本要求，为谋取地方或个人利益提供方便。"土政策"就是这种附加式执行的典型表现，表面上符合上级的政策和决策，实际上自成一套，自行其是。还有的随意增加执行机构和人员，增加原来政策和决策所没有的内容，为本部门、本单位或个人利益提供方便。

第四，残缺式执行。在执行政策过程中，领导者在执行上级政策和决策时，政策和决策内容只有部分被执行，而其余则被"遗忘"；或执行得不及时，导致了政策和决策目标实现得不全面，不充分。有的领导者在政策和决策的执行过程中不认真，不及时，使政策和决策无法完成既定目标。

第五，照搬式执行。有的领导者在执行上级政策和决策过程中，执行机关对政策和决策不经过认真的学习与思考，不做调研，习惯于机械地照抄照传上级文件，不能根据实际情况提出执行的指导性文件，因而对下属部门的执行工作缺乏有效的指导，也导致下级执行机关

的盲目和随意。

（二）领导执行力的制约因素

第一，领导者学习力的缺失。一些领导干部没有主动学习的需求，满足于已有的知识和经验，不愿学习，没有终身学习的理念，不把学习看成自我能力提升、自我发展的需要，知识更新缓慢，缺乏唯物辩证的思维方法和对信息的综合分析、判断、处理能力，不能适应执行环境、执行任务和执行主体的不断变化，导致执行不力。

第二，领导者现代管理理念的缺失。一些领导干部管理方式和习惯与现代管理理念格格不入，有的甚至津津乐道于早已过时并被淘汰的管理模式，全然不懂新的管理理论和方式，不能适应管理环境、任务性质、管理对象的变化，以致不能服众，影响执行力；忽视人在组织中的价值地位，重物不重人的意念根深蒂固，看不到领导是一个领导者与被领导者及其环境任务的辩证互动过程，看不到组织成员的素质和执行力是提升领导执行力不可忽视的重要因素，以致领导执行力缺失。

第三，领导者组织文化建设理念的缺失。一些领导干部不重视组织文化建设，不善于组织员工精神家园的营造，忽视组织员工精神激励和创新精神的培育，看不到组织文化对组织成员思想、行为的导向作用、激励作用、规范作用、凝聚作用以及对领导执行力提升和发展的重要意义，以致所在组织中核心价值文化缺失，组织核心信念缺失，凝聚力降低，领导执行力弱化。

第四，领导者情商偏低。一些领导干部缺乏对自我情商的认知，不能自觉提升情商水准，常常情绪失控，反复无常，让下属无所适从；不能正确认知、理解、宽容和接纳群众的不同情绪，不能有效地掌控、引导组织成员的情绪情感，以致组织成员出现情绪阻力，影响执行力；一些领导干部缺乏人际关系的管理能力，不能有效地化解人际矛盾，以致组织氛围压抑，上下级关系紧张，人人自危；一些领导干部缺乏基本的沟通能力和技巧，不能与群众及组织成员进行有效沟通，以致被领导者不配合、不协作，从而削弱领导执行力。

三、建构领导执行力的有效途径

建构领导执行力是领导者与被领导者相互影响、相互作用的过程。领导执行力的强弱，既决定于领导者自身的素质和能力，也决定于被领导者对领导者意图的理解、支持与合作。领导者的主导、关键作用发挥得好，就能有效地引领被领导者领悟上级意图，积极配合协作，领导执行力建构就能见成效，反之则不然。

建构领导执行力需要领导者着眼于以下几方面。

（一）提高学习力

学习力决定认知能力。没有学习力就难有高水平的认知能力，而没有一定层次的认知能力，就难有准确理解党的理论、路线、方针、政策的能力，更难准确有效地贯彻落实党的理论、路线、方针、政策，以致执行不力、执行不到位或出现偏差。学习力越强，学习质量越高，应变能力就越强，执行力提高就越快，推动组织发展的能力就越强。学习力是提高执行力的前提和基础。领导干部应在不懈地学习追求中提高自己的学习力，把学习视为自我不断成长发展、能力不断增强、工作质量不断提高的需要。领导干部只有不断增强学习意识，把理论武装摆在提升执行力的首位，才能取得领导工作的最大成效，进而推动组织目标的实现。

领导干部不仅要提升自我的学习力，还需尽力提升组织成员整体的学习力。组织整体的学习力是整体执行力的保证，是组织成功的基础。各级领导干部应成为组织学习机制建立和完善的推动者，把推动学习、营造组织学习氛围视为领导工作的重要组成部分，积极建立健全组织的学习培训长效机制，建立有效的学习、考核激励机制，激发员工自觉学习的兴趣，让员工体验学习助己成长发展的快乐，让学习转化为组织成员的创新能力，进而提高组织的整体执行力。

（二）更新管理理念

更新管理理念，最重要的是领导者要深刻理解以人为本的科学内涵，高度重视人在组织中的价值地位，尊重和满足人的合理需求，而不是把以人为本作为时髦的口号。领导者要真正实现管理理念的彻底革命，必须适应管理对象、管理环境、任务性质的新变化，正确认识和改善领导者与被领导者的关系，领导者只有真心诚意地去"追随"追随者才能赢得追随者的追随。领导者只有真正尊重和维护被领导者的权利权益，竭诚为他们服务，把被领导者视为实现领导意图、执行上级命令、完成工作任务的亲密合作伙伴，与之建立起关爱、信任、尊重的平等关系，才能获得令人信服的领导力和权威，使被领导者竭诚为实现组织目标投入自己的潜能和创造力，进而提升组织的整体执行力，推进组织发展。

（三）加强组织文化建设

加强组织文化建设的关键，在于领导者要强化组织文化建设意识，通过组织文化塑造和影响组织所有成员的行为，进而提升组织的整体执行力。共同价值观是文化建设的核心，领导者需要努力成为优秀文化的宣传者、实践者，以优秀的价值理念引领组织价值理念和战略的选择，努力打造有亲和力的优秀组织文化，高度重视组织成员精神家园的建设，营造组织成员认可、自觉遵循的价值理念和文化氛围，努力营造、培育以忠诚、服从、敬业、责任、协作、和谐为核心内容的，具有本组织特色的执行力文化；要采取多种生动活泼的形式，建立科学长效的培训体系，使组织成员养成一种有利于组织发展、有利于组织目标实现、为成员共同遵循和认可的良好习惯，让员工的个人利益与组织利益融于一体，使员工自身价值的实现与组织目标的实现结合起来，使员工在实现双赢中体验成功、增强信心、提高能力，进而倾其力为实现组织目标献计献策，提高领导执行力。

（四）提升情商水准

建构领导执行力的过程可以说就是一个激发团队和组织成员积极性、最大程度地贯彻上级的意图和计划、提高执行效益的过程。只有组织成员都对自己的工作满怀激情，对组织充满信度、忠诚和爱，才会倾其力形成良好的执行力，上级的部署才能落实，领导才有成效。一个具有强大执行力的团队必定是一个情绪高昂、积极奋发的团队，而这个团队必定有善于激发、调动、控制组织成员情绪的高情商领导者，他们善于调节情绪，运用情感的感染力，引领团队成员追随领导的激情和行为，心往一处想，劲往一处使，朝着既定的目标前行。

建构领导执行力，领导者需有提高有效调控被领导者情绪的能力。领导者不仅应能有效地管理控制自己的情绪，且应能够有效地调控被领导者的情绪。人都有自由的愿望而不愿被强迫和限制自由，都希望有一个和谐、轻松、愉快的生活工作环境，都希望有一个能给自己带来愉快氛围的高情商领导者。故此，领导者需要正确认知自身情绪，妥善管理控制自己的情绪；正确认知他人情绪，尊重他人的情绪，理解他人的情绪，把握他人的情绪症结所在，容许他人正当地宣泄情绪，耐心、热情地帮助组织成员掌控好自己的情绪，尽可能地化解不利于组织发展、削弱领导执行力的消极对抗情绪的产生和蔓延，尽可能地为被领导者营造一个舒适宽松的环境，帮助他们进入并一直处于最佳工作状态中，让他们产生良好的工作感觉，形成认真负责、敬业忠诚的执行心态，以有效地提升领导执行力。

小结

领导效能是反映领导者能力和领导活动成效的综合性指标，是一个复杂的、广泛的综合性体系。伴随着领导理论与实践的发展，领导效能测评在整个领导活动的过程中已经成为一个相对独立的完整领域，拥有自成一体的测评内容与标准、科学方法与程序，并形成了制度化的体系。这对领导效能的提高、领导活动科学化以及领导科学的学科建设都具有重要的意义。领导效能反映的一个重要指标就是领导者的执行力，领导效能测评是改善领导者素质和提高领导执行力的重要环节，领导执行力的提高又可以提高领导效能。

═══ 案 例 ═══

招商与生态——两难的选择

甲乡与乙乡是某县相邻的两个乡，地处山区，比较偏僻，但自然环境优越，山清水秀，气候宜人。由于受地理位置的影响，两个乡农民的收入都不是很高，许多农民不得不外出打工。2012 年，两个乡的新乡长同时各自走马上任了。甲乡乡长上任后，大搞招商引资，先后建立了乡皮革厂、化肥厂、水泥厂，外出农民纷纷回乡，到乡镇企业上班，每月能得到 2000 块钱左右的收入，而甲乡也成为县里的纳税大户，因此甲乡乡长颇得当地农民赞扬。乙乡乡长上任后，大搞生态林业和生态农业，目的是将来发展旅游业。因此，乙乡向银行贷了许多款，虽说取得了一定成效，但农民的收入并没有实质性的增长，并且一两年内也不容易见效。再加上甲乡乡镇企业的污染，使得乙乡的生态环境也遭到一定的破坏，乙乡的生态林业和生态农业建设更加困难。因此，乙乡的农民怨声载道，纷纷要求撤换乡长，而乙乡乡长并没有因此提出辞职，反而要求县里关闭甲乡的污染型小型乡镇企业。县里接受了这一请求，先后关闭了甲乡的各种污染型小企业，要求甲乡也要搞生态林业和生态农业建设，并且调离了甲乡乡长，为此当地农民对此事颇有微词。

点评

县里的决定是正确的，乙乡乡长的做法是有远见的。在发展经济过程中，不能只图一时的利益而牺牲长远的利益，不能有封建的小农意识。而考核一个领导者的领导效能，也要采用综合指标，既要看到当前效能，更要看到长远效能。试想，随着我国人民生活水平的提高，旅游业一定发展很快，都市的人们越来越青睐于大自然，那么良好的生态旅游不是能给当地农民带来更大的收益吗？以后几年的发展也证实了这一点。

综合习题

一、名词解释

1. 领导效能　　　　2. 领导效率　　　　3. 领导效益

4. 领导效能测评　　5. 民意测验法　　　6. 模拟测评法

7. 领导执行力

二、判断题

1. 领导效能只有定性因素。（　　　）

2. 领导效能是一个单一性指标体系。（　　　）

3. 领导效能测评要从静态理解动态，而不是从动态理解静态。（　　　）

4. 领导效能不具有历史继承性的特点。（　　　）

5. 领导效能分为正效能与负效能。（　　　）

6. 封建制领导效能的取得是建立在领导者与追随者个人关系基础之上的。（　　　）

三、简答题

1. 简述领导效能的特点。

2. 简述领导效能测评的总原则与总要求。

3. 简述宏观领导效能的主要内容。

4. 简述领导效能的测评程序。

5. 简述领导执行力的构成。

6. 简述领导执行力的制约因素。

7. 简述微观领导效能的主要内容。

四、论述题

1. 试论领导效能测评的意义。

2. 结合实际论述领导效能测评的原则。

3. 试论如何建构领导执行力。

第十二章　网络领导与舆情管理

教学目的与要求

通过本章内容的学习，了解网络时代的含义与特征；基本掌握网络舆情管理的含义与意义；重点掌握网络时代对领导提出的要求与挑战，网络舆情管理的原则与方法。

内容提要

随着信息技术的不断发展，网络成为实现政府与公民、企业和其他社会组织，以及政府内部各不同部门之间进行快捷而有效沟通的一种方式。网络已经并仍在经历飞速的发展。它具有丰富的内容、鲜明的特点和不可替代的作用，将给现代领导带来观念、体制与行为方式等多方面的转变。现代领导要取得事业的成功，就必须在了解网络的基本原理并了解发达国家利用网络进行管理的情况下，立足自身、组织与国情的需要，借鉴他山之石，以成功地应对网络时代的挑战。

现代领导获得成功的必要条件之一就是要根据时代与环境的变迁与要求，迅速转变观念并调整行为模式。而对于身处信息时代的现代领导而言，如何正确面对网络以及妥善利用网络技术，则是其需要解决的迫切问题之一。在网络时代，针对网络舆情的影响力、民众利益的关切度和对公共部门形象的破坏程度，现代领导有必要同时对网络舆情的现状、形成原因与影响等进行追踪、分析、判断与有效的管理，进而掌握主动，引导网络舆情的良性发展，发挥舆情的积极作用。

第一节　网络时代概述

如同以蒸汽机为代表的工业革命对社会生产力和上层建筑带来的巨大发展和变革一样，发轫于第二次世界大战之后、初步形成于 20 世纪 90 年代的全球规模性的信息革命也为人类社会的发展带来了新的变革，网络作为信息革命的产物，已经成为当代信息化最重要的领域之一。事实上，网络在政府服务等领域已经被所有的工业化国家迅速列入政治日程。概括而言，现代领导者需要掌握的网络时代的基本原理主要包括以下几方面的基本内容。

一、网络时代的含义与特征

（一）网络时代的含义

自从 1946 年在美国诞生了第一台通用计算机以来，计算机技术伴随着电子技术的快速发展而飞速发展。在此基础上，随着现代通信技术的跨域式发展，计算机网络也得到了构建和迅速发展，社会已进入现代化、信息化、高速化的网络时代。在此，网络时代是指在电子计算机和现代通信技术相互结合基础上构建的宽带、迅速、综合、广域性数字化电信网络的时代。2016 年 1 月 22 日，中国互联网络信息中心（China Internet Network Information Center, CINIC）发布第 37 次《中国互联网络发展状况统计报告》。报告统计显示，截至 2015 年 12 月，中国网民规模达 6.2 亿人，占网民规模的 90.1%，其中新增网民 3 951 万人，增长率为 6.1%，较 2014 年提升 1.1 个百分比，互联网普及率达到 50.3%，半数中国人已接入互联网，网民的上网设备正在向手机端集中，手机成为拉动网民规模增长的主要因素。1.1 亿网民通过互联网实现在线教育，1.52 亿网民使用网络医疗，9 664 万人使用网络预约出租车，网络预约专车人数已达到 2 165 万。互联网的普惠、便捷、共享特性，已经渗透到公共服务领域。[①] 这些都显示着网络已经成为我们日常生活的重要一部分，而网络上的微博、博客、微信等互动平台也日益成为人们关注社会问题和事件、发表自主言论、参与社会公共事务的重要的舆论导向平台。我们必须认识到随着网络渠道影响范围的不断扩大，它正在潜移默化地改变着人们的生活方式和价值观念。

随着互联网的不断发展，人类已开始进入网络时代，但是网络时代并不等于网络社会。在农业时代，整个社会只有一种架构，即农业社会。进入工业时代以后，整个社会呈现出两种社会形态，一种形态仍是农业社会，一种形态则是工业社会；也就是说，即使在工业时代中，仍然有人选择过农业社会生活。同样的状况也发生在网络时代，即进入网络时代后，并非所有的人都会一起迈进网络社会。这个时代呈现三种基本社会形态：农业社会形态、工业社会形态和网络社会形态。

（二）网络时代的特征

网络技术的快速发展为我们的生活带来诸多便利，而网络时代的到来则宣告人类进入了

[①] 中国互联网络信息中心：《第 37 次〈中国互联网络发展状况统计报告〉》，2016 – 01 – 22，http：// www. cac. gov. cn/2016 – 01/22/c＿ 1117886420. htm，2016 – 04 – 15。

新的科技革命的时代，也使我们所处的社会呈现出与传统社会不同的诸多的新特征。

1. 网络时代是信息时代

网络信息成为现代社会资源的重要部分。网络时代的主要要素就是信息，人们可以通过计算机和网络来快速传播和共享信息，这也促使信息的及时性和有效性得到空前加强。在网络时代，信息已成为社会资源的重要一部分，这不仅表现在经济和文化方面，而且在政治方面也有着重要体现。我们可以看到随着网络技术的快速发展，网络信息已经成为现代社会发展的重要生产力，它不但推动了现代社会产业结构的调整和相关经济的发展，而且还推动了精神文化产品的巨大发展，催生了新的社会文化型形态。此外，随着网络时代的发展，网络信息的多元化、开放化、及时性的传播，促使现代社会信息大众化，人们能够更容易地去获取并了解现代社会所发生的一切，从而做出相应的反应，这也促使网络信息成为政府部门必须关注并重视的重要资源。

2. 网络时代是促成民主政治的新时代

随着互联网络的健康发展，人们通过网络获取信息、参与社会的途径和机会越来越多，以网络平台为主的民主政治生活参与也给现代民众提供了新的政治参与形式。由于网络信息的及时性、互动性及信息的大众化，现代社会民众能够更直接地参与到社会事务中来，针对现代社会的一些问题进行讨论并发表自己的观点。这从一个侧面反映了民众希望更多地关注社会公共问题和社会管理者行为的积极倾向，这也进一步促使政府必须重新定义自身与民众的关系，政府不再也不应该再是简单的管理者的角色，而更多的应该是去为民众提供服务，回归到服务型政府中去。面对网络民主政治的快速发展，政府必须拓展自身与社会公众的新的联系渠道，进行政务公开，增强行政过程的透明度，提高行政办事效率，进而做到政府行政的民主化与科学化，为民众参会社会民主提供良好的机会。网络不仅给了民众更大的自由表达权和自我表现的机会，使得人们的视野和思维变得更加开阔，也为我们坚持以人为本、促进人的自由全面发展和构建社会主义和谐社会提供了很好的条件和载体。

3. 网络时代是高效的时代

我们必须清醒地认识到，随着网络技术的发展，我们已经步入了高速化、高效化的新时代。[①] 科学技术的快速发展使人们的生活方式变得日新月异，也促使着人们步入高效的、信息化的时代。其中以网络为基础的现代信息平台使得信息的传播异常迅速，传播的渠道异常发达，已经逐渐成为改变人们生活的重要工具和带动社会发展的重要推动力量。在网络时代，数字化的传播使人类体会到前所未有的便捷，人们能够通过手中的现代技术及时地掌握现代社会的所有信息，进而对各种相关事务做出有效的应对。

---

① 孙永林：《网络时代政府公关危机研究》，硕士学位论文，燕山大学管理学，2014。

二、网络时代对领导提出的要求与挑战

对于新兴的网络组织方式，国外有许多研究，彼得·德鲁克认为新组织是基于知识的；康妮·格莱泽认为网络组织方式是海豚式管理；美国信息研究所的报告认为网络组织是知识节点的网络，知识工作者组成知识节点，忽视组织的头衔和组织结构等。总之，网络组织呈现透明化、个性化、直接化、扁平化、全球化、多元化、微型化七大趋势。网络的组织方式出现规模的全球化和个性化，结构的网络化，管理的扁平化和直接化，信息联系的直接性和交互性，组织决策的灵活性和柔性，组织方式的动态性和开放性和人本性。这些特征都是21 世纪前的组织所不具备的。网络要求组织要有一种"恰当的组织形式"，那么"恰当的组织形式"必然要求采取一种"恰当的领导方式"。对领导力进行一种网络驱动下的现代性审视，就成为必需。

1. 网络以资源共享为特征的普遍性和共享性带来领导的分权化、民主化

网络的根本价值在于无论网络的主体（人）和客体（硬件和软件）以及中介（信息）如何多样，只要遵循一定的规则和具备一定的基础条件，网络对任何人、任何组织都是通用的。在这种普遍性的基础上，个性差异的各个主客体通过网络平台联系起来，互相交流，共同分享。网络技术的这种消除资源孤岛、建立资源共享的根本特征，无疑为民主的发展提供了新的手段。由于网络使人们获得了更多的平等，现实的管理世界赢得权力的方式也越来越由职位权力移向个人影响力。领导不是职位，而是过程；领导力不是别人赋予的，而是自己创造的。现在的职业生涯不再是一个角色阶梯，而是关于执行能力不断积累的声誉。越来越多的组织组合成项目小组，这些团队的领导力不是传统的命令式领导，而是分担式领导，既没有一个固定的领导者，也不给任何人领导的头衔，这个角色是轮换的，关键是看在特定情境下谁的影响更有效。所以，在网络时代，领导力不再是高层垄断的话题，而是每个人的事。这就是网络状的领导力分布，是对传统的金字塔型的领导力发起的一场"哥白尼式的革命"，它宣告传统的集权式领导在后退，分权和民主将成为 种趋势。

2. 网络以即时性和零距离为特征的时空观呼唤领导更加灵活和增强时效性

在网络时代，时空观念被一再地数字化和抽象化。时间被压缩，不再是工业时代的标准化、同步化、刚性和连续性的时间结构，变得具有弹性和柔性。网络交往工具使信息传播的中间环节尽可能地被压缩而变得即时、互动。空间被压缩，文本、声音和图像等信息形式以数字式传输的高速度和空间距离的暂时消失的性质，将空间压缩成文本和碎片。距离被消弭，深度被平面化，在网络社会里，时间和空间不再是通过地点的联结而维持，一切都流动起来，流动导致了不确定性的急遽增加。总之，网络的时空使现代人不再形成一个可以安然依赖的坐标，在网络中，时间和空间的坐标系已不是物理距离，也不是时区，而是鼠标的点击，真正是"眼观六路，耳听八方"，遨游于亦真亦幻之间、虚虚实实之中。时空观的变

化，带来最明显的效应是人们觉得一切都加速度了，过程和结果都消失了，有的只是当下和瞬间，一切都不确定了，非线性了，人被"悬浮"了起来。时空观看起来是个哲学命题，和管理学没有什么亲缘，但管理实践中最重要的元素是人，人被"互联"了，管理和领导自然就变了。由于网络时空被压缩和压扁，管理时空也打破了传统的制约，呈现出瞬息万变、稍纵即逝的面貌。21世纪唯一不变的就是变，而且是加速度的变。网络时代的领导力，唯一要适应的也是变。变就是保持灵活性、弹性，强调保持对内对外的适应性。对内是以正激励为主的治理机制，拥有一支能自由发挥创造力和才能的团队，提供团队成员发展空间，充分信任（包括自信和他信）、工作激情、爱的能力成为未来领导者不同寻常的品质。对外是适应环境，快速反应，及时决策、现场决策、预案、媒体沟通成为未来领导者在快节奏变化的社会中保持竞争优势所需要的行动、技能和战略。确保领导的时效性成为领导力研究的新焦点之一，因为任何一个有效的领导活动都有一个时机问题，网络时空信息的传递方式，使参与者范围无限扩大，行动时间无限缩短，留给领导者的是以"有限"对"无限"、以"后觉"对"即时"的无奈与尴尬。无论是商业领导者，还是政府领导者；无论是应对搜索引擎下无所遁形的监督，还是一个慢半拍的错误反应，都足以导致覆灭。领导的时效性要求领导者重心前移，将大量的工作重心由事后、事中移向事前。网络时代，领导者不再满足于等待未来的来临，而是主动预测未来，前瞻和即时本身就是一种有效干预结果的行为。

3. 网络以信息和知识为特征的资源性质促进了领导的创新和持续学习

信息是互不关联的事件和事实，知识是选择过的信息，表示一个相互关联的系统。而知识生产是探索性和创造性的智力活动。马克思曾经形象地揭示了技术和社会的关系，"手推磨产生的是封建主为首的社会，蒸汽磨产生的是工业资本家为首的社会"。那么，以此类推，网络技术产生的无疑是以知识为首的社会。社会学、传播学学者曼纽尔·卡斯特尔认为，网络文化是由技术统治者利用人类可以通过技术而进步的这一信念搭台，通过黑客在自由与开放的技术创新方面的表演，在虚拟网络中瞄准再造社会的目标，由利益驱动的企业家对新经济领域的介入，而变为现实。国外还有一种对信息社会的定义较流行的判断是把重点放在对职业的变迁上。后工业社会的一个重要特征体现在职业分布上，即专业技术人员阶级处于主导地位。彼得·德鲁克教授也一再强调知识社会是一个以知识为核心的社会，知识资本已经成为企业最重要的资源，受到良好教育的人成为社会的主流。对于知识社会的到来，人们似乎已经形成共识。网络的这种资源智能型特征，无疑正在改写领导世界的一些规则，信息、知识成为衡量实践活动的一把重要的标尺，实践主体转变成为知识型的人，知识社会的领导力成为正在被开发的一个新课题。虽然我们还不能清晰地描述出知识型社会领导力的全貌，但洞见其最本质的核心，并不困难。创新和持续学习，将是以智能活动为基础的知识型社会领导力的生命线。倡导创新，保护创新，践行创新，成为领导力的新型标签。"创造"和"生产"的不同，不仅表现为脑力劳动者和体力劳动者主体的不同，也不仅表现为智力和四肢的劳动工具的不同，更表现为管理上的截然相反。如何理解人性，如何尊重个性，如何运用想象力，如何主动创造需求，如何"求异不求同"，这一系列领导新命题，在强调"求同不求异"标准化的工业时代是无法想象的。工业社会管理热词是"效率"，网络社会管理热词变成了"创造力"，未来的组织是一群创造力个体的联合体，领导者是其中最具创造力的人。如何确保这种宝贵资源的源源不断、生生不息，学习，持续学习，是重要品质。学习，是指通过由经验产生的个体行为的适应性变化而表现出来的过程，学习的内容可以是知识，可以是技能，也可以是智慧。学习如何当 21 世纪的新型领导者，就是最具挑战性的学习。特别需要指出的是，因为创新是以未来为导向的，理解网络时代领导力的学习，绝不是简单地溯求以往的机械记忆，而是基于隐性知识创造规律的学习。

4. 网络以无边界和难预测为特征的复杂性、混乱性呈现领导的挑战和期待

网络本身是一个高度复杂的非线性系统，由于它以强大的互联网设备为依托，无论身在何处，使用何种终端，都可以与任何人或资源进行可靠的连接，直接突破了时间、地点和设备的限制，呈现无边界特征。所以，空间的传统隐喻——远与近、大与小、上与下、内与外——在网络这里必须重写，也就是被联系和结合的概念所取代。力量不是来自集中、纯粹和同一性，而是来自发散性、多样化和编织各种微妙的联系。这种由技术带来的无边界，最后演变成不要权威、不要说教、不要基本道德规范的后现代主义，由新技术发展为新文化。人们即使还沉醉在网络新技术带来的令人眼花缭乱的新体验中，也不得不面对一个事实：网络和历史上任何技术一样，具有工具和价值的两重性，而且其双刃剑特征的冲突和张力比历史上任何的技术都彰显得更强烈，网络提倡的差异、模糊、偶然、多重、无边界，最容易造成混乱甚至犯罪。一部分有识之士在肯定网络技术推动社会文化的发展时，也在思考如何使社会文化避免陷入网络技术崇拜甚至被网络技术统治的境地，思考如何避免网络人的新型异化。网络同样给领导实践带来了前所未有的新考验。现实的领导者大都成长在工业文明的社会，其兴趣和兴奋点建构在专业化、标准化、精细化、高效率等概念之上，传统的领导力虽然被包装成各种各样的字眼：激励、沟通和授权，但正如亨利·明兹伯格教授简概亨利·法约尔的管理思想时所说，计划、组织、指挥、协调、控制，都是同义反复，都在说同一件事：控制。网络作为工具，其实在强化这种控制力量。现代领导者在欣喜于控制比过去更便捷时（指纹考勤、视频监控、流程作业、网上考核等），也诧异于领导的本质——被追随效应在递减。许多领导者抱怨下属执行力差，却很少反思自己的战略是否符合时代方向。许多领导者困惑于物质极大丰富的今天，为什么却不能像战争年代那样充满激情和理想。也有极少数先知先觉者勇敢地进行革命，尝试闯出一片摒弃官僚主义的新乐园，如谷歌模式，如戈尔公司的半世纪的乌托邦实践，但这种开明的决策，在现实的管理中毕竟没有蔚然成风。更为苦恼的是，领导者明显感觉到有许多新的能力是必需的，如应对媒体，如处理突发事件，如组织文化的构建。也有领导者理念上认识到管理的本质不是整人，也不是把人当机器来控制，也不是把人当羊群来驱赶的所谓"领导力"，而是尊重、平等、信任、合作和分享，但实践中怎么落实这些理念仍然模糊。深层次的混乱对表面的有序发起一轮又一轮的冲击，领

导何去何从，网络需要领导吗？或者说需要我们现在理解的领导吗？领导学理论面临着巨大的挑战。

在新技术面前，"信息决定权力的分配"的模式，从根本上冲击了"权力决定信息的分配模式"，如果领导者变革得不够及时，淘汰是必然的命运。即使变革了，如果不够快或者不够正确，恐怕结局也难以预测。至于正确的标准，目前仍在探索之中，整个管理世界对此都充满了期待。

三、网络时代领导角色定位及职能转变

1. 网络时代服务型政府领导的角色定位

网络时代，政府领导在网络技术被迅速普及，网络新工具被广泛应用，虚拟世界直接影响领导工作方式、生活方式的大背景下，领导层级会直接感受到"本领恐慌"，认为新时代的到来会对自己的领导工作产生不利的影响，从而消极地去规避网络技术。其实，网络时代的到来是为领导者提供了空前的发展空间与前景。过去，领导者有价值的思想可能只能在身边的人群中传播，今天通过网络可以在全球传播；过去，领导者只能在身边寻找追随者，今天领导者可以通过网络世界在全球寻找志同道合的追随者，可以整合社会各个方面具有共同理念和价值观的资源。网络时代，领导者要克服网络技术带来的负面效应，要克服由工业时代到网络时代过渡中的"本领恐慌"。运用网络技术使领导工作效益倍增，其关键在于转变自身的角色定位。

（1）领导是设计师。作为整个群体或团队的核心人物，领导者最核心的任务是为组织勾画出发展蓝图，指出发展方向，放胆勇于探索，同时总结经验，对的坚持，错的改正。这样在整体上把握发展路线的同时也下放了足够大的自主权，带来了足够大的发展空间。

（2）领导是教师。古希腊哲学家苏格拉底曾把教师比喻为"知识的产婆"，他的"产婆术"教学法是为思想"接生"，即引导人们产生正确的思想。这种思想引导法对网络时代的领导具有极其深刻的借鉴意义。教师的主要职责是在引导中让学员审视并发现自身固有的心智模型，旨在通过循循诱导培养学员独立思维的能力以寻求更大的突破，从而实现人才的培养和锻造。实现从领导到教师的角色定位转变，要求领导者帮助追随者完成自我解构到自我重新建构的过程，即协助追随者对客观的真实情况进行正确的感知、深刻的把握，继而完善他们的心智模型，提高个人的学习能力。

2. 网络时代领导角色的职能转变

（1）从权力控制向魅力导引转变。网络时代的领导和工业时代的管理的显著区别在于领导的基础是魅力，即非权力性的感召力，也是一种吸引追随者的能力。领导魅力的发挥——魅力导引的关键在于通过领导行为的魅力修炼获得他人的认同，从而赢得一批追随者并带领其实现更大的价值创造。

（2）从提出目标向共建愿景转变。愿景是愿望的景色，是个人对未来想要实现的目标的生动刻画。单纯的任务指标往往不会形成太大的触动，只有在组织成员的脑海里植入一幅幅生动的画面让其切实看到自己的追求，才能够激起他们共同参与行动的意愿。从提出目标向共建愿景的职能转换是对网络时代领导的又一项新挑战。

第二节　舆情与舆情管理

一、舆情概述

（一）舆情的含义与内容

舆情，也称社会舆情，是"舆论情况"的简称，是指在一定的社会空间内，围绕社会事件的发生、发展和变化，作为主体的民众对作为客体的社会管理者及其政治取向产生和持有的社会政治态度。它是较多群众关于社会中各种现象、问题所表达的信念、态度、意见和情绪等表现的总和。从传统的社会学理论上讲，舆情本身是民意理论中的一个概念，它是民意的一种综合反映。[①] 但是，从现代舆情理论的严格意义上讲，舆情本身并不是对民意规律的简单概括，而是对"民意及其作用于执政者及其政治取向规律"的一种描述。而民意是社会大众根据法律正义的外在社会价值所形成的一种民众意愿，暗含了大众对司法正义的期望。这种诉求往往以朴素的正义观为出发点，包含了朴素的善恶、对错观念，夹杂着道德要求，从司法应然角度对司法做出的评价，具有正当性。同时，民意具有非理性和片面性的特点。但由于每个人的价值观念、知识水平的不同及对具体案件的情感体验不同，大部分情况下，民意并不是理性分析与评价的结果，而是会随着相互的碰撞出现非理性的情形，即在信息不充分的情形下，民意往往会被某种具有煽动性的观点左右，人们很容易把长期以来或在特定事件中的积累情绪爆发出来，形成大规模的舆情民意浪潮。

（二）网络舆情的含义、形式与特点

网络舆情是社会舆情在互联网空间的映射，是社会舆情的直接反映和重要组成部分。网络舆情是指在一定的社会空间内，通过网络围绕中介性社会事件的发生、发展和变化，民众对公共问题和社会管理者产生和持有的社会政治态度、信念和价值观。它是较多民众关于社会中各种现象、问题所表达的信念、态度、意见和情绪等表现的总和。网络舆情形成迅速，对社会影响巨大。随着互联网在全球范围内的飞速发展，网络媒体已被公认为是继报纸、广

---

① 余才忠、熊峰、陈慧芳：《舆情民意与司法公正：网络环境下司法舆情的特点及应对》，载《法制与社会》，2011（12），120～121页。

播、电视之后的"第四媒体"，网络成为反映社会舆情的主要载体之一。①

传统的社会舆情存在于公众的思想观念和街谈巷议之中，想了解并获取舆情只能通过明察暗访、民意调查等方式，获取效率低下，样本少而且容易流于偏颇。网络技术的发展使舆情表达的内容和形式进一步丰富，互联网的开放性和虚拟性，为网络表达奠定了方便快捷、内容多元、方式互动的技术基础。当下，网络舆情的内容丰富、形式多样，表现方式主要为新闻评论、论坛、微博、微信、播客、聚合新闻、新闻跟帖及转帖等。网络舆情呈现出以下特点：

1. 直接性和广泛性

近年来，随着网络技术和计算机技术的迅速发展，公众的意见表达越来越方便。而智能手机的发展则使民众的意见表达具备了即时性的条件，民意表达更加畅通。由于表达的直接、便捷与传播的迅速，信息的传播就具有了无限次、范围广的特点，能够迅速扩大覆盖面，并随时有可能发酵和引发进一步的公众反应。

2. 随意性和多元化

网络所具有的虚拟性、匿名性、无边界和即时交互等特性，使舆情在网络的传递中呈现出多元化、非主流的特点。有积极健康的舆论，也有庸俗和消极的舆论，其观点驳杂，内容丰富。

3. 隐蔽性和偏差性

在互联网的虚拟世界中，发言者的身份具有隐蔽性，可以较为自由地表达自己的观点与感受。当前，由于我国的互联网规范还不健全，从技术上也未能实现有效监督，更由于受各种主客观因素的影响，一些网络言论缺乏理性，比较感性化和情绪化，网络在一定程度上成为一个发泄情绪的空间。有些不负责任的言论，比如热衷于揭人隐私、偏激和非理性的表达，甚至是谣言惑众、反社会倾向等，都会对舆情的发展产生偏差的引导。

4. 突发性和交互性

网络舆论的形成往往非常迅速，一个热点事件的存在加上一种情绪化的意见，就可以成为点燃一片舆论的导火索。当某一事件发生时，网民可以立即在网络中发表意见，相互探讨、争论，相互交汇、碰撞，甚至出现意见交锋。这种网民之间的互动性实时交流，使各种观点和意见能够快速地表达出来，讨论更广泛、更深入，网民个体意见可以迅速地汇聚起来形成公共意见。同时，各种渠道的意见又可以迅速地进行互动，从而迅速形成强大的意见声势。

（三）网络舆情的生成基础

网络空间内有超过亿人在表达自己的情绪、情感，其中有关执政者及其政治取向的观点如繁星点点，分布在网络社区的各个角落，平常并不会形成舆情。要形成舆情，"星星之火"

---

① 民进河北省委：《依法监督和管理网络舆情，防范社会危机》，载《民主》，2012（3），10~11页。

达成"燎原之势"，必须借助特定事件的催发。这个特定事件就是舆情因变事项。舆情因变事项的主要作用就是凝聚分散的网上民意，充当网民表达意志的指针，作为网上民意升发的载体。通俗地说，舆情因变事项就是导火索和催化剂。社会矛盾、突发事件、虚假信息和不良信息以及恶意操控最容易成为舆情因变事项。

社会矛盾和社会突发事件很容易形成社会舆论的焦点和热点。随着经济、社会、文化的发展，民众对公正、公平的诉求越来越强烈，对社会不公平现象的表达也拥有了越来越多的渠道。网民根据自己的感受，表达对突发公共事件的理解，发表自己的见解，通过网络论坛等渠道交流自己的看法，已经成为了一种表达常态。社会矛盾本身就吸引着众多网民的目光，是网民议论和关注的焦点，一旦矛盾升级或转型，势必会带来网民情绪的波动，形成舆情流。突发事件对情绪、情感具有强烈的震撼性，很容易在短时间内集聚众多网民的目光，造成强大的舆情冲击波。如果说社会矛盾成为舆情因变事项，主要是因为其持久性、密集性，那么突发事件能成为舆情因变事项，则主要在于它的高强度。

由于网络的虚拟性和信息发布的匿名性，出现虚假信息是必然的，尤其是在网络论坛（Bulletin Board System，BBS）等交互性较强的网站，甚至可能有人为操控，使信息向不良趋势发展。当前，大量网络"水军"的出现，对互联网世界信息的真实性构成了极大的威胁。这些虚假信息、不良信息损害了网络媒体的公信度，一旦被网民采信，就会给社会造成极大危害。

网络舆情由于其真假难辨和对社会秩序的深刻影响，因此蕴含无穷的政治手段价值。各类政治势力为实现自己的政治目的，竞相利用网络舆情。特别是带有种种政治目的的操控对网络舆情的产生和发展有着不可忽略的作用。因此，网络上跟帖多的帖子，虽然反映了民意的一定成分，但是跟帖多，有些时候不一定代表民意。网民对社会"热点""焦点"发表意见，由于身份的隐蔽性，由于缺乏规则的限制和有效的角度，网民很容易释放情绪化意见，从而成为点燃一片舆论的导火索。网民释放情绪化意见，与我国正处于社会转型期、社会矛盾较多也有一定关系。网络舆情反映的是网民与执政者及其政治取向的关系，在网络空间内，意见、情绪纷呈，但并不是所有的意见、情绪都是网络舆情，只有那些有关网民对执政者及其政治取向的态度，而且这种态度达到一定的量，才能构成网络舆情。

二、网络舆情管理的含义与意义

随着互联网技术的发展，网络对政治生活秩序和社会稳定的影响与日俱增。从近年来一系列网络热点问题的发展来看，网络不仅为人们的生活带来了方便，同时也对社会监督发挥着巨大的作用。另外一个角度，网络舆情突发事件如果处理不当，有可能诱发民众的不良情绪，引发过激行为，进而对社会稳定构成威胁。网络舆情已经成为社会舆情的一种重要表现形式，同时也逐渐对有关部门的决策产生影响。因此，必须对网络舆情进行深入的研究，并做进一步的管理和引导。

（一）网络舆情管理的含义

网络舆情管理是指对互联网信息监测、舆情态势分析、舆论环境研究、网络危机处置、互联网信息监测、分析和咨询服务体系的整体构建与实施。

我国当前正处于社会转型期，各类社会矛盾相对较为突出。随着互联网的迅速发展，社会矛盾通过网络舆情可能进一步扩散。由于网络传媒有源头上不可控、传播速度上不可控、内容信息的真实性与多样性上不可控以及在传播的规模与效果上的不可控等特点，其不可避免地会出现虚假信息传播。在强调建设和谐社会的今天，正确规范地开展政治舆论监督是十分必要而有意义的：有利于党和政府决策的科学化和民主化，加强党和政府与人民之间的联系，维护社会稳定，遏制腐败，消除不和谐的社会心理，维护社会主义市场经济秩序等。网络媒体作为"第四媒体"，在舆论宣传方面发挥着积极作用，网络舆情已成为各级政府领导的决策参考的重要依据。

（二）网络舆情管理的重要意义

1. 网络舆情管理是社会主义民主建设的重要组成部分

发展社会主义民主政治是社会主义民主的本质和核心，需要通过各种渠道和方式大力推进。网络舆情是近年来随着互联网在人们工作、学习和生活中的普及而发展起来的一种舆情形式，也是当代社会表达社情民意、进行民主参与和民主监督的一个重要渠道。通过网络舆情监督可以提高人民群众参与政治的水平和能力，加快我国社会主义民主政治建设的步伐。正当的意见表达是宪法赋予我国公民的基本权利，也是公民参与政治的重要途径。受多种因素的影响，我国公民的监督权并未得到充分的行使。在传统媒介领域，弱势群体的意见很难进入公众视野并得到社会重视，传统的报刊、广播、影视等媒体只能有限地反映出弱势群体的呼声。而网络的出现为人们的政治参与提供了一个崭新的平台，使人们参与监督成为可能，从而激发了人们的参政热情，扩大了普通民众的话语权。更多的普通人通过参与网络上的公共讨论来行使他们在现实中很难得到保障的权利。在网民们积极踊跃的参与下，网络舆情促进了相关事件的解决，极大地推进了我国的民主政治建设。网络话语权让民众体会到，一方面，对待一些社会事件的评论，由于个人力量的不足，需要更多人的理性支持，以此形成强大的舆论导向，来解决公共事件；另一方面，网民在网络上具有平等的话语权，他们体会到了实现话语权的价值和意义，可以通过网络与其他公民讨论，并间接或直接地与政治权威对话、协商，运用此类方式可以维护公民权利并推动公共事务的决策。网络作为现代社会信息传递最为迅捷和容量最大的平台，已经成为媒介表达民意、进行舆情监督的一股新力量，它所具有的政治社会化功能的发挥对于推动我国民主政治的发展将产生重要作用。

2. 网络舆情管理是实现社会公众作为监督主体的本位回归

传统的舆情监督有其局限性。从本质上说，公民是监督的主体，但真正行使舆情监督权的却是媒体，是媒体替代人们对国家事务和社会事务进行监督。同时，由于政府与媒体，特别是与主流媒体之间的关系中，或多或少都还带有计划体制下的"管理"色彩，因此我国的舆情监督在一定程度上仍然是自上而下的监督，并非真正意义上的自下而上的监督。此外，传统媒体的资源是有限的，资源的有限性必然导致监督客体的有限性。网络的兴起为人们的政治参与提供了一个宽广的平台，使人们直接进行舆情监督成为可能，且其海量的存储空间能够容纳无限量的信息，拓展了客体范围。当人们发现传统的政治参与渠道不畅通时，便会转向网络，通过跟帖、论坛、博客、电子邮件、微博等形式来表达自身的利益诉求。网络舆情监督弥补了传统舆情监督的缺陷，使公民广泛参与政治、实施监督成为可能，保障了公民的主人翁地位。

首先，网络舆情打破了传统媒介监督的模式，把监督的权利归还给了公众。由于宪法规定公民有言论自由和出版自由，媒体在舆情监督中便具有了正当性。但是，由于公众意见主要通过大众传媒这个渠道，在意见流通中，批评意见又容易引起注意，因而人们不自觉地把舆情等同于大众传媒，将公众的舆情监督等同于媒介监督，甚至将其与批评报道等同。这两者的区别在于，舆情监督是客观存在的，是来自公众意见的无形压力，而媒介监督却带有媒介自身的主观意愿。网络舆情的出现，使监督主体权的"公共性"回归在技术上得以实现。虽然传统媒介同样有群众来信、市民热线等通道，但要登上报纸或进入电视时段却不可能完全没有限制。而与网络相比，网络的海量信息打破了传统媒介的限制，网络的低门槛条件，使不同身份的普通受众，包括弱势群体、边缘群体的声音都能得以传播。同时，把关尺度宽松的网络平台，扩大了监督的议题范围，不管是国内还是国际上发生的重大事件，都能立刻形成网上舆情。由此，公众具有了社会参与的自主性，能够总体把握舆情的产生、发展及消亡，从而形成舆情场和舆情波，成为了监督权力的真正行使者。其次，监督方式由从上至下转变为由下而上，大众得以主动出击实施监督。主流媒体监督权往往受到政治环境与权利的制约，而网络舆情不是简单的对高层行政力量的依赖，它实现了媒体、民众与政府的平等对话。在社会地位、教育程度等方面存在不少差异的公众，都能反映各种情况，提出意见观点，形成不容忽视的舆论压力，从而由民意的"集体上访"促进问题的解决。而这种由下而上的民主观念的视觉和中心的主体皆是普通民众。

3. 网络的内容安全离不开对网络舆情的依法管理

由于网络、信息及安全等含义的多样性，互联网的信息安全在含义界定上也显现出多元化的特点，但互联网信息的安全必须以不侵害国家、社会公共利益以及其他公民、法人的合法权益为前提。在研究关于互联网信息安全的过程中，基本分类方式一般为"数据安全"和"内容安全"。其中，数据安全主要是指数据在储存、传输过程中的安全问题，如网络虚拟货币、虚拟财产被盗用以及非法使用计算机资源盗取企业商业机密等，这些都与数据安全问题直接相关。内容安全是基于网络信息所表达的思想和形成的言论而产生的安全问题。比如，借互联网或博客传播危害国家安全、社会安定的网络言论，人肉搜索、传播、复制和查阅有害信息，侵害个人的名誉权和隐私权，以及对著作权、商标权等知识产权的侵害行为等。互联网信息的安全问题是信息网络技术的使用与管理是否有效的重要衡量标准之一。而网络信息内容的安全，则主要指网络媒体产生的言论没有侵害到国家安全、社会安定以及他人合法权益。信息安全是国家安全的重要组成部分，网络数据以及内容的安全都不能没有政府的依法监管。作为国家、社会公共利益的总代表，政府有义务也有权利对网络的内容安全进行有效监管。因此，必须加大各级政府管理机构和技术机构的监管力度。要形成良好的社会舆情，必须以政府、网络媒体和网民之间的良性互动为前提，公众是参与主体，网络媒体是桥梁也是平台，政府则处于主导地位，通过对法律法规和相关制度的不断完善，对网络内容进行把关与议程设置，最终使各方互相理解，达成共识，创造出双赢的局面。

4. 互联网信息混乱的现状对网络舆情的管理提出现实需求

如今的互联网已是各种社会思潮与热点传播展示的平台。过去，我国对这一领域的行政管理取得了一些成效，但随着互联网信息在政治、经济、文化以及人们日常生活等领域的不断渗透，互联网信息的确存在一定程度上的混乱。例如，通过互联网进行欺诈、盗窃、销售假冒伪劣产品；盗取、泄露国家机密或军事机密；受商业利益驱使，商业网站重经济利益，轻社会责任感。更有甚者，一些"民运"分子以及"台独""藏独""疆独"等分裂势力在网络上以各种面目出现，他们建立网站和专门机构，雇用网络写手，制造和利用网络谣言，对社会热点、难点和敏感新闻进行炒作，联合邪教组织破坏国家法律，利用网络诽谤、造谣、煽动人民颠覆国家政权，破坏国家统一等。这些都直接影响着网民思想，使我国网络舆情管理显得异常复杂。海量的网络信息让人难辨真伪，给谣言提供了生存和传播的环境。而网络谣言又具有极大的杀伤力，直接损害了我国的社会公信力和社会公共秩序。这些都迫切需要政府依法加强监管，使网民上网的法律意识和责任得以强化。

此外，我国现行的互联网监管法律、法规分属不同的法律部门，不同主管部门之间缺乏严格、可行的信息通报、问题决策和处罚联动等制度以及长效监督机制，职责划分也不太明确，同时相关管理监管手段单一，这些都对政府依法监管提出了更高的要求。

三、网络时代的舆情管理

在这个信息爆炸时代，信息传播与意见交互空前快捷，网络舆论的表达诉求也日益多元。如果引导不善，负面的网络舆情将对社会公共安全形成较大威胁。因此对相关政府部门来说，如何加强对网络舆情的及时监测和有效引导，以及对网络舆情危机的积极化解，对维护社会稳定、促进国家发展具有重要的现实意义，也是创建和谐社会的应有内涵。

（一）网络舆情管理的原则

公信力是网络媒体生存和发展的关键。较之于我国传统大众媒体，网络媒体在权威性和信誉度方面略显不足。

究其原因有两方面：一是一些网站利欲熏心，求新求快，对新闻的审核不严格，往往还没有掌握真凭实据，就把一些错误的信息发布出去，片面地追求爆炸性效果，误导受众。网络为假新闻的产生提供了温床，并使其呈现出不断恶化的趋势。二是网站本身良莠不齐，一些商业网站在追求商业利益，即访问量和轰动性时，不可避免地忽视了网络新闻的质量和自身的公信力。

这就要求网络舆情管理要遵循畅通网络民意渠道，保障公民知情权、参与权、表达权和批评监督权，促进网民有序的政治参与，以进一步促进民主化的进程的原则。与此同时，舆情管理人员要时刻关注、监测网络民意，寓管理于服务之中，始终坚持把握正确、理性的网络舆论导向。

1. 不卑不亢，从容应对

当前，利益格局深刻调整，社会矛盾不断凸显，思想观念深刻变化，民众更加倾向于通过低成本的网络渠道来呼吁和呐喊，网络汇聚的各种声音汹涌来袭，网络舆论以其前所未有的影响力，得到了全社会的重视与认同。网络舆情的频发、高发、多发、突发成为常态。处置网络舆情首先要适应挑战，破除传统的不理、不用、不管的思维定式，舆论压力面前不卑不亢，做到不慌、不怕、不躲、不拖、不堵、不抗、不纵。

(1) 不慌。舆情突发后就会被置于一个举世瞩目的境地，就会曝光于公众的监督之下，如果领导者六神无主，自乱阵脚，慌张应对，说话口无遮拦、主观武断、乱下结论，则容易乱中出错，反而把自身置于旋涡之中，给应对带来被动。因此坦然接受现实，才能有助于理性客观化解舆情。

(2) 不怕。面对众声喧哗、缺乏理性的一边倒式的舆论监督所带来的强大的杀伤力，畏惧害怕并不能解决任何问题，抛弃胆怯心理，勇敢面对才是解决问题的起点。

(3) 不躲。舆情突发后，各路媒体蜂拥而动，记者八面云集，面对种种质疑，四处躲藏，推三阻四，避而不见，只会加重舆情，使谣言横飞，丧失处置舆情引导舆论的主动权。

(4) 不拖。如果采用应对传统危机的经验来处置网络舆情，认为"拖一拖就会过去"的思想并不能真正解决问题，而沉默只会将问题越拖越大，进而丧失自己的立场，葬送自己的公信力和网络形象。

(5) 不堵。舆情事件引起舆论滔天，引来无数围观网友，对事件原因经过结果不宣传报道，不释疑解惑，实施信息封锁，以灭火心态处置，只会让网友更加猜测背后的真相是什么，把简单的问题复杂化，舆论往往会偏离应有轨道，甚至会引发恶果，造成社会危机。

(6) 不抗。引起网络关注的事件一般是因为有悖于常理和常识。网络情绪面前，置舆论呼声于不顾，固执己见，不接受批评，逆网络舆论压力而行，采取与网络民众对抗方式，违民心民愿是极不可取的，非智者所为，更易让真相错综复杂。

(7) 不纵。面对舆论带来的压力，以妥协退让的思维方式来进行"断腕切割"，或划清界线，或推卸责任，刻意纵容讨好媒体和舆论，不仅损害自己形象和切身利益，不但不讨好还有可能吃亏，甚至会成为众矢之的，更会激起网络民众更多的愤怒和"拍砖"。

2. 还原事件客观公正

自媒体时代，以网民为主导的传播现实，提高了社会矛盾的舆情化概率和速度，也极大地增强了舆情的波及力和影响力。网络社会是现实社会的延伸，网络舆情是社会不同层面复杂矛盾的外显形式，反映的是社会实情。处置网络舆论，还原事实真相，应站稳立场，全面客观，尊重监督，用证据说话，以法律为准绳。

（1）实事求是。实事求是是杜绝"谣言止于下一个更大谣言"的根本，也是调查事件过程中必须始终坚守的原则，更是化解恶意的诋毁与攻击、消除信息不对称带来的误解和争议的武器。要尊重客观事实，准确、全面地调查事实真相，线下决定线上，实情决定舆情。借助具有真实性和权威性的真相信息以及事件进展情况，努力提高舆情应对质量，不断清朗网络空间。

（2）以人为本。舆情处置不仅是矛盾双方的舆论较量和妥协，更是对广大围观网民追求真相的尊重和交代。积极妥善处置网络舆情，必须坚持以人为本。首先，在全民"弱势感"增强的网络舆论场里，要有敬畏民意的意识，以平等对话的方式，加强与网络民众的交流互通。其次，在舆情处置中要考虑民意的认可度与承受力，要消除公众的疑虑，增强公众信任，化解社会的不满。最后，对处于具体舆论旋涡中的具体当事人的权益要有必要的呵护和保障。

（3）依法进行。舆论场的情绪虽然可以瞬间点燃，但更多的网友已逐渐明白"有图未必有真相"。在客观全面还原事实的基础上，一定要依据证据和法律得出能令人信服的公正结论。依法处置是我们不受媒体和舆论裹挟的根本，彰显法制和公平公正是我们不被少数人制造的网络舆论假象所迷惑、避免沦为网络多数暴政的帮凶的正确选择。

3. 回应关注灵活多样

在处置网络舆情、引导网络舆论的过程中，如何消解各方的猜疑与分歧，体现权力的公信力，考验着决策层的决心；如何在各种批评和指责中与网络民众展开全方位的沟通和交流，锤炼着每位领导者的智慧。网络治理的建设期，掌握舆情处置的时、度、效原则是各级领导干部克服"本领恐慌"，提高科学应对水平的秘籍。

（1）掌握时间。一要快速度。要第一时间抢占舆论的制高点，在舆情处置的黄金时间里及时发出正面声音，和"谣言"赛跑，做到关键时候不失语。二要适时机。需要表明立场和态度之时，马上回应，坚决不能拖拖拉拉，防止因议论而陷入被动；存有争议的焦点问题并非越快越好，而是要慎重对待，根据调查情况，选择合适时间节点适时引导。

（2）把握尺度。一要注意广度。向社会提供全方位信息，满足不同社会群体不同层次的信息需求，消除可能产生负面舆论热点的信息盲点，真正遏制谣言，引导舆论走向。二要考虑深度。舆情处置回应必须把握好边界和底线，争取冷热均衡、疏密得当、深浅适宜。三要严把精度。回应要解决舆论关心的焦点问题，抓住莫衷一是的热点问题和网友应知而未知的盲点问题，从而引发网友共鸣，有效地引导舆论。

（3）注重效果。一要见到成效。当下，舆情事件下的网络舆论正由喧嚣哗然逐步趋于理性，网络民众表现出了更多的理解和包容，一些无良媒体和无良"公知"兴风作浪的空间正受到挤压。我们要认真研究网络的传播规律，调整舆情处置和舆论引导方式，运用网友能接受的网言网语，与他们加强沟通交流，积极打通传统媒体与网络媒体两个舆论场。二要建立长效机制。对舆情应对和舆论引导要标本兼治，形成常态监测和研判、预警、应急机制；要整合资源，使其形成合力，从而推动传统媒体与新媒体的互动，使各类媒体发挥各自优势，并展开立体化、多渠道的舆论疏导，不断提高应对网络舆情的水平。

在有效处置网络舆情化解舆论危机的课题上，我们要不断总结经验教训，积极科学应对。坚守网络舆情应对三原则，不仅可以让网络秩序和正义不再迷失在路上，而且还可以让应对舆情处置的自信悄然回归。

(二) 网络舆情管理的方法

网络舆情与社会舆情在内容表现形态方面具有一致性，并会在一定程度上影响社会舆情的发展趋势。因此，如前所述，加强网络舆情管理在现阶段有着重要的现实意义。现阶段做好网络舆情管理主要有以下方法：

1. 加强舆情管理的领导机制建设

网络舆情的监测与应对是一项长期的经常性工作，是网络信息安全的重要内容，实现舆情管理的有效性，首要的一条就是加强领导机制建设。建立组织保障机制，明确各层级的领导权限，各部门职责明确，分工合作，共同营造文明健康的网络舆论氛围。加强领导机制建设，包括建构科学合理的组织保障机制、技术保障机制和日常工作机制。

日常工作机制是决定舆情管理有效性的一个重要因素。具体包括：一是网络危机处理预案机制。针对各种类型的危机事件，制定比较详尽的判断标准和预警方案，制订处置网络舆情突发事件的应急预案，一旦危机出现便有章可循，可对症下药。二是网络舆情预警机制。这是指从危机事件的征兆出现到危机造成可感知的损失这段时间内，对网络舆情尤其是负面舆情的及时发现和妥善处理，从而达到有效化解网络舆论危机的目的。有关职能部门应加强监测力度，从每天海量的网络言论中敏锐地发现潜在的危机苗头，以及准确判断危机爆发的可能性，及早对可能产生的现实危机的走向、规模进行判断，帮助领导协调有关职能部门共同做好应对危机的准备。三是公共危机的信息通报机制。建立和完善新闻发言人制度，规范、及时地进行信息披露，最大限度地满足民众的知情权。坚决制止在信息传递方面的欺上瞒下和报喜不报忧，提高政府在危机处理中信息的透明度，提高政府的公信力。

2. 加强网络舆情管理的法制建设，为网络舆情管理提供基本的规范和保障

在保证信息和网络安全条件下实行"有限实名制"，网民通过认证方可使用网络平台。而为了保护信息发布者的隐私，网民只要通过认证，就可以用代号、化名等替代真实姓名在网上发表信息。这样可以降低互联网的虚假性，使得网民原本虚拟的世界变得真实。与此同时，网络环境将会被净化，一系列负面影响将会降低，人们会自觉遵守法律与道德准则，从而有利于网络责任的构建与监管。健全网络舆情管理的引导和工作机制，政府部门对待网络舆情应积极疏导，宜"疏"不宜"堵"，以免事态向反方向发展，要通过"过滤"的方式积极引导网络舆情；要建立网络舆情阵地，设立权威的官方网络渠道，让当事人通过官方网络

渠道反映问题。

3. 加快网络舆情监督平台建设

建立通畅、高效、规范的网络监督主渠道，提高网络舆情管理的威信和作用。传统举报方式存在的效率低、查处缺乏监督等弊端让普通百姓望而却步，网络监督盛行是一个有效的补充。有了这个信息快速通道，监督和举报可以用最快的速度传递、反馈、互动，并催化整个监督体系的快速反应，从而大大提高监督机制的效率。纪检监察机关应该与组织、宣传等部门密切协作，进一步加强网络舆情监督平台建设。既要本着"及时、公开、互动"的原则，对现有廉政建设网不断增加新栏目、充实新内容、升级新系统、扩展新功能；又要坚持"便利、安全、保密"的原则，不断拓宽和完善网络举报监督的渠道和方法，确保网上举报渠道的畅通。对可能在网上发布的相关举报信息进行有效引导、分流和承接，让网民在事实面前发表更理性的评论，使法定网络举报平台的特殊优势得到切实发挥。要建立投诉办理责任制，确定时限办结，并按期反馈，如果投诉人对办理结果不满意还要返回重办，一直到投诉人满意为止，从而取得社会公众的信任，以提升网络举报平台的影响力和公信力。

4. 加强网络舆情监督的信息过滤机制建设

（1）培养理性的网络信息传播者和把关人，提高从业者素质。网络"把关人"在信息选择、引导舆情方面的作用至关重要。搞好网络舆情管理，要确保对网络虚假信息的控制和网络舆情的引导，要强化网络媒体"把关人"如网络记者、网络编辑、网站论坛的管理者等的职业道德建设，提高网络舆情的社会公信力。

（2）加强网站及其从业人员的行业自律。关于网络媒体自律，《中国新闻工作者职业道德准则》已有明确要求。网络媒体的自律就是要求网络报道能够真实地反映现实生活，尊重事实，报道事实真相，不欺世媚俗，不搞权钱交易，不误导社会大众的视听。由于网络的开放、虚拟、自由等特质，每天都会有海量的信息在网上传播，这些信息一方面是由传统媒体提供的，另一方面是由大量隐形的网友提供的。网络中的信息庞杂并且传播速度很快，难免会有虚假信息在网上游走，虚假信息一经发现将会立即被删除，但是很有可能已经被其他媒体转载，可见在即时海量信息的情况下，网络新闻把关的压力就加大了。所以，在国家通过法律法规进行规范的同时，网络经营者也有必要建立相应的自律规范。比如，有的网站要求用户不得发布反动、恐怖、黄色、人身攻击等有害言论，一经发现就删除这些言论，严重的取消访问资格。

（3）引导社会舆情向积极健康的方向发展。网络媒体相对于传统媒体而言，在加强舆情引导方面有一个优势：网络信息的储存量相当大，只要在网络上传播过的信息，一般都会留有"存储室"，在需要强化某一议题时，很快就可以通过网络搜索方式搜集到那些曾经传播过的相关信息。网络媒体的编辑利用这个优势既可以运用报纸常用的时间评价手段，又可以利用空间手段，根据网页特性把重点新闻设置在"抢眼"位置。由此可见，网络媒体如果要形成或引导舆情，它的条件要比传统媒介便利得多。

根据网络媒体的交互性等特点，网络媒介可以以下方式对网络舆情加以引导。首先，可以邀请相关专家参与网民的讨论，并在线回答网民提出的问题。这种"专家在线"的方式，使专家与网民直接互动，为网民释疑解惑，是网络媒体进行舆情引导，争取更多网民支持、理解和参与的重要手段。其次是培养网络舆情空间的"舆情领袖"。传播学中两级传播模式告诉我们，信息先由大众媒介传播到"舆情领袖"，然后再由"舆情领袖"向社会大众扩散。"舆情领袖"的知识面、责任感、人际交往能力远远高于和大于一般人，在信息受众中也有较强的影响力。当网络上出现大量虚假信息和极端言论，受众无所适从时，就会需要"舆情领袖"为自己解惑。在网络舆情的每个交流空间里，实际上都存在一些较为固定的参与群体，在这些参与群体中，一些文字表达能力强、分析问题深刻、有独特见解的网民的发言往往能够影响甚至左右其他网民的看法，并由此来引导、控制着整个交流空间的舆情方向。因此，重视"舆情领袖"在网民中所具有的影响力和号召力，能引领网民的舆情方向，做到事半功倍。最后是转变网络媒体的"把关人"引导舆情的方式：从过去的"封闭围堵"转变到现在的"巧妙引导"。更多地运用理性力量来进行网络舆情引导，运用各种报道技巧来引导网民正确思考。

（4）培养网民素质，树立正确"网德"。网民素质培养以及伦理道德建设是优化网络监督环境的途径之一。网络负面作用的影响在一定程度上反映出网络素质教育的滞后。应该以多种形式进行深入有效的网民思想道德和法律意识教育，引导网民树立正确的"网德"，在发布言论时要辩证客观地看待问题，坚持理性、客观、公正的态度，不传播虚假的、未经确认的内容。

有关部门也应该正面引导，要构建良好的道德制约机制，运用网络来充分发挥舆情导向的积极作用，正确地引导网民，使群众自发地与不良信息及其传播者做斗争，并积极有效地开展网络监督，以保证网络监督不偏离其正确的方向。对那些恶意传播虚假信息、诬陷他人、损害国家利益和对网络监督进行压制、打击、报复的行为，要根据情节轻重和危害程度，采用行政和法律手段进行管制或惩处，以净化网络环境。

小结

随着我国互联网络奇迹式的发展，其传播格局和舆论生态深刻改变了现代领导的时代背景，网络成了信息传播主阵地，成为民众表达诉求的首选平台。民众声音一经网络发酵就会形成牵动舆论神经的网络舆情事件。现代领导要克服舆情无常的侥幸心理，改变舆论可控的错误认识，走出眼高手低的实务困境，以端正的态度、得当的措施和灵活的方法，沉着冷静地应对网络舆情，成熟自信地引导舆论。

案例

云南昆明火车站"3·01"暴恐事件舆情分析

2014年3月1日，四季春城昆明不冷不热，一片祥和。此时，美国总统刚刚接见完达赖喇嘛，"疆独""藏独"两股势力沆瀣一气；乌克兰局势变幻莫测，引发美俄两国剑拔弩张；国内全国两会即将召开，安保工作日渐升级。

当晚21时许，昆明火车站广场发生蒙面暴徒砍人事件。2日6时，已造成29人死亡，140余人受伤。民警当场击毙4名暴徒，抓获1人，云南官方将该事件定性为"恐怖袭击活动"。

事件发生后，引起国内社会强烈反响。当事网友及后续记者陆续通过微博、论坛、贴吧、微信等网络互动媒体第一时间传递出这起暴力事件的细节和进展，网络舆论一片哗然，纷纷谴责暴徒反人类的行径，并祝愿伤者早日康复，逝者安息。

同时，中央和地方政府高度重视。习近平总书记于案发后立即指示要求政法机关迅速组织力量全力侦破案件，中国共产党中央委员会政治局委员中央政法委书记孟建柱于当晚飞赴昆明指导工作，云南省省委书记也第一时间到达现场，要求绝不允许恐怖势力在云南抬头。

除我国政要外，联合国秘书长潘基文也对该事件予以严厉谴责。潘基文发表声明称"没有任何理由可以为杀害无辜平民的行径开脱"，以最强烈的言辞谴责令人震惊的袭击平民事件。2日下午，俄罗斯总统普京就昆明发生暴力恐怖事件向我国国家主席习近平总书记致电慰问。

国内主流媒体陆续发言，强烈谴责肇事者的罪行。《人民日报》刊文《暴恐分子挑战人类文明共同的底线》称，暴力恐怖犯罪漠视基本人权，践踏人类道义，手段残忍，危害极大，对这样的暴力恐怖犯罪活动绝不能手软，要坚决打击，严厉制裁。凤凰网以及云南当地媒体也不断更新案件进展，并一直在首页头条挂出。

点评

云南昆明火车站"3·01"暴恐时间事件发生后，各界媒体纷纷涌入，媒体人也积极披露事件细节，传播事态进展。在此次事件的网络传播过程中，自媒体的净化功能较好地发挥了作用，在政务微博的及时传声下，网络谣言及时被破解，有效制止了其进一步传播。据观察，此次事件中谣言数量也较为稀少，不仅是因自媒体的自净功能在发挥作用，更是因网民的理性责任心态在一次次的"网络事故"中得以提升。

此外，在后续的舆情事态中，涉及抓捕在逃恐怖分子的细节在网络上流传出来数个不同版本。不实信息均被官方和网民辟谣，显示了新媒体对于谣言信息的甄别能力和反应速度有所加强。另外，在此之前的一些不实的昆明暴恐事件细节，也将逐渐得到网络的自我净化。此次事件，充分显现出我国网络舆情正朝着积极的方向发展。

综合习题

一、名词解释

1. 网络时代   2. 舆情   3. 网络舆情

4. 网络舆情管理

二、判断题

1. 我国网民的数量正处于缓慢增长期。（　　　）

2. 应对网络舆情，要禁止网民发帖。（　　　）

3. 互联网日益成为治国理政新平台，成为思想文化信息的集散地和社会舆论的放大器。（　　　）

4. 应进一步加强和完善信息网络管理，提高对虚拟社会的管理水平，健全网上舆论引导机制。（　　　）

三、简答题

1. 简述网络时代的特征以及对领导提出的要求与挑战。

2. 简述网络舆情的形式及特点。

3. 简述网络舆情的生成基础。

4. 简述网络舆情管理的重要意义。

5. 简述网络舆情管理的原则。

四、论述题

1. 论述网络舆情管理的方法。

2. 论述网络时代对领导提出的要求与挑战。

参考文献

[1] [美] 詹姆斯·麦格雷戈·伯恩斯. 领导学 [M]. 常健, 孙海云, 译. 北京: 中国人民大学出版社, 2013.

[2] [美] 詹姆斯·麦格雷戈·伯恩斯. 总统领导力 [M]. 吴爱明, 陈爱明, 译. 北京: 中国人民大学出版社, 2012.

[3] [美] 詹姆斯·麦格雷戈·伯恩斯. 民治政府: 美国政府与政治: 第二十版 [M]. 吴爱明, 李亚梅, 译. 北京: 中国人民大学出版社, 2007.

[4] [美] 斯蒂芬·P. 罗宾斯, [美] 玛丽·库尔特. 管理学: 第9版 [M]. 孙健敏, 黄卫伟, 王凤彬, 等, 译. 北京: 中国人民大学出版社, 2008.

[5] [美] 斯蒂芬·P. 罗宾斯, [美] 蒂莫西·A. 贾奇. 组织行为学: 第12版 [M]. 李原, 孙健敏, 译. 北京: 中国人民大学出版社, 2008.

[6] [美] 斯蒂芬·P. 罗宾斯. 管人的真理 [M]. 王敏, 译. 北京: 中信出版社, 2002.

[7] [美] 加里·尤克尔. 领导学: 全球版·原书第8版 [M]. 朱舟, 译. 北京: 机械工业出版社, 2014.

[8] 朱立言, 李国梁. 行政领导学 [M]. 北京: 中国人民大学出版社, 2015.

[9] 余文模. 政治领导学 [M]. 成都: 西南交通大学出版社, 2013.

[10] 常健. 领导学教程 [M]. 北京: 中国人民大学出版社, 2014.

[11] [美] 丹尼尔·雷恩. 管理思想的演变 [M]. 赵睿, 肖聿, 陆钦琰, 等, 译. 北京: 中国社会科学出版社, 2000.

[12] [美] 丹尼尔·贝尔. 资本主义文化矛盾 [M]. 赵一凡, 蒲隆, 任晓晋, 译. 北京: 生活·读书·新知三联书店, 1989.

[13] 祁凡骅. 领导学: 理念、行为与艺术 [M]. 北京: 中国人民大学出版社, 2012.

[14] [美] 加里·尤克尔. 组织领导学 [M]. 丰俊功. 译. 北京: 中国人民大学出版社, 2015.

[15] [美] 塞缪尔·亨廷顿, [美] 劳伦斯·哈里森. 文化的重要作用: 价值观如何影响人类进步 [M]. 程克雄, 译. 北京: 新华出版社, 2010.

[16] [美] 康拉德·菲利普·科塔克. 简明文化人类学: 人类之镜 [M]. 熊茜超, 陈诗,

译．上海：上海社会科学院出版社，2011.

　　[17]［美］埃德加·沙因．组织文化与领导力［M］.章凯，罗文豪，朱超威，等，译．北京：中国人民大学出版社，2014.

　　[18]［新加坡］郑丽丽，［新加坡］郑英杰．真实的领导者：构建组织文化、驱动卓越绩效的实用方法和案例［M］.赵雪，李娜，孙志军，译．北京：电子工业出版社，2014.

　　[19] 徐尚昆．组织文化与员工行为［M］.北京：中国社会科学出版社，2011.

　　[20] 周振林．领导与权力［M］.北京：中国经济出版社，1999.

　　[21] 皇甫中．把权力关进制度的笼子里：与领导干部谈权力监督与制约［M］.北京：红旗出版社，2013.

　　[22] 刘俊杰．当代中国权力制衡结构研究［M］.北京：中共中央党校出版社，2012.

　　[23] 王伟．政府公共权力效益问题研究［M］.北京：人民出版社，2005.

　　[24]［美］詹姆斯·克劳森．权力与领导：如何影响他人，怎样激发正能量［M］.马昕，译．北京：世界图书出版公司北京公司，2015.

　　[25] 金太军．政治体制改革［M］.北京：党建读物出版社，1998.

　　[26] 陈坚．中国的走向：政治体制改革［M］.北京：北京时代华文书局，2014.

　　[27] 胡鞍钢．民主决策：中国集体领导体制［M］.北京：中国人民大学出版社，2014.

　　[28] 文长春．全面创新的领导体制建设［M］.北京：红旗出版社，2012.

　　[29] 陈丽凤．中国共产党领导体制的历史考察：1921—2006［M］.上海：上海人民出版社，2008.

　　[30] 阎颖．中国共产党领导体制的历史演变［M］.北京：中共党史出版，2007.

　　[31]［美］克利夫·里科特斯．领导学：个人发展与职场成功：第二版［M］.戴卫东，译．北京：中国人民大学出版社，2007.

　　[32] 张稼人．领导者的魅力［M］.北京：中共中央党校出版社，1997.

　　[33] 严正．四维领导力：锻造中国管理者的卓越领导力［M］.北京：机械工业出版社，2007.

　　[34] 奚洁人．中国领导学研究20年［M］.上海：华东师范大学出版社，2007.

　　[35] 淳于永菊，贺朝贤．领导干部素质养成指导［M］.北京：党建读物出版社，1995.

　　[36] 翟鸿燊．领导的力量［M］.北京：企业管理出版社，2001.

　　[37]［美］阿比盖尔·A.贝尔德．心理学：认识你自己［M］.宋玉萍，主译．北京：中国人民大学出版社，2014.

　　[38]［苏］E.B.肖洛霍娃．个性心理学和生活方式［M］.吴志革，毛疆，京伟，等，译．北京：社会科学文献出版社，1989.

　　[39] 郑全全，赵立，谢天，等．社会心理学研究方法［M］.北京：北京师范大学出版

社，2010.

[40] 陈振明. 政策科学：公共政策分析导论 [M].2 版. 北京：中国人民大学出版社，2003.

[41] 陈庆云. 公共政策分析 [M]. 北京：北京大学出版社，2007.

[42] 杨寅. 行政决策程序、监督与责任制度 [M]. 北京：中国法制出版社，2011.

[43] 尤元文，唐霄峰. 领导决策论 [M]. 北京：社会科学文献出版社，2012.

[44] 谢燮正，娄成武. 领导决策论 [M]. 沈阳：东北大学出版社，2003.

[45] 钟宪章，禹政敏. 新常态·新思维：领导干部科学思维能力提升十讲 [M]. 北京：国家行政学院出版社，2015.

[46] [美] 雷·库兹韦尔. 如何创造思维：人类思想所揭示出的奥秘 [M]. 盛杨燕，译. 杭州：浙江人民出版社，2014.

[47] [美] R. 基思·索耶. 创造性：人类创新的科学 [M]. 师保国，译. 上海：华东师范大学出版社，2013.

[48] 唐孝威. 思维研究 [M]. 杭州：浙江大学出版社，2014.

[49] [美] 肯尼斯·赫文，[美] 托德·多纳. 社会科学研究：从思维开始：第 10 版 [M]. 李涤非，潘磊，译. 重庆：重庆大学出版社，2013.

[50] [美] 理查德·L. 休斯，[美] 凯瑟琳·科拉雷利·贝蒂，[美] 戴维·L. 迪恩伍迪. 战略型领导力：战略思考、战略行动与战略影响：第 2 版 [M]. 刘旭东，牟立新，沈小滨，译. 北京：电子工业出版社，2015.

[51] [美] 亚特·宏恩. 领导力：平衡工作关系与目标 [M]. 季晶晶，译. 北京：经济管理出版社，2001.

[52] 周振林. 领导冲突及其调试 [M]. 北京：中共中央党校出版社，1996.

[53] 徐晓春. 领导关系概论 [M]. 北京：经济科学出版社，1998.

[54] 赵光中. 领导型管理 [M]. 北京：中国时代经济出版社，2000.

[55] 潘正文. 领导方法的哲学思考 [M]. 北京：中共中央党校出版社，2001.

[56] 朱立言，李国梁. 行政领导学 [M]. 北京：中国人民大学出版社，2002.

[57] 高秀芝，陈文杰，王慧军. 成功领导用人智慧 [M]. 北京：当代中国出版社，2001.

[58] 奚洁人. 面向21世纪的领导创新——奚洁人讲演录 [M]. 上海：华东师范大学出版社，2009.

[59] [美] 弗雷德·菲德勒，[美] 约瑟夫·E. 加西亚. 领导效能新论 [M]. 何威，兰桦，冯舟龙，等，译. 北京：生活·读书·新知三联书店，1989.

[60] 李成言. 现代行政领导学 [M]. 北京：北京大学出版社，2002.

[61] [美] 朱迪斯·E. 格拉塞尔. 领导力 DNA——发挥你的本能：交流、辨别和创新 [M]. 赵燕，译. 北京：东方出版社，2007.

［62］ 翁礼华．感悟领导［M］．北京：中国财政经济出版社，2008.

［63］ 姚予．执行力［M］．北京：中华工商联合出版社，2007.

［64］［英］帕特里克·米勒汉，［英］基思·斯帕西．公司领导转型［M］．李胜兰，王秋石，译．北京：经济管理出版社，2002.

［65］［美］戴维·威廉斯，［美］蒂姆·帕尔．规划执行力：组织变革创造价值［M］．杨志立，译．北京：经济管理出版社，2006.

［66］ 李宏．与官员谈领导团队建设［M］．北京：国家行政学院出版社，2010.

［67］［美］唐·泰普思科．泰普思科预言：21 世纪人类生活新模式［M］．卓秀娟，陈佳伶，译．北京：时事出版社，1998.

［68］ 杨丹．网络时代的社会科学知识生产［M］．北京：社会科学文献出版社，2009.

领导学基础课程组名单

组　　长　赵菊强

主　　编　李成言

副 主 编　李海燕

参　　编　赵菊强　王慧军　李巍铭
　　　　　卢　莎　闫立佳

主持教师　赵菊强

行政领导学

形成性考核册

文法教学部　编

学校名称：＿＿＿＿＿＿＿＿

学生姓名：＿＿＿＿＿＿＿＿

学生学号：＿＿＿＿＿＿＿＿

班　　级：＿＿＿＿＿＿＿＿

形成性考核是学习测量和评价的重要组成部分。在教学过程中，对学生的学习行为和成果进行考核是教与学测评改革的重要举措。

　　《形成性考核册》是根据课程教学大纲和考核说明的要求，结合学生的学习进度而设计的测评任务与要求的汇集。

　　为了便于学生使用，现将《形成性考核册》作为主教材的附赠资源提供给学生，采用纸质形考的学生可将各次作业按需撕下，完成后自行装订交给老师。若采用**网上形考**或有其他疑问请咨询课程教师。

行政领导学作业1

姓　　名:＿＿＿＿＿

学　　号:＿＿＿＿＿

得　　分:＿＿＿＿＿

教师签名:＿＿＿＿＿

（第一章～第四章）

一、名词解释

1. 柔性领导理论

2. 文化

3. 不充分授权

4. 矩阵式

二、判断题

1. 在专家式领导中，"软专家"是指公共关系方面的专家。　　　　　　（　　）

2. 从长远来看，在综合国力中起重要作用的主导因素是政治力和军事力。（　　）

3. 对领导者的研究和对领导活动的研究是彼此独立，毫不相关的。　　（　　）

4. 在现代社会中，组织成功的概率与组织和环境之间的一致性程度无关。（　　）

5. 领导环境发展的第一原则是超前性原则。　　　　　　　　　　　　（　　）

6. 领导环境是领导活动中主观因素和客观因素的集合。　　　　　　　（　　）

7. 领导权力的主要内容包括权力的主体、客体和目标。　　　　　　　（　　）

8. 根据在授权时所凭借的媒介的不同，可以将领导授权分为正式授权和非正式授权。（　　）

9. 职能式组织结构有利于高效完成临时性的重大攻关任务。　　　　　（　　）

10. 领导体制的特征包括适应性、系统性、稳定性和灵活性。　　　　　（　　）

三、简答题

1. 简述内部领导环境的内容。

2. 简述领导权力的结构。

四、论述题

1. 你认为领导最核心的功能是哪些？请列举三项，并做简要分析。

2. 试述新时期我国领导体制改革的原则与内容。

行政领导学作业2

姓　　名:＿＿＿＿＿

学　　号:＿＿＿＿＿

得　　分:＿＿＿＿＿

教师签名:＿＿＿＿＿

（第五章～第八章）

一、名词解释

1. 道德素质

2. 领导形象

3. 决策树法

4. 创新思维

二、判断题

1. 物质性是真正把人与人在内在条件上拉开档次的地方。（　　）

2. 领导素质与领导力是两个不同的概念，因此领导素质不是一种重要的领导力。（　　）

3. 良好的心理素质结构可以消除领导班子的内耗。（　　）

4. 气质具有先天性、稳定性，同时也具有可变性。（　　）

5. 就控制意识而言，内控型的领导者比外控型的领导者更可能选择一个具有风险和创新性的组织。（　　）

6. 最佳原则是理性决策模型的特点。（　　）

7. 科学决策的第一步是确立目标。（　　）

8. 危机决策的过程有危机控制阶段、危机持平阶段、危机解决阶段、危机消除阶段。（　　）

9. 现代思维方法的核心内容和本质特征是高度辩证的系统思维方法。　　　（　　）

10. 纵向联想是联想思维的重要方式，决定纵向联想能力强弱的因素是对事件的敏感程度。　　　（　　）

三、简答题

1. 简述领导群体的基本功能。

2. 如何认识领导决策的公正原则？

四、论述题

1. 试述领导魅力、领导形象以及领导绩效的关系。

2. 结合具体的领导工作，讨论如何培养和开发领导思维创新。

行政领导学作业3

姓　　名：＿＿＿＿＿

学　　号：＿＿＿＿＿

得　　分：＿＿＿＿＿

教师签名：＿＿＿＿＿

（第九章～第十二章）

一、名词解释

1. 角色冲突

2. 人力资源管理

3. 模拟测评法

4. 网络时代

二、判断题

1. 权力和命令是领导关系的实质。　　　　　　　　　　　　　　　　（　　）

2. 领导关系对领导活动的影响分为正面效应和负面效应两个方面。　　（　　）

3. 非正式组织不是因为完成组织任务而是自发产生的，所以领导者不应该承认非正式组织。　　　　　　　　　　　　　　　　　　　　　　　　　　　（　　）

4. 对于一个社会系统来说，领导人才问题是决定其兴衰成败的决定性因素。　（　　）

5. 考核人才是用人的前提和基础。　　　　　　　　　　　　　　　　（　　）

6. 领导效能是一个单一指标体系。　　　　　　　　　　　　　　　　（　　）

7. 领导效能分为正效能与负效能。　　　　　　　　　　　　　　　　（　　）

8. 应进一步加强和完善信息网络管理，提高对虚拟社会的管理水平，健全网上舆论引导机制。　　　　　　　　　　　　　　　　　　　　　　　　　　　（　　）

9. "一有突发事件发生，老百姓就期待撤一个官员，不论这个事这个官员负有多少责任，都认为只要撤了官才能解气，才能解恨。"这是舆论传播中问责效应的表现。 （ ）

10. 在当代社会，政府执行力下降使舆论引导变得异常困难。 （ ）

三、简答题

1. 简述领导角色的主要特征。

2. 简述网络舆情的生成基础。

四、论述题

1. 试论领导的用人原则。

2. 试论领导效能测评的意义。

行政领导学作业 4

姓　　名:＿＿＿＿＿＿

学　　号:＿＿＿＿＿＿

得　　分:＿＿＿＿＿＿

教师签名:＿＿＿＿＿＿

　　在你的工作或生活中，总要与各种各样的领导相处，你心目中最称职的领导是一个什么样的形象？你认为领导应该具备什么素质？在不同的领导班子搭建过程中，你认为应该考虑的因素有哪些？

　　上述问题，你可以选取其中之一，结合实践发表自己独特的看法，或者仅就某一点看法深入分析，形成一篇小论文，字数在 1500 字左右。

　　另外，你也可以用我们所学的理论和知识详细分析发生在你或你周围的某个有关领导学的典型案例，字数在 1500 字左右。

答 题 纸